Gayle Delaney
Lebe Deine Träume

Gayle Delaney

Lebe Deine Träume

Anleitung zum aktiven Träumen

CIP-Titelaufnahme der Deutschen Bibliothek

Delaney, Gayle:
Lebe Deine Träume: Anleitung zum aktiven Träumen / Gayle
Delaney. [Aus d. Amerikan. übertr. von Christian Seeger]. -
Landsberg am Lech: mvg-Verl., 1988
    (mvg-Paperbacks: 375)
    Einheitssacht.: Living your dreams ‹dt.›
    ISBN 3-478-03750-6
NE: GT

Titel der Originalausgabe: "Living Your Dreams"
Aus dem Amerikanischen übertragen von
Christian Seeger/Walle Bengs/Wini Friedrichs-Freska
© by Gayle Delaney
© der deutschen Ausgabe by Ullstein Verlag GmbH,
Berlin, Frankfurt/Main, Wien

Veröffentlicht mit Genehmigung des Ullstein Verlages
in der Reihe der „mvg-Paperbacks"

mvg - Moderne Verlagsgesellschaft
8910 Landsberg am Lech
Umschlaggestaltung: Gruber & König, Augsburg
Druck- und Bindearbeiten: Presse-Druck Augsburg
Printed in Germany 030 750/8881002
ISBN 3-478-03750-6

Inhalt

TEIL IV

Wie wir unsere Show auf die Bühne bringen

Vorwort

Die Filme, die in unseren Köpfen ablaufen, können uns verwirren oder in Angst und Schrecken versetzen, sie können uns aber auch Einblicke in unser tiefstes Inneres gewähren und uns helfen, spezifische Probleme unseres Lebens zu lösen. Dieses Buch stellt eine wirksame Technik vor, wie man sich abends mit einem persönlichen oder beruflichen Problem im Kopf zu Bett legen kann, um am anderen Morgen aus einem Traum aufzuwachen, der neue, für die Lösung des Problems notwendige Einsichten bereithält.

Im Mittelpunkt der folgenden Seiten steht eine neue, denkbar einfache und äußerst genaue Methode der Traumdeutung. Diese Methode, Trauminterview genannt, reduziert die Fehlinterpretationen des Traumdeuters und erhöht die Fähigkeit des Träumers, die zutiefst persönliche und spezifische Bedeutung des Traums zu erkennen. Mit zunehmender Praxis werden Anfänger wie Sachkundige entdecken, daß die Methode des Trauminterviews die für das Verstehen eines Traums erforderliche Zeit verkürzen und die Aufgeschlossenheit des Träumers für die praktische Anwendung der im Schlafzustand so überreichlich vorhandenen Intuition, Objektivität und Kreativität erhöhen wird. Man braucht nicht Jahre auf das Glück zu warten, hilfreiche und schöne Träume zu haben; sie lassen sich schon heute nacht oder beinahe jede gewünschte Nacht durch Inkubation hervorrufen.

Trauminkubation ist die willentliche Herbeiführung von Träumen, die bei der Lösung von Problemen, der Heilung von Krankheiten oder der Begleitung des Träumers zu neuen Erfahrungshorizonten hilfreich ist. Sie findet seit der Antike in verschiedenen Formen Anwendung. Dieses Buch stellt eine moderne, von der Autorin entwickelte Methode der Trauminkubation vor, die jedermann mit sehr geringem Aufwand und erstaunlichem Erfolg selbst anwenden kann. Sobald wir entdecken, daß wir unsere Träume tatsächlich dazu bringen können, uns aus unseren alltäglichen und transzendenten Nöten zu helfen, werden wir ein neues Gefühl der Partnerschaft zwischen unserem bewußten und unbewußten Selbst erleben. Tatsächlich wird sich uns – wie vielen anderen zuvor – zeigen, daß wir im Schlaf keineswegs ganz und gar *un*bewußt sind, daß wir vielmehr in einer Weise bewußt sind, die sich nur wenig von unserem normalen, wachen Bewußtsein unterscheidet.

Teil I, »Heute nacht«, enthält Hinweise, wie wir uns an unsere Träume erinnern, sie wiedergeben und selbst hervorrufen können. Wir alle träumen vier- oder fünfmal pro Nacht; durch das Erlernen einiger einfacher Tricks können wir uns viele dieser Träume verhältnismäßig leicht ins Gedächtnis rufen. Obwohl für die Traumanalyse nicht unabdingbar, stellt ein Traumtagebuch ein höchst nützliches und lohnendes Mittel dar, um die angestellten Erkundungen zu einem optimalen Erfolg zu führen. Die im Anhang enthaltenen detaillierten Hinweise für die Einrichtung eines Traumtagebuchs bieten einen brauchbaren Rahmen, um unsere Erfahrungen sowohl mit herbeigewünschten als auch mit normalen, spontanen Träumen zu protokollieren und zu erörtern. Eine besondere, in einzelne Schritte gegliederte Anleitung, wie wir uns den Gegenstand der Träume einer gegebenen Nacht aussuchen können, findet sich im zweiten Kapitel.

Teil II, »Drehbücher«, untersucht verschiedene Möglichkeiten, die Trauminkubation zur Verbesserung der Qualität unserer Beziehungen zu Freunden und Feinden, Geschäftspartnern und Familienangehörigen einzusetzen. Unsere Träume können uns präzise Einsichten in diese Beziehungen ebenso wie in unser Verhältnis zu unserem Körper, unserer Seele und unserem Herzen geben. Sie können uns sagen, wie es wirklich um unsere Ehe bestellt ist und was sich hinter unseren Konflikten mit unseren Kindern verbirgt. Sie können uns Hinweise dafür geben, weshalb wir etwa an einer bestimmten Krankheit über Gebühr leiden. Sie können uns schließlich zeigen, wie wir das Selbstbild verbessern können, das wir in uns tragen und unserer Umgebung vermitteln. Zahlreiche Beispiele für die Erfahrungen, die andere Träumer mit der Trauminkubation gemacht haben, werden sowohl die Anwendung dieses Verfahrens als auch die Praxis meiner bevorzugten Deutungsmethode, der *Trauminterviews,* veranschaulichen.

Wir werden erfahren, wie wir sowohl unsere spontanen als auch unsere inkubierten Träume auf einem sehr direkten Weg, der weder einen Therapeuten noch detaillierte Kenntnisse irgendeiner speziellen Traumtheorie erfordert, deuten können. Beim Trauminterview wird der Produzent des Traumes nach der Bedeutung seines Produkts gefragt. Da wir unsere Träume selbst produzieren, wissen wir, für was die jeweiligen Symbole stehen. Traumdeutung heißt lernen, sich selbst die richtigen Fragen zu stellen, die dem Gedächtnis auf die Sprünge helfen und uns an etwas erinnern, das ein Teil von uns niemals vergessen hat. Die Anleitungen zur Führung eines Trauminterviews sind umrahmt von zahlreichen detaillierten Beispielen seiner praktischen Anwendung. Ich habe Wert darauf gelegt, möglichst viele Träume so wiederzugeben, wie die Träumer sie zuerst bewußt erlebt haben, um sodann eine genaue Schilderung des Weges anzuschließen, auf dem die Träumer zu einem Verständnis ihres Traumes gelangten.

Der praktische Umgang mit den eigenen Träumen und mit den Träumen anderer ist der Schlüssel zur Erlernung der Kunst der Traumdeutung. Ich halte es bei einer Untersuchung über die Träume anderer für unerläßlich, dem Leser das Rohmaterial des Traumes und der vom Träumer damit verbundenen Assoziationen vorzustellen. Auf diese Weise kann er am ehesten nachvollziehen, wie sich eine spezielle Deutungsmethode auf seine eigenen Träume anwenden läßt. Einfache wie auch sehr komplexe Träume werden detailliert erörtert.

Die Kenntnis der Traumgeschichten einer Vielzahl von Menschen wird uns lehren, unsere eigenen Träume klarer zu erkennen und eher auf die Worte des Traumproduzenten in uns als auf die Theorien der Traumspezialisten zu hören. In dem Maße, wie wir die Realität unserer Traumwelt zu würdigen lernen, wird sie in unserem täglichen Leben zu einer der kostbarsten Quellen der Einsicht und Inspiration.

Teil III, »Tagträumer und Nachtschwärmer«, erkundet verschiedene Wege, wie wir mit Hilfe der Trauminkubation die in uns schlummernde Kreativität und Weisheit hervorrufen können. Der Nutzen einiger offenkundig übersinnlicher Wahrnehmungen im Traum wird unter dem Gesichtspunkt erörtert, wie sich diese Wahrnehmungen für Träumer als hilfreich erwiesen haben, die Informationen benötigten, die ihnen ihre normalen Sinne zum Zeitpunkt des Traumes nicht übermittelten. Auf einer weiteren Stufe des übersinnlichen Träumens werden wir uns mit Beispielen spontaner und erwünschter Träume befassen, in denen die Träumer künftigen Kindern, verstorbenen Verwandten oder anderen Realitätsebenen begegneten.

Durch das ganze Buch hindurch, insbesondere aber in Kapitel 10, »Sternreise«, werden wir die verschiedenen Grade untersuchen, in denen es möglich ist, im Schlafzustand bewußt zu sein. Die Trauminkubation kann als wirksames Mittel zur Steigerung des intuitiven Erkennens von Traumbedeutungen und als Eintrittspforte zu anderen Bewußtseinszuständen dienen, wie sie etwa beim luziden (bewußten) Träumen und bei Astralreisen herrschen. Wir werden sehen, wie sich mit Hilfe der Inkubation unser Gewahrsein dieser veränderten Bewußtseinszustände erhöhen läßt.

Des weiteren finden sich Anregungen für die Hervorrufung von Träumen, die uns ein wichtiges Feedback hinsichtlich der Qualität unserer Erfahrungen mit verschiedenen Richtungen der Selbsterfahrung geben. Wir werden die Berichte von Träumern hören, die hilfreiche Einblicke in die Nützlichkeit verschiedener Formen der Selbstfindung und -entwicklung, etwa Psychoanalyse, therapeutische Gruppen und Meditation, erfragten und erhielten.

Die Erkundung der Träume kann zu einer lebendigen und vergnüglichen Beschäftigung werden, wenn sie zusammen mit einem oder mehreren Freunden oder Familienmitgliedern betrieben wird. Die Analyse unserer Träume in Gemeinschaft mit anderen wird das Tempo beschleunigen, in dem sich uns unser Traumleben erschließt. In Teil IV, »Wie wir unsere Show auf die Bühne bringen«, finden sich Empfehlungen für die Bildung von Traumgruppen sowie für Übungen und Lektüre, die sich sowohl in individuelle als auch in gemeinschaftliche Traumanalysen einbeziehen lassen.

Meine Studenten und ich haben die hier vorgestellten Techniken der Traumanalyse mit großem Gewinn praktiziert. Die Einblicke und Erlebnisse, die uns unsere Traumarbeit bereitet hat, haben unser Leben bereichert und unseren Erfahrungshorizont bedeutend erweitert. Nichts Geringeres wünsche ich den Lesern dieses Buches, und ich hoffe, Ihnen allen wird es Spaß machen, Ihre Träume zu leben.

»Was wir im Traume erleben, vorausgesetzt, daß wir es oftmals erleben, gehört zuletzt so gut zum Gesamt-Haushalt unsrer Seele, wie irgend etwas ›wirklich‹ Erlebtes: Wir sind vermöge desselben reicher oder ärmer, haben ein Bedürfnis mehr oder weniger und werden schließlich am hellen lichten Tage, und selbst in den heitersten Augenblicken unsres wachen Geistes ein wenig von den Gewöhnungen unsrer Träume gegängelt. Gesetzt, daß einer in seinen Träumen oftmals geflogen ist und endlich, sobald er träumt, sich einer Kraft und Kunst des Fliegens wie seines Vorrechtes bewußt wird, auch wie seines eigensten beneidenswerten Glücks: Ein solcher, der jede Art von Bogen und Winkeln mit dem leisesten Impulse verwirklichen zu können glaubt, der das Gefühl einer gewissen göttlichen Leichtfertigkeit kennt, ein ›nach Oben‹ ohne Spannung und Zwang, ein ›nach Unten‹ ohne Herablassung und Erniedrigung – ohne *Schwere!* –, wie sollte der Mensch solcher Traum-Erfahrungen und Traum-Gewohnheiten nicht endlich auch für seinen wachen Tag das Wort ›Glück‹ anders gefärbt und bestimmt finden! Wie sollte er nicht *anders* nach Glück – verlangen? ›Aufschwung‹, so wie dies von Dichtern beschrieben wird, muß ihm, gegen jenes ›Fliegen‹ gehalten, schon zu erdenhaft, muskelhaft, gewaltsam, schon zu ›schwer‹ sein.«

Friedrich Nietzsche
Jenseits von Gut und Böse
(Abschnitt 193)

TEIL I

Heute nacht

KAPITEL 1

Zum Star geboren

Es war eine wunderschöne Nacht. Die Sterne blinkten an einem marineblauen Satinhimmel. Oh, diese Sterne! Sie funkelten mit der Ausgelassenheit eines Irish Setter, der bei der Rückkehr seines Herrn freudig mit dem Schwanz wedelt. Da war ich also, in Hollywood. Ich fühlte mich willkommen und glücklich und voller Erwartung, daß etwas Gutes geschehen würde.

Als nächstes erinnere ich mich, daß ich in das prachtvolle Haus von Otto Preminger geführt wurde. Ich hatte es nie zuvor gesehen. Nun saß ich im großen Salon und genoß seine Schönheit. Der Raum war im erlesensten Art Deco ausgestattet. Es gab ovale Spiegel, Palmen und blaue Seidentücher, die über ausladende Möbelstücke gebreitet waren. Alles war symmetrisch angeordnet und noch überraschend. Ich war umgeben von einem luxuriösen und glänzenden Design, das mich an einige Filmkulissen von Fred Astaire und Ginger Rogers erinnerte.

Ich erwartete das Eintreten des großen Filmregisseurs. Was würde er zu mir sagen? Warum war ich hierher eingeladen worden? Würde er sagen »Ich möchte aus Ihnen einen Star machen?« Würde ich überhaupt in der Lage sein, in seinen Filmen Schlittschuh zu laufen und mir die Seele aus dem Leib zu tanzen? Ich wartete weiter darauf, daß Mr. Preminger zur Tür hereinkäme. Ich wartete und wartete . . . und wartete.

Ganz allmählich begann ich gewahr zu werden, daß dieses herrliche Haus mir selbst gehörte! Auf irgendeine Weise war Otto Premingers Haus meines!

Beim Aufwachen verstand ich den Traum sofort. Für mich ist Otto Preminger der größte Filmregisseur. Daß sein Haus in Wirklichkeit meines war, hieß, daß ich zum Otto Preminger meiner eigenen Traumproduktionen wurde. Eine Zeitlang vertrat ich die Ansicht, daß meine Träume aus irgendwelchen mysteriösen Kräften aus der unbekannten Welt der Instinkte, Archetypen und Mythen kämen. Ich nannte diese träumemachenden Kräfte »mein« Unbewußtes. Doch tatsächlich erschienen mir einige meiner Träume so befremdlich, daß sie, was mich betraf, jedermanns Unbewußtem hätten entstammen können. Ich hatte das Gefühl, daß die Träume uns von Göttern oder von irgendwelchen Agenten oder Teilen von uns selbst geschickt würden, die sehr weise, doch häufig sehr fremd und rätselhaft waren.

Wir produzieren die ganze Show

In den Wochen nach meinem Preminger-Traum machte ich die Erfahrung, daß immer dann die Lichter angingen, wenn ich mir vor Augen führte, daß ich der Produzent meiner eigenen Träume war und selbst das Drehbuch, den Schauplatz und die Akteure ausgesucht und die ganze Traumshow inszeniert und dirigiert hatte. Fast alle meine Träume und ihre Bedeutung wurden mir schlagartig um vieles zugänglicher. Ich hörte auf, Träume als etwas anzusehen, was ich empfing, begann nun, sie als etwas zu erleben, was ich selbst schuf. Sobald ich davon ausging, einen Traum mit großer Sorgfalt und großem Geschick zu inszenieren, um meinem wachen Selbst eine Botschaft zu übermitteln, war viel leichter zu verstehen, weshalb die Traumbilder in der jeweils bestimmten Weise abliefen. In meinem Preminger-Traum hatte ich den Sternen die Aufgabe zugewiesen, ein Gefühl des Willkommenseins zu vermitteln, das Schauspieler oder Filmstars ihren Produzenten entgegenbringen. Meine Traumbilder hießen mich zu Hause willkommen. Ich hatte vergessen, daß ich ihr Produzent war. Ich hatte während einer mehrjährigen jungianischen Analyse versucht, meine Träume zu verstehen. Ich hatte mir die Ansicht zu eigen gemacht, daß ich hierzu die Hilfe eines Experten benötigte. Was ich jedoch wirklich brauchte, war ein unmittelbareres Verständnis meiner Rolle bei der Produktion meiner Träume *und* die Gewißheit, daß ich sie mit einigen sachdienlichen Hinweisen und ein wenig Praxis besser als jeder andere verstehen und würdigen könne.

In den sechs Jahren seit jenem Traum habe ich zahlreichen Menschen, die auf ihre Träume neugierig waren, verschiedene Verfahren beigebracht, um mit ihnen umzugehen. In unseren »Traumgruppen« kommen die Traumproduzenten nicht nur zusammen, um ihre Träume zu deuten, sondern auch um zu lernen, in einer gegebenen Nacht Träume zu produzieren, die ihnen helfen, Probleme zu lösen oder Fragen zu beantworten, mit denen sie in ihrem täglichen Leben konfrontiert werden.

Bevor ich fortfahre, möchte ich die Traumtheorie oder das Traummodell vorstellen, von der oder dem wir in unseren Traumgruppen ausgegangen sind. Dieses Modell umfaßt die folgenden grundlegenden Annahmen:

Wir sind die Produzenten unserer eigenen Träume. Wir können uns mitunter noch im Schlafzustand dabei antreffen, wie wir tatsächlich Traumbilder, Schauplätze und Akteure auswählen und einen Traum entstehen lassen. Das kann dann passieren, wenn es uns gelingt, gleichzeitig unseres Schlaf- und unseres normalen Wachbewußtseins gewahr zu sein. Das mag der eine oder andere von uns bereits erlebt haben. Falls nicht, finden sich in Kapitel 10 Anleitungen, wie dieses Gewahrwerden zu erreichen ist. In dem Maße, wie wir mit unseren Träumen arbeiten, werden wir erkennen, daß es keine klare Trennungslinie zwischen »bewußt« und »unbewußt« gibt. Unserem Wachbewußtsein ist weit mehr zugänglich, als sich die meisten Menschen klarmachen. Zahlreiche Vorgänge, etwa Blutdruck, Pulsfrequenz oder das Träumen, sind als ganz und gar unbewußte Funktionen betrachtet worden. Heute weiß man, daß sie einer bewußten Wahrnehmung und Steuerung zugänglich sind[1]. Wir *sind* bewußt, während wir unsere Träume produzieren. Unser Traumbewußtsein unterscheidet sich zwar von unserem Wachbewußtsein, aber es ist möglich, es wahrzunehmen und in Aktion zu beobachten. Wie wir später sehen werden, können wir sogar lernen, beim Träumen die Handlung des Traumes zu dirigieren.

Wir sind die Autoren unserer eigenen Drehbücher. Unsere Träume sind unsere eigenen Produkte, unsere Werke. Wenn wir davon ausgehen, daß wir das Drehbuch selbst geschrieben haben, werden wir angesichts einer kalten und verschneiten Traumszene nicht länger erschaudern, sondern uns vielmehr fragen: »Warum habe ich an dieser Stelle einen Schneesturm ›hingeschrieben‹? Was versuche ich damit zum Ausdruck zu bringen?« Auf diese Weise erschließen sich scheinbar gegebene Traumelemente unserem Verständnis. Wenn wir darüber hinaus davon ausgehen, daß es in unseren Träumen keine Zufälle gibt, sondern daß wir das gesamte Drehbuch mit Bedacht, unter Beachtung jedes Details, verfaßt haben, werden wir finden, daß uns jedes einzelne Traumelement etwas zu sagen hat und Anhaltspunkte für die Deutung des Traumes in die Hand gibt.

Wir sind die Regisseure unserer Traumshows. Wir schreiben nicht nur die Rollen der Akteure unserer Träume, sondern wir dirigieren auch ihr Handeln. Wir ermutigen sie, ihren Part so lebendig wie möglich darzustellen. Die besondere Qualität der von unseren Traumakteuren geäußerten Freude, Wut oder Heiterkeit wurde mit Bedacht ausgewählt, um in unserem wachen Selbst bestimmte Erinnerungen und Gefühle hervorzurufen.

Wir sind die Stars unserer Traumszenen. Das scheint auf der Hand zu liegen. Schließlich spielen wir in den meisten Träumen, an die wir uns erinnern, die Hauptrolle. Aber was ist mit unseren Gastspielen als Schwiegermutter oder Schulkamerad? Was mit unseren Auftritten als Richard Burton oder Edith Piaf? Einige unserer besten Darbietungen mögen unwiederbringlich verloren sein, weil wir nicht erkannt haben, daß wir selbst es waren, die den Part der meisten unserer Traumcharaktere spielten!

Natürlich haben wir als Drehbuchautor und Regisseur für unsere engen Freunde und Verwandten Nebenrollen geschaffen. Wenn sie sich (mehr oder weniger) selbst spielen, neigen wir dazu, sie in der jeweiligen Szene zur Darstellung von Gefühlen einzusetzen, die wir ihnen gegenüber empfinden. Mitunter lassen wir sie sich selbst spielen, um die Dynamik unserer Beziehung zu ihnen zu veranschaulichen.

Doch die meisten unserer Traumcharaktere verkörpern Teile von uns selbst. So können wir etwa einen wilden, in den Käfig gesperrten Puma auftreten lassen, um die Wut anschaulich zu machen, die wir an unserem Arbeitsplatz nicht herausgelassen haben.

Wir sind zum Star geworden. Wenn wir genau hinsehen, werden

wir erkennen, daß wir in jedem unserer Träume eine Hauptrolle spielen, selbst in jenen, in denen wir uns nur als Zuschauer wähnten.

Was bringt es uns, unsere Träume unter den genannten Vorzeichen zu betrachten? Wir werden das Geschehen in unseren Traumszenen weniger verwirrend finden. Wir werden beginnen, uns Fragen zu stellen, deren Beantwortung uns verstehen läßt, warum wir eine bestimmte Traumszene geträumt haben. Die Wahrscheinlichkeit verringert sich, daß wir bestimmte Schlüsselelemente übergehen, die uns sonst als belanglos erschienen sein mochten. Wir werden unsere Träume liebgewinnen. Indem wir für die Produktion unserer Träume Verantwortung übernehmen, werden wir eher glauben, auch zu deren Verständnis imstande sein zu müssen. Die Zuversicht, daß wir die Deutung unserer eigenen Träume erlernen können, wird uns unserem Ziel näherbringen.

Können wir unsere Träume steuern?

Wenn wir unsere Träume selbst produzieren, stellt sich die Frage, ob wir sie nicht auch vom Wachzustand aus steuern können.

Ja. Es *ist* uns möglich, unsere Träume in bewußter Absicht zu steuern. Wir können uns beim Schlafengehen eine Frage bereitlegen und am nächsten Morgen mit einer Antwort auf diese Frage aufwachen.

Angenommen, die Beziehung zu unserem Partner ist durch ständige Konflikte geprägt. Alle Auseinandersetzungen und alle guten Vorsätze, Verständnis aufzubringen, führen zu nichts. Wir können lernen, unsere Träume so zu steuern, daß sie uns etwa die Frage beantworten: »Was sind die Triebkräfte unseres Konflikts?« Oder: »Warum suche ich mir stets Männer, mit denen ich in der Sackgasse lande?« »Was kann ich tun, um das Verhältnis zu meinem Bruder zu verbessern?« »Welcher Job wäre für mich ratsam?« »Warum nehme ich nicht ab?« »Wo finde ich die Informationen, die ich für dieses Projekt benötige?« »Was haben die Ottern in meinem letzten Traum zu bedeuten?« Diese und viele andere Fragen wurden mir selbst und den Teilnehmern unserer Traumgruppen in Träumen beantwortet.

Wir alle werden die Erfahrung gemacht haben, daß das »Überschlafen eines Problems« dieses mitunter löst oder einer Lösung näherbringt. Wir können lernen, unsere Träume um Hilfe zu bitten, so daß wir, wann immer wir danach fragen, konkrete Resultate erhalten. Wir können uns unsere Traumszenen auf vielfache Weise aussuchen und zunutze machen; ein Weg ist die Trauminkubation, das gezielte Herbeiwünschen eines Traumes[2].

Die Inkubation von Träumen ist nicht neu. Zahlreiche Kulturen zu allen Zeiten der Geschichte haben Rituale der Trauminkubation gekannt. Die alten Ägypter, Phönizier, Hebräer, Babylonier und Griechen übten sich alle in dieser Kunst[3], wenngleich sich ihre Methoden sehr von derjenigen unterscheiden, die dieses Buch vorstellt. Für gewöhnlich wurden Träume im Anschluß an besondere Reinigungsrituale wie Fasten und Baden inkubiert. Die Träumer wurden angewiesen, in Tempeln oder an anderen geheiligten Stätten unter der Anleitung von Priestern oder Sehern zu schlafen. Man erwartete, daß ein Gott oder ein guter Geist dem Träumer – oder *Inkubanten* – einen Traum eingeben würde, der ein körperliches oder seelisches Leiden heilen oder zu dessen Heilung beitragen würde. In einigen Fällen konnten die Träume den Träumer auch zu wichtigen Entscheidungen hinführen. Falls ein erwünschter Traum keine unmittelbare Heilung oder Lösung brachte, konnte der Träumer mit ihm zu den Priestern oder Sehern gehen und sie um eine Deutung bitten. Bei den Ojibwa, einem amerikanischen Indianerstamm aus dem Gebiet der Großen Seen, war die Trauminkubation ein Bestandteil des Initiationsrituals[4]. Der Initiationsanwärter wurde aufgefordert, sich vom Stamm zu entfernen und in einem rituellen Versteck einzurichten. In diesem Versteck inmitten der Wildnis hatte er unter Fasten so lange auszuharren, bis ihm die Geister einen Traum sandten, der ihm seine gesellschaftliche Rolle und Aufgabe zuwies.

Solche Rituale können als heilige Formen der Trauminkubation betrachtet werden. Dabei wird das Wort *heilig* im Sinne Emile Durkheims, des französischen Soziologen der Jahrhundertwende, verstanden, für den das Heilige von unserer Alltagserfahrung getrennt ist und sich auf etwas bezieht oder etwas darstellt, das anders geartet ist als wir, für gewöhnlich eine göttliche Kraft oder ein Gott[5]. Heilige Dinge müssen nicht unbedingt in Verbindung mit Praktiken stehen, die wir als religiös bezeichnen würden. Die soeben geschilderten antiken Formen der Trauminkubation sind insofern heilige Praktiken, als der Träumer an einem besonderen, von seiner gewöhnlichen Umgebung getrennten Ort schlafen muß, ein heiliges Wesen um einen hilfreichen Traum bittet und sich mitunter bei einem Priester oder Seher Rat hinsichtlich der Bedeutung des Traumes einholt.

Weil die heilige Variante der Trauminkubation zumeist eine recht komplizierte und zeitraubende Unternehmung darstellt, machte ich mich auf die Suche nach einer praktischeren, säkularen Methode zur Nutzung der Träume für eine spezifische Problemlösung. Als ich 1969 auf die Äußerungen von Edgar Cayce über die Bedeutung der Träume stieß[6], fand ich eine sehr viel einfachere Form der Trauminkubation: Bete einfach zu Gott um eine Antwort und erwarte einen Traum!

Diese »Technik« war bei weitem praktikabler als Tempelrituale, und ich verdanke ihr einige sehr hilfreiche Träume. Bei mir funktionierte diese Methode in der Hälfte der Fälle, in denen ich mich ihrer bediente. Doch sie hatte einen Haken: Für alle, die nicht an die Kraft des Gebets glaubten, war diese Form der Trauminkubation nutzlos.

So begann ich, mit meinen eigenen Träumen zu experimentieren und stieß dabei auf eine Methode der Trauminkubation, mit der ich regelmäßig Erfolg hatte. Aber würde sie auch bei anderen Träumern funktionieren? Zahlreiche Psychologen und Traumforscher haben vorgeschlagen, man solle eine Antwort auf schwierige Fragen vor dem Einschlafen im Gebet erbitten oder einfach von den Träumen erfragen[7]. Einige wandten bei ihren Patienten das Verfahren der hypnotischen Suggestion an[8]. Dr. Henry Reed, ein einfallsreicher Psychologe, entwickelte sogar ein neues Tempelritual für die Inkubation von Träumen[9]. Doch ich wollte anderen zeigen, wie sich aus eigener Kraft, ohne die Hilfe eines Therapeuten, Hypnotiseurs oder Priesters Träume hervorrufen lassen. Dabei wurde mir schnell klar, daß das bloße Bitten, Hoffen oder Beten um einen hilfreichen Traum eine zwar manchmal brauchbare, aber nicht sehr verläßliche Methode war. Ich begann die Inkubation von Träumen nicht als ein gelegentliches Geschenk, sondern als eine Fertigkeit zu betrachten, die durch Übung und behutsame Anleitung erlernt und perfektioniert werden kann. Nach einer Zeit des Prüfens und Probierens in unseren

Traumgruppen fanden wir ein spezifisches Verfahren, das ohne Aufwand selbst von denen, für die die Beschäftigung mit ihren Träumen Neuland darstellt, leicht allein und zu Hause durchführbar ist. Es gewährleistet Träume, die sich mit dem erfragten Gegenstand befassen, und es ist einfach und lohnend genug, um den Träumer zu ermutigen, sich regelmäßig seiner zu bedienen.

Unsere Verbündeten und Lehrer

Sobald wir damit beginnen, unsere Träume herbeizuwünschen, werden wir entdecken, daß unser Traumerleben uns nicht etwa in Verwirrung stürzt, sondern einer unserer verläßlichsten Verbündeten ist, wenn es darum geht, uns aus unseren Bedrängnissen zu helfen und zu neuen Erfahrungen zu führen.

An diesem Punkt mag sich die Frage aufdrängen, weshalb wir ausgerechnet unsere Träume um Orientierung und Inspiration bitten sollen. Was sollten sie uns mehr bieten als unser Wachbewußtsein, wo wir sie doch selbst schreiben, produzieren, dirigieren und in ihnen auftreten, obendrein auf einer Stufe des Gewahrseins, die dem Bewußtsein so nahe ist, daß wir den ganzen Vorgang mitunter beobachten können? Warum sollten wir unsere Träume für klüger halten als unser bewußtes Selbst?

Das hier vorgestellte Traummodell geht davon aus, daß Träume Filmen gleichen, die wir *als Antwort auf* tiefgründige, in einem anderen Bewußtseinszustand gemachte Erfahrungen produzieren. Im Schlaf operieren wir mit veränderten Bewußtseinszuständen, in denen wir Geschehnisse wahrzunehmen und zu verstehen vermögen, die weder notwendigerweise in Bildern ablaufen noch unseren üblichen Vorstellungen von Raum und Zeit oder Ursache und Wirkung entsprechen müssen. Wir lassen uns auf Erfahrungen ein, die direkte und unmittelbare Wahrnehmungen enthalten. Wir schalten uns in Bereiche unseres Seins ein, die abwechselnd das Unterbewußte, das Unbewußte, das innere oder höhere Selbst, die Quelle unseres Seins oder Gott genannt worden sind. Fast jeder, der sich mit Träumen befaßt hat, kann bestätigen, daß sie uns zu Begegnungen mit Teilen unserer selbst führen, die mit einem weit höheren Maß an Wissen und

Weisheit ausgestattet sind als alles, dessen wir in unserem Wachbewußtsein gewahr sind.

Diesem Modell zufolge sind unsere Träume nicht dasselbe wie diese *Begegnungen* mit unseren inneren Quellen. Sie sind vielmehr Übersetzungen dieser im wesentlichen nichtkörperlichen, nichtmateriellen Einsichten in eine Sprache, die wir verstehen können. Wir, die Traumproduzenten, übersetzen unmittelbare Erfahrungen, die bild-, zeit- und raumlos sind, in Bilder und Sequenzen, die für unser dreidimensionales, an der physikalischen Welt orientiertes Bewußtsein sinnvoll sind. Von den Einblicken und Lehren, die wir im Zustand des Tiefschlafs erhalten, kehren wir in den Traumzustand zurück, um dort einen Film abzuspulen, der sie zusammenfassen und in Bilder übersetzen wird. Wir ersinnen Dramen und Komödien, an die wir uns erinnern und die sich auf unseren Alltag aus räumlichen und zeitlichen Gegenständen und Ereignissen beziehen können. Diesen Prozeß der Traumproduktion bezeichnen Wissenschaftler als die REM-Phasen des Schlafs[10].

Das Ziel eines ernsthaften Autors, Produzenten oder Regisseurs bei der Herstellung eines Films besteht darin, so klar wie möglich ein Erlebnis auszudrücken oder eine Bedeutung oder Botschaft zu vermitteln. Der Produzent ist bestrebt, die Darbietung verständlich und für das Publikum akzeptabel zu gestalten, da er die Produktion verkaufen will. Er möchte, daß sie in Erinnerung bleibt, Vergnügen bereitet und gewürdigt wird. Der Autor, Produzent oder Regisseur versucht, mit dem Leben des Publikums in Kontakt zu kommen und ihm neue Dimensionen des Gewahrseins hinzuzufügen.

Das sind *unsere* Ziele, wann immer wir eine Traumszene produzieren. Sorgfältig suchen wir aus unserer unterbewußten Schatzkammer der Erinnerungen und Assoziationen genau das richtige Bild aus, um den Gehalt des ursprünglichen Erlebnisses so weitgehend wie möglich zu übermitteln. Wir wählen Bilder und Ereignisse, die genügend Eindruck auf unser bewußtes Selbst machen, um uns morgens an ein spannendes oder zumindest interessantes nächtliches Traumwerk zu erinnern. Aber wir sind zugleich darauf bedacht, nicht zu sehr zu dramatisieren oder zu übertreiben, da wir sonst Gefahr laufen, daß uns der Film nicht abgekauft wird. Würden wir ein Übermaß an erschreckenden oder schockierenden Szenen liefern, könnte sich unser bewußtes Selbst weigern, die Darbietung hinzunehmen, und würde sie vor dem Erwachen einfach vergessen. Gelegentlich unterlaufen uns Fehleinschätzungen; wir produzieren gute und weniger gute Traumshows.

Ich betrachte Träume als den besten uns zur Verfügung stehenden Weg, um unserem Wachselbst die unterschwellige Dynamik dessen mitzuteilen, was in unserem Leben vor sich geht. Unser Traumselbst schöpft aus einer Erlebniswelt, die sich aus Quellen von enormer Kraft und Weisheit speist. Es übersetzt diese Inspirationen und Einsichten, wobei es sich unseres im Unterbewußtsein vorhandenen Geflechts aus Anschauungen, Meinungen, Assoziationen und Erinnerungen bedient, um uns neue Einblicke in unser Inneres und in die uns bekannte Welt zu verschaffen. Der Traumproduzent in uns tut sein Bestes, um uns unser Leben zu erleichtern, um unser Fühlen und Verstehen zu vertiefen und unser Identitätsgefühl durch das Erleben und Gewahrwerden umfassenderer Realitäten, in denen wir nicht minder existieren, zu erweitern.

Im Traumzustand erhalten wir Zugang zu wertvollen Informationen über das Befinden unseres Körpers, unserer Seele, unseres Herzens und Geistes. Darüber hinaus erschließt er uns Einblicke in das Wesen unserer Beziehungen zu Freunden und Feinden und gewährt uns Zugang zu Selbsterfahrungen unter veränderten raum-zeitlichen Bedingungen sowie zu bislang ungenutzten Kräften und Fähigkeiten. Schließlich bietet uns der Traumzustand einen Schauplatz, auf dem wir verschiedene mögliche künftige Handlungen und ihren jeweiligen Ausgang durchspielen können. Träume vermitteln uns Dinge, die mehr sind als Worte. Sie vermitteln uns ein *Erlebnis* des Verstehens anstelle von Lektionen oder Büchern, die dieses Erlebnis beschreiben.

Wir können den Reichtum unserer Träume erschließen

Mit der nötigen Praxis und einer gewissen Anleitung zu Beginn können wir uns den Reichtum unseres Traumlebens erschließen. Dieses Buch bietet einen guten Einstieg und verweist zugleich auf andere Quellen, die uns auf unserem Weg begleiten können. Später werden wir die Hilfe von Experten oder Analytikern nicht mehr benötigen. Wir werden schnell erkennen, daß nur wir selbst die Wirklichkeit unserer Träume leben können. Sie bestehen aus einem einzigartigen Netz reicher Assoziationen und Erinnerungen, die nur uns selbst vertraut sind. Und schließlich ist es ihr Zweck, uns an tiefere, reichere Erlebnisse zu erinnern, an denen nur wir allein und nicht unser Analytiker teilhaben.

Jeder Traum ist ein Kunstwerk. Erwünschte Träume, spontane Träume, Alpträume und lustige Träume – sie alle sind wichtig. Träume, die sich in Form eines Dramas abspielen und einer Deutung bedürfen, sind zu ihrer Zeit genauso wichtig wie die besonderen Traumerlebnisse, die keine Deutung benötigen und uns über Nacht zu verwandeln scheinen.

Einige Menschen sind geneigt, ihre gewöhnlichen Träume abzuwerten, sobald sie einmal einen Traum, der uns in beinahe direkten Kontakt mit neuen und eindrucksvollen Erlebniswelten zu bringen scheint, geträumt oder gar nur davon gelesen haben. Das sind Träume, die wir wissentlich träumen, die uns entdecken lassen, daß wir unsere Traumszenen selbst inszenieren können, während wir sie träumen. Einige solcher Träume sind überliefert; sie bescherten dem Träumer eine neue Erfindung, ein musikalisches oder bildnerisches Meisterwerk oder gar einen mystischen Einblick in das Wesen des Universums.

Unser Traumleben ist reich und vielfältig. Mit der Zeit produzieren und erinnern wir uns an vielerlei Arten von Träumen. Sie alle sollten uns am Herzen liegen.

Der Leser mag sich fragen, wann ich endlich auf all die schmerzlichen, peinlichen und schrecklichen Dinge zu sprechen komme, die uns die Träume angeblich über uns mitteilen. Tatsächlich veranlassen uns unsere Träume, auf uns selbst zu schauen. Mitunter verweisen sie auf Eigenschaften oder Verhaltensweisen, mit denen wir uns lieber nicht befassen würden, obwohl sie uns immer wieder ein Bein stellen und unser Leben zu einer endlosen Folge von »ich Ärmste(r)«-Geschichten machen. Aber unsere Träume werden uns niemals verletzen. Unsere Einstellung zu ihnen oder ihre Deutung mögen bewirken, daß wir uns verlegen, beschämt oder schuldig fühlen, doch sind derartige Gefühle unnötig. Wenn wir uns vergegenwärtigen, daß es das vornehmste Anliegen unseres Traumproduzenten ist, uns zu helfen und weiterzubringen, dann werden wir in der Lage sein, den leisen Humor zu erkennen, mit dem uns für gewöhnlich unsere Schwächen vor Augen geführt werden. Nur dann, wenn wir unseren Traumproduzenten ignorieren und versäumen, uns unsere Träume zu Herzen zu nehmen, wird er auf heftige Alpträume zurückgreifen als das allerletzte Mittel, um uns vor Augen zu führen, daß wir dringend einiger neuer Einsichten bedürfen, wenn es mit unserem Leben ausgeglichen weitergehen soll.

Selbst dann ist unsere Einstellung ausschlaggebend. Wenn wir auf das Bedürfnis verzichten können, die Dinge als gut oder schlecht, schwarz oder weiß zu sehen, dann werden wir vielleicht in der Lage sein, allein durch die Intensität furchterregender oder schrecklicher Traumerlebnisse in große und wohltuende Erregung versetzt zu werden. Freude oder Leid intensiv zu spüren, heißt wirklich zu leben. Jeder Versuch, schmerzliche oder unerfreuliche Erlebnisse des Tages oder der Nacht zu unterdrücken, führt zur Abstumpfung aller Gefühle und zu einer Distanzierung vom Leben selbst. Wenn wir aus einem Alptraum aufwachen und merken, daß wir ihn schnellstens vergessen wollen, sollten wir versuchen, uns an all die Gespenster-, Kriminal- und Horrorfilme zu erinnern, die wir gesehen und deren Prickeln wir genossen haben. Wir sollten uns vor Augen führen, daß derart intensive Gefühle der Furcht und Angst auch vergnügliche Aspekte enthalten. Wir mögen unsere Empfänglichkeit für derlei Dinge verloren haben, doch wir haben sie mit Sicherheit als Kind besessen. Dieses Kind ist heute noch in uns. Wir sollten unseren instinktiven Drang, das Leben in seiner ganzen Fülle auszukosten, gewähren lassen, statt ihn zu unterdrücken.

Sobald wir Zutrauen zu unseren Träumen gefunden haben und uns häufiger an sie erinnern, werden wir entdecken, daß die meisten von ihnen lustig, angenehm oder interessant sind und voller Überraschungen stecken. Viele Träume versuchen uns auf Schätze aufmerksam zu machen, die unentdeckt in uns schlummern. Im folgenden gebe ich einige Beispiele für solche Träume. Sie sollen uns ermuntern, über unsere eigenen Träume nachzudenken; zugleich sollen sie einen ersten Blick in eine Deutungsmethode geben, die wir Trauminterview nennen und die später im einzelnen dargelegt wird.

Ardell, eine famose Frau aus dem Mittelwesten, Anfang sechzig, erzählte mir diesen Traum:

Ich lag mit Bob Hope im Bett. Er bemerkte nicht, daß er mit *mir* im Bett lag. Ich verhielt mich ganz ruhig, um ihn nicht in Verlegenheit zu bringen. Später erzählte ich Dorothy von seinem Hemd. Sie sagte, wir würden es ja im Film sehen. Ich entgegnete, es gäbe keinen Film.

Ardell hatte keinerlei Vorstellung, was der Traum bedeuten sollte. Sie hatte sich nie mit ihren Träumen beschäftigt und konnte sich nicht erklären, was sie mit Bob Hope im Bett zu suchen hatte. Auf die Frage »Wer ist Bob Hope?« antwortete sie: »Er ist ein feiner, netter Kerl. Ein ulkiger Spaßvogel, den ich sehr mag und bewundere.« Unser Trauminterview ging dann folgendermaßen weiter:

Gayle: Haben Sie Bob nicht in Verlegenheit gebracht?

Ardell: Ich war sicher, daß er im falschen Bett gelandet war. Wenn er gemerkt hätte, daß er mit mir im Bett lag, wäre es ihm sicher sehr peinlich gewesen. Deshalb verhielt ich mich ganz still, um ihn nicht aufmerksam zu machen.

G: Wieso waren Sie so sicher, daß er sich geirrt hatte?

A: Ich nahm es einfach an. Weshalb sollte schließlich Bob Hope mit *mir* ins Bett gehen wollen?

G: Was glaubten Sie, wen er sich im Bett vorzufinden wünschte?

A: Ein hübsches, junges, bezauberndes Mädchen vermutlich. Ganz sicher nicht mich!

G: Sie nahmen also einfach an, daß Ihr Eindruck stimmte, ohne ihn zu überprüfen?

A: Ja, es erschien mir offenkundig.

G: Schade. Ich wette, wenn Sie mit Bob geredet hätten, hätte er gesagt, daß er sehr wohl wisse, wer mit ihm im Bett liegt. Da Sie diese Traumszene selbst produziert haben, kann man davon ausgehen, daß die Rolle, die Sie Bob Hope zugedacht haben, beabsichtigt ist und nicht auf einem Irrtum beruht. Zu der Rolle, die Sie sich selbst gegeben haben, gehört das Gefühl, daß sich Bob geirrt habe. Dieses Gefühl läßt auf ein Selbstbild schließen, das besagt: »Ich bin nicht attraktiv oder aufregend genug, um auf jemanden wie Bob Hope Eindruck zu machen.«

A: Also ich weiß, daß ich auf Bob Hope selbst keinen Eindruck machen würde. Auf jemanden wie Bob Hope? Das weiß ich nicht.

G: Wer ist Dorothy?

A: Eine sehr gute Freundin.

G: Offenbar sagt sie Ihnen, daß das Hemd wichtig sei und Sie es im Film sehen würden. Sie erwidern, daß es keinen Film geben würde. Warum?

A: Ich weiß nicht.

G: Erinnern Sie sich, wie das Hemd aussah?

A: Ja. Ich glaube, daß ich ein Bild von ihm in Erinnerung habe! Es war weiß mit einem kleinen grünen Krokodil darauf, wie ein Golfhemd.

G: Kennen Sie jemanden, der ein Hemd wie das von Bob Hope im Traum trägt?

A: Nein, mir fällt niemand ein.

G: Sind Sie sicher?

A: ...Ja.

G: Jemanden, den Sie gut kennen, habe ich gestern mit genau diesem Hemd herumlaufen sehen!

A: Wen?

An dieser Stelle zog George, Ardells Ehemann seit vierzig Jahren, das fragliche Hemd aus seinem Koffer.

A: Oh, George! Bist Du mein Bob Hope?

Ardells Traum selbst hatte ihr zu helfen versucht, den Bob Hope in ihrem Mann zu sehen. Sie hatte die lustigen, humorvollen »Star«qualitäten ihres George nicht voll zu würdigen gewußt. Was hatte sie daran gehindert, den Bob Hope in ihm zu erkennen und zu genießen? Der Traum gibt uns einen Hinweis. In ihm nahm Ardell keine Verbindung zu Bob auf, weil sie ganz sicher war, ihm nicht zu »genügen«. Ihr eigener Mangel an Selbstvertrauen hielt sie davon ab, mit Bob in Kontakt zu treten. Da sie glaubte, für jemanden mit den Eigenschaften, die sie Bob Hope zuschrieb, nicht anziehend zu sein, hatte sie Schwierigkeiten, ähnliche Eigenschaften bei dem Mann wahrzunehmen, der sie anziehend fand, ihrem Mann.

Nach ihrem Bob-Hope-Traum hatte Ardell in der gleichen Nacht einen zweiten Traum, in dem »das ganze Gold mit einem Schiff aus Afrika unterging«. Das Gold, das für gewöhnlich etwas sehr Wertvolles in unserer Persönlichkeit darstellt, stammte aus Afrika. In Ardells

Vorstellung war Afrika ein unterentwickelter Erdteil voller primitiver Menschen, dunkler Dschungel und Abenteuer; somit waren es die dunklen, unterentwickelten Bereiche ihres Selbst, war es ihr Schatten[11], dem das Gold entstammte. In der Tat gibt es einen Ausspruch der Jungianer, wonach neunzig Prozent des Schattens aus reinem Gold bestehen. Ardell konnte ihren Reichtum nie bemerken, weil das Schiff sank, bevor es ihr eigenes Land, ihr Bewußtsein erreichte. Warum ließ der Traumproduzent das Schiff in dieser Szene sinken? In ihrem Buch *Deine Träume – Schlüssel zur Selbsterkenntnis*[12] personifiziert Ann Faraday diesen Teil des Träumers und nennt ihn den »geheimen Saboteur«. Möglicherweise werden wir in unseren Träumen diesem Saboteur nie begegnen, doch wir wissen, daß er anwesend ist, wann immer anonyme Hindernisse und Schwierigkeiten unsere Pläne durchkreuzen. Wenn wir davon ausgehen, daß Ardell jede einzelne Szene ihres Traumes selbst geschrieben und produziert hat, und zwar mit großem Scharfblick, dann folgt daraus, daß sie auch den Part für den geheimen Saboteur geschrieben hat. Somit hatte sie Zugang zu dem Wissen, das ihr Handeln erklären würde. Weshalb ließ sie also den geheimen Saboteur die Goldladung versenken? Sie wußte es nicht.

Glücklicherweise hatte sie sich an den vorausgehenden Bob-Hope-Traum erinnert, der uns, wie es Träume derselben Nacht häufig tun, einen Hinweis gab. Ardell litt unter einigen Vorstellungen, die sie von sich selbst hatte. In ihrer Selbsteinschätzung war sie »nur« Ardell. Ihr Mangel an Selbstvertrauen hatte zugenommen, als sich ihr Leben zu ändern begann, als ihre Aufgabe als Mutter von sechs Kindern beendet war, als sie älter wurde. Ihre alte Identität wandelte sich unausweichlich. Wie so viele Frauen in ihrer Situation fühlte sie sich weniger attraktiv und weniger gebraucht als früher. Wie sollte es weitergehen? Sie war sich der Reichtümer ihrer Persönlichkeit, der Ardell, die nicht nur Mutter, Tochter oder Ehefrau, sondern auf einzigartige und wundervolle Weise sie selbst war, noch nicht voll bewußt. Sie kannte noch nicht die Frau in sich, die attraktiv genug für Bob Hope war. Wir dürfen vermuten, daß sie diese Seiten ihres Selbst nicht erkannte, weil sie nach ihnen noch nicht gesucht hatte. Ihre Goldladung war wieder ins Unbewußte (das Meer) zurückgesunken. Womöglich hätte sie das Schiff retten können, wenn sie nach ihm Ausschau gehalten hätte. Natürlich hätte sie dazu erst einmal an sein Unterwegssein glauben und in die allgemeine Richtung Afrika schauen müssen.

Auch in der Traumshow eines weiteren Traumproduzenten, eines Experten der Traumforschung und Fachredakteurs für Parapsychologie beim *Psychic Magazine,* spielte Bob Hope eine Hauptrolle. Tagsüber lautet sein Name Alan Vaughan, doch des Nachts schlüpft auch er in eine Vielzahl von Rollen. Er träumte:

Ich befand mich in Frank Sinatras Büro. Ich gehe los, um Bing Crosby zu interviewen, doch ich kann ihn nirgendwo in dem riesigen Stadion, in dem ich nach ihm suche, finden. Bob Hope kommt zu mir und sagt, er werde mir helfen, Crosby zu finden.

Per Telefon führten wir folgendes Trauminterview:

Gayle: Alan, wer ist Frank Sinatra? Angenommen, ich komme von einem anderen Stern und habe noch nie von ihm gehört. Sagen Sie mir, wer er ist und wie er ist.

Alan: Okay. Also dann. Er ist ein sehr populärer Sänger. Ich finde ihn ein bißchen zu egoistisch, zu eingebildet. Er ist zu eingebildet.

G: Gut. Wer ist Bing Crosby?

A: Ein Millionär. Er ist sehr, sehr gut in seinem Metier, Singen, Schauspielen usw. Er gehört zu der Sorte von Leuten, die einfach aus Spaß mal eben bei einer Matinée reinschauen wie jeder andere auch. Er ist eine ehrliche Haut. Ich mag ihn sehr.

G: Wer ist Bob Hope?

A: Ein sehr erfolgreicher Komiker. Ebenfalls ein prima Kerl. Ich mag seine politischen Ansichten nicht sonderlich. Schmecken sehr nach den 40er Jahren.

G: Mögen Sie ihn? Was empfinden Sie, wenn Sie ihm zuschauen?

A: Ja, ich mag ihn. Wenn ich seine Filme sehe, dann genieße ich diesen lockeren und leichten Humor im Stile der 40er wirklich sehr. Ich fühle mich dann großartig, heiter und locker.

G: Was ist ein Stadion? Wie war dasjenige Ihres Traums beschaffen?

A: Ein Stadion? Nun ... ein Ort für sportliche Ereignisse. Das im Traum war sehr groß.

G: Ich frage mich, ob das Stadion Ihre beruflichen Aktivitäten darstellt, da es so groß war? Es war vermutlich eines jener Stadien, die für den Profisport genutzt werden, nicht wahr?

A: Ja, das könnte stimmen. Es war eine Menge los im Stadion, und es hatte etwas von meinem derzeitigen Berufsleben. Das paßt wirklich gut, wenn ich daran denke, daß ich gerade mitten in Verhandlungen mit einer Fernsehanstalt stehe, die vielleicht eine Sendung über übersinnliche Wahrnehmung produziert, die ich machen möchte.

G: Okay. Klingt so, als wären wir auf der richtigen Fährte. Demnach könnte Bing Crosby Ihr Berufsideal verkörpern. Ein Millionär, der es geschafft hat, ohne seinen guten Charakter zu verlieren.

A: Ja, er hat die Art von Erfolg, die ich als ideal betrachten würde. Ich glaube, daß ich ihn interviewen will, um mehr über ihn zu erfahren. Aber ich kann ihn nicht finden.

G: Die Traumszene beginnt mit Ihnen in Frank Sinatras Büro. Von dort kommen Sie, als Sie sich auf die Suche nach Crosby machen. Können Sie sich in den Teil von sich hineinversetzen, der wie Frank Sinatra ist?

A: Ja ... das kann ich.

G: Meinen Sie, daß jener Teil von Ihnen, der für Ihren Geschmack zu eingebildet ist, von seinem Kontrollbüro aus ein Berufsleben in Szene setzt, das ein bißchen zu geschäftig ist und die Kontaktaufnahme zu einem netten Kerl wie Crosby erschweren würde?

A: Ja, ja, das stimmt. Mein Sinatra-Selbst würde es schwer haben, einen Crosby zu finden oder gar mit ihm auszukommen. Wahrscheinlich würde es sich ohnehin als zu bedeutend betrachten, um als Interviewer tätig zu werden.

G: Ja. Nun kommen Sie allerdings im Traum lediglich aus Sinatras Büro. Sie sind damit beschäftigt, nach Bing zu schauen und zu suchen. Wer also ist es, der Ihnen helfen kann, Ihr Crosby-Selbst zu finden?

A: Bob Hope! Er kann über sich selbst lachen, deshalb kann er sich besser wahrnehmen als Sinatra. Wenn ich über mich lachen und mich in meine seelische Verfassung der 40er Jahre versetzen kann, voll von unbeschwertem Humor, dann werde ich Bing oder den von mir für ideal gehaltenen beruflichen Stil und Weg finden.

G: Wie alt sind Sie, Alan?

A: Gerade vierzig geworden! Ich könnte mir vorstellen, daß mir die Vierziger einen Sinn für leichte und lockere Selbstironie bringen werden. Vielleicht werde ich, wenn ich in diesen Jahren meine Bob-

Hope-Eigenschaften entwickle, beruflich meinem Bing-Crosby-Vorbild näherkommen. Ein guter Traum.

Es lag nun an Alan, die Entwicklung und Geltendmachung seines Bob-Hope-Selbsts in seinem Alltag voranzutreiben. Sein Traum versorgte ihn mit lebhaften und eindrucksvollen Bildern seiner Ziele, der ihnen im Wege stehenden Hindernisse und der Art und Weise, sie zu überwinden. Er konnte diese Bilder tagsüber im Kopf bewahren. Er konnte Sinatras hinderlichem Tun einen Riegel vorschieben und Bob Hope herbeirufen, damit der ihm auf dem Weg zum Erfolg weiterhelfe. Interessanterweise haben weder Ardell noch Alan das Wortspiel im Namen *Hope* (Hoffnung) bemerkt. Doch obgleich die Bob-Hope-Figur beiden Träumern Hoffnung brachte, war dies nicht ihre hauptsächliche Funktion.

Auf die Träume hören

Wir sollten nie vergessen, daß unser Traumproduzent versucht, in absichtsvoller Weise unser Leben zu beeinflussen. Er wird uns bei der Lösung unserer Probleme helfen und Schritt für Schritt versuchen, unser Leben zu erneuern und zu verändern. Aber er braucht unsere Hilfe, um eine gute und ertragreiche Arbeit zu verrichten.

Träume sind kein Ersatz für bewußtes Bemühen. Wir müssen uns mit den Inhalten unseres bewußten Seins sorgfältig auseinandersetzen. Wir müssen unsere Gedanken, Vorstellungen und Gefühle kennen und anerkennen und sie zu dem Versuch nutzen, die Fragen und Konflikte in unserem Leben zu entwirren. Unsere Träume werden uns dabei helfen. Wenn wir uns ehrlich bemühen, unsere Träume zu verstehen, werden wir uns nicht auf Kosten unseres bewußten Lebens in unseren Träumen verlieren. Wir laufen auch nicht Gefahr, in irgendeine nebulöse Traumwelt zu entschwinden, da die Bedeutung unserer Träume eng mit unseren täglichen Erfahrungen verknüpft ist und sich aus ihnen entwickelt. Unsere Träume werden uns drängen, selbst die entrücktesten mystischen Erlebnisse zu nutzen, um unser heutiges und künftiges Leben zu verändern. Natürlich kann man solche Impulse ignorieren. Doch unsere Träume werden in ihrem Bemühen nicht nachlassen, ihre Botschaft zu übermitteln, wie lange es auch immer dauern mag. Wir können unseren Wachstumsprozeß beschleunigen, wenn wir mit unseren Träumen umzugehen lernen. Gleichzeitig können wir unsere Fähigkeit zu kritischen, bewußten Entscheidungen schärfen, indem wir unterscheiden lernen, ob eine Traumdeutung einen Sinn ergibt oder nicht. Wenn wir bei wachem Bewußtsein zu der Entscheidung gelangen, daß eine gegebene Traumbotschaft uns dazu führen könnte, unser Leben zum Besseren zu ändern, dann liegt es an uns, *den Traum zu nutzen*. Nur wir selbst können unsere Träume in die Tat umsetzen. Die besten Deutungen, das beste Verständnis unserer Träume wird uns nicht viel nützen, wenn wir sie nicht in unserem täglichen Leben anzuwenden vermögen. In einem gewissen Maße werden uns die Träume, die wir träumen, wie jede andere Lebenserfahrung allein durch das Erlebnis verändern, das sie für uns darstellen. Doch wir haben die Möglichkeit, die Wirkung unseres Schlaferlebens enorm zu erhöhen, wenn wir uns entschließen, es uns zunutze zu machen.

Nina war Teilnehmerin einer unserer Traumgruppen. Sie hatte mit folgender Frage einen Traum herbeigewünscht: »Wohin führt meine Beziehung mit Scott?« Sie hatte seit nahezu einem Jahr mit Scott zusammengelebt und liebte ihn, doch ihre Beziehung war ein turbulentes Wechselbad aus Tränen, Kämpfen und harmonischen Augenblicken. Die Traumantwort sah so aus:

Ich befand mich irgendwo, ich weiß nicht wo. Scott kam auf mich zu und fragte: »Nina, möchtest Du mit mir eine Reise machen?« »Wie heißt das Schiff?« wollte ich wissen. »Es ist die Titanic«, erwiderte er. »Oh je!« rief ich, »das Schiff wird sinken!« »Das wird es nicht«, entgegnete Scott. »Oh doch, ich weiß es. Begreifst Du das nicht?« bedrängte ich ihn. Er blieb beharrlich: »Gut, dann komm wenigstens mit zur Abschiedsparty.« Ich willigte ein. Bei unserer Ankunft auf dem Schiff fand ich die ganze Szenerie schrecklich. Überall Menschen, die ihre Zeit und Kraft vergeudeten. Sie aßen und tranken zuviel und vergeudeten ihre Körper. Sie spielten und vergeudeten ihr Geld. Es war erschütternd. Ich beschloß, zu gehen.

In der nächsten Szene, an die ich mich erinnern kann, ging ich eine Straße hinunter. Mir kam ein Baby auf einem Dreirad entgegen. Eigentlich war es ein Skelett, das in die Pedale trat. Ich konnte sein

Herz sehen. Darauf waren ein Totenkopf und zwei gekreuzte Knochen zu sehen. Es war furchtbar.

Unverkennbar gab die Traumproduzentin Nina der Träumerin Nina zu verstehen, daß ihre Beziehung nirgendwohin führte, es sei denn in den Abgrund! Nina erkannte dies, konnte es aber nicht annehmen. Doch sie wußte, daß es stimmte.

Kurz nach diesem Traum zog sie plötzlich an die Ostküste, um dort im Geschäft ihrer Eltern zu arbeiten und zu sehen, ob sie Scott vergessen könne. Sie hatte sich aber nicht definitiv von ihm getrennt, sondern zögerte lediglich die Entscheidung hinaus, ob sie ihn heiraten solle oder nicht. So verbrachte sie ein Jahr mit dem Versuch, zu vergessen statt zu verstehen. Dann wollte ich eines Tages eine andere Teilnehmerin unserer Traumgruppe anrufen, die ebenfalls Nina hieß. Aus irgendeinem Grund wählte ich die alte Nummer der ersten Nina in Scotts Wohnung. Ich hatte angenommen, sie sei immer noch an der Ostküste. Welche Überraschung, ihre sanfte Stimme am anderen Ende der Leitung zu hören! Seit einigen Monaten lebte sie wieder mit Scott zusammen. »Aber Nina, was ist mit Ihrem Titanic-Traum? Wie klappt es?« wollte ich wissen. Sie erzählte mir, daß sich nichts geändert habe; sie befänden sich immer noch auf der Abschiedsparty. Dann sagte sie: »Seltsam, daß Sie ausgerechnet heute nachmittag anrufen. Erinnern Sie sich an den zweiten Teil des Traumes?« Ich hatte ihn vergessen, und sie erinnerte mich an das Baby mit dem Totenkopf und den gekreuzten Knochen auf dem Herzen. Dann fuhr sie fort: »Ich komme gerade vom Arzt zurück, ich bin schwanger. Dienstag habe ich einen Abtreibungstermin. Ich bin wirklich fertig, weil ich mir sehr ein Kind wünsche. Aber ich weiß, daß Scott niemals ein guter Vater für mein Kind sein könnte, und ich möchte nicht allein ein Kind haben. Oh Gayle, ich glaube, es mußte erst soweit kommen, um mir vor Augen zu führen, daß ich Scott niemals heiraten kann.«

Hätte sich Nina ein Jahr zuvor die Zeit genommen, genauer in sich hineinzuschauen, dann hätte sie nicht die Tragödie durchleben müssen, die ihr Traum als einen möglichen Ausgang vorgezeichnet hatte. Sie träumte Träume, die ihr helfen wollten zu erkennen, warum die Fortsetzung einer Beziehung, die für sie nicht die richtige war, ihr das Leben schwer machte. Aber sie schaute nicht hin. Sie flüchtete nach Hause. Und dann kehrte sie zum gleichen alten Trott zurück.

Beim Lesen der in den beiden ersten Kapiteln enthaltenen Beispiele für die Deutung von Träumen werden wir allmählich ein Gefühl für die Methode des Trauminterviews bekommen. Wenn dann die speziellen Anleitungen folgen, werden wir bereits ein Gespür dafür haben, wie sie zu handhaben sind.

Bevor wir lernen, unsere Träume zu deuten, ist es hilfreich zu wissen, wie wir sie herbeiwünschen können. Wir werden uns mit der Deutung sowohl spontaner als auch inkubierter Träume befassen, wollen aber mit letzteren beginnen, weil sie leichter zu deuten sind. Die Entdeckung, daß wir uns zu nahezu jedem Thema, das uns bewegt, einen Traum erträumen können, wenn wir nur danach fragen, wird die bewußte Teilnahme an unserem Traumleben steigern.

KAPITEL 2

Trauminkubation

Sind Sie jemals am Morgen mit der Antwort auf eine Frage aufgewacht, die Sie vor dem Schlafengehen beschäftigt hat? Früher oder später wird jeder, der seinen Träumen Beachtung schenkt, entdecken, daß er mitunter, wenn er ein schwieriges Problem überschläft, im Traum einen guten Rat oder neue Ideen empfängt, die zur Lösung des Problems beitragen. Für die meisten Menschen sind derartige Traumlösungen eine seltene und glückliche Fügung, doch wir können sie zu einem festen Bestandteil unseres Traumlebens machen, indem wir lernen, unsere Träume herbeizuwünschen[1].

Wie wir mit Hilfe eines Inkubationssatzes unsere Träume herbeiwünschen können

Weil erbetene Träume im allgemeinen leichter zu verstehen sind als andere, wäre es hilfreich, wenn wir auf einige eigene Träume zurückgreifen könnten, um uns in der Kunst der Traumdeutung zu üben, damit wir sie beherrschen lernen.

Mein Ziel, die Träumer in ihrer Traumarbeit und somit in ihrem Wachstumsprozeß unabhängiger zu machen, führte mich zur Entwicklung einer Methode, die auf der Konzentration auf einen Inkubationssatz beruht und die ich *außergewöhnliche Trauminkubation* nenne[2]. Diese Methode ist relativ unaufwendig, erfordert keinen Therapeuten und führt ziemlich regelmäßig zu nützlichen Traumantworten. Ich habe sie mit fünfzehn Träumern erprobt, die sie über einen Zeitraum von ein bis fünfzehn Monaten erlernt und praktiziert haben. Im Durchschnitt erhielten die Träumer dieser Probandengruppe, sofern sie sich am Morgen nach einer Inkubation an einen Traum zu erinnern vermochten, in acht von zehn Fällen eine bedeutungsvolle und hilfreiche Traumantwort.

Die Trauminkubation durch Konzentration auf einen Inkubationssatz wird als Teil des normalen Alltagslebens des Träumers verstanden. Ein Inkubant wird Traumantworten von einer außerhalb seines Selbsts existierenden göttlichen Kraft erbitten und zu empfangen glauben. Er wird seine Bitte an sein inneres, höheres oder unbewußtes Selbst richten. Die daraus resultierenden Traumantworten mögen als aus dem persönlichen Unbewußten des Träumers kommend erlebt werden. In anderen Fällen wiederum mögen sie als aus dem Bereich stammend erfahren werden, den Jung das *kollektive Unbewußte* genannt hat; jener Bereich des Gewahrseins, der das Individuum mit den kreativen Kräften der Menschheit und des Universums vereinigt[3].

Die hier vorgeschlagene Methode, Träume durch Konzentration auf einen Inkubationssatz herbeizuträumen, wird uns in die Lage versetzen, aus eigener Kraft, ohne das Zutun eines Priesters, Therapeuten oder Hypnotiseurs neue Quellen für die Entwicklung unserer Kräfte, Fähigkeiten und Empfindungen zu erschließen[4]. Dazu ist es erforderlich, sich das Verfahren anzueignen, es anzuwenden und zu lernen, die daraus resultierenden Träume zu deuten. Es wird Fälle geben, in denen der herbeigewünschte Traum unsere Fragen in einer ganz unmißverständlichen, keinerlei Deutung benötigenden Sprache beantwortet. Mitunter werden uns diese Träume eine Dimension von Einsicht und Verstehen erleben lassen, die schon für sich genommen eine Antwort oder Hilfestellung bei der Lösung unserer Probleme bedeutet. Die übrigen unserer erwünschten und die meisten unserer spontanen Träume bedürfen der Interpretation, wenn wir uns ihre Bedeutung voll erschließen wollen. Das Erlernen der Kunst der Traumdeutung erfordert eine größere Praxis als das der Trauminkubation. Am leichtesten ist es, seine Träume zu behalten. Wir brauchen nur ein Notizbuch zu nehmen, jeden Abend oben auf eine neue Seite das Datum einzutragen und das Buch vor dem Schlafengehen neben das Bett zu legen; es wird nicht lange dauern, bis wir uns an viele unserer Träume erinnern. Wenn wir sie sofort nach dem Erwachen aufschreiben, werden wir dieses Erinnern optimieren. Wie wir unsere Träume am besten behalten und aufschreiben, wird in Teil V ausführlich dargelegt.

Zu jedem Problem oder Thema, das uns bewegt, können wir einen

Traum herbeiwünschen. Wir sollten darauf achten, unseren Traum-produzenten nur für solche Fragen in Anspruch zu nehmen, die wir wirklich ergründen wollen, da andernfalls die Wahrscheinlichkeit groß ist, daß wir den Traum wieder vergessen. Wenn wir ein zu triviales Problem wählen, werden wir wenig Anreiz haben, dafür einen Traum zu produzieren. Die besten Aussichten, erfolgreich einen nützlichen Traum herbeizuwünschen, bestehen dann, wenn wir um Hilfe bei der Lösung eines Problems bitten, das uns am Herzen liegt und das zu lösen wir entschlossen sind. Welcher Lebensbereich bereitet mir Sorgen? Die Arbeit? Die Gesundheit? Die Beziehung zu einem Verwandten oder Freund? Gibt es einen Erfahrungsbereich, den ich gerne kennenlernen würde, etwa den der übersinnlichen Wahrnehmung?

Wir können unsere Träume bitten, uns bei der Erkundung dieser Bereiche behilflich zu sein. Wie wir das anstellen, soll im folgenden dargelegt werden.

Erster Schritt: Wähle die richtige Nacht. Wir sollten uns eine Nacht aussuchen, in der wir nicht völlig übermüdet zu Bett gehen. Um mit unserem Traumselbst zusammenzuarbeiten, ist es absolut erforder-lich, daß wir frei sind von Rauschmitteln wie Alkohol oder Drogen. Valium und Schlaftabletten vernebeln den Verstand, und die meisten Benutzer derartiger Mittel, die ein aktives Interesse an ihrem Traum-leben entwickeln, werden erleben, daß sie darauf verzichten können. Wir sollten sicherstellen, daß wir unmittelbar vor dem Schlafengehen zehn bis zwanzig ungestörte Minuten Zeit für unser Traumtagebuch haben. Mindestens zehn Minuten werden wir am nächsten Morgen benötigen, um unseren erwünschten Traum aufzuschreiben, es sei denn, wir wachen in der Nacht auf und schreiben ihn gleich nieder.

Zweiter Schritt: Tagesnotizen. Vor dem Schlafengehen sollten wir die Vorgänge des Tages notieren (siehe Teil V). Die Niederschrift unse-rer Gedanken und Gefühle vom zurückliegenden Tag wird unseren Kopf klären, uns entspannen und unsere Aufmerksamkeit auf das Traumtagebuch hinlenken. Ein paar Zeilen über das, was wir im Laufe des Tages getan und erlebt haben, werden genügen.

Dritter Schritt: Beleuchtung! Würden wir bei einem Film Regie führen, so würden wir dafür sorgen, daß die Szenerie gut ausgeleuchtet und ins rechte Licht gerückt wird. Dazu benötigen wir unser bewußtes Denken und Fühlen, um uns die verschiedenen Aspekte unserer Situation vor Augen zu führen. Es gilt, die Aufmerksamkeit auf Bereiche zu lenken, die zuvor ungenügend beleuchtet waren. Wir sollten uns fragen, ob wir wirklich bereit sind, dem Problem – dem *Inkubationsgegenstand* – auf den Grund zu gehen und seine Lösung in Angriff zu nehmen. Wir sollten die Angelegenheit gründlich erörtern und so viel wie möglich von dieser Erörterung aufschreiben. Dabei können wir uns etwa folgende Fragen stellen:

Was sehe ich als die *Ursachen* des Problems an?

Welche Alternativlösungen zeichnen sich ab, und warum hilft mir keine von ihnen weiter?

Wie fühle ich mich, während ich dieses niederschreibe?

Welche Nebenziele oder Vorteile könnte mir die Fortsetzung des Konflikts einbringen?

Erscheint es mir sicherer, mit dem Problem zu leben als es zu lösen?

Auf was müßte ich verzichten (z. B. Sympathie, Märtyrerrolle), wenn das Problem gelöst würde?

Was würde sich ändern, wenn das Problem gelöst würde?

Es muß nicht unbedingt ein Problem sein, über das wir etwas wissen wollen; wir können um Informationen oder Ratschläge zu allen erdenklichen Lebenssituationen bitten. In diesem Fall sollten wir uns fragen, weshalb wir eine Information haben wollen oder brauchen und was wir mit ihr zu tun gedenken, falls wir sie bekommen.

Wir sollten uns mit unserem Inkubationsgegenstand soweit wie möglich auseinandersetzen, solange wir wach sind. Wir sollten unsere Gefühle und Gedanken aus Brust, Bauch und Kopf hervorholen und zu Papier bringen.

Es mag sehr verlockend sein, diesen Schritt zu überspringen. Er hat sich jedoch als einer der wichtigsten des gesamten Verfahrens erwiesen. Je gründlicher wir unseren bewußten Verstand benutzen, um uns mit unserem Inkubationsgegenstand auseinanderzusetzen, je sorgfältiger wir diese Auseinandersetzung aufschreiben, desto eher werden wir damit rechnen können, am folgenden Morgen eine Antwort auf unsere Frage zu bekommen. Mitunter wird eine kurze Erörterung genügen. Später, wenn wir mit dem Ablauf des Verfahrens vertraut sind, kann auf die schriftliche Form der Erörterung häufig ganz oder teilweise verzichtet werden. Schwierigere oder komplexere Gegenstände werden allerdings immer eine schriftliche Behandlung erfordern. Wenn wir sichergehen wollen, daß die Inkubation eines Traumes schon beim ersten Anlauf gelingt, dann sollten wir stets daran denken, daß die Erörterung des Inkubationsgegenstands ein entscheidender Faktor unseres Erfolgs ist. Für spätere Rückverweise empfiehlt es sich, den Rand neben dem Beginn der Erörterung mit dem Buchstaben *E* zu markieren.

Vierter Schritt: Der Inkubationssatz. In die nächste Zeile unseres Tagebuchs schreiben wir sodann eine einzeilige Frage oder Bitte, die so eindringlich und deutlich wie möglich unseren Wunsch zum Ausdruck bringt, die Triebkräfte unseres Dilemmas zu verstehen. Dieses ist unser *Inkubationssatz.* Er sollte einfach formuliert sein. Möglicherweise werden wir verschiedene Sätze ausprobieren wollen, bis wir denjenigen gefunden haben, der uns am treffendsten erscheint. Ein solcher Inkubationssatz könnte etwa lauten: »Hilf mir zu verstehen, warum ich mich vor Höhen fürchte, und sag mir, was ich dagegen tun kann«; oder: »Was sind die Triebkräfte unserer Beziehung; was geht zwischen X und mir *wirklich* vor sich?« Falls wir hoffen, neue Ideen für ein Vorhaben zu gewinnen, sollten wir unsere Bitte deutlich formulieren, etwa: »Gib mir bitte eine Idee für mein nächstes Bild.« Was immer die Frage oder Bitte enthalten mag, stets sollten wir einen Satz formulieren, der sie so knapp und deutlich wie möglich zum Ausdruck bringt. Je präziser der Inkubationssatz ist, desto präziser wird der resultierende Traum sein. Es empfiehlt sich, den Inkubationssatz in Großbuchstaben zu schreiben und am Rand mit einem dicken Stern (✷) zu markieren.

Fünfter Schritt: Kamera einstellen! Nun sind wir bereit, unser Traumtagebuch neben das Bett zu legen, das Licht auszuschalten und die Augen zu schließen. Ist das geschehen, gilt es, die ganze Aufmerksamkeit auf den Inkubationssatz zu konzentrieren. Stellen wir uns vor, wir würden mit der Produktion einer Traumszene beginnen, die unsere Frage beantworten wird. Die Kamera richten wir in Großaufnahme auf unser Hauptanliegen, unseren Inkubationssatz. Wir selbst übernehmen die Führung der Kamera, unseres Bewußtseins. Es ist ausschließlich auf unseren Inkubationssatz gerichtet. Diesen Satz sprechen wir nun immer und immer wieder vor uns hin. Beim Einschlafen versuchen wir, die zu Papier gebrachte Erörterung des Inkubationsgegenstandes zu vergessen und uns ganz auf unseren Inkubationssatz zu konzentrieren. Wenn ablenkende Gedanken auftauchen, etwa »Wird es wohl klappen?« oder »Morgen muß ich daran denken...«, sollten wir sie verdrängen und unsere ganze Aufmerksamkeit auf den Inkubationssatz zurücklenken, der die Quintessenz unseres Anliegens darstellt. Wir sollten alle unsere Gefühle auf diesen Satz konzentrieren und ihn bis zur letzten Sekunde unseres Wachseins im Kopf bewahren[5]. Wenn wir das tun, können wir mit der Gewißheit einschlafen, daß wir schon beim ersten Versuch von unserem Anliegen träumen werden. Dieses ist der wichtigste Teil der Inkubationsprozedur; deshalb sollten wir uns vergewissern, daß unsere Kamera richtig eingestellt ist.

Sechster Schritt: Aktion! Dieser Schritt ist der einfachste. Wir brauchen nur zu schlafen. Auf uns unverständliche Weise tritt nun ein Teil unseres Bewußtseins, der für gewöhnlich vom Standpunkt unseres wachen Selbst als *un*bewußt erscheint, in Kontakt mit Erlebnis- und Wissensquellen, die fast immer nur im Schlafzustand zugänglich sind. Während wir die am Tage geltenden Schranken der Sinneswahrnehmung verlassen und in den Schlaf sinken, tauchen wir in subtilere Realitäts- und Erlebnisschichten ein.

Im Schlafzustand können wir mit höheren Schaltstellen unseres inneren Selbsts in Kontakt treten, die offensichtlich Zugang zu der immensen Schatzkammer unserer gesamten persönlichen Geschichte (Taten, Einstellungen, Erinnerungen, Eindrücke) wie auch zu Informationen im Hinblick auf unsere Zukunft haben. Viele Psychologen und Psychiater und unzählige Traumforscher haben herausgefunden, daß das innere Selbst unser Leben und unsere Probleme klarer, objektiver und aus einer viel breiteren Perspektive sieht, als wir es im Wachzustand für gewöhnlich tun.

In seltenen Fällen mögen wir sogar einen solchen Grad an Gewahrsein oder Bewußtheit erlangen, daß wir unserem Traumproduzenten bei der Arbeit zusehen können. Wir können uns eines Teils von uns bewußt werden, der geschickt die Auswahl von Charakteren und Assoziationen aus unseren persönlichen Erinnerungen zusammenstellt, die nötig sind, um die Erlebnisse der nicht dreidimensional orientierten Teile unseres inneren Selbsts in eine Sprache zu übersetzen, die für unser Bewußtsein verständlich ist. Diese Begegnung mit unserem inneren Selbst findet offensichtlich in einer hochsymbolischen Form statt. Dem Traumproduzenten fällt die Aufgabe zu, diese sehr kraftvollen Symbole in präzisere Gestalten zu zerlegen, die wir zu unserem täglichen Erleben in Beziehung setzen können. Die Träume, an die wir uns erinnern, sind lediglich das Schwanzende unseres Schlafvorgangs. In Kapitel 9 werden wir einige Möglichkeiten erörtern, wie wir die verschiedenen Ebenen, auf denen wir tätig sind, während unser Körper schläft, besser zur Kenntnis nehmen können.

Für gewöhnlich werden wir einen herbeigewünschten Traum noch in der gleichen Nacht träumen. Er kann unser Anliegen neu formulieren, indem er es aus der Art und Weise, in der wir es bewußt sehen, in diejenige übersetzt, in der unser inneres Selbst es sieht. Die Diskrepanz zwischen beiden Blickwinkeln kann sehr aufschlußreich sein. Unsere Träume können uns Alternativen zu unserem Dilemma aufzeigen, die wir noch nicht in Betracht gezogen haben. Sie können uns Zugang zu ganz neuen Bereichen des psychologischen Gewahrseins und Verstehens eröffnen. Nicht zuletzt scheinen einige erwünschte Träume in sich selbst eine problemlösende, lindernde, heilende Wirkung zu haben. Allein das Erlebnis eines Traums kann unser Denken und Empfinden in einer Weise verändern, die unseren Konflikt löst. Wir sollten darauf vertrauen, daß unser Traumproduzent seine Arbeit gut macht. Dieser kreative Teil von uns ist sich des Anliegens, mit dem wir an ihn herantreten, bewußt und ist imstande, darauf mit wohldosierten Träumen zu antworten.

Siebenter Schritt: Wiedergabe. Sobald wir aufwachen, sei es mitten in der Nacht oder am Morgen, sollten wir sämtliche Traumerinnerungen detailliert aufschreiben, ergänzt durch die Gefühle, Gedanken,

Melodien oder Phantasien, die uns dabei in den Sinn kommen. *Wir sollten versuchen, unseren Traum nachzuerleben.*

Wenn die Zeit reicht, sollten wir zudem alle Assoziationen, die uns bei der Betrachtung der verschiedenen Traumelemente in den Sinn kommen, notieren und ungewöhnliche Bilder am Rand skizzieren. Im Kommentarteil unseres Tagebuchs sollten wir dann versuchen, unseren Traum in jeder uns geeignet erscheinenden Weise zu deuten, wobei wir uns stets auf unseren Inkubationssatz beziehen sollten. Das folgende Kapitel enthält praktische Hinweise, wie wir unsere traumdeuterischen Fähigkeiten weiterentwickeln können. Wenn wir unsere Traumsprache besser verstehen lernen, wird sich erweisen, daß Inkubationsbemühungen, die wir für gescheitert hielten, in Wirklichkeit recht erfolgreich waren. Eventuelle Zweifel sollten wir zugunsten unserer Träume auslegen. Bevor wir nicht zu verstehen vermögen, welchen Gegenstand sie *tatsächlich* behandeln, sollten wir unser Urteil darüber, ob bestimmte schwer verständliche Träume mit unserer Inkubationsfrage zu tun haben oder nicht, aufschieben.

Die Wirkungen der Trauminkubation

Wann immer meine Studenten erstmals einen Traum träumen, der auf eine am Abend zuvor gestellte Frage Antwort gibt, entdecken sie eine neue Partnerschaft zu ihren Träumen, durch die sie zugleich ein neues Gefühl der Wachheit, Zuversicht und Erfüllung erleben. Erwünschte Träume sind in der Regel leichter verständlich und intensiver als die meisten spontanen Träume, was vermutlich auf das höhere Maß an bewußter Beteiligung am Traumvorgang zurückzuführen ist.

Die Zahl der herbeigewünschten Träume, die nahezu unverschlüsselt auf unsere Fragen antworten, mag uns überraschen.

William, ein sich abrackernder Künstler mit vielseitigen Talenten, war ständig versucht, das ernsthafte Malen aufzugeben und eine geregelte Arbeit anzunehmen, die ihm Ansehen und ein regelmäßiges Einkommen bescheren würde. Er bat sein Traumselbst um Beantwortung der Frage »Soll ich mir einen Job zum Geldverdienen suchen oder gibt es einen besseren Weg?« Daraufhin träumte er:

Ich sehe eine Zwanzig-Dollar-Eintrittskarte ins finanzielle Auskommen vor mir. Irgendwie verstehe ich, daß mich das über Wasser hält, bis größere Aufgaben auf mich zukommen werden. Noch im Traum glaube ich, daß dies bedeutet, ich solle meine Malklassen fortsetzen, auch wenn es kein Zuckerschlecken ist.

Auf eine für viele herbeigewünschten Träume typische Weise schien William seinen Traum schon während des Träumens zu verstehen. Beim Aufwachen fiel ihm ein, daß zwanzig Dollar der Monatsbetrag war, den er von seinen Malschülern für den wöchentlich stattfindenden Unterricht verlangte. Da dieses Geld ihm nur ein unregelmäßiges Einkommen bescherte, hatte er erwogen, die Klassen aufzugeben und eine feste Arbeit anzunehmen. Im Traum schien ihm seine Lehrtätigkeit ein für das Notwendigste ausreichendes Einkommen zu gewährleisten. Darüber hinaus sah er in seinem Traum, daß sich ihm größere und bessere Chancen eröffnen würden, wenn er sich für eine Fortsetzung seiner künstlerischen Tätigkeit entschlösse. Anderthalb Jahre nach diesem Traum unterrichtete William immer noch seine Klassen, die jedoch inzwischen begehrter und damit profitabler geworden waren. Und einige renommierte Galerien begannen, seine Gemälde auszustellen.

Die Deutung einiger unserer erwünschten Träume wird einer gewissen Anstrengung bedürfen, doch werden wir angesichts der Tatsache, daß wir um den Traum gebeten haben, motivierter als gewöhnlich sein, ihn zu verstehen und uns zunutze zu machen.

Sicherlich wird es Fälle geben, in denen wir uns an einen herbeigewünschten Traum nicht erinnern. Das passierte mir vor einiger Zeit. Ich hatte gerade die meisten Kapitelüberschriften für dieses Buch festgelegt, konnte aber mehrere Wochen lang weder eine geeignete Überschrift für das erste Kapitel finden noch mir darüber klarwerden, wie ich es beginnen sollte. Ich kam auf die Idee, meine Träume um Hilfe zu bitten. Mein Inkubationssatz lautete: »Wie soll ich mein erstes Kapitel beginnen, und welche Überschrift soll ich ihm geben?«

Am nächsten Morgen wachte ich mit völliger Leere im Kopf auf, jedenfalls schien es mir so. Als ich dann unter der Dusche stand, hörte ich mich ein schlichtes Liedchen singen:

Komm, sieh dir deine Träume an,

komm, sieh dir deine Träume an,

komm, sieh dir deine Träume an, und du wirst merken,
es sind deine Freunde.

Ganz plötzlich kam mir die Idee, daß ich das erste Kapitel »Zum Star geboren« nennen könnte, mit meinem Otto Preminger-Traum beginnen und dann fortfahren sollte, Schritt für Schritt den Gedanken zu entwickeln, daß wir die Produzenten unserer eigenen Traumszenen sind. Ich erinnerte mich an keinen besonderen Traum, doch die Idee erfüllte mein Bewußtsein, als habe der gesamte Kapitelentwurf bereits im Detail festgestanden.

An Einsichten und Lösungen, die wir in erwünschten wie in spontanen Träumen empfangen, müssen wir nicht unbedingt in Traumform erinnert werden. Sie mögen sich erst später einstellen, in Form von Ahnungen oder dem Drang, bestimmte Schritte zu unternehmen oder Entscheidungen so zu fällen, daß sie einer Lösung unserer Probleme zuträglich sind. In Fällen, in denen wir unseren Träumen Fragen stellen, für deren Beantwortung wir noch nicht wirklich bereit sind, kann es passieren, daß wir die Erinnerung an Träume, die uns diese Antwort geben, unterdrücken. Wenn wir mit uns selbst geduldig sind, werden wir für mögliche Intuitionen in den Tagen nach einer Trauminkubation empfänglicher sein. Ob diese Intuitionen auf einen speziellen, aber vergessenen erwünschten Traum zurückgehen oder das Ergebnis anderer unbewußter Problemlösungen sind, läßt sich nicht sagen. Selbstverständlich sollten derartige Intuitionen und auf ein bestimmtes Handeln gerichtete Antriebe im Lichte unserer bewußten Urteilskraft und unseres gesunden Menschenverstands überprüft werden, bevor wir auf sie eingehen.

Zweifellos können zumindest einige Träume schon für sich genommen den weiteren Lebensweg des Träumers maßgeblich beeinflussen. Die aus diesen und anderen Träumen gewonnenen Einsichten eröffnen sicherlich zahlreiche Möglichkeiten des Wachstums und der Veränderung. Das Maß, in dem unser Traumleben unser Wachleben beeinflußt, ist nicht zuletzt dadurch bestimmt, wie wir mit unseren Träumen umgehen. Indem wir lernen, Träume herbeizuwünschen, tun wir einen ersten Schritt, um sie zur Bereicherung unseres Lebens zu nutzen. Wir verkürzen dadurch die Zeit, die normalerweise erforderlich wäre, um bestimmte Konflikte zu lösen oder neue Bereiche des Verstehens zu erkunden. Eine an unsere Träume gerichtete Bitte um Inspiration wird uns zudem die Türen zu einer gesteigerten Kreativität in unserem Tages- und Nachtleben öffnen.

Im Traumzustand sind wir allem Anschein nach entdeckungsfreudiger und verspielter. Wir nehmen uns größere Freiheiten, um mit Problemen zu experimentieren und verschiedene Antworten auf unsere Fragen auszuprobieren. Auch sind wir im Traumzustand frei von den unentwegten Ablenkungen durch Sinneseindrücke und tägliche Belange. Wir sind in der Lage, unsere ganze Aufmerksamkeit gezielt einer Sache zuzuwenden und können zugleich über das reiche Reservoir unserer Gefühle, Handlungen und Lebenserfahrungen verfügen. Einige Träumer sind sogar fest davon überzeugt, daß man im Schlaf Erlebnisse auf anderen Seinsebenen haben, mit spirituellen Führern in Kontakt treten und das Wesen des Universums erahnen kann.

Ist Trauminkubation gefährlich?

Ist die Trauminkubation womöglich ein Vehikel, mit dem sich bestimmte spontane Trauminhalte unterdrücken lassen, die besser geträumt werden sollten? Ist nicht die Versuchung groß, nur zu willkommenen Themen Träume herbeizuwünschen? Dürfen wir uns überhaupt in einen offensichtlich autonomen Prozeß einmischen, der sich des Nachts in unserem Innern abspielt und der eine so wichtige Rolle für unser psychologisches und womöglich sogar körperliches Gleichgewicht spielt? Die meisten Experten glauben, daß Träume die Funktion haben, unsere Aufmerksamkeit auf Einstellungen und Verhaltensweisen zu lenken, die wir in unserem bewußten Leben nicht hinreichend zur Kenntnis nehmen und verarbeiten. Wenn das zutrifft, wie können wir uns dann anmaßen, unserem weisen, ausgleichenden Unbewußten zu sagen, was es zu tun habe?

Diese Fragen werden immer wieder von jenen gestellt, die zwar niemals versucht haben, einen Traum herbeizuführen, die aber über breite Kenntnisse auf anderen Gebieten der Traumforschung verfügen. Sie lassen sich grob in zwei Gruppen unterteilen. Die eine Gruppe glaubt, daß die unbewußte Traumwelt Kräfte von solch enormer Gewalt birgt, daß das Bewußtsein stets Gefahr läuft, überflutet und fortgeschwemmt zu werden, falls die Traumerforscher nicht sehr behutsam zu Werke gehen und sich bei ihren Erkundungen von einem Analytiker helfen lassen. Die Vertreter dieser Auffassung, die von einer relativen Schwäche des Bewußtseins gegenüber den Kräften des Unbewußten überzeugt sind, glauben, daß der Einsatz des Wachbewußtseins bei der Inkubation von Träumen zu einem Zusammenbruch der natürlichen, ausgleichenden Funktion des Traumvorgangs führen könnte. Obwohl sie ihren Überzeugungen treu zu bleiben pflegen und im allgemeinen nicht mit Inkubationen experimentieren, legen Therapeuten dieser Richtung ihren Klienten häufig nahe, über spezifische Themen zu träumen, indem sie etwa sagen: »Hoffen wir, daß Sie in dieser Woche hierzu einen Traum haben.« Während meiner bei den Jungianern absolvierten Analyse entdeckte ich, daß Trauminkubation wirksamer war als Hoffen und außerdem sehr hilfreich.

Die zweite Gruppe unterscheidet sich von der ersten durch ihre Haltung hinsichtlich der Rolle und Stärke des Bewußtseins in Beziehung zum Unbewußten. Sie zeichnet sich durch größere Wertschätzung für und ein stärkeres Vertrauen in die Fähigkeit des Bewußtseins aus, mit den Inhalten des Unbewußten fertig zu werden. Die Anhänger dieser Auffassung sehen psychotische Zusammenbrüche als Ergebnis nicht etwa einer interessierten, absichtsvollen Erforschung des Unbewußten, sondern vielmehr einer langen Geschichte der absichtsvollen Vermeidung jeder ernsthaften Untersuchung der Inhalte unseres Bewußtseins und des Unbewußten. Sie stehen der Erkundung von Wegen, wie das Bewußtsein aktiv an normalerweise im Unbewußten angesiedelten Prozessen beteiligt werden könnte, weit aufgeschlossener gegenüber als die Mitglieder der ersten Gruppe. Sie sind eher bereit, Verfahren wie die Trauminkubation zu erproben, weil sie darauf vertrauen, daß das Unbewußte normalerweise über genügend Abwehrkräfte verfügt, um seine Integrität zu schützen, falls es versehentlich einmal in Bedrängnis geraten sollte. Auch glauben sie, daß das Unbewußte seine Aufgabe, die Seele im Gleichgewicht zu halten, umsichtig genug durchführt, um das Bewußtsein rechtzeitig wissen zu lassen, wenn es sich bedrängt fühlt; sei es, daß es entsprechende Botschaften in den Träumen übermittelt oder die Inkubationsbemühungen des Träumers durchkreuzt.

Diejenigen, die Erfahrungen mit der Inkubation von Träumen gesammelt haben, sind im wesentlichen zu übereinstimmenden Auffassungen gelangt. Was sie schildern, sind nicht etwa Geschichten von schrecklichen Begegnungen mit den Kräften des Unbewußten, die ihr Bewußtsein aus dem Gleichgewicht gebracht hätten, sondern vielmehr neue Erlebnisse einer fruchtbaren Partnerschaft zwischen ihrem inneren und äußeren Leben. Was zuvor als rätselhafte, verwirrende Traumwelt erschien, wird nun als ein Verbündeter erkannt, der sowohl dem Bewußtsein nützliche Hinweise geben als auch von ihm steuernde Eingriffe empfangen kann. Diese Träumer haben nicht etwa das Gefühl, die Selbstkontrolle zu verlieren, sondern werden sich ihrer Macht bewußt, ihr Traum- und Wachleben beeinflussen zu können. Während der Inkubationstests, die ich in den vergangenen fünf Jahren durchgeführt habe, sind die Träumer weder unbewußten Mächten zum Opfer gefallen noch zu Diktatoren geworden, die ihr Traumleben im Dienste repressiver Wünsche zu programmieren versuchen. Statt dessen haben sie sowohl die steuernden als auch die empfangenden Funktionen des Bewußtseins neu schätzen gelernt. Keiner von ihnen hat, soweit mir bekannt ist, die Inkubation von Träumen je übertrieben. Während einige Studenten bis zu sechs Träume in einer Woche herbeigewünscht haben, reichten Zeit, Neigung und Kraft der meisten Träumer lediglich, um ein- oder zweimal pro Woche einen Traum zu erbitten. Gewöhnlich erinnerte man sich an zwei oder drei Träume, die sich auf den Inkubationsgegenstand beziehen. Da wir etwa 28 bis 35 Träume pro Woche haben, bleibt genügend Zeit für spontane Traumprozesse. Das Unbewußte scheint recht gut imstande zu sein, sich gegen ausgefallene oder in die Irre führende Inkubationsfragen zur Wehr zu setzen. In den wenigen Fällen, in denen im Anschluß an eine Inkubation Träume auftraten, die offenkundig nichts mit dem Inkubationsgegenstand zu tun hatten, stellte sich meistens heraus, daß der Versuch des Inkubanten, etwas Wichtigem aus dem Weg zu gehen, durch spontane Traumprozesse durchkreuzt wurde. Diese spontanen Träume handeln gewöhnlich von dem Problem, das der Träumer durch die Inkubation ausgefallener Träume zu umgehen suchte.

Einer Träumerin namens Maria war dies alles wohlbekannt. Sie hatte seit mehr als vier Jahren ihre Träume analysiert und Trauminkubation praktiziert. Schon früher einmal hatte sie ihre Träume einfach darum gebeten, sie aufzumuntern. Seinerzeit hatte sie sich gerade von ihrem Freund getrennt und sich sowohl der Auseinandersetzung mit ihm als auch ihren Verlust-, Wut- und Haßgefühlen sehr mutig gestellt. Sie erbat und erhielt einen Traum, der ihr aus ihrer Niedergeschlagenheit heraushalf. Als sie jedoch etwa ein Jahr später versuchte, einen aufmunternden Traum herbeizuführen, um einem Problem aus dem Weg zu gehen, dem sich zu stellen sie seit geraumer Zeit vor sich herschob, erlebte sie eine Überraschung.

Sie hatte einen zermürbenden Arbeitstag hinter sich. Von ihrem Schlaf erbat sie sich einen Traum, der ihr ein wenig friedliche Aufmunterung bescheren sollte. Doch dann träumte sie, auf dem Weg zu einer Lehrerkonferenz zu sein, deren Teilnehmer sie größtenteils langweilig fand. Diese Leute verwehrten ihr mit der Begründung, sie habe nicht den richtigen Passierschein, den Zutritt. Sie war sehr beunruhigt und suchte im ganzen Schulgebäude nach dem Passierschein oder jemandem, der ihr den passenden Schein aushändigen könnte. Das ganze Gebäude wirkte auf sie sehr bedrückend. Mehrmals versuchte sie, in das Sitzungszimmer zu gelangen, wurde aber jedesmal abgewiesen. Beim letzten Versuch sagte der Lehrer zu ihr: »Aber Sie haben hier nichts zu suchen.« Maria meinte später, der Traum sei »scheußlich und deprimierend«, aber wichtig gewesen.

Nach diesem Traum begann Maria sich endlich zu fragen, ob sie die Ärgernisse ihres Lehrerberufs wirklich nötig habe. Natürlich hatte sie ein Bedürfnis nach finanzieller und beruflicher Sicherheit, und sie fürchtete, keine neue Stelle zu finden, wenn sie ihre jetzige aufgeben würde. Doch sie war überaus unglücklich mit ihrer Arbeit. Sie war vor einigen Jahren an eine deprimierende, schreckliche Schule versetzt worden. Um ins Gebäude zu gelangen, mußte sie über Betrunkene klettern, tagaus, tagein körperliche Drohungen und versuchte Tätlichkeiten der Schüler abwehren und dem starren Widerstand der Verwaltung und Lehrerschaft gegen ihre Verbesserungsvorschläge begegnen. Im ganzen Bezirk gab es nur eine Schule, die noch schlimmer war. Falls sie auf einer Versetzung bestehe, erklärte man ihr, könne sie dorthin gehen oder den Dienst quittieren. Mit der Frage »Wo und wie geht es mit mir beruflich weiter?« erbat sie einen Traum. Daraufhin träumte sie:

Eine Freundin, die in einem anderen Schulbezirk mit viel Freude unterrichtet, fährt mit mir im Auto, nachdem wir irgendwo südlich der Market Street gewesen sind. Es wird spät, und aus irgendeinem Grund habe ich das Gefühl, daß ihr Mann George gekommen ist, um uns in ihrem Auto abzuholen. Auf dem Beifahrersitz sitzt ein Mann, aber es ist nicht George. Ein bißchen habe ich Angst vor ihm und befürchte, er könne unsere Fahrtrichtung ändern, doch ich vertraue darauf, daß Judy uns an unser Ziel bringt. Wir fahren die Straße hinunter, bis wir den 22er Bus sehen. Als ich bemerke, in welche Richtung der Bus fährt, sage ich zu Judy, daß ich da nicht hin will. So fahren wir auf einen verlassenen Parkplatz, wo mein Auto steht. Es ist weiß und blankgeputzt. Ich habe den Eindruck, daß es neu ist. Judy sagt, daß ich in mein eigenes Auto steigen könne oder sie mich nach Hause fahren würde. Der Typ auf dem Vordersitz verschwindet. Auf dem Parkplatz stehen einige Männer herum, schauen kurz auf und wenden sich wieder anderen Dingen zu. Ich fürchte mich ein wenig, weil es dunkel ist und sie dort stehen, doch sie kommen mir nicht bedrohlich vor. Judy sagt: »Vielleicht kann ich Dir mit der Kupplung helfen.« Ich antworte: »Vielleicht . . .« Dann wache ich auf.

Maria hatte das Gefühl, daß ihre Inkubation fehlgeschlagen sei. Deshalb bat sie zwei Abende später mit der gleichen Frage erneut um einen Traum. Zu ihrer Überraschung träumte sie genau den gleichen Traum noch einmal!

Sie brachte ihr Drehbuch zu einer Traumgruppe mit; nach der Diskussion in der Gruppe deutete sie ihren Traum so:

Mein Traum zeigt die Alternativen, die ich in meinem Berufsleben heute vor mir sehe. Ich könnte die mir angebotene Versetzung an eine Schule annehmen, die noch schlimmer sein soll als die, an der ich zur Zeit unterrichte. Der 22er Bus fährt dorthin. Im Traum lehne ich diesen Weg ab. Ich könnte mich von meiner Freundin nach Hause fahren lassen. Sie ist gleichfalls Lehrerin im städtischen Schuldienst, und ihr geht es ziemlich gut dabei. Mit anderen Worten, ich könnte als Lehrerin im Schuldienst bleiben und zufrieden und gesichert leben. Oder ich könnte unabhängig als Schulaushilfskraft arbeiten (falls ich einen solchen Job bekomme) oder sogar selbst eine Schule aufmachen, da ich einige betuchte Leute kenne, die mir gerne helfen würden. Ich glaube, daß das blankgeputzte weiße Auto hierfür steht. Und es stimmt, daß ich diese Alternative oft aus Angst, zu versagen (die herumstehenden Männer), verworfen habe. Der Traum gibt mir zu verstehen, daß diese Angst unnötig ist. Judy bietet an, mir dabei zu helfen, das Auto in Gang zu setzen – mich in Fahrt zu bringen. Ich werde mich eingehend mit der Möglichkeit befassen, unabhängig zu arbeiten – das bringt mich auf Trab, doch es macht mir Angst.

Dieses Traumerlebnis veranlaßte Maria, sich eine ideale Arbeitsstelle auszumalen. Diesem Phantasiebild wandte sie ihre ganze Aufmerksamkeit zu und stellte es sich als eine reale Möglichkeit vor. In ihrer Phantasie unterrichtete sie an einer öffentlichen Schule, die sie von ihrer Wohnung aus zu Fuß erreichen konnte. Sie stellte sich die Schule als sehr friedlich vor, von Menschen geleitet, die auf ihre Verbesserungsvorschläge eingehen würden. Zeitweise hörte Maria auf, nur immer an das Schlimmste zu denken, was ihr zustoßen könnte. Sie versuchte sich selbst in dem Glauben zu bestärken, daß es zu ihrem im Traum geschilderten Dilemma *tatsächlich* die »Judy-Alternative« gab. Allerdings wagte sie nicht zu hoffen, daß ihr ernstlich auch die Alternative »Blankes-Auto« offenstand. Sie beschloß, ihre ganze Kraft auf die Alternative zu konzentrieren, die ihr am angenehmsten erschien.

Nach einigen Wochen, in denen sie sich auf die »Judy-Alternative« konzentrierte, erfüllten sich ihre Wünsche in erstaunlicher Weise. Sie wurde an eine Schule versetzt, die nur zehn Fußminuten von ihrer Wohnung entfernt liegt; es war hier friedlich, und die Schulleitung stand ihren Verbesserungsvorschlägen außerordentlich aufgeschlossen gegenüber. Wie es ihr Traum angedeutet hatte, ist sie dort ziemlich glücklich. Ihr blankgeputztes weißes Auto steht immer noch auf dem verlassenen Parkplatz; irgendwann wird sie es in Bewegung setzen oder auch nicht. Vorerst fühlt sie sich sicher und zufrieden.

Während ich diese Traumgeschichte niederschrieb, rief Maria an. Sie erzählte mir, daß ihre Freundin Judy an die gleiche Schule versetzt werden solle, an der sie, Maria, inzwischen unterrichte, obwohl Judy in keiner Weise darum gebeten habe. Drei Jahre nach Marias Traum sieht es so aus, als würden sie und Judy in der Tat im gleichen Boot – oder Auto – sitzen. Marias Traum hatte ihr mehrere Alternativen angeboten. Sie machte das Beste daraus.

Immer wieder wird die Frage gestellt, ob nicht der Inkubant seinen Traum früher oder später sowieso träumen würde, auch ohne jemals einen Inkubationsprozeß in Gang gesetzt zu haben. Vielleicht, vielleicht auch nicht. Die Wiederholung von Marias Inkubationsversuch, zwei Nächte nach dem ersten Anlauf, läßt vermuten, daß hier mehr als reiner Zufall im Spiel ist. Träume, an die man sich im Anschluß an einen Inkubationsversuch erinnert, handeln so regelmäßig vom Inkubationsgegenstand, daß es schwerfällt zu glauben, irgendein Träumer könnte mit solcher Genauigkeit und Regelmäßigkeit vorhersagen, welche Themen in der jeweiligen Inkubationsnacht gerade auf der Tagesordnung des spontanen Traumbewußtseins stehen.

Ich wurde auch schon gefragt, ob nicht jemand mit einem ausgeprägten Hang zur Selbstzerstörung Träume herbeiführen kann, die ihn in die falsche Richtung lenken. Mir ist bisher noch niemand begegnet, der sich erinnern konnte, von einem herbeigewünschten Traum – seine korrekte Deutung vorausgesetzt – irregeführt worden zu sein, ganz gleich, wie negativ seine Gemütsverfassung auch immer gewesen sein mochte. Wir halten uns in unseren Träumen nicht zum Narren, obschon wir Träume auf eine Weise deuten können und dies auch häufig tun, die eine jeweils liebgewonnene Einstellung oder Ansicht zementiert. Wenn ein Traum gut gedeutet wird, liegen seine Dienlichkeit und Weisheit gewöhnlich offen zutage.

Bedeutsam ist, daß Träumer, die Inkubationserfahrung haben, ihre zunehmende Aufgeschlossenheit für neue Themen und Erlebnisse in ihrem Traumleben auf diese Erfahrung zurückführen. Erbetene Träume haben in ihrem Leben wichtige Entwicklungen ausgelöst. Einige, wie Maria, haben bessere Arbeitsplätze gefunden. Andere haben abgenommen. Wieder andere, die Einsicht in die Triebkräfte schwieriger Beziehungen erhielten, haben beschlossen, diese Beziehungen zu beenden oder zu verändern.

Die Trauminkubation wird sich in dem Maße, in dem wir neue und kreative Möglichkeiten ihrer Anwendung entdecken, als immer fruchtbarer erweisen. Wir haben bereits gesehen, wie erfolgreich sich einige Traumproduzenten dieses Verfahrens bedient haben. Die Traumgeschichten in den nachfolgenden Kapiteln werden eine Vielzahl weiterer Anregungen geben.

KAPITEL 3

Nach dem Sinn der Show
fragt man am besten den Produzenten

Das Trauminterview

Unsere Träume sind keine sinnlosen Kapriolen der Nacht. Sie kommen zu uns, um uns die Augen zu öffnen und uns Anregung und Orientierung zu geben. Sie belästigen uns nicht mit Dingen, die wir bereits verstanden haben. Sie wollen uns auf Dinge hinweisen, die wir noch nicht voll begriffen haben. Sie dienen einem Zweck und haben eine Botschaft. Es liegt an uns, sie zu verstehen.

Träume entspringen unserer Seele. Wir produzieren sie. Der Teil von uns, der sie erzeugt, weiß, was jeder Traum bedeutet. Indem wir unsere Träume erforschen und lernen, uns bewußter an ihrem Entstehungsprozeß zu beteiligen, wird uns ihre Bedeutung zunehmend klarer werden. Immer mehr Träume werden sich scheinbar von selbst deuten, während wir sie träumen; die Bedeutung der Symbole wird sich uns bereits im Traumvorgang erschließen.

Als Neuling unter den Traumerforschern werden wir rasch erkennen, daß die meisten unserer Träume einer Deutung bedürfen. Selbst nach jahrelanger Beschäftigung mit Träumen werden wir mitunter noch morgens mit einem Traum aufwachen, den wir überhaupt nicht verstehen. In einem solchen Fall sollten wir mit dem Traumproduzenten in uns in Kontakt treten und ihn fragen, was er uns mit seiner Traumshow zu sagen versucht. Manchmal wird er über seine Arbeit bereitwillig mit uns diskutieren, manchmal nicht. In wieder anderen Fällen mag es so scheinen, als sei unser traumproduzierendes Selbst auf den Mund gefallen, und wir werden schwören, daß wir nirgends in uns einen Produzenten beherbergen, der irgend etwas über unseren Traum wüßte. Wann immer es unklar ist, worauf unser Traumautor hinauswill, können wir ihm durch entsprechende Fragen seine Absicht entlocken. Falls sich unser Produzent zurückhält, werden wir das Interview mit besonderer Umsicht und Geduld führen müssen. Doch sobald wir unsere Interviewtechniken beherrschen, wird unser

Traumproduzent nicht länger umhin können, uns alle benötigten Informationen zu geben.

Diese Überlegungen haben mich dazu geführt, eine Methode zu entwickeln, die ich *Trauminterview* nenne. Die Grundidee dabei ist, daß der Träumer den Teil von sich interviewt, der den Traum produziert, und somit direkten Zugang zu seiner Bedeutung hat. Zweck der Übung ist es, so lange *relevante* Assoziationen und intuitive Verknüpfungen hervorzurufen, bis sich die Traumelemente zu einem Bild zusammenfügen und der Träumer die Bedeutung seines Traumwerks erkennt.

Nur wir selbst, die Produzenten des Traums, wissen, was wir uns mit den verschiedenen Elementen und Geschehnissen in unserem Traum haben mitteilen wollen. Ein Teil von uns hat sie produziert, um unserem bewußten Selbst etwas Wichtiges zu sagen. Besser als irgendein anderer hat jeder selbst Zugang zu dem Assoziationsreichtum, der die Bildersprache unserer Träume kennzeichnet. Im Wachzustand sind wir zumeist ein etwas geistesabwesender, ziemlich ahnungsloser Produzent. Doch einmal verstanden und gewürdigt, sind unsere Träume schlagende Beweise dafür, daß wir im Schlafzustand bei klarem Verstand und sehr kreativ sind. Ein geschicktes Interview vermag die Absicht und Ziele unseres Traumproduzenten ans Tageslicht zu befördern, selbst wenn unser waches Selbst sie weitgehend vergessen zu haben scheint. Wir können den Traumproduzenten in uns interviewen, indem wir abwechselnd seine Rolle und die des Interviewers spielen. Das empfiehlt sich vor allem dann, wenn wir mit unseren täglichen Träumen in unserem Traumtagebuch arbeiten. Hin und wieder mag es einfacher und amüsanter sein, einen Freund oder einen Traumspezialisten zu bitten, den Part des Interviewers zu übernehmen. Gerade wenn sich unser Traumproduzent besonders einsilbig und unverständlich gibt, können wir die Entdeckung machen, daß die Übertragung der Rolle des Interviewers auf einen mit der Materie vertrauten Freund oder einen Therapeuten es sehr erleichtern wird, die benötigten Informationen zu erhalten. Die Entwicklung guter Interviewfertigkeiten ist von großer Bedeutung, wenn wir mit der Befragung unserer selbst und anderer geistesabwesender Traumproduzenten erfolgreich sein wollen.

Als erstes sollte ein guter Interviewer wissen, wie man eine entspannte Atmosphäre herstellt, in der sich der Traumproduzent wohl fühlt. Dem Interviewer sollte daran gelegen sein, daß sich der Künstler frei fühlt, sich zu äußern, ohne befürchten zu müssen, beurteilt oder ausgelacht zu werden. Um optimale Ergebnisse zu erzielen, sollte eine Atmosphäre der Aufgeschlossenheit, des Interesses und der Anteilnahme herrschen, so daß der Produzent eher bereit ist, wichtige Gefühle zu erleben und zu äußern. Seine Assoziationen werden freier fließen und sich rascher zu einem bedeutungsvollen Ganzen zusammenfügen. Interviewer wie Traumproduzent sollten das Gespräch als angenehm empfinden und es nicht zu sehr in »Arbeit« ausarten lassen; eine spielerische, detektivische Haltung à la Sherlock Holmes wird sehr viel mehr Früchte eintragen.

Als Trauminterviewer müssen wir unser Handwerkszeug kennen. Es folgt ein Überblick über die Fertigkeiten und Kenntnisse, die es uns erlauben werden, nahezu jeden Traum zu deuten.

Das Handwerkszeug des Interviewers

Zu den unverzichtbaren Werkzeugen, die wir benötigen, gehört vor allem eine Fragtechnik. Wir müssen wissen, welche grundlegenden Fragen am ehesten dazu führen, den Traumproduzenten aus der Reserve zu locken. Auch werden wir Erfahrungen darin sammeln müssen, auf die Antworten oder ausbleibenden Antworten des Produzenten die richtigen Folgefragen zu stellen. Die Kenntnis der wichtigsten strukturellen Tendenzen in der Traumwelt wird hilfreich sein, um uns selbst und unseren Traumproduzenten auf die Traumwirklichkeit einzustimmen, die ihren eigenen Gesetzen folgt. Schließlich werden ein Einlassen auf die Wortspiele und Metaphern der Traumwelt sowie ein bei der Zusammenfügung des Traumpuzzles zu beweisender Sinn für kreatives Spiel unsere Hochachtung vor den Ausdrucksqualitäten unseres Traumproduzenten ganz erheblich erhöhen.

Fragetechnik. Die Fähigkeit, uns in die Stimmungslage unseres Traums hineinzufühlen oder sie nachzuerleben (oder einen anderen Produzenten dazu zu ermuntern, gleiches mit seinem Traum zu tun), ist von zentraler Bedeutung. Das neuerliche Durchleben der Gefühle, die wir an verschiedenen Stationen eines Traums empfunden haben, führt uns zum Erkennen von Situationen in unserem gegenwärtigen Leben, die in uns ähnliche Gefühle hervorrufen. Interviewer und Produzent sollten daran denken und sich gegenseitig daran erinnern, mit den im Traum erlebten Gefühlen in Kontakt zu bleiben. Das wird den Fortgang des Interviews erleichtern, wenn der Interviewer nach Assoziationen und Gedanken forscht, die für den Traum relevant sind.

Wenn wir uns als Interviewer von unserem Traum faszinieren lassen, werden wir ihn sehr viel klarer vor Augen sehen, und unser Wachselbst wird uns in der Würdigung des Traumes folgen, sei er nun angenehm oder nicht. Das Originelle und Ungewöhnliche eines Traumes an sich ist interessant, unabhängig davon, ob es furchterregend, überraschend oder schön ist.

Wenn wir mit dieser Einstellung an die Erkundung von Traumszenen herangehen, werden wir mitunter, während wir einzelne Bedeutungsteile betrachten, Erkenntnisblitze haben. Diese Eingebungen können dem Träumer helfen, intuitiv die passenden Querverbindungen herzustellen. Sie können aber auch in die Irre führen, oder der Träumer kann sich dem Offenkundigen widersetzen. In jedem Fall sollte ein guter Interviewer darauf verzichten, eine Deutung aufzudrängen, da ein solches Verhalten den Träumer/Traumproduzenten nur dazu führen wird, sich zurückzuziehen. Wenn ein Interviewer davon überzeugt ist, daß eine bestimmte Traumdeutung die richtige ist, sollte er sie in eine hypothetische Form kleiden. Falls sie dem Produzenten zusagt, darf man hoffen, daß sie früher oder später dazu führen wird, ein intuitives, unmittelbares Verständnis auszulösen.

Wenn wir uns selbst interviewen, sollten wir geduldig, neugierig, offen und humorvoll sein. Wenn wir einen anderen Traumproduzenten interviewen, sollten wir ihm genauso begegnen wie uns selbst.

Vorbereitung. Alle guten Interviewer haben Spickzettel zur Hand, auf denen die Eröffnungsfragen verzeichnet sind, die sie ihrem Interviewgast stellen wollen. Diese Fragen bringen das Gespräch in Gang und sind dazu gedacht, das zu erkundende Feld abzustecken. Eine Aufstellung derartiger an den Traumproduzenten zu richtenden Ausgangsfragen folgt weiter unten. Diese Fragen werden unseren Traumproduzenten gewiß dazu veranlassen, uns das zum Verständnis des Traumes Notwendige mitzuteilen.

Interviewerfahrung. Zu wissen, wie und wann weitere, durch die erfolgte oder nicht erfolgte Antwort des Traumproduzenten nahegelegte Fragen zu stellen sind, wird den Experten der Traumdeutung vom Anfänger unterscheiden. Indem wir die Fähigkeit des Nachfragens entwickeln, werden wir lernen, uns der Führung des Produzenten zu überlassen. Für gewöhnlich werden wir den Träumer eher in die Irre leiten, wenn wir ihn mit Fragen behelligen, die wir der Lektüre irgendwelcher Traumtheoretiker entnehmen, anstatt mit solchen, die der Traum selbst oder sein Produzent nahelegen.

Sehen wir uns zum Beispiel den in Teil V wiedergegebenen Traum »Aufnahmeprotokoll« von Nicholas an. Man stelle sich vor, ich hätte ihm gesagt, das schwarze Paar, das ihn bat, die Protokolle anzufertigen oder zwanzig Cents zu bezahlen, stelle seinen Schatten oder sein unterdrücktes Triebleben dar. Selbst bei korrekter Anwendung lenken psychologische Begriffe den Träumer von der Unmittelbarkeit seines Traumerlebens ab. Der Hinweis auf seinen Schatten hätte Nicholas weniger Freiheit gelassen als die Frage »Warum lassen Sie das Paar schwarz sein?« Um diese Frage zu beantworten, erlebte Nicholas die Traumszene noch einmal und vermochte daraufhin Genaueres und Bedeutsameres über sich zu sagen, als jede Annahme oder Ablehnung eines allgemeinen psychologischen Begriffs hätte zutage fördern können. Seine Antwort lautete: »Das könnte auf jenen Teil von mir und meiner Freundin hinweisen, der stärker mit der Erde verbunden, der natürlicher und unbeschwerter ist.« Diese Antwort wirft mehr Licht auf die Bedeutung des Paares als alle Schablonen je vermögen.

Es ist riskant, in den Interviewfragen irgend etwas vorauszusetzen. Auch wenn wir Schäferhunde mögen und sie als Verkörperung von Liebe und Treue sehen, kann ein anderer Traumproduzent sie dafür verwenden, die boshaften, unzuverlässigen und übertrieben aggressiven Eigenschaften einer Traumfigur zum Ausdruck zu bringen. Wir sollten uns stets vergegenwärtigen, wessen Traum wir gerade erkunden. Handelt es sich um unseren eigenen, so sind unsere Assoziationen ausschlaggebend. Ist es der Traum eines anderen, dann werden dessen Assoziationen die Geschichte erzählen. Wenn wir einen anderen Träumer interviewen, dann träumen wir über seinen Traum und lassen unseren eigenen Assoziationen und Ahnungen freien Lauf. Das kann uns zu Hypothesen über die Bedeutung dieses Traumes führen, die der Fähigkeit des Träumers, den Traum mit seinem Leben in Verbindung zu bringen, auf die Sprünge helfen mögen. Doch wir sollten stets auseinanderhalten, was des anderen Traum und was unsere Phantasie über diesen Traum ist. Ein Beispiel dafür, wie hilfreich ein Interviewer sein kann, liefert ebenfalls Nicholas, der träumte, einer von mehreren Soldaten zu sein, die exekutiert werden sollten. Sein Interviewer, in diesem Fall seine Freundin, malte sich die Szene in ihrer eigenen Vorstellung aus. Dann fragte sie: »Was trugen die Soldaten?« Nicholas lachte und antwortete: »Arbeitsanzüge. Wir trugen alle Arbeitsanzüge!« Die Bedeutung war für ihn klar: Er hatte sich in letzter Zeit buchstäblich zu Tode gearbeitet, war aber heldenhaft bemüht gewesen, diese Tatsache zu leugnen. Hätte seine Freundin nicht versucht, sich den Traum selbst auszumalen, dann wäre Nicholas der entscheidende Hinweis vermutlich entgangen.

Sinn für metaphorische Darstellungsformen. Die meisten Träume benutzen symbolische Bilder, um auf bestimmte Merkmale aus dem Leben und den Beziehungen des Träumers hinzuweisen, sie zu beschreiben und zu beleuchten. Wie wir eben sahen, war die bildliche Anspielung in Nicholas' Exekutionstraum der Schlüssel zu dessen Botschaft. Andere Anspielungen, Wortspiele und Metaphern bedürfen weiterer Nachfragen, um entschlüsselt zu werden.

Virginia Jack, eine Operationsschwester, brachte einmal einen schwierigen Traum mit. Die Hauptrolle in ihrem Drama spielte Dr. James, den sie als einen »recht guten Chirurgen« an ihrer Klinik beschrieb. Er erinnerte sie an niemanden und an kein Ereignis in ihrem Leben. Als der Interviewer fragte, ob der Arzt in irgendeiner Weise ihrem Vater ähnlich sei, antwortete sie »nein«, fügte aber hinzu, er sei älter als ihr Vater gewesen. Das Gespräch stockte. Der Interviewer beharrte und fragte noch einmal: »Ist das *alles,* was Ihnen zum alten Doktor James einfällt?« Virginia lachte. »Also, sein Spitzname ist Jack the Ripper, falls das von Bedeutung ist.« Gefragt, weshalb er diesen Spitznamen trage, erklärte sie: »Wenn er operiert, hat er die Angewohnheit, die Schneideinstrumente ziemlich achtlos an die Schwestern zurückzureichen. Dabei schneidet er ihnen häufig in die Finger oder Hände, darum nennen wir ihn Jack the Ripper.« Der Interviewer folgte dieser Spur und fragte: »Wann haben Sie sich schon einmal in der Weise verletzt gefühlt, in der Sie sich durch Jack the Ripper verletzt fühlen?« »Hmmm ... Ich fühle mich verletzt durch das mangelnde Interesse meines Bruders an mir. Diese Verletzung ist wie ein Schnitt, ich fühle mich von ihm abgeschnitten. Und ich halte meinen Bruder meist für älter als meinen Vater, weil er so konservativ ist.« Virginia begann, die Absicht ihres Traumproduzenten zu ahnen, als sie des Wortspiels gewahr wurde, das Jack the Ripper und ihren Bruder, der ebenfalls Jack hieß, in Verbindung brachte. Dieser Traum gehörte zu einer Serie von Träumen, die Virginia die Augen öffneten, in welchem Umfang Verhaltensweisen und Handlungen durch ihr übertriebenes Bedürfnis geprägt waren, von ihrem abweisenden älteren Bruder Anerkennung zu erhalten.

Metaphorisches Denken ist für das Verständnis von Träumen unverzichtbar. Wenn wir die Metapher als Ausdrucksweise wirklich ernst nehmen, werden wir bei der Übertragung von Traumbildern in sinnvolle Worte weniger Schwierigkeiten haben. Der Genuß, den uns der in unseren Traummetaphern und -wortspielen zutage tretende Scharfsinn bereitet, wird uns zurückführen zum Reichtum des Traumes selbst. Nachdem wir die Bedeutung der Anspielungen, Metaphern und symbolischen Handlungen eines Traumes entdeckt haben, sollten wir zu einem neuerlichen Erleben des Traumes in seiner eigenen Sprache zurückfinden. Dann werden wir sehen, um wie vieles besser, als irgendeine Übertragung in Worte je vermöchte, der Traum es uns sagt.

Vertrautheit mit den grundlegenden Gesetzmäßigkeiten von Träumen und Traumbildern. Die Struktur der Traumsprache unterscheidet sich für gewöhnlich beträchtlich von den Strukturen, durch die wir unsere Wachrealität verstehen. Wenn wir uns selbst oder einen anderen Träumer interviewen, wird es hilfreich sein, sich in der Traumwelt auszukennen. Wir können uns mit den allgemeinen Mechanismen dieser Welt vertraut machen, indem wir unsere eigenen Träume erforschen, mit den Träumen anderer arbeiten und uns aneignen, was Traumforscher geschrieben haben.

Es folgt eine Aufstellung der grundlegenden Gesetzmäßigkeiten, die mir am häufigsten in Träumen begegnet sind.

Nahezu alle Träume betreffen direkt den Träumer. Mit Ausnahme weniger Beispiele, in denen wir von künftigen, uns ein wenig entrückten Ereignissen träumen, handeln unsere Träume von Menschen, Orten, Dingen und Geschehnissen, die irgendeinen Aspekt von uns selbst widerspiegeln oder unsere Gefühle gegenüber wichtigen Personen und Dingen des täglichen Lebens zum Ausdruck bringen. Selbst die bizarrsten Träume, in denen es um übersinnliche Wahrnehmung oder um Traumreisen in andere Dimensionen der Wirklichkeit geht, dienen häufig dazu, die Wahrnehmung unserer alltäglichen Existenz zu schärfen.

Träume können auf *subjektiver* Ebene gedeutet werden, wobei jede Figur als ein Aspekt der Persönlichkeit, der Hoffnungen und Ängste, Kämpfe und Erfolge des Träumers zu sehen ist. Deuten wir hingegen einen Traum auf der *objektiven* Ebene, dann nehmen wir die in ihm auftretenden Figuren als das, was sie zu sein scheinen. Wenn wir von einem Freund träumen, den wir seit Jahren nicht gesehen haben, dann haben wir uns aller Wahrscheinlichkeit nach seines Bildes bedient, um uns in einem Teil von uns wiederzufinden, der diesem Freund ähnlich ist. Wenn unser Traum von Familienmitgliedern handelt, mit denen wir eine aktive Beziehung unterhalten, dann ist es sehr gut möglich, daß wir über die Triebkräfte dieser Beziehung träumen. Es besteht allgemein die Auffassung, daß sich Träume häufig am besten auf beiden Ebenen deuten lassen. Wenn wir etwa von unserem Ehepartner träumen, dann können wir über unsere Gefühle ihm gegenüber träumen, über den Charakter unserer Beziehung oder über den Teil von uns, den er für uns verkörpert. Wir können aber auch irgendein Persönlichkeitsmuster oder künftiges Ereignis wahrnehmen, das tatsächlich unseren Partner betrifft.

Für Alan Vaughan war es sinnvoll, in seinem Traum »Suche nach Crosby« Frank Sinatra, Bing Crosby und Bob Hope als verschiedene Aspekte seiner selbst zu sehen. Sinatra und Hope verkörperten Merkmale seiner beruflichen Persönlichkeit, Crosby stand für seine beruflichen Ziele. Einige Traumforscher haben versucht, konsequent alle in einem Traum auftretenden Personen und Gegenstände als einen Teil des Träumers zu deuten. Wir können das Sportstadion in Alans Traum insofern als Teil von ihm verstehen, als sein berufliches Leben ein Teil von ihm ist. Andere Träume dürften sich ergiebiger auf der objektiven Ebene deuten lassen. Beispielsweise dürfte es in Ninas »Titanic«-Traum (siehe Kap. 1) nützlicher sein, Scott als Scott und nicht als Teil von Ninas Persönlichkeit zu deuten. Es gibt durchaus Argumente dafür, sämtliche Traumfiguren auf der subjektiven Ebene zu betrachten, doch ich halte dies für eine überzogene Position. Andererseits erliegt man leicht der Versuchung, die im Traum auftretenden Personen überwiegend auf der objektiven Ebene zu sehen und dadurch die Botschaft des Traumes oft gänzlich zu verpassen. Denn in der Tat sind wir es, die sich hinter den Akteuren unserer Träume verbergen. Mit entsprechender Praxis werden wir erkennen, welche der beiden Deutungen für ein gegebenes Traumbild die angemessenere ist, oder ob beide in gleichem Maße in Frage kommen.

Wenn wir von jemandem träumen, zu dem wir in mehr oder weniger intimer Beziehung stehen, wird eine objektive Deutung häufig plausibler sein. Doch eine subjektive Deutung kann mitunter aufschlußreicher sein. Ein uns Nahestehender mag zum Beispiel nicht sich selbst verkörpern, sondern unsere eigene Stärke oder Schwäche, die wir auf ihn übertragen haben. Wenn etwa eine Frau träumt, ihr Mann habe eine Affäre, dann kann es sein, daß sie am Tage unbewußt verräterische Zeichen aufgegriffen hat, aber erst im Traumzustand erkennt, was vor sich geht. Vielleicht erfährt sie die Wahrheit durch ihren Traum. Es kann aber auch sein, daß sie *ihre* Wünsche nach einer Affäre zum Ausdruck bringt – Wünsche, die sie nicht als ihre eigenen anzuerkennen wagt und deshalb auf ihren unschuldigen Ehemann projiziert. Das wäre ein Beispiel für *Projektion*. Wir sehen in anderen Menschen Eigenschaften und erkennen nicht, daß es unsere eigenen sind. Oft fällt es leichter, unangenehme Gefühle auf andere zu projizieren, statt sie als Bestandteil von uns selbst anzuerkennen.

Projektion ist ein Abwehrmechanismus, den wir alle gelegentlich zur Abwendung von Ängsten benutzen. Es gehört zum Reifungsprozeß, Projektionen zurückzunehmen und in uns zu integrieren. Projektionen sind die wichtigsten Bausteine der Träume. Die Deutung und das Verstehen von Träumen ist ein Prozeß der Anerkennung von Eigenschaften, Gedanken und Gefühlen, die wir auf andere Charaktere unseres Traumdrehbuchs projiziert haben.

Negative Traumfiguren verkörpern gewöhnlich Konflikte im Leben des Träumers. Sie sind Personifizierungen von Haltungen, Anschauungen und Gewohnheiten, die es dem Träumer schwer machen, das Leben zu verstehen und zu genießen. Positive Traumfiguren stehen in der Regel für Stärken und Leistung des Träumers. Positive wie negative Traumbilder können das Urteil des Traumproduzenten über den Charakter enger Freunde oder Familienmitglieder ausdrükken, verkörpern jedoch zumeist einen Aspekt der Persönlichkeit des Träumers selbst. In späteren Kapiteln werden wir Beispiele für objektive und subjektive Traumdeutungen finden.

Die Handlung in unseren Träumen beschreibt die Treibkräfte unserer Lebensumstände. Die Hoffnungen, Ängste, Fragen und Konflikte unseres Lebens sind der Stoff, aus dem die Träume sind. Indem wir unsere Träume verstehen lernen, werden wir auch unser Leben besser verstehen. Häufig wird ein Traum, der von einem bestimmten Konflikt handelt, nicht nur dessen Triebkräfte beschreiben, sondern zugleich einen Ausweg aus dem Dilemma weisen. Träume eignen sich vor allem dazu, unser persönliches Wachstum zu fördern. Unser Traumproduzent benutzt die Ereignisse und Erlebnisse unseres Alltags, um anschaulich zu machen, in welchem Maße wir in unserem Leben der Reifung und Einsicht bedürfen.

Träume kompensieren oft einen Mangel an Einsicht über unser Inneres, unsere Beziehungen oder unser tägliches Erleben. Sie konfrontieren uns mit Szenen, die Aspekte einer Situation hervorheben und nicht selten übertreiben, denen wir im Wachzustand unsere Aufmerksamkeit versagt haben. Jung wies darauf hin, daß uns die kompensatorische Natur der Träume hilft, die verschiedenen Aspekte unserer Persönlichkeit zu erkennen und zu integrieren, indem sie uns Dimensionen unserer persönlichen Realität klarer sehen lassen, die uns sonst unbekannt bleiben würden. Indem wir durch sie unser Leben umfassender verstehen lernen, kommen wir einem Zustand der Ganzheit und Ausgeglichenheit näher.

Träume haben offenkundig die wichtige Funktion, uns »einen sicheren Raum« zu geben, um Gefühlen Ausdruck zu verleihen, die wir gewöhnlich verbergen. Sind wir zu stolz, um in einer Situation, die uns verletzt, zu weinen, so können wir in unseren Träumen hemmungslos Ströme von Tränen vergießen. Wir können die Wut herauslassen, die wir im Wachzustand nicht zu äußern wagen. Unsere Träume helfen uns nicht nur, Dampf abzulassen, sie veranlassen auch, Verhaltensweisen zu erkennen, die unsere menschlichen Gefühle unterdrücken. Träume lassen uns erkennen, in welcher Weise wir den Fluß unserer Lebensenergie blockieren und was wir in unserem Leben daran ändern können.

Träume eröffnen uns neue Einsichten. Ein erfahrener Interviewer wird hartnäckig solange weiterfragen, bis er auf Dinge stößt, die der Traumproduzent vor seinem Traum nicht genau erkannt oder gewürdigt hat.

Auch wenn wir von vertrauten Ereignissen träumen oder gar vergangene Erlebnisse in allen Einzelheiten nachträumen, gibt es stets Dinge, die erst im Kontext des Traumes verständlich werden.

Traumproduzenten benutzen häufig Bilder der vergangenen ein oder zwei Tage. Traumbilder, die Erlebnisse widerspiegeln, an die sich der Träumer leicht erinnert, ermöglichen rasche, lebhafte Assoziationen, die den Traum in eine vertraute Sprache übersetzen können.

Angenommen, Sie träumen, John X habe Ihren Chef erwürgt. Sie träumen dies nicht, *weil* Sie am Vortag einen Brief von John erhalten oder *weil* Sie am Vorabend einen Film über den Würger von Boston gesehen haben. Viel wahrscheinlicher ist, daß Ihr Traumproduzent John hat auftreten lassen, weil sein Brief Ihnen in Erinnerung gebracht hat, was für ein resoluter Kerl er ist, der sich nichts gefallen läßt. Und worauf verfiel Ihr Produzent, als er sich nach einem Bild umsah, das Ihre tatsächlichen Gefühle an jenem Tag zum Ausdruck bringen würde, an dem Ihr Chef Ihnen zusätzliche Arbeit mit nach Hause gab? Er griff auf den Fernsehfilm des Vorabends zurück, weil dessen Motiv Ihre Gefühle gegenüber dem Chef perfekt zum Ausdruck brachte.

Einige gängige Traumbilder können in den Träumen vieler Menschen ähnliche allgemeine Bedeutungen annehmen. Die Bilder in unseren Träumen sind insofern zutiefst persönlicher Natur, als sie uns fast immer etwas bedeuten, wenn wir uns mit unseren ganz persönlichen Assoziationen auf sie einlassen. Die Bildersprache der Träume ist in hohem Maße empfindsam, zugleich jedoch kulturell geprägt. Ich träumte einmal von einer riesigen, kräftigen Schlange, die die wunderschöne Farbe eines leuchtenden Goldfisches besaß. Ich wußte, daß sie mein Geist und mein Führer war, und ich liebte sie sehr. Dieses Bild und die Intensität der von ihm hervorgerufenen Traumgefühle waren meine eigenen; gleichwohl ist die Schlange ein gängiges Symbol, das in den Träumen vieler Menschen Ähnliches verkörpern kann. Ein Interviewer sollte über die Bedeutung des Schlangensymbols Bescheid wissen. Freud wies darauf hin, daß Schlangen häufig die phallischen sexuellen Nöte, Konflikte und Verhaltensweisen des Träumers verkörpern, und Jung bemerkte, daß Schlangen für die geistigen oder integrierenden Kräfte der Persönlichkeit stehen. Das Wissen um diese Bedeutung kann dazu beitragen, im Kopf des Träumers weitere, spezifische Assoziationen auszulösen; jedoch sollten derartige allgemeine Deutungen möglichst präzisiert werden, damit der Träumer aus ihnen Einsichten gewinnen kann, die sich unmittelbar auf sein gegenwärtiges Leben beziehen. Das kann etwa dadurch geschehen, daß der Kontext in Betracht gezogen wird, in dem ein solches Symbol im Traum auftaucht oder daß die allgemeine Bedeutung nur als vorläufige angesehen wird, bis der Träumer zu spezifischeren, bedeutungsvolleren Assoziationen gelangt ist. Wenn der Traumdeuter nur die von Schlangen symbolisierten Themen vor Augen hat, kann er die sich anbietenden weit persönlicheren Deutungen des Symbols übersehen und verpassen. Wenn eine College-Studentin von fünf Schlangen träumt, die sie angreifen und zu töten drohen, kann es sich durchaus um die fünf Examen handeln, auf die sie sich vorbereitet hat. Nach einer Woche mit gerade zwei Stunden Schlaf pro Nacht, mangelhafter Ernährung, keinerlei Bewegung und einer Menge Angst ist es gut möglich, daß sie sich ihre Examina – und nicht etwa ihr sexuelles oder geistiges Leben – als fünf sehr bedrohliche Schlangen ausmalt.

Mit dem Fortgang unserer Traumstudien werden wir in zunehmendem Maße auf Bilder stoßen, die durch einen behutsamen, undogmatischen Rückgriff auf ihre allgemeine Bedeutung erhellt werden können. Es kann hilfreich sein, einige dieser gängigen Traumbilder zu erörtern, um uns an den Umgang mit ihnen zu gewöhnen.

Träumer, die sich im Traum in einem viktorianischen Haus befinden, träumen häufig von einer viktorianischen Einstellung, die ihnen meistens Ärger bescherte. Um welche Einstellung es sich im einzelnen handelt, wird sich sowohl aus Handlung und Kontext des Traumes, als auch aus den durch sie ausgelösten Assoziationen ergeben. Dieses trifft im allgemeinen selbst auf Träume von Menschen zu, die tatsächlich in viktorianischen Bauten leben oder von ihnen umgeben sind. Zwar kann das viktorianische Haus eines im Traum auftretenden Freundes mit dem Hauptanliegen des Traumes wenig zu tun haben, es kann aber die Einstellung seines Eigentümers symbolisieren. Es gibt Faustregeln, die uns in diesen Fällen weiterhelfen. Wenn der Träumer vom Baustil eines Hauses Notiz nimmt, dann ist anzunehmen, daß dieser Stil ein bedeutsames Element des Traumes ist. In diesem Fall kann der Interviewer den Produzenten fragen, ob sich hinter diesem besonderen Baustil etwas Brauchbares für die Deutung des Traumes verbirgt.

Räume symbolisieren bestimmte, für den Träumer wichtige Bereiche. Wohnzimmer können auf alltägliche Lebensumstände oder Familienangelegenheiten jüngeren Datums hinweisen. Schlafzimmer können für Sex, persönliche Probleme oder Schlafaktivitäten wie Träumen, Erholen oder Ausruhen stehen. Schlafsäle treten häufig in den Träumen jener auf, die ihre Träume in Gruppen analysieren. Keller-, aber auch Dachgeschosse können unbewußte, vergessene und zurückgewiesene Teile aus dem Leben des Träumers symbolisieren. Die meisten Menschen stehen vor fundamentalen, eher dem Keller zuzuordnenden Problemen, ihr Bewußtsein hingegen beschäftigt sich lieber mit dem möglichen Wert von Dingen, die auf dem Dachboden zu finden sind. Mitunter sind jedoch auch im Keller des Träumers Schätze vergraben.

Patti, eine sehr progressive Frau, träumte einmal, ein unschätzbares Gemälde auf dem Dachboden ihrer Mutter zu finden, der ihrer Meinung nach voller Gerümpel war und ausgemistet werden mußte. Ihr Traumselbst versuchte, sie darauf hinzuweisen, daß sie die rigiden, reaktionären Verhaltensweisen, die sie von ihrer Mutter geerbt hatte, ablegen mußte, daß sie aber auch wertvolle Eigenschaften geerbt hatte. Der Traum ermutigte Patti, die vorteilhaften Aspekte ihrer Ähnlichkeit mit der Mutter mehr zu würdigen, statt in dem Bestreben, ihre Persönlichkeit zu »entwickeln«, das Kind mit dem Bade auszuschütten.

Wasser symbolisiert häufig die geistigen Aspekte des Lebens. Meere und Flüsse können auf unbewußte, turbulente oder ruhige Emotionen hinweisen, Buchten auf verschlossene oder abgeschirmte Gefühle. Schuhe bedeuten die Erdung des Träumers oder die Qualität der Einsicht und des Ver*stehens*.

Wenn Figuren in einem Traum sterben oder tot sind, so kann das bedeuten, daß der durch die sterbende Person verkörperte Teil des Träumers in seinem Leben an Einfluß verliert. Das mag je nach dem Kontext des Traums wünschenswert sein oder nicht. In seltenen Fällen kann ein Traum den tatsächlichen Tod der Traumfigur voraussehen. Kurz vor seiner Ermordung träumte Präsident Lincoln von einem feierlich aufgebahrten, von Wachsoldaten flankierten Sarg. Auf seine an einen der Soldaten gerichtete Frage, wer in dem Sarg liege, erhielt er zur Antwort, es handele sich um Präsident Lincoln. Hier handelt es sich um einen Ausnahmefall.

Traumproduzenten benutzen häufig Autos, um den Körper des Träumers oder auch seine Art zu leben – seine Persönlichkeit – darzustellen. Eine Traumproduzentin griff zum Bild eines weinroten Cadillac, um einen unbeschwerten, robusten, gleichwohl leicht zu handhabenden, heiteren Teil von sich zu symbolisieren, den sie in ihrem Leben selten nutzte oder zum Ausdruck brachte. Ihre Lebensweise war eher praktisch und arbeitsorientiert, wie der kleine, praktische Lieferwagen, den sie in ihrem Tagleben besaß. Der Traumproduzent ermunterte sie, in ihrer Garage Platz zu schaffen für einen weinroten Cadillac.

Den zerstreuten, wachen Produzenten darauf hinzuweisen, daß Autos die Art und Weise symbolisieren können, in der jemand im Leben zurechtkommt, beschleunigt mitunter die Fähigkeit des Träumers, sich in den richtigen Wellenbereich des Traumes einzuschalten; doch das ist nicht immer so. Vor kurzem träumte ich, ich würde mein Auto reparieren und auf Hochglanz bringen, um es zu einem guten

Preis verkaufen zu können. Als ich mein Traumselbst interviewte und eine Deutung erwartete, erhielt ich keine Antwort. Ich mußte mich erst von einer ersten Vermutung verabschieden, bevor das offenkundige Bild des Polierens mich an die Arbeit an meinem Buch erinnerte. Ich wurde ermuntert, einige Teile davon zu glätten und zu überarbeiten, bevor ich es an einen Agenten gab. Als ich das begriffen hatte, erschlossen sich mir auch die übrigen Details des Traumes, und das Ergebnis war, daß ich die nachlassenden Bemühungen um eine Aufpolierung meines Manuskripts neu belebte.

Dies sind lediglich einige Beispiele für gängige Traumbilder. Natürlich werden wir mehr über solche weitverbreiteten Traumbilder und Traumthemen erfahren, wenn wir ihnen in unseren eigenen Träumen und in denen anderer begegnen; zugleich wird die Wahrscheinlichkeit abnehmen, daß wir ihre allgemeinen Bedeutungen auf eine restriktive, lexikalische Weise verwenden. Wir werden uns stärker von dem Kontext beeindrucken lassen, in dem sie erscheinen, und eher geneigt sein, sie in einer spielerischen, probierenden Weise für unsere Deutungsbemühungen zu nutzen.

Träume drücken sich nicht nur in Metaphern und Symbolen aus, sie verwenden auch häufig Folgen und Aneinanderreihungen als Ausdruck für Ursache und Wirkung. Eine Traumhandlung ist nicht einfach etwas Zufälliges. Wenn wir einen Traum analysieren, der einen Konflikt zum Gegenstand hat, und uns den Kopf darüber zerbrechen, was eine Traumszene mit der anderen zu tun hat, dann sollten wir folgende Hypothese in Betracht ziehen: Die erste Szene beschreibt den behandelten Konflikt oder Gegenstand. Die Handlung der ersten Szene »verursacht« die Handlung der zweiten, diese resultiert in einer dritten und so weiter bis zur Schlußszene, die gewöhnlich eine mögliche Richtung weist zur Lösung des in den vorausgehenden Szenen geschilderten Konflikts. Diese Szenenabfolge läßt sich auch unter dem Gesichtspunkt prüfen, wo der Träumer gegenwärtig mit seinem Problem steht. Die Anfangsszenen können Triebkräfte und Entwicklung des Problems beleuchten, die mittleren können verdeutlichen, wo genau sich der Träumer gegenwärtig in bezug auf sein Problem befindet, und die Schlußszene kann mögliche künftige Lösungen oder Wege zur Bewältigung des Problems aufzeigen.

Diese Tendenz der Träume, Abfolgen und Aneinanderreihungen so zu gebrauchen, als könne man zwischen die Szenen unseres geistigen Drehbuchs *deshalb* und *weil* schreiben, ist mir immer wieder aufgefallen, als ich mit kleinen Gruppen arbeitete. Die Annahme derartiger Beziehungen zwischen den einzelnen Traumszenen hat zur Klärung vieler schwieriger Träume beigetragen.

Wenn wir etwa in Alan Vaughans Traum »Suche nach Crosby« in Gedanken ein *deshalb* zwischen die Szenen setzen, fügen sich die Traumteile zusammen. *Weil* Alan aus seiner Frank-Sinatra-Einstellung heraus handelte, *deshalb* konnte er zu seinen sehr erfolgreichen, wenn auch in Bescheidenheit verfolgten Bing-Crosby-Berufszielen keinen Kontakt herstellen. Die dritte Szene schlug als Lösung vor, daß Alan seine Bob-Hope-Fähigkeit, über sich selbst lachen zu können und den leichten, lockeren Lebensstil der 40er Jahre zu genießen, dazu nutzen sollte, in Kontakt mit seinem Crosby-Selbst zu treten.

In Ninas »Titanic«-Traum gab es drei Hauptszenen. Die erste, in der Scott sie bittet, mit ihm eine Reise auf der Titanic anzutreten, gab ihr eine recht deutliche Beurteilung des weiteren Verlaufes ihrer Beziehung. Der Traum antwortete auf ihre Inkubationsfrage mit einer klaren Auskunft, aber auch mit einer Prüfung der Frage, wo sie gegenwärtig in dieser Angelegenheit stand – auf der Abschiedsparty, ohne Ziel, sich selbst und ihre Kraft vergeudend. Der Traum vollzog dann einen Szenenwechsel zu dem Skelett-Baby und dem mit Totenkopf und gekreuzten Knochen gezeichneten Herzen, um ein mögliches Verweilen oder abruptes Verlassen der Abschiedsparty aufzuzeigen. Einen Teil der Traumbotschaft hatte Nina verstanden. Sie verließ Scott, weil sie ihre eigene bessere Einsicht nicht länger verleugnen wollte. Doch nahm sie weder endgültig Abschied, noch machte sie den Versuch, die ungelösten Konflikte, die sie beim Gehen spürte, zu klären oder zu verstehen. Um »Adieu« zu sagen, anstatt mit der Bemerkung »Ich gehe für eine Weile fort« die Flucht zu ergreifen, wäre sie gezwungen gewesen, sich die Mechanismen ihrer Beziehung deutlicher bewußt zu machen, als ihr lieb war.

Patrick träumte, mit ein paar guten Freunden friedlich einen wunderschönen Fluß hinabzufahren. Mit im Boot saß Werner Erhard, der Begründer der Erhard Seminar Trainings (est), den Patrick für einen brillanten, doch anmaßenden, vorlauten und egozentrischen Selbsterfahrungsexperten hielt, der allem Anschein nach Schwierigkeiten hatte, eine dauerhafte Liebesbeziehung der Art, wie Patrick sie suchte, einzugehen. Mit an Bord war James, ein est-Ausbilder oder -Lehrer, den Patrick sehr schätzte und der offensichtlich seine est-Erfahrung zu nutzen wußte, um mit seiner Frau in einer warmen und beständigen Liebesbeziehung zu leben. In der ersten Szene bemerkte Patrick, daß Werner dieses Mal ausnahmsweise nicht den anderen die Schau stahl, sondern ein willkommener Bootsgefährte war. An Bord wurde Patrick irgendeinem Test unterzogen, den er glänzend bestand. Er fühlte sich glücklich, kompetent und von James, dem est-Ausbilder, bestärkt. Während er seine Blicke über die großartige Szenerie schweifen ließ, entdeckte er einen seiner Lieblingsberge, der Teil eines staatlichen Parks war. Er war nun übersät mit modernen Wohnanlagen. In der folgenden Szene, immer noch im Boot, wurde ihm der gleiche Test noch einmal vorgelegt, doch dieses Mal fand er ihn furchtbar schwer, und Werner Erhard war sehr ungehalten über seine erbärmliche Vorstellung. Am Ende des Traumes fühlte sich Patrick unsicher und unglücklich.

Welche Botschaft ließe sich, allein anhand dieser Schilderung, aus der Szenenfolge herauslesen?

In unserer Traumgruppe fiel uns auf, daß Patrick mit seiner Leistung in dem Test zufrieden war, solange er sich Ansichten und Menschen zuwandte, die im Einklang mit der Natur standen und zu starken, dauerhaften Liebesbeziehungen fähig waren (verkörpert durch James). Sobald er durch das abgelenkt wurde, was jener verunstaltete Berg für ihn verkörperte, endete es damit, daß er sich verunsichert fühlte und mit seiner Leistung unzufrieden war.

Als Patrick diese Darlegung seines Traums hörte, sagte er plötzlich: »Okay, ihr braucht nichts weiter zu sagen. Ich hab's.« Der verunstaltete Berg symbolisierte seine Hinwendung zu Menschen, die sehr leistungsorientiert, wohlhabend und erfolgreich waren. Er hoffte, durch sie Sicherheit und Annehmlichkeit zu finden. Tatsächlich war er am Vorabend mit einem solchen Menschen, einem Architekten, zusammengetroffen. Die Traumlogik dieser Szenenfolge löste in Patrick die Erkenntnis aus, daß er sich immer dann minderwertig und unsicher fühlte, wenn seine eigenen, extrem zweckorientierten Verhaltensweisen in den Vordergrund traten oder wenn er sich mit Menschen umgab, die diese Verhaltensweisen exemplarisch an den Tag legten. Er legte an sich selbst einen Maßstab an, den er eigentlich nicht guthieß, denn er fühlte, daß eine so extreme Ausrichtung auf finanziellen oder persönlichen Erfolg die Landschaft und seine eigene Natur entstellte. Als er sich dennoch diesem Maßstab unterwarf, fühlte er sich seiner selbst nicht sicher und verpatzte den Test, der ihm zuvor so leichtgefallen war. In der Person des Werner Erhard kritisierte er sich selbst dafür, den gestellten Ansprüchen nicht zu genügen. Nachdem er den Traum verstanden hatte, blieb für Patrick noch die Frage zu beantworten, welche Art von Verhaltensweisen, Zielen und Menschen mit seinem Wesen harmonisieren; in der Figur des James war ihm hier sicherlich ein nützlicher Hinweis gegeben worden.

Die Konzepte des Underdogs, Topdogs und geheimen Saboteurs können bei der Arbeit mit Träumen sehr nützlich sein. Fritz Perls[1], der Begründer der Gestalttherapie, entwickelte als erster das Konzept vom Kampf des Topdogs (»Über-Ich«) gegen den Underdog (»Unter-Ich«). Ann Faraday hat dieses Konzept und das des geheimen Saboteurs in ihren Traumstudien fortentwickelt[2].

Perls bezeichnete die »Du-sollst«-Gebote und autoritären Stimmen in uns als *Topdogs* – schonungslose Perfektionisten, die uns stets weismachen wollen, daß etwas Furchtbares passiert, wenn wir unseren Impulsen folgen, anstatt zu tun, was wir tun sollten. Im Abschnitt über das Wiederlesen von Traumtagebüchern (Teil V) erzähle ich einen Traum, der mich davor warnt, wertvolle Zeit zu verlieren, wenn ich das Schlittschuhlaufen an den Nagel hängen würde. Zur Zeit dieses Traums befand ich mich in einem schmerzlichen Konflikt mit meinem »Studiere-und-sei-ernsthaft«-Topdog, der mir drohte, daß ich meine Pläne für eine Psychologenkarriere in den Wind schreiben könnte, falls ich es wagen würde, überhaupt noch eiszulaufen. Ich glaubte dem Diktat meines Topdogs, daß alles andere als Perfektion und die totale Verausgabung meiner Kräfte beim Schlittschuhlaufen ungenügend wäre. Ich befürchtete, daß ich, falls ich auch nur ein wenig eislaufen würde, sogleich in die Falle des Perfektionismus hineintappen, mein Studium vernachlässigen und eine Eisläuferin mit geringem intellektuellen Niveau werden würde. Die wichtigen Bedürfnisse meiner Persönlichkeit nach kreativer und körperlicher Betätigung verleugnete ich weitgehend. Diese Kehrseite meiner Persönlichkeit verkörperte sich im *Underdog,* der mich tagsüber mit Stimmen traktierte, die in meinem damals so weit vom Sport entfernten Leben herumspukten und mir in regelmäßigen Abständen sagten »Ich will Eislaufen gehen«. In den Nächten verhöhnte mich mein Underdog mit Träumen, die das Gleiten und Tanzen auf dem Eis zum Inhalt hatten. Underdogs, die durch Topdogs-Maßregeln behinderte Grundbedürfnisse verkörpern, werden um ihr Recht kämpfen, selbst wenn sie sich damit bescheiden müssen, lediglich die Ziele des Topdogs zu sabotieren.

Um einen solchen Sabotageakt handelt es sich offenkundig in Patricks vorher geschildertem Traum. Einer seiner Topdogs bestand darauf, daß er fortwährend am Wachstum und an der Entwicklung seiner Persönlichkeit arbeite, und daß dieses Wachstum finanzielle Früchte tragen müsse. In seinem Traum verkörperte Werner Erhard diese »Arbeite-an-deinem-Wachstum«-Ethik des Topdogs. Die Wohnanlagen repräsentierten seinen »Erfolg-um-jeden-Preis«-Topdog. Solange der Erhard-Topdog den Platz des willkommenen Bordgefährten einnimmt, ist gut Bootfahren. Doch sobald Patrick seinen zweckorientierten, Erfolg und Sicherheit propagierenden Topdog-Gefühlen nachgibt, beginnt Erhard ihn zu kritisieren, weil er dem Erfolgsstandard keines der beiden Topdogs genügt. Die Rache des Underdogs besteht in der Sabotage des zweiten Tests, der für Patrick, der es seinen Topdogs recht machen will, zu einem erbärmlichen Erlebnis wird.

Die geheimen Saboteure, wie sie Faraday nennt, können sowohl Topdogs als auch Underdogs sein, denen es auf rätselhafte Weise immer wieder gelingt, uns in unseren Träumen ein Bein zu stellen. Wenn sich die Geschehnisse zu verschwören scheinen, um uns in unseren Träumen in die Quere zu kommen, sollten wir versuchen, das sabotierende Ereignis zu personifizieren und zu fragen, weshalb es darauf aus ist, uns eine Niederlage zu bescheren. Beispielsweise können wir den Saboteur fragen, warum er den Sturm hat aufkommen lassen, der unser Auto von der Straße gefegt hat. Wann immer wir ein Flugzeug verpassen, unsere Brieftasche vermissen oder Menschen zu erreichen versuchen, die uns immer wieder entrinnen, ist in unseren Träumen ein geheimer Saboteur am Werk. Wir sollten ihn personifizieren und fragen, weshalb er uns behindert. Kommt die Antwort in einem strengen, urteilenden Tonfall, voller »Du-sollsts« und Katastrophenandrohungen für den Fall, daß wir nicht tun, wie uns befohlen, dann können wir ziemlich sicher sein, daß ein aus diesen überzogenen und oftmals überholten Ansichten sich nährender Topdog unseren Träumen und unseren korrespondierenden Lebensumständen Probleme bereitet. Sollte hingegen unser Zwiegespräch mit dem geheimen Saboteur diesen als ein klagendes Opfer sichtbar werden lassen, das den Topdog um Vergebung bittet, dann sabotiert ein rachsüchtiger Underdog unsere bewußten Absichten, den unrealistischen Ansprüchen des Topdogs gerecht zu werden.

Viele der pflichtbewußten, fügsamen und charmanten Frauen dieser Welt leben unter dem Bann einer Topdog-Ideologie, die besagt, es gehöre zur Rolle der Frau im Leben, ihrem Mann Gehorsam und Respekt zu bezeugen. Wie Familientherapeuten nur zu gut wissen, können die gleichen liebreizenden, demütigen Frauen ihre Männer für die ihnen dargebrachte Ehrerbietung teuer bezahlen lassen, indem die nach individueller Identität, persönlicher Erfüllung und Selbständigkeit verlangenden Underdogs ihre Ehen sabotieren. Dieser Typus des Underdogs rächt sich häufig dadurch, daß er seiner Umgebung durch unterschwellige Unmutsbekundungen und Nörgeleien die Stimmung vermiest. Es sind dies jene Frauen, die auch dann weinerlich sind, wenn sie sich nicht beklagen. Der Underdog-Teil einer Persönlichkeit *wird* sich Ausdruck verschaffen, selbst wenn er dies auf eine verzerrte, destruktive Weise tun muß.

Die Lösung ist jedoch gewöhnlich nicht so, als müßten wir lediglich unseren Topdog auffordern, aus unserem Leben zu verschwinden, wie es einige Gestalttherapeuten vorschlagen. Sich dem Topdog zu unterwerfen, hat seinen Reiz. Die Frauen, die ihr ganzes Entscheidungsvermögen über Bord werfen und in einem untergeordneten Verhältnis zu ihrem Ehemann leben, sind aus der Verantwortung des Erwachsenen, die sich aus dem Fällen von Entscheidungen ergibt, entlassen. Sie haben die Freiheit, ihren Mann sowohl die Verantwortung als auch die Schuld für Entscheidungen übernehmen zu lassen, zumal dann, wenn sie nicht zu ihrer Zufriedenheit ausfallen.

Träume der gleichen Nacht behandeln häufig das gleiche Thema.
Wenn wir einen Traum analysieren, können andere Träume und
Traumfragmente der gleichen Nacht Schlüssel zu seiner Bedeutung
liefern. Selbst scheinbar zufällige Vorfälle in den darauffolgenden
Tagen können mitunter zu einem plötzlichen Verstehen zuvor unver-
ständlicher Traumelemente führen.

Bilder, die sich in Träumen verwandeln, verweisen gewöhnlich auf
vergangene, gegenwärtige oder künftige Veränderungen im Leben, in
der Einstellung oder den Gefühlen des Träumers. Die Verwandlung
von Traumbildern kann Wachstum oder Regression der Seele widerspiegeln. In anderen Fällen können sich Traumbilder in unmittelba-
rer Reaktion auf die Erwartungen des Träumers wandeln. Angst
entstellt häufig die eigentliche Natur von Traumbildern. Wie wir
sehen werden, verwandeln sich furchterregende Traumfiguren fast
immer in freundliche oder verschwinden ganz aus der Traumhandlung, wenn der Träumer seine Angst vor ihnen überwindet. Wenn wir
uns über den genauen Charakter eines Traumelements nicht im klaren sind, sollten wir der Frage nachgehen, ob nicht diese Unklarheit
selbst einen vergangenen oder künftigen Wandel der Symbole und
damit der von ihnen verkörperten Einstellungen und Gefühle nahelegt. Beispielsweise wußte ein Träumer nicht, von welcher Art die
Insekten in einem seiner Träume waren. Waren es Gottesanbeterin-
nen, die die wichtige Funktion erfüllten, andere, für das Wachstum
des Getreides schädliche Insekten zu fressen, oder waren es Wander-
heuschrecken, die eine tödliche Bedrohung für das Getreide (persönliche Reifung) darstellten? In diesem Fall begann sich der Träumer,
der an zahllosen Selbsterfahrungsgruppen und -seminaren teilgenommen hatte, zu fragen, ob sein Bestreben, über die Insekten in
seiner Persönlichkeit Klarheit zu erlangen, an diesem Punkt seiner
Entwicklung (dem Getreide) zuträglich sei. Übertrieb er vielleicht,
forschte, prüfte und analysierte er womöglich die Spontaneität aus
seinem Leben hinaus? Behandelte er sein Getreide mit Gottesanbe-
terinnen, oder unterwarf er es einer Heuschreckenplage?

Wiederkehrende Träume und Alpträume sind das letzte Mittel des
Traumproduzenten bei seinem Versuch, dem Träumer Dinge bewußt

zu machen, die zu verstehen für ihn notwendig ist, die er aber noch nicht erkannt hat. Wenn ein geübter Interviewer merkt, daß der Träumer Angst und Widerwillen davor hat, wiederkehrende, unangenehme Träume zu analysieren, dann kann er ihm vorschlagen, den Traum mit dem Prickeln nachzuempfinden und zu schildern, mit dem er sich an einem Horrorfilm ergötzt hat. Eine Traumgeschichte auf diese Weise zu erzählen, kann großen Spaß machen, und dieser Spaß kann den Träumer in der Tat so sehr befreien, daß er die Angst vor seinem Traum verliert.

Einen ungewöhnlichen Wiederholungstraum erzählte uns einmal Si. Seit zwanzig Jahren hatte er regelmäßig von einem Tornado geträumt, der genau auf sein Haus zukam. Stets änderte er in letzter Minute die Richtung und fügte Si keinerlei Schaden zu. Unsere Fragen förderten zutage, daß Si diesen Traum offenbar immer gegen Ende einer Periode beträchtlichen Arbeitsstresses träumte. Er war seit zwanzig Jahren Leiter einer öffentlichen Oberschule, also genauso lange, wie ihn der Traum begleitete. In diesem Fall signalisierte der wiederkehrende Traum, daß alles in Ordnung war und daß Si nichts zu befürchten habe. Der Traum kam in Zeiten des Stresses, um den Träumer zu beruhigen. Die meisten wiederkehrenden Träume allerdings versuchen uns etwas mitzuteilen, das wir möglichst nicht an uns heranlassen möchten.

Die Stimmung, die Gefühle und Gedanken, die der Träumer beim Träumen und in Hinblick auf seinen Traum hat, sind ebenso wichtig wie die Traumhandlung selbst. Wie und was der Träumer über die im Traum vorkommenden Personen und Ereignisse empfindet, offenbart viel von seinen Gefühlen hinsichtlich der im Traum geschilderten Lebenssituation.

Henri, ein Franzose, der mit seiner lebenslustigen Frau eine Luxusvilla an der Riviera bewohnte, erzählte mir einmal von einem sehr eindrucksvollen Traum. Der Gärtner hatte die Gartenanlagen rund um das Haus umgegraben. Es gab Gräben und so hohe Erdwälle, daß man das Haus kaum sehen konnte. Offenbar hatte der Gärtner mehrere verschiedene Gestaltungspläne gleichzeitig begonnen, überall gegraben, aber nichts gepflanzt.

Ich fragte Henri, welcher Teil seines Lebens dem aufgewühlten

Garten in seinem Traum entspreche. Er lachte und erwiderte, daß seine eigene Arbeit der des Gärtners ähnlich sei. Er hatte kurz zuvor mehrere verschiedene Projekte in verschiedenen Teilen der Welt begonnen und fragte sich nun, ob er seinen Ehrgeiz womöglich übertrieben habe. Natürlich hoffte er, daß er wie der Gärtner imstande sein würde, Saatgut zu säen, das zum Gedeihen seiner Geschäfte führen würde. Da Henri mir diesen Traum während eines Abendessens erzählte, zögerte ich, mein Fragespiel fortzusetzen, doch er bestand darauf, obwohl er nicht im geringsten daran glaubte, daß der Traum ihm irgend etwas Bedeutsames mitteilen könnte. Ich fragte ihn also, was er angesichts des Zustandes seines (Traum-)Gartens empfunden habe. Er wiederholte, daß man das Haus kaum habe sehen können. Dann fügte er hinzu, der Traum habe ihn tatsächlich sehr verstimmt und in unpassender Weise traurig gemacht. Ich fragte ihn, ob ihn seine zahlreichen Geschäfte und die damit verbundenen Reisen daran hinderten, viel von dem so geliebten Haus und dem Leben mit seiner Frau zu haben. Darauf sagte er nur: »Ja, das stimmt. Ich vermisse mein Zuhause sehr.« Woraufhin seine Frau einwarf: »Du wirst es nie kennenlernen, wenn du weiter soviel reist und arbeitest!« Tatsächlich hatte Henri uns zu Beginn des Abendessens erzählt, wie sehr er seine Geschäfte und die damit verbundenen Reisen liebte. Beide Partner hatten ausdrücklich betont, wie sehr sie ihre Unabhängigkeit schätzten und was für eine wunderbare Ehe sie führten. Hätte sich Henri in seinem Traum glücklich gefühlt oder gar gehofft, daß die Arbeit des Gärtners früher oder später prächtige Anlagen hervorbringen werde, dann hätten wir seinen Traum als Hinweis deuten können, daß seine ehrgeizigen Berufspläne ihn zwar von seinem Familienleben absonderten, ihm jedoch nach Beendigung der Erdarbeiten in seinen geschäftlichen Dingen sein schönes Heim offenstehen würde.

Henri erkannte, daß dies nicht der Fall war, obwohl er es sich gerne eingeredet hätte. Die Gefühle der Verstimmung und Trauer beim Anblick seiner aufgewühlten und durchstöberten Gartenanlagen zeigten ihm, daß sein Privatleben nicht ganz so sonnig war, wie er und seine Frau es sich einredeten. Henris Reaktion auf diese Traumszene öffnete einen wichtigen Weg für das bislang vernachlässigte Zusammenleben mit seiner Frau.

Träume können sowohl wörtlich als auch symbolisch gedeutet werden.
Alle Träume sollten daraufhin überprüft werden, ob sie eine wörtliche, unverschlüsselte Botschaft oder Ermahnung enthalten. Manche Träume, denen unbewußte oder übersinnliche Bedeutungen zugrunde liegen, können uns in wichtigen Angelegenheiten, die wir im Wachleben übersehen haben, klare Handlungsvorschläge unterbreiten. Träume, in denen wir extrem erschöpft sind, können uns den guten Rat geben, unser Ruhebedürfnis nicht zu vernachlässigen. Wenn wir in einem Traum bemerken, daß ein Teil unseres Körpers Funktionsstörungen aufweist, dann kann dieses eine Ermahnung sein, ein Problem zu beachten, das wir nicht wahrhaben wollten. Mitunter deuten uns Träume an, auf bevorstehende Chancen, Herausforderungen, persönliches oder gesellschaftliches Mißgeschick gefaßt zu sein.

Einige Traumforscher halten hier inne. Sie sind der Ansicht, daß der Träumer nur dann versuchen sollte, seinen Traum zu deuten, wenn sich ein wörtliches Verständnis nicht herstellt. Ein solches Vorgehen hat allerdings zwei große Nachteile. Einerseits kann man leicht eine symbolische Warnung, wie sie etwa ein faulender Zahn darstellen kann, mit dem körperlichen Vorgang verwechseln, wenn man es bei der wörtlichen Deutung eines Traumes bewenden läßt. Dann kann der Träumer für die folgende Woche einen Termin beim Zahnarzt verabreden. Gemeint sein kann aber der eigentliche Schmerz hier und jetzt in seinem Innern, der im Beruf oder in der Ehe auftreten kann. Es erscheint mir daher unerläßlich, jeden Traum sowohl unter wörtlichen als auch unter symbolischen Gesichtspunkten zu betrachten.

Andererseits können Träume, die sich bei wörtlicher Deutung als zutreffend erweisen, zugleich auch bei symbolischer Deutung einen Sinn ergeben, der sich dann als beständiger erweist. Einige Autoren [3] haben sogar die Vermutung ausgesprochen, daß die in solchen Träumen geschilderten psychologischen Umstände die Ursache für die wörtliche Manifestation des Traumereignisses im Wachleben sind.

Träume können vor oder nach einem tatsächlichen Ereignis auftreten. Viele halten die tatsächlichen Ereignisse für eine zeitlich zusammenfallende oder auf bedeutungsvolle Weise übereinstimmende Unterstreichung eines wichtigen psychologischen Sachverhalts, der durch seine Präsentation im Tagleben hervorgehoben wird. Das Universum scheint zu sagen: »Sieh dir das einmal näher an. Es ist wichtig.«

Der Traum selbst sagt es am besten. Von allen Grundregeln, die ein guter Interviewer über die Träume kennen sollte, ist dies die wichtigste. Eine Deutung sollte uns stets dem Traum näherbringen, nicht von ihm entfernen. Ist er einmal verstanden, dann wird ein Traum die größte Wirkung auf den Träumer ausüben, wenn er ihn in seiner eigenen, seine Gefühle versinnbildlichenden Sprache nacherlebt. Wenn wir einen Traum übersetzt haben und infolgedessen seine Sprache mühelos verstehen können, werden wir imstande sein, den Reichtum seiner Symbolik zu erkennen, der sich in Worten nicht fassen läßt.

Das Interview

Wie fangen wir an? Nachdem wir nun wissen, wie wir uns unserem Traumproduzenten nähern können und einiges über den allgemeinen Charakter seiner Arbeitsweise erfahren haben, wird es für den weiteren Verlauf der Dinge nützlich sein, einige an ihn zu richtende spezifische Fragen parat zu haben, damit das Interview gelingt. Ob wir nun beide Rollen selbst spielen, die des Produzenten und die des Interviewers, oder ob wir nur eine der beiden Rollen übernehmen und die andere einen Freund spielen lassen, das Verfahren ist in beiden Fällen das gleiche.

Im Laufe der zahlreichen Interviews, die ich mit den Traumproduzenten meiner Studenten geführt habe, sind mir bestimmte Fragen immer wieder als die für die Entschlüsselung einer Traumbedeutung wirksamsten aufgefallen. In der Mehrheit bitten diese Fragen den Produzenten einfach, die Traumszenerie zu *charakterisieren* und zu *beschreiben*. Bittet man den Traumproduzenten, seine Assoziationen zu einem speziellen Traumelement zu äußern, so erhält man zumeist vage und abschweifende Antworten. Die Charakterisierung und Beschreibung der Traumbilder und -vorkommnisse hingegen sorgt dafür, daß der Produzent bei seinem Traum bleibt und sich weniger in freien Assoziationen ergeht, deren Muster vagen, womöglich unbewußt gespeicherten Traumtheorien entstammen mögen. Gewöhnlich wird gerade die Charakterisierung und Beschreibung von Traumbildern auf relevanten Assoziationen beruhen oder von ihnen begleitet werden. Sie pflegen die unverfälschtesten, spontansten Assoziationen zu sein, die ein Produzent zu bieten hat; deshalb sollten wir uns als Interviewer entgegenkommend zeigen und ihm Zeit lassen, seine Antworten zu entwickeln. Zwölf Ausgangsfragen können als eine Art Checkliste dienen. Nicht alle Fragen werden sich auf alle Träume anwenden lassen. Nicht alle Träume werden ein vollständiges Interview erfordern, bis der Produzent erkennt, worum es in seiner Traumshow geht. Diese Fragen können an jedem Punkt des Interviews ein intuitives Verständnis des Traumes auslösen; es steht uns frei, mit ihnen fortzufahren, nachdem die Bedeutung des Traumes einmal erkannt ist. Allerdings kann eine weitere Erforschung des Traumes diese Bedeutung modifizieren; in aller Regel wird sie das Verständnis, das der Träumer von seinem Traum erlangt hat, vertiefen und bekräftigen.

Möglicherweise ist der Traumproduzent eher bereit, unsere Fragen zu beantworten, wenn wir ihn vorweg bitten, so zu tun, als kämen wir von einem anderen Stern. Auf diese Weise wird er auf die Frage »Wer ist Bob Hope?« nicht einfach antworten »Sie kennen doch Bob Hope!« und damit die Gelegenheit verpassen, seine mit diesem Mann verbundenen Assoziationen zu erkennen. Sehr oft nämlich ist das, was ein Träumer hinsichtlich einer bestimmten Figur oder eines bestimmten Ereignisses für allgemeines Wissen oder für Tatsachen hält, in Wirklichkeit ein sehr persönliches Geflecht aus Einstellungen, Ansichten und Assoziationen. Wir sollten den Traumproduzenten bitten, mit uns ebenso geduldig zu sein wie wir mit ihm. Die Interviewfragen sollten wir erst dann stellen, wenn der Produzent seinen Traum nachgelesen und uns in der Gegenwartsform erzählt hat.

1. Woran in Ihrem gegenwärtigen Leben werden Sie erinnert, wenn Sie die Gefühle nacherleben, die Sie im Traum hatten?
2. Wovon handelt der Traum Ihrer Meinung nach?
3. Welche wörtliche Bedeutung könnte der Traum haben?
4. Könnten Sie die Schauplätze des Traumes beschreiben?
5. Wenn Sie als Produzent diese Szenerie gewählt hätten, um eine bestimmte Stimmung zum Ausdruck zu bringen und auf den Charakter der folgenden Traumhandlung hinzuweisen, wie würden Sie beides beschreiben? An welche Bereiche Ihres Lebens werden Sie dabei erinnert?
6. Wer ist X? (Wir sollten den Traumproduzenten bitten, uns zu sagen, wer die einzelnen Personen im Traum sind. Seine Antwort wird am ergiebigsten sein, wenn wir ihn daran erinnern, daß wir von einem anderen Stern kommen und über das Leben auf der Erde nicht das geringste wissen.)
7. Wie ist X? (Diese Frage wird den Produzenten zu Mitteilungen darüber veranlassen, wie er über X denkt, wobei sachdienliche Assoziationen gewöhnlich ganz von alleine mitgeliefert werden. Wir können auch fragen, was für ein Typ X ist. Dabei sollten wir den Träumer ermutigen, uns seine Eindrücke von der Traumperson mitzuteilen, ohne auf Korrektheit oder Objektivität zu achten. Falls es sich bei X um eine dem Träumer unbekannte Person handelt, sollten wir weiter fragen: »Was für ein Mensch könnte X Ihrer *Vorstellung* nach sein?«)
8. Können Sie den Teil von sich, der wie X ist, erkennen? (Hier können wir auf große Widerstände stoßen, wenn der Träumer gerade jemanden beschrieben hat, den er ganz und gar nicht leiden kann. Selbst wenn wir im Träumer einige Eigenschaften von X wiedererkennen sollten, wäre es riskant, das zu erwähnen. Ein gekränkter Produzent wird sich in Schweigen hüllen. Wir können auf diese Frage später, wenn sich die Interviewatmosphäre ein wenig entspannt hat, wieder zurückkommen.)
9. Wie sieht Ihre Wach-Beziehung zu X aus? (Mit dieser Frage soll versucht werden, die Art dieser Beziehung zu ergründen – intim, beiläufig, konfliktreich, bereichernd usw. Vielleicht wird der

Träumer aufschlußreiche Anekdoten aus der Geschichte der Beziehung beisteuern, wenn er dazu Gelegenheit oder Ermutigung erhält.)

10. Was ist ein Y? (Hier sollten wir den Produzenten bitten, alle im Traum vorkommenden Gegenstände zu definieren und zu sagen, wozu sie gebraucht werden und wie sie funktionieren. Wir sollten ihm deutlich machen, daß wir nicht an wissenschaftlicher Genauigkeit, sondern an seiner Vorstellung darüber interessiert sind, was ein Y ist und wozu es dient.)

11. Wie ist das Y in Ihrem Traum beschaffen, und woran erinnert es Sie? (Die Beschreibung seiner Traumobjekte mag der Traumproduzent durch Assoziationen ergänzen, die wir eventuell näher zu erkunden wünschen.)

12. Würden Sie die wesentlichen Handlungsabläufe oder Ereignisse des Traumes schildern und mir sagen, an was in Ihrem Wachleben Sie durch sie erinnert werden?

Diese Fragen müssen nicht genau in dieser Reihenfolge gestellt werden, Folgefragen können angebracht sein. Durch Beispiele von Trauminterviews in diesem Buch und vor allem durch die Arbeit mit unseren eigenen Träumen werden wir ein Gespür für geeignete Folgefragen entwickeln. Ein flexibler Gebrauch des obigen Fragenkatalogs wird am ehesten Früchte tragen.

In machen Fällen wird die Beantwortung der Ausgangsfragen genügend Informationen oder Anhaltspunkte erbringen, um einen Traum intuitiv zu verstehen. Wird der Traum jedoch nur vom Interviewer, nicht vom Produzenten verstanden, dann ist es wichtig, daß auf die ersten Antworten weitere Fragen folgen, die die Bedeutung der einzelnen Traumelemente und des gesamten Traumes auch dem Produzenten erschließen. Es ist sehr leicht, den Traum eines andern zu mißdeuten. Selbst wenn seine Hypothese richtig sein sollte, ist der Interviewer gut beraten, wenn er sie vorerst für sich behält. Durch weitere Fragen wird er herausfinden, ob seine Hypothese durch zusätzliche Informationen erhärtet wird und er ein intuitives Zusammenfügen des Traumpuzzles durch den Produzenten selbst bewirken kann.

Das Interview optimal nutzen. Gewöhnlich hat der Träumer unmittelbar unter der Oberfläche der Wahrnehmung Zugang zu Assoziationen, die nötig sind, um dem Traum einen Sinn zu geben. Wir sollten immer daran denken, daß der Träumer seine eigenen Träume produziert und selber ahnt, was der Traumproduzent in ihm auszudrücken versucht. Eine gute Traumdeutung ist vor allem eine Sache der Fragestellung. Es wird hilfreich sein, wenn wir im weiteren Verlauf des Interviews so oft wie möglich in unseren Fragen Worte und Bilder des Traumes benutzen. Das Stellen wirksamer Folgefragen erfordert viel Gespür, das sich am besten durch praktische Beispiele aus eigenen und fremden Träumen entwickelt.

Anfangs fällt es oft leicht, die offenkundigen Metaphern in den Träumen anderer zu verstehen, weil Traumproduzenten in ihrem wachen Denken meist konkret, im Schlaf hingegen Meister des symbolischen Ausdrucks sind. Daher wird der mit dem Traum arbeitende Interviewer die metaphorische oder symbolische Bedeutung des Traumes häufig lange vor dem Produzenten erkennen.

Sobald der Interviewer eine mögliche Deutung gefunden hat, wird er in der Hoffnung, seine Hypothese zu verifizieren und den Träumer für sie zu erwärmen, versucht sein, auf sie hinführende Fragen zu stellen. Der Interviewer sollte es dem Träumer überlassen, die Bedeutung seines Traumes selbst zu erkennen. Würde er versuchen, die Richtigkeit seiner eigenen Deutungen zu beweisen, würde er vermutlich versäumen, auf den Träumer zu hören und sich von ihm führen zu lassen. Seine Fragen würden einen tendenziösen Charakter annehmen, und er würde Mühe haben, dem Traumproduzenten weitere Antworten zu entlocken.

Falls sich Interviewer und Produzent in Zeitdruck befinden, können Vorschläge des Interviewers das Verfahren beträchtlich beschleunigen. So kann er etwa vorschlagen, daß der Träumer seine Traumszene im Lichte bestimmter relevanter, in Träumen vorhandener Strukturmerkmale betrachten solle. Er kann den Träumer durch Suggestivfragen in eine bestimmte Richtung lenken und sogar mögliche Deutungen des ganzen Traumes oder von Traumteilen vorschlagen. Diese Vorschläge sollten sich so weit wie möglich der Bildersprache des Traumes bedienen. Als derart aktive Interviewer sollten wir jedoch sehr umsichtig vorgehen. Wichtig ist, immer wieder die Meinung des Träumers zu unseren Vorschlägen zu erfragen. Sämtliche Vorschläge sollten wir mit Fragen begleiten wie »Paßt das?« oder »Ergibt das einen Sinn?« oder »Was halten Sie davon?« Auch die Frage, *inwiefern* eine vorgeschlagene Deutung nicht paßt, kann dazu beitragen, uns auf die richtige Spur zu bringen.

Während der Arbeit mit den Träumen anderer werden wir gelegentlich entdecken, daß sich ein Produzent gegen die Übernahme unserer Hypothese aus fadenscheinigen Gründen sträubt. Das mag tatsächlich der Fall sein. Doch wir können uns auch irren und lediglich starrköpfig an unserer Hypothese festhalten wollen. In jedem Fall wäre es unklug, auf einer bestimmten Deutung zu beharren. Falls wir uns täuschen, werden wir den Träumer in die Irre führen oder von einer richtigen Beurteilung seines Traumes abbringen. Wenn hingegen unsere Deutung richtig ist, der Träumer sich jedoch gegen sie sperrt, dann vergeuden wir bloß unsere Zeit. Wenn ein Träumer eine Traumerkenntnis nicht annehmen will, dann wird er sie nicht hören wollen, ganz gleich, wie laut wir sie hinausposaunen. Unser Beharren wird lediglich seine Abwehrhaltung verstärken und die Fortsetzung des Dialogs gefährden oder unergiebig gestalten. Wir können jederzeit weitere Fragen stellen, um unsere Vorstellungen begreiflich zu machen. Falls der Träumer die Botschaft seines Traumes völlig verpaßt, wird er sie in späteren Träumen erkennen lernen.

Während des ganzen Interviews sollten wir Geduld aufbringen. Der Träumer kann gerade dabei sein, Dinge miteinander zu verknüpfen, und während wir glauben, er habe nichts mehr zu sagen, kann er mit wichtigen neuen Assoziationen aufwarten. Mitunter wird er sie mit dem Satz einleiten: »Ich weiß nicht, warum mir gerade das jetzt einfällt, aber . . .« Solche scheinbar bezugslosen Gedanken sind häufig für den Traum höchst aufschlußreich, deshalb muß der Interviewer auf sie achten und zu ihrer Aussage ermutigen. Erfahrung wird unser bester Ratgeber sein, wenn es sowohl bei den Fragen des Interviewers als auch bei den Antworten des Produzenten zu unterscheiden gilt, welche relevant sind und welche nicht. Um von Anfang an einen sachdienlichen Dialog zu führen, sollten wir stets bemüht sein, die Aufmerksamkeit auf den Traum zurückzulenken.

Während wir den Produzenten ins Gespräch verwickeln, sollten wir zugleich seinen Sinn für ein spielerisches, intuitives Zusammenfügen des Traumpuzzles bestärken. Wir sollten den Traum selbst mitträumen und seine Einzigartigkeit und bildliche Mannigfaltigkeit genießen. Diese Interviews können sehr amüsant sein, wenn wir uns auf die Träume wirklich einlassen.

Das Interview zu Ende bringen. Wir sollten den Produzenten (oder uns selbst, falls wir beide Rollen übernehmen) ermuntern, mit den bereits erkundeten Traumstücken zu spielen. Wir können ihn veranlassen, eine Hypothese darüber aufzustellen, wie sie zusammenpassen. Das erübrigt sich natürlich, wenn der Träumer, was nicht selten der Fall ist, bereits im Anfangsstadium des Interviews erkennt, was der Traum zu bedeuten hat. Wenn es der Sache dient, sollten wir dem Träumer sagen, wie wir die Traumstücke zusammensetzen würden und ihn fragen, ob er diese Auslegung für zutreffend hält. Lautet die Antwort »Genau, so ist es!« oder ähnlich, können wir ihm glauben. Antwortet er hingegen »Ja, ungefähr so . . .« oder dergleichen, dann können wir davon ausgehen, noch nicht am Ziel zu sein. In diesem Fall ist unsere Hypothese entweder nicht zutreffend, oder der Träumer widersetzt sich ihr. Es passiert selten, daß Trauminterviews auf diese Weise enden, doch wenn es der Fall ist, sollten wir keine Deutung erzwingen; sie sollte sich – ein wenig überraschend und große Befriedigung hinterlassend – stets von selber aufdrängen. Auf jeden Fall können beide Seiten durch ihren Dialog viel gelernt haben, und dieses Wissen wird nicht umsonst sein.

Die Erhellung und Entschlüsselung der Traumbilder und -geschehnisse wird für die Arbeit mit späteren ähnlichen Träumen nützlich sein. Die erforschten Traumbilder fügen sich häufig einige Stunden oder Tage nach dem Interview zu einem sinnvollen Ganzen zusammen, wenn der Träumer Zeit gehabt hat, die in dem Interview gewonnenen Ideen und tieferen Einblicke in sich aufzunehmen.

Die meisten Träume werden ihre Botschaft einem geschickten Interviewer überraschend schnell übermitteln. Gegen Ende des Interviews sollte der Produzent aufgefordert werden, seinen Traum im Lichte der neu gewonnenen Einsichten nachzuerleben. Wie weit wir auch immer das Interview vorangetrieben haben mögen, und wie klar die Bedeutung des Traumes erkannt worden sein mag, stets wird der Produzent in uns oder in unserem Interviewpartner diese Bedeutung am besten dadurch würdigen können, daß er den Traum in dessen eigener Sprache nacherlebt.

Die Kenntnis der strukturellen Merkmale eines Traumes und die Übersetzung seiner Bilder in sinnvolle, verständliche Worte sind gute Voraussetzungen zu seinem Verständnis. Doch die Einzigartigkeit einer fremden Sprache läßt sich kaum dadurch erlernen, daß man sich mit einem Wörterbuch und einer Sammlung von Redewendungen ausrüstet. Am intensivsten werden wir den ganzen Bedeutungsreichtum unserer Träume erleben, wenn wir lernen, in ihrer Bildersprache zu denken oder zu leben. Wenn wir die Realität unseres Traumes spüren, werden wir in der Lage sein, ihn am Tage in Kopf und Herz zu bewahren. Das wird uns helfen, ihn besser zu verstehen, da wir mit den Traumbildern vertrauter werden und bestimmte Tagesereignisse Einsichten darüber bringen, welchen Bezug der Traum zu unserem Wachleben hat.

Die Präsenz unseres Traumes während des Tages wird uns vor allem ermutigen, die durch ihn gewonnenen Einsichten in der Praxis zu erproben. Das kann heißen, daß wir die Triebkräfte eines Problems erkennen und die vom Traum vorgeschlagene Lösung ausprobieren. Sie kann darin bestehen, daß wir das Problem aus einer anderen Perspektive sehen oder einen Schritt zur Veränderung einer festgefahrenen Situation unternehmen. Auch kann uns die Gegenwart unseres Traumes in unserem Wachleben daran erinnern, daß der Darsteller unseres nächtlichen Schauspiels in uns ist und wir auf seine Kraft zurückgreifen können, um das im Traum behandelte Problem zu bewältigen.

Wiedergabe des Interviews. Wenn wir gleichzeitig die Rolle des Produzenten und des Interviewers spielen, werden wir die Erfahrung machen, daß das Niederschreiben des Interviews in unser Traumtagebuch wirksamer ist als das bloße Durchspielen im Kopf. In Teil V werden wir sehen, wie Ginger ihr Tagebuch nutzte, um sich über ihren Traum »Den Bekehrer heraushalten« selbst zu interviewen. Es ist erstaunlich, in welchem Maße ein Traum allein durch das Aufschreiben von Fragen und Antworten erhellt wird. Bei schwierigeren Träumen lohnt sich ein längeres Interview. Den Teil von uns zu interviewen, der den Traum produziert hat, und die wichtigsten

Punkte dieses Gesprächs aufzuschreiben, ist meiner Meinung nach die wirksamste Einführung in die Praxis der Traumdeutung.

Gewöhnlich wird das Interview spannender, wenn wir einen Freund oder einen erfahrenen Traumdeuter bitten, den Part des Interviewers zu übernehmen. Besonders bei schwierigen oder langen Träumen kann ein guter Interviewer dazu beitragen, uns von unserem Traum nicht ablenken zu lassen. Er kann bestimmte Aspekte unseres Traumes klarer sehen als wir selbst und Fragen stellen oder Vorschläge machen, die unser Verstehen beschleunigen. Nicht zuletzt werden wir eine Menge lernen, wenn wir für andere Träumer den Interviewer spielen. Es ist sehr viel leichter, sich auf die Traumdeutung zu konzentrieren, wenn wir diejenigen herausgefunden haben, die am ehesten einleuchtende Antworten hervorrufen können. Die Traumarbeit in kleinen Gruppen wird die Erträge unserer Traumerforschung erhöhen. Durch das Kennenlernen verschiedener Interviewtechniken werden wir schnell herausfinden, welche Methode die ergiebigste ist. Auch bieten Gruppensitzungen ein Forum, in dem die Deutungsfertigkeiten aller Teilnehmer zusammengefaßt sind. Auch Humor beflügelt die Fantasie und sorgt für Gedankenentfaltung. Kapitel 12 enthält Anregungen zur Gründung derartiger Traumgruppen.

Nachdem wir unsere Träume gemeinsam mit einem Freund oder einer Gruppe erforscht haben, empfiehlt es sich, soviel wie möglich von dem Interview aufzuschreiben. Ein solches Protokoll wird uns bei der Arbeit nützlich sein. Tonbandaufnahmen der gemeinsamen Trauminterviews können für den Interviewer und den Produzenten überaus aufschlußreich sein. Sie erlauben einen detaillierten Rückblick auf die erörterten Themen und ermöglichen eine objektivere Beurteilung sowohl der Fertigkeiten des Interviewers als auch der Fähigkeit des Produzenten, hinter die Kulissen seiner eigenen Traumshow zu schauen.

Unsere Träume zu Herzen nehmen

Der letzte Schritt zum Verständnis eines Traumes besteht darin, seine Bedeutung für unser Leben zu erkennen. Wir werden nicht viel aus unseren Träumen lernen, wenn wir sie in einem Tagebuch aufzeichnen, sondern sollten sie tagsüber in uns tragen und die Einsichten, die wir durch die Erforschung unserer Träume gewinnen, im Lichte des Tages überprüfen. Vertiefen sie mein Verständnis für mich selbst und meine Beziehungen, und bewähren sich die Lösungsvorschläge und Anregungen, die ich meinen inkubierten Träumen entnehme, im Wachleben?

Es ist wichtig, die Traumerkenntnisse und -deutungen im Wachleben zu überprüfen. Wenn sie unser Leben bereichern, sollten wir sie nutzen. Traumbilder, die uns an problematische Eigenschaften erinnern, sollten wir ebenso im Gedächtnis behalten wie Vorschläge, die uns unsere Träume beim Umgang mit diesen Eigenschaften unterbreiten. Das wird uns helfen, geförderte Schwächen mit Gelassenheit, Verständnis und Humor hinzunehmen und lästige Eigenschaften und Gewohnheiten zu überwinden.

Viele Träume bescheren uns positive, hilfreiche Bilder. Ardell träumte von Bob Hope und von einer Ladung Gold; Alan von Bob Hope und Bing Crosby; Ginger von einem wiedergeborenen Christen. Indem sie sich diese Bilder ausmalten, konnten die Träumer ihr Leben bereichern. Selbst die beunruhigendsten Träume enthalten oft eine positive, wohlwollende Figur. Die Guten werden nicht in jedem Traum siegen, doch wenn wir versuchen, uns während des Tages auf ihre Eigenschaften zu besinnen, dann werden sie uns weiterhelfen. Wenn wir erkennen, daß die starken, kühnen, klugen, schönen und begabten Figuren in unseren Träumen ebenso ein Teil von uns sind wie die Dämonen und Schurken, dann werden wir anfangen, unsere Träume und uns selbst besser zu verstehen.

In welchem Umfang wir uns des oben beschriebenen Traumdeutungsverfahrens bedienen, wird davon abhängen, wie rasch wir verstehen, was uns unser Traumproduzent zu sagen versucht, und wie weit unser Interesse reicht, uns in die Bedeutung eines gegebenen Traums und jedes seiner Bilder zu vertiefen. Einige Träume sind leicht, andere sehr schwer verständlich. Das hängt ab von der Vertrautheit, die wir gegenüber unseren Traumbildern empfinden, der Lebhaftigkeit, mit der wir uns an sie erinnern, unserer Kenntnis ihrer metaphorischen Natur und dem Grad des Widerwillens oder der Bereitschaft, mit dem wir sie aufnehmen.

Bei der Entschlüsselung der Bedeutung eines herbeigewünschten Traumes kommt uns zugute, daß wir aufgrund der Tatsache, um den Traum gebeten zu haben, von Anfang an gewisse Anhaltspunkte haben werden. Von ihnen ausgehend, können wir mit dem Interview fortfahren, um festzustellen, ob unsere Inkubation tatsächlich erfolgreich war. Mein »Otto-Preminger«-Traum (siehe Kapitel 1) war zumindest zum Teil deshalb leicht zu deuten, weil ich ihn erbeten hatte und wußte, wovon er aller Wahrscheinlichkeit nach handeln würde. Mit Gingers Traum »Den Bekehrer heraushalten« ließ sich verhältnismäßig leicht arbeiten, weil er äußerst lebendig war und einen offenkundigen Bezug zu ihrer Inkubationsfrage vom Vorabend hatte. Gleichwohl war er ziemlich schwierig zu deuten, weil es, wenn der Träumer jemanden oder etwas aus seiner Privatsphäre herauszuhalten sucht, einen gewissen Widerstand zu überwinden gilt. Da sie jedoch den Traum inkubiert hatte, war Ginger entschlossen, seine Bedeutung herauszufinden, auch wenn es einige Zeit dauern würde.

Träume, die künftige Ereignisse in unserem Leben voraussehen, sind oftmals fast nicht deutbar, da wir ja nicht wissen, daß sie uns ein Bild aus unserer Zukunft zeigen. Würden wir uns die Zeit nehmen, unser Traumtagebuch ein Jahr lang Monat für Monat durchzusehen, würden wir vermutlich entdecken, daß einige unserer verwirrendsten Träume in diese Kategorie gehören. Wir werden uns dieser Art von Träumen eingehender in Kapitel 9 zuwenden.

Die Mehrzahl unserer Träume wird vermutlich ziemlich einfach zu deuten sein, aber das Salz in der Suppe sind wohl in jedermanns Traumleben die Träume, die einer eingehenden Deutung bedürfen. Trauminterviews stellen eine detektivische Disziplin dar. Ein bißchen Sherlock Holmes ist in jedem von uns. Im folgenden gebe ich zwei von mir geführte Interviews mit Teilnehmern einer Anfänger-Traumgruppe wieder.

In einer Sitzung berichtete Rachel, eine Sozialarbeiterin, daß sie mit der Frage »Warum bin ich in letzter Zeit so niedergeschlagen gewesen?« einen Traum erbeten habe. Dann erzählte sie, was sie in jener Nacht geträumt hatte.

Ich bin draußen, und die Welt sieht grün und schön aus. Inmitten von Bäumen und Pflanzen sehe ich Barbra Streisand tot in einem offenen Sarg liegen. Ich bin sehr traurig, daß sie gestorben ist. Dann frage ich mich, ob sie womöglich *nicht* tot ist, sondern sich in einem sehr tiefen Schlaf befindet.

Gayle: Wovon handelt der Traum Ihrer Meinung nach?

Rachel: Ich habe keine Ahnung. Er ist so sonderbar.

G: Wer ist Barbra Streisand? Angenommen, ich hätte noch nie von ihr gehört?

R: Nun, sie ist eine sehr kreative und erfolgreiche Schauspielerin.

G: Wie ist sie? Was wissen und halten Sie von ihr?

R: In jeder künstlerischen Karriere, die sie begonnen hat, war sie erfolgreich. Sie ist sehr begabt und kann singen, schauspielern, komponieren, schreiben und wer weiß was noch. Ich mag sie. Ich habe gehört, daß sie zu den Leuten, die sie mag, sehr gut ist. Ich bewundere ihr Können und habe immer geglaubt, ihr eines Tages zu begegnen.

G: Können Sie sich Barbra Streisand als einen Teil von sich vorstellen?

R: Nein. Sie meinen, daß sie einen Teil von *mir* darstellen könnte? Das glaube ich nicht. Ich glaube, daß ich von Barbra Streisand, nicht von mir geträumt habe.

G: Was kommt Ihnen noch in den Sinn, wenn Sie an sie denken?

R: Also, sie kommt aus Brooklyn; ich auch. Und kurz nachdem ich nach Kalifornien umgezogen bin, tat sie es auch.

G: Rachael, haben Sie nicht in unserer ersten Sitzung gesagt, Sie seien eigentlich eine Künstlerin und würden als Sozialarbeiterin vor allem des Geldes wegen arbeiten?

R: Ja. Eigentlich möchte ich schreiben und malen und bildhauern.

G: Wenn Sie einen Film über die verschiedenen Teile von sich drehen würden, wem würden sie die Rolle Ihres kreativen, künstlerischen Selbst geben?

R: Ich denke, Barbra. Sie wäre geeignet, da ihr Können vielseitig ist, und ich mich stets auf sonderbare Weise mit ihr identifiziert habe. Natürlich ist sie viel begabter als ich.

G: Worin besteht nun die Handlung des Traumes?

R: Ich sehe, daß Barbra tot ist.

G: Was hätte es zu bedeuten, wenn die Barbra Streisand in Ihnen tot ist?

R: Daß mein künstlerisches, kreatives Selbst tot ist oder zumindest in einen sehr tiefen Schlaf gefallen ist.

G: Haben Sie sich in letzter Zeit in größerem Umfang künstlerisch betätigt.

R: Überhaupt nicht! ... Ich hab's. Ich habe gefragt, warum ich während der letzten beiden Wochen so niedergeschlagen war. Wie der Traum mir zeigt, liegt zumindest ein Teil des Problems darin, daß ich mein schöpferisches Selbst habe sterben lassen, oder zumindest beinahe. Während der vergangenen Monate bin ich sehr achtlos mit meinen künstlerischen Begabungen umgegangen und habe sie überhaupt nicht zur Geltung gebracht; das hat bedrückende Auswirkungen auf mein ganzes Leben. Die Traumszenerie ist schön, wenn ich sie mir genau besehe. Wenn ich schreibe oder male oder bildhauere, sehe ich die Welt viel klarer, lebendiger – und sie sieht schön aus. Hätte ich mehr Vertrauen in meine Begabung oder könnte ich meine künstlerische Arbeit als einen wundervollen Teil meines Lebens annehmen, ohne überragende Ergebnisse zu verlangen, dann würde ich ihr mehr Zeit widmen. Mein Leben erscheint monoton, weil ich mein schöpferisches Selbst nicht habe leben lassen. Das ist nun klar für mich. Durch die Mißachtung meiner Begabungen kann ich nur verlieren. Ich muß alles das wiederbeleben, was an Barbra Streisand in mir ist, ich muß sie sich ausdrücken lassen.

G: Mir fällt ein Traum ein, den Sie uns letzte Woche erzählten; darin sahen Sie phantastische, von der Decke bis zum Boden reichende Holztafeln mit transparenten Zeichnungen. Als eine der Teilnehmerinnen Sie fragte, ob es möglich sei, solche Tafeln herzustellen, antworteten Sie mit ja. Doch obwohl Sie die Holzbilder für eine großartige Idee hielten, suchten Sie weiter nach Gründen, um sie nicht wirklich herstellen zu müssen. Haben Sie derartige Träume vorher schon gehabt?

R: Oh ja. Ich habe von meinen Träumen zahlreiche gute Ideen für meine künstlerische Arbeit bekommen. Ich habe sie alle verworfen, weil ich mich einfach nicht für begabt genug halte, um den Aufwand der Mühe wert zu finden.

G: Was ging in Ihnen vor, als Sie eben den Traum nacherlebten?

R: Oh! Ich weiß nun, wie traurig es sein würde, Barbra Streisand sterben zu lassen, wo so viel Schönheit um sie herum ist. Mich beflügelt der Gedanke, daß es eine Barbra Streisand in mir gibt. Das Nacherleben des Traums weckt in mir den Wunsch, nach Hause zu gehen und ein neues Projekt zu beginnen.

Wie so oft, wenn jemand in einem Traum stirbt, war ein Teil von Rachel tot oder schlummerte tief im Unbewußten. Träume übertreiben häufig, um ihrem Anliegen Gehör zu verschaffen. Nur selten bedeutet der Tod im Traum einen übersinnlichen Hinweis auf den Tod eines wirklichen Menschen.

Einen komplizierteren Traum brachte ein sehr engagierter fünfzigjähriger Lehrer aus Pennsylvania in die Gruppe mit. Joe hatte sich für ein Jahr aus Arbeit und Ehe verabschiedet und kam nach Kalifornien, um sich in einige der dort im Übermaß vorhandenen Selbsterfahrungsprogramme zu vertiefen und sich auf diese Weise besser kennenzulernen. Er hatte sein Leben an der Ostküste satt. Wie die anderen Träumer der Gruppe, hatte Joe erst seit zwei Wochen mit seinen Träumen gearbeitet, als er uns von einem Traum erzählte, in dem er einen zahmen Haustiger zu finden versuchte, der sich vor ihm versteckte. Als er ihn am Ende des Traumes schließlich fand, trug er Frauenkleider. Eine Woche später erzählte Joe folgenden Traum: Ich fuhr nachts in einem Auto und sah eine Menschengruppe vor mir. Ich mochte ihr Aussehen nicht, daher sicherte ich die Türen und schaltete das Fernlicht ein. Ich fuhr direkt auf sie zu. Die Menschengruppe war fort. Als nächstes war ich in einem Gebäude und führte meinen Hauslöwen spazieren. Er war an der Leine. Ich gab ihm viel Leine. Er trottete vor mir her, blieb stehen, duckte sich, wartete auf mich und sprang dann mit einem mächtigen Satz vorwärts. Ich ließ ihn eine kleine Übung machen; es machte viel Spaß.

Dann saß ich neben irgendeinem Typen namens Bill. Wir befanden uns auf einer nationalen Lehrerkonfrenz. Er war ruhig, umgänglich, ein guter Redner und stark. Er wollte mit mir über Fred reden, einen Freund von mir, der die gleichen Fächer unterrichtet wie ich. Bill sagte, ich solle Fred anrufen und ihn bitten zurückzurufen. Ich hielt das für sonderbar, doch da es sich um ein Ortsgespräch handelte, glaubte ich, nachgeben zu sollen. Ich erkannte dann, daß es in Wirklichkeit ein Ferngespräch war, und erklärte, daß ich meine Auslagen von 1,11 Dollar zurückhaben wolle. Bill betrachtete das als eine

Zumutung und entgegnete: »Wenn du glaubst, ich würde zu dieser späten Stunde für 1,11 Dollar auf mein Zimmer gehen, dann irrst du dich.«

Dann befanden wir uns im vorderen Teil des Raumes. Es gab eine Versammlung der kalifornischen Schulbehörde, auf der den Lehrern der Treueid abgenommen und ein Wetterbericht verlesen werden sollte. Wir gingen zu unseren Plätzen zurück, und ich sagte zu Bill: »Ich brauche das Geld nicht jetzt schon, aber ich erwarte fest, es zurückgezahlt zu bekommen.« Er antwortete: »Weißt du was? Du wirst es tun, weil ich dich kenne. Im Innersten weißt du, daß du nicht viel wert bist.« Ich war sprachlos. Dann sagte er: »In Zukunft sollten alle Unterlagen von Leuten, die sich um ein Amt in der Organisation bewerben, eine psychologische Beurteilung enthalten. Wenn wir wissen, um wen es sich handelt, werden wir die richtigen auswählen.«

Ein Gast aus einem anderen Staat, der auf Bills Platz saß, fragte »Wo sind die Kleinen?« und meinte damit die jungen Frauen oder Mädchen. Jemand sagte, sie seien noch immer auf ihrer Versammlung im zweiten Stock. Dazu muß man wissen, daß die Gastgeber, also die kalifornische Gruppe, alle weiblich waren, während die Neulinge von außerhalb des Staates männlich waren. Der Gast war frustriert, weil er die hübschen jungen Damen oder, wie er sie nannte, die »süßen jungen Dinger« nicht finden konnte. Die Sitzungsleiterin begann, die Namen der Mitglieder der pennsylvanischen Delegation aufzurufen. Sie überging meine Stadt. Ich sprang auf und rief: »Ich bin aus Pittsburgh!«

Plötzlich bemerkte ich, daß ein guter Freund die ganze Zeit über neben mir gesessen hatte. Ich sagte ihm, daß ich bezweifelte, ob irgendeiner der Delegierten aus Erie Country kommen würde.

So endete der Traum. Hier unser anschließendes Interview im Wortlaut:

Gayle: Joe, haben Sie irgendeine Idee, was das alles zu bedeuten hat?
Joe: Nun ja, am Tag nach dem Traum habe ich bemerkt, daß es einen Prototyp für Bill gibt. Ich glaube, sein Spitzname lautet Bill. Ich habe ihn irgendwann einmal auf einer Konferenz getroffen und kam mit

ihm ganz gut aus. Er kandidierte für den nationalen Vorsitz unserer Organisation. Er war ruhig und ein guter Redner. Er hätte sich vermutlich so aufführen können wie dieser Typ im Traum. Die zweite Verbindung, die ich sehe, besteht darin, daß ich mich häufig selbst als stark hinstelle. Und ich glaube auch, daß mich die Leute als stark ansehen. Doch oft fühle ich mich schwach, insbesondere gegenüber Typen wie Bill. Deshalb neige ich dazu, Kompromisse zu schließen und den Leuten einen Gefallen zu tun. Wenn etwa jemand sagt »Erledige bitte diesen Anruf für mich«, dann würde ich es vermutlich tun, selbst wenn es Sache des anderen wäre. Obwohl es im Traum diesem Bill sogar schon zuviel schien, mich um die Erledigung des Anrufes zu bitten, wo er ihn doch unmittelbar selbst tätigen und seine eigenen Geschäfte hätte abwickeln sollen. Ich fühlte mich gut, ihm die Stirn geboten zu haben.

G: Ist er derjenige, der sagt: »Im Innersten glaubst du sowieso nicht, viel wert zu sein«?

J: Ah, ja, aber ich glaube, daß *er* mich nicht für viel wert hielt.

G: Oh.

J: Nein, tut mir leid, Sie haben recht. Nein. Er sagte: »Im Innersten weißt du, daß du nicht viel wert bist.« Das hieß in der Tat, daß *er* das dachte.

G: Gut. Können Sie mir Näheres über diese Berufsorganisation sagen? Gehören Sie ihr tatsächlich an?

J: Ja.

G: Warum?

J: Ich interessiere mich für Politik.

G: Warum interessiert sich jemand wie Sie für Politik?

J: Das hat etwas mit Macht, Ansehen und dem Gefühl zu tun, jemand zu sein.

G: Somit handelt es sich um einen Interessenverband aller möglichen Leute, die nach Macht, Ansehen und beruflicher Anerkennung streben.

J: Stimmt.

G: Und was tun dies »Politiker« für ihre Mitglieder?

J: Nun, theoretisch sollen sie die Leute an der Basis vertreten, sie mit der nötigen Macht zur Durchsetzung ihrer Bedürfnisse mit Hilfsmitteln und Informationen ausstatten.

G: Wie eine Gewerkschaft?

J: Nun, der Unterschied zwischen einer Gewerkschaft und einer Berufsorganisation besteht darin, daß sich eine Gewerkschaft vornehmlich um materielle Verbesserungen und Arbeitsbedingungen kümmert, während eine Berufsorganisation sich eher auf Fragen der beruflichen Fortbildung konzentriert – worüber ich mit meiner Organisation Differenzen habe.

G: Weshalb?

J: Weil ich finde, daß sie mehr wie eine Gewerkschaft funktionieren und sich auch um materielle Belange kümmern sollte.

G: Sie finden also, daß diese Leute mit ihren Fortbildungsprogrammen Zeit verschwenden?

J: Ich finde, sie verschwenden viel Zeit, und ich bin gerade dabei, daraus meine Konsequenzen zu ziehen.

G: Womit verschwenden sie Zeit?

J: Konferenzen, Zeitungen, Kommissionen, die die Probleme untersuchen und *immer wieder* untersuchen. Sie verschwenden ihre Zeit mit nationalen Untersuchungsgruppen anstatt mit lokalen Aktionsgruppen.

G: Sie glauben also, daß es in der Organisation eine Menge Leute gibt, die vor allem Prestige suchen . . .

J: Es gibt viele Leute im Traum und *in Wirklichkeit,* denen es allein darum geht, einen zu heben und sich eine schöne Zeit zu machen und zu politisieren, wobei es um interne Auseinandersetzungen, Prestige, Positionskämpfe usw. geht.

G: Also beschäftigen Sie sich im Traum mit dem Teil von sich, der – zumindest in der Vergangenheit und vermutlich auch heute noch (da sie dies gerade erst geträumt haben) – aus eben diesen Gründen zu den Versammlungen gegangen ist?

J: So ist es.

G: Und in Ihnen macht sich das Gefühl breit, daß dieser Interessenverband sich einen Ruck geben und endlich damit beginnen sollte, sich mehr den materiellen Fragen der Arbeitsbedingungen zu widmen und somit den Bedürfnissen gerecht zu werden, deren Erfüllung vermutlich Zweck seiner Gründung war. Es scheint so, als erinnere Ihr Traum Sie daran, daß Ihr kalifornisches Jahr Sie von Ihren politischen Ambitionen nicht ganz befreit hat und daß Sie sich immer noch mit den Teilen von sich herumschlagen müssen, die Sie um ihrer eigenen »Bill«-Zwecke willen herumschubsen. Was fällt Ihnen zu dem Umstand ein, daß die kalifornischen Delegierten alle weiblich und die anderen alle männlich sind?

J: Alles, was mir dazu einfiel, war auf der reinen Sexebene angesiedelt. Daß ich mich – falls es sich um Teile von mir handeln sollte – immer noch nach Frauen umsehe.

G: Hmm. Wie denken Sie darüber?

J: Ich würde es lieber niemanden wissen lassen. Innerlich habe ich nichts dagegen, außer daß ich mich von der nächsten Woche an, wenn ich nach Pennsylvania zurückkehre, um meine Ehe fortzusetzen, mit deren Beschränkungen werde auseinandersetzen müssen. Ich werde das in geeigneter Weise tun und habe nicht die Absicht, mir andere Frauen anzugucken.

G: Was ist mit dem Kerl, der die Mädchen finden will?

J: Nun, das ist unter den gegebenen Umständen natürlich.

G: Warum war er nicht mit den Frauen zufrieden?

J: Sie waren nicht hübsch genug. Sie entsprachen nicht seinen wollüstigen Ansprüchen. Die jungen und hübschen »Dinger« befanden sich noch auf einer Versammlung im zweiten Stock.

G: Die Jungen sind also oben! Irgendwelche Assoziationen?

J: Also, wenn ich jener Mann bin, dann kommt mir nur die Assoziation in den Sinn, daß diesmal nicht genügend Frauen da sind, um sich zu bedienen.

G: Es könnte sein, daß ein Teil dieses Traums Ihre Gefühle darüber zum Ausdruck bringt, daß Sie hier in Kalifornien zum letzten Mal ›auf die Pauke hauen‹ können.

J: Könnte sein.

G: Würde das passen?

J: Ich glaube nicht, weil mein Verhalten nicht damit übereinstimmt. Mit anderen Worten, wenn ich dem hier nachtrauern würde und das Gefühl hätte, dies wäre meine letzte Möglichkeit zum Austoben, dann sollte man annehmen, daß ich hinausgehen und sie nutzen würde. Aber ich tue es nicht.

G: Warum nicht?

J: Da ist noch zu viel von meinem alten Ich vorhanden.

G: Welches ist Ihr altes Ich?

J: Nun, ich denke an all die Gründe, weshalb ich es nicht sollte. . . . Also gut, neulich abends ging ich zu einer Gruppensitzung, und neben mir saß eine ziemlich attraktive junge Frau. Wir wurden angewiesen, uns für eine Kontaktübung paarweise zusammenzufinden, und wir gefielen uns. Ich glaube, sie wollte, daß ich sie zum Kaffee einlade, aber ich tat es nicht. Ich hielt es für unfair, irgend etwas anzufangen, da ich doch in zwei Wochen abreise. Außerdem muß ich mich noch von zahlreichen Freunden verabschieden und möchte mir dafür Zeit lassen. Beim Nachhausefahren dachte ich dann: »Was für ein Krampf.« Immer denke ich in Richtung Sex, und, verdammt noch mal, es gibt eine Menge netter Leute, mit denen ich mich einfach unterhalten könnte! Möglicherweise hätte mir eine Beziehung zu ihr viel gegeben, auch ohne jeden Sex! Dadurch, daß ich in diesen Geleisen denke, bin ich in der Tat an vielen tollen Menschen (Frauen natürlich) vorbeigegangen. Ich habe mich selbst von allen möglichen netten Menschen distanziert, weil ich mir immer gleich sage, daß ich gar nicht erst anfange, wenn es mir nicht gelingt, eine sexuelle Beziehung herzustellen.

G: Dazu fällt mir Sallys Traum ein (über den die Gruppe zuvor diskutiert hatte) – über Arlene und all die einschränkenden »sollte« und »sollte nicht«, die sie für Sally verkörpert. Offenbar besagte eines Ihrer »sollte«, Joe, daß Ihre Beziehungen zu Frauen sexueller Natur sein *sollten*. Und diese Ansicht schränkt Sie ein, hindert Sie daran, lohnende Alternativen zu sehen.

J: Genau!

G: Hat irgend jemand an diesem Punkt Fragen oder Anmerkungen für Joe?

Sally: Die Löwenszene interessiert mich; gibt es dazu noch etwas?

J: Wir spielten zusammen, und es machte Spaß. Zu diesem Traumteil gehörte noch mehr, aber ich kann mich nicht mehr daran erinnern.

G: Was ist der Unterschied zwischen einem Tiger und einem Löwen?

J: Im Traum oder in Wirklichkeit? In Wirklichkeit würde ich sagen: es gibt keinen. Ein Tiger ist etwas stärker als ein Löwe. Sonst sehe ich keinen Unterschied.

G: Gut. Was ist der Unterschied im Traum?

J: In meinem anderen Traum war der Tiger ein großes Tier. Er war ein Haustier. Er war ein gezähmtes, aber ungestümes Tier. Der Löwe war ein verspieltes, kleines Tier, das vielleicht 500 Pfund wog! Er war wie der Hund meiner Tochter, voll verspielter Kraft.

G: Und wie war der Tiger?

J: Ruhig, friedlich, eine Katze, nicht introvertiert, wofür ich normalerweise Katzen halte, auch nicht so verspielt wie ein Hund.

G: Könnten Löwe und Tiger verschiedene Seiten Ihres aggressiven, kraftvollen, starken Selbst verkörpern?

J: Ich habe das Gefühl, daß der Löwe eine Weiterentwicklung des Tiger-Selbst ist. Er ist mehr draußen im Freien, verspielter. Ich mag ihn auch lieber. Übrigens habe ich gerade ein paar Freunde getroffen, die ich länger nicht gesehen hatte. Sie machten Bemerkungen darüber, wie ich mich verändert hätte. Einer sagte: »Du bist lockerer geworden«; der andere sagte: »Nein, du wirkst gefestigter.« Ich antwortete: »Danke, ich nehme beides an!«

G: Gratuliere. Mir gefallen Ihre Bilder vom Haustiger und Hauslöwen. Sie sagten vorhin, daß Sie sich gelegentlich schwach fühlen. Nehmen wir an, das war alles, woran Sie sich aus Ihrem Traum erinnern. Der erste Teil bringt eine für den Rest des Traumes bedeutsame Szene. Soviel ich weiß, gab es in der Theatergeschichte einmal den Brauch, dem Stück eine kurze Szene voranzustellen als ein Art Leitmotiv, dessen man sich während des ganzen Stücks gewärtig war. Sagen wir, der Teil von der Fahrt durch die bedrohliche Personengruppe mit eingeschaltetem Fernlicht bis zu der Stelle, wo Sie Ihren Löwen eine Übung machen lassen, wäre diese Leitmotiv-Szene. Einverstanden?

J: Fahren Sie fort.

G: Nein, *Sie* fahren fort und sagen uns, was Ihrer Meinung nach in dieser Leitmotiv-Szene vor sich geht.

J: Also gut. Ich schicke mich an, mitten durch einen Teil meines Lebens zu fahren, den ich als bedrohlich erlebe. Ich hätte einen anderen Weg wählen können, um die bedrohlichen Wesen zu umgehen, oder ich hätte die Polizei rufen können. Ich tue es nicht. Mit verriegelten Autotüren und eingeschaltetem Fernlicht fühle ich mich sicher genug, um geradewegs hindurchzufahren.

G: Weshalb schalten Sie das Fernlicht ein?

J: Nun, die Scheinwerfer würden die bedrohlichen Figuren anstrahlen und als das zeigen, was sie sind. Doch als ich dort ankomme, sind sie verschwunden. Als ich beschließe, mich der durch die bedrohlichen Figuren verkörperten Angst zu stellen, wenn auch auf sichere Weise, löst sie sich sozusagen in Luft auf. Wenn dies also den Traum einleitet, dann bin ich vermutlich im Begriff, auf meinem Weg etwas Furchterregendem zu begegnen, das seine erschreckenden Eigenschaften verlieren wird, wenn ich es mir nur gut anschaue. Dann werde ich in der Lage sein, meinen Weg weiterzugehen.

G: Joe, erinnern Sie sich an vergangene Woche, als wir über Ihr Bedürfnis sprachen, sich selbst als den allzeit netten Kerl zu sehen? Sie sagten auch, daß Sie anfingen, dieser unnatürlichen Lebensrolle überdrüssig zu werden, daß Ihnen Aggressivität dagegen engstirnig erscheine. Könnten diese bedrohlichen Figuren Ihre aggressiven Neigungen verkörpern, die aus Ihrer gegenwärtigen Sicht (das verschlossene Auto) gesehen den Eindruck erwecken, als würden sie herumlungern und nur darauf warten, destruktiv und gewalttätig sein zu können?

J: Das haut hin.

G: Wenn Sie sich diese Furcht vor Ihrer Aggressivität genau anschauen, sehen Sie, daß es nichts zu fürchten gibt. Und was steht am Ende dieser Einlassung?

J: Mein Hauslöwe! Er ist an der Leine, unter meiner Kontrolle. Er ist verspielt und kraftvoll, und unsere Beziehung macht mir viel Spaß! Das ist wirklich gut.

G: Also ist Ihr aggressives Selbst Ihr Freund. Ich habe schon oft gedacht, daß Aggression und Behauptungswille viel mit Verspieltheit zu tun haben müssen. Doch wer fühlt sich verspielt nach all den Furchtgefühlen? Der »nette Joe«, der immer nachgibt, wird reizbar und fühlt sich schwächer und schwächer. Ausgelassenheit erfordert ein Gefühl für die eigene Stärke. Der Löwe in Ihnen, Joe, ist ausgelassen, verspielt, stark und gleichwohl zufrieden, an langer Leine zu sein – er ist weder wild noch unbändig, solange Sie ihn nicht in Ihrem Hinterhof anbinden und ignorieren. Was halten Sie davon?

J: Ich mag es, und es ist ganz und gar plausibel, wenn ich an meine Selbsterfahrungsaktivitäten des zurückliegenden Jahres denke.

G: Was für ein großartiges Bild Ihr Löwe ist! Wer ist Fred?

J: Ein guter Kerl, ehrlich, macht seine Arbeit mit viel Einsatz, ist im allgemeinen guter Dinge und hat aufgrund seiner Leistung und seines Wunsches, anderen zu helfen, Erfolg.

G: Ist er ein Gewinner?

J: Bis zu einem bestimmten Punkt. Er könnte mit jemandem wie Bill keinen Deal machen. Bill ist zu glatt, zu falsch für ihn.

G: Was würde passieren, wenn Fred sich mit Bill auf einen Deal einlassen würde?

J: Fred würde offen verhandeln, während Bill mit verdeckten Karten spielen und die Dinge verdrehen würde. Am Ende wäre Fred der Betrogene.

G: Und Bill ist ein ambitionierter Manipulator?

J: Bill geht es allein um Bill.

G: Und Bill ist um seiner eigenen Machtgelüste willen in der Organisation. Können Sie Bill als den Teil von sich sehen (in überspitzter Form), der Ihre Aggressivität auf eine Ihnen nicht genehme, auf eine manipulatorische, machtgierige Weise einsetzt?

J: Wer, ich? (Allgemeines Gelächter).

G: Nun?

J: Ja, das paßt, oder paßte. Ich verhalte mich nicht mehr so.

G: Wissen Sie, Joe, da Sie dies alles erst in der letzten Woche geträumt haben, vermute ich, daß Bill immer noch ein lebendiger Teil Ihres Selbst ist, mit dem Sie gerade umzugehen lernen.

J: Ich würde das lieber nicht glauben, aber es mag stimmen. Ich *lerne*, ihm die Stirn zu bieten.

G: Genau. Welchen Teil von Ihnen verkörpert Fred?

J: Einen Teil, den ich sehr schätze, ehrlich, gradlinig, erfolgreich. Allerdings würde ich sagen, daß der Fred in mir ein bißchen zu naiv ist. Er braucht etwas von der Gerissenheit, die Bill hat.

G: Dann stimmt es also, daß der Bill in Ihnen nicht ganz tot ist?

J: Ja, ich kann ihn benutzen, solange ich mich nicht von ihm benutzen lasse. (An dieser Stelle las Joe den ganzen Traum nochmals vor, um unsere Erinnerung aufzufrischen und zu versuchen, ihn im Lichte unserer bisherigen Erörterung nachzuerleben. Auch Sie werden ihn vielleicht noch einmal lesen wollen, bevor Sie mit der Lektüre unseres Interviews fortfahren.)

G: Es geht Ihnen also darum, daß Bill direkt mit Fred in Kontakt treten und nicht Sie als Mittelsmann benutzen sollte. Wie es aussieht, kann Bill, wenn er mit dem Fred in Ihnen Kontakt aufnehmen möchte, Sie ausnutzen und dazu bringen, Fred um Bills willen, nicht aber um Ihretwillen anzurufen. Mit anderen Worten, Ihr Fred-Selbst, der nette Kerl in Ihnen, ist dazu verurteilt, bei seinem Rückruf von Bill beherrscht zu werden. Würden Sie sich weigern, den Anruf für Bill zu tätigen, würde er aufhören zu benutzen oder zu beherrschen, Ihr Wertbewußtsein würde steigen, und Sie brauchten nicht mehr die Netter-Kerl-Rolle zu spielen. Die Fred-, Joe- und Bill-Teile in Ihnen müßten sich auf einer gleichberechtigten Basis arrangieren. Sie machen Anstalten, dem Bill in Ihnen, Ihrem Topdog, der Sie herabsetzt und als wertlos bezeichnet, die Stirn zu bieten. Aber Sie geben dann doch nach, indem Sie sich bereiterklären, den Anruf zu erledigen, wenngleich Sie hinzufügen, daß Bill ihn zu bezahlen habe. Darin spiegeln sich offenbar einige Ihrer inneren Kämpfe wider, die Sie in diesem Ferien-Selbsterfahrungsjahr in Kalifornien ausgefochten haben. Ich habe den Eindruck, daß Sie sich in den letzten Jahren von Ihren alten Gefühlen der Wertlosigkeit ein gutes Stück fortbewegt haben. Stimmt's?

J: Gayle, ich bin ein sehr eigener Mensch. Ich gebe zu, daß sich mein Gefühlsleben gerade in diesem Jahr weiterentwickelt hat. Yoga, Meditation, Traumarbeit und allgemein das Erlebnis, in Kalifornien zu leben, haben mir geholfen, mich selbstzufriedener zu fühlen. Aber ich mag nicht von Selbstwert sprechen.

G: Gut. Aber nun frage ich mich, warum Sie sich in Ihrem Traum, beim Abfassen des Drehbuchs, solcher Begriffe wie Selbstwert bedient haben.

J: Also im Traum hatte ich das Gefühl, daß Bill sich mir gegenüber so verhält wie es irgendein Kerl vor etwa drei Jahren getan hat. Er sagte damals zu mir: »Du mußt wissen, daß *ich* dich wirklich besser kenne als du Dich selbst.« Für mein Empfinden unterstellte er, daß es bei mir nicht viel zu kennen gibt.

G: Welche Gefühle löste das in Ihnen aus?

J: Ich hatte das scheußliche Gefühl, daß er recht haben könnte, obwohl ich versuchte, es zu leugnen.

G: Wie würden Sie reagieren, wenn er Ihnen das gleiche heute sagen würde?

J: Ich weiß es nicht. Vermutlich hinge es davon ab, wie ich mich gerade fühlen würde. Aber wenn er es jetzt, heute, sagen würde, dann würde ich ihn nicht einmal ernst nehmen. Das gilt für heute. Was morgen ist, weiß ich nicht. Ich denke, daß Gefühle der Wertlosigkeit und Ohnmacht tatsächlich immer noch das Thema sind.

G: Das glaube ich auch. Ich nehme an, daß die Minderwertigkeitsgefühle, die Sie empfinden, zu Ihrem Bedürfnis hinführen, gemocht zu werden. Dieses Bedürfnis führt dazu, daß Sie sich als netter, friedfertiger, harmloser Kerl aufführen, der sich mitunter ohnmächtig fühlt.

J: Ich fürchte, das trifft den Kern. Aber fühlt sich nicht jeder mal wertlos?

G: Möglicherweise einige häufiger als andere, und Sie heute seltener als vor ein paar Jahren, oder?

J: Stimmt. Bill hat es heute schwerer bei mir als noch vor kurzem.

G: Typen wie Bill glauben beherrschend und manipulatorisch sein zu müssen aus dem Gefühl heraus, sich von außen die Macht holen zu müssen, die sie in ihrem Innern nicht finden.

J: Ja, es ist ein Gefühl der Ohnmacht, das die Machtspiele à la Bill verursacht. Das stimmt genau. Wenn ich meinem Löwen mehr Freiraum, mehr Leine geben kann, dann wird sich mein Bill-Selbst nicht so ohnmächtig fühlen. Dann könnte ich Bills Anmaßung und Gerissenheit in einer gesünderen Weise nutzen. Ich könnte den Fred und den Bill in mir zusammenbringen.

G: Was ist mit der Szene, in der Bill Ihnen sagt, daß die Organisation künftig die Bewerber um Ämter oder Machtpositionen psychologischen Tests unterziehen sollte?

J: Nach meinem Gefühl wollte er damit sagen, daß man mich niemals zu einem Amt zugelassen haben würde, wenn es diese Tests schon immer gegeben hätte. Daß es Leute wie ich seien, die man loswerden wolle.

G: Also fährt er mit seinen Topdog-Gemeinheiten fort?

J: Ja, allerdings bin ich an dieser Stelle nicht seiner Ansicht, daß Tests nützlich seien. An diesem Punkt klingt er für mich einfach dumm, nicht bedrohlich.

G: Was passiert mit Bill in der folgenden Szene?

J: (Lacht.) Er verschwindet!

G: Somit haben Sie sich, zumindest fürs erste, von ihm befreit, indem Sie ihn durchschauten!

J: Wir vergaßen die Szene, in der Bill und ich uns vorn im Raum befinden, um den Treueid abzulegen und den Wetterbericht zu hören. Sie kam unmittelbar, nachdem ich darauf bestanden hatte, daß Bill mir die Telefonkosten zurückerstattet. Er hatte geantwortet, ich sei wohl blöd, zu glauben, daß er nur wegen des Geldes auf sein Zimmer gehen würde. Nach dem Wetterbericht kam dann die Szene, in der ich sagte, er könne mir das Geld später zurückzahlen.

G: Was fällt Ihnen dazu ein, daß Sie vorn im Raum stehen, einen Eid ablegen und einen Wetterbericht hören?

J: Die Pfadfinder! (Allgemeines Gelächter.)

G: Sie werden also an Ihr Gelöbnis erinnert, ein guter Junge, ein netter Kerl zu sein; und in der nächsten Szene sagen Sie, daß Sie Fred anrufen werden und daß Bill den Betrag jetzt *nicht* zu erstatten braucht.

J: Stimmt, ich gebe nach, aber nicht ganz. Dieser Traum gleicht immer mehr der Art und Weise, in der ich mein Leben organisiere. Sogar der Kerl, der frustriert ist, weil er die erwarteten hübschen jungen Frauen nicht finden kann, paßt ins Bild. Er verpaßt sie vollständig, weil er auf der falschen Ebene (im falschen Stockwerk) nach ihnen sucht. Diejenigen, die seinen Maßstäben genügen, sind mehr als bloße Sexobjekte; sie sind im zweiten Stock damit beschäftigt, neues Material (Gefühle?) zu ordnen. Sie existieren auf einer emotionalen, fast geistigen Ebene. Als nächstes übergeht die Sitzungsleiterin meine Stadt, und ich springe auf, um sie darauf aufmerksam zu machen. Ich fühle mich berufen, so zu handeln, obwohl ich kein offizieller Konferenzdelegierter bin und dort nichts zu tun habe.

G: Wirklich?

J: Ja, und als ich mich wieder hinsetzte, bemerkte ich plötzlich, daß während des ganzen Traums ein Typ, den ich jetzt nicht mehr kenne, der aber im Traum ein Freund war, an meiner Seite gesessen hatte. Er war ein Freund, und ich war froh und stolz, daß er alles mitbekommen hatte, was zwischen Bill und mir vorgefallen war. Ich sagte ihm, daß ich bezweifelte, ob die Delegation aus Erie County kommen würde. Oh, ich vergaß zu sagen, daß die Sitzungsleiterin bei der Anwesenheitskontrolle zuerst Delegierte aus Bezirken der Gegend von Erie County aufrief und dann mit Namen aus Philadelphia fortfuhr. Dann sagte sie: »Ich nehme an, daß aus den Bezirken dazwischen niemand hier ist.« Das war der Augenblick, in dem ich aufsprang und erklärte, daß ich aus Pittsburgh sei.

G: Was ist der Unterschied zwischen Leuten aus Erie County und denen aus Philadelphia?

J: Wie ich es sehe? Die Leute aus Erie County halten die Leute aus Philadelphia für gedankenlos, achtlos und aggressiv. Die Leute aus Philadelphia halten die Leute aus Erie County für Bauerntölpel und Naivlinge. Sie verstehen sie nicht und halten sie für hohlköpfig.

G: Was wären die positiven Seiten dieser Landbewohner?

J: Gute, menschliche Leute.

G: Ein bißchen wie Fred?

J: Wie Fred. Erie County wäre ein Beispiel für Freds Naivität.

G: Und die Leute aus Philadelphia, wem würden die ähneln?

J: Nun, ich nehme an (lacht), daß sie ein bißchen wie Bill wären. (Allgemeines Gelächter, als die Gruppe zu begreifen beginnt.)

G: Wäre es nicht schön, einen Delegierten von irgendwo dazwischen zu finden?

J: Gewiß!

G: Nun?

J: (Pause. Fragender Blick.)

G: Joe, das sind Sie! Sie sprangen von Ihrem Sitz, um der Sitzungsleiterin mitzuteilen, daß Sie aus Pittsburgh kommen, wenngleich Sie in Philadelphia arbeiteten. Und geographisch liegt Ihre Heimatstadt zwischen Erie County und Philadelphia. Sie brauchen nicht zu befürchten, daß irgendwelche besonders naiven Seiten von Ihnen zum Vorschein kommen werden, da die Leute aus Erie County vermutlich nicht an der Konferenz teilnehmen werden.

J: Das ist fabelhaft! Das hätte ich nie in Verbindung gebracht. Meine Heimatstadt liegt genau in der Mitte dieses psychologischen Spektrums. Kein Wunder, daß ich mich nach diesem Traum so wohl gefühlt habe!

G: Ihr Traum scheint Sie zu mahnen, sich immer dann, wenn Sie sich wie Bill oder Fred zu fühlen beginnen, in Erinnerung zu rufen, wer Sie sind und woher Sie kommen. Auf der Suche nach Ihrer Identität werden Sie sich weder mit dem einen noch mit dem anderen Extrem allein identifizieren.

J: Ich werde versuchen, daran zu denken.

Höchstwahrscheinlich wäre Joe selbst in der Lage gewesen, die letzte Traumszene zusammenzufügen, wenn ich noch mehr Fragen gestellt oder ihm einfach mehr Zeit gelassen hätte. Ich übernahm in diesem Fall eine aktivere und lenkendere Rolle, weil Joe ein Anfänger in der Traumarbeit war und meine Deutungsvorschläge unser Interview über diesen langen Traum beschleunigten, was angesichts der vier Traumproduzenten, die ihre Träume noch in der gleichen Gruppensitzung diskutieren wollten, geboten war. Es wäre sicher besser gewesen, wenn ich Joe mehr Verknüpfungen selbst hätte herausfinden lassen, indem ich an verschiedenen Stellen weitere Fragen gestellt hätte. Doch am Ende nahm das Interview trotzdem einen guten Ausgang, und Joe hatte sein »Aha-Erlebnis«, als sich die einzelnen Traumelemente sinnvoll zusammenzufügen begannen.

Das ästhetische Erlebnis. Als ein verläßlicher Beleg dafür, daß Joes Traum sowohl zutreffend gedeutet als auch gut verstanden wurde, kann der Umstand gelten, daß wir beide, Joe und ich, ein Gefühl verspürten, das man das *ästhetische Erlebnis* des Traums genannt hat – ein anderer, das entsprechende Gefühl besser beschreibender Begriff für eine gemeinhin als »Aha-Erlebnis« bezeichnete Erfahrung. Zwei Psychoanalytiker, Erika Fromm und Thomas French[4], haben ihn vorgeschlagen, um zu beschreiben, was Traumdeuter oder Träumer fühlen, wenn die aus der Erörterung einzelner Traumelemente gewonnenen Bedeutungsteile sich plötzlich zu einem Ganzen zusammenfügen und der Traumerforscher eine intuitive, schöpferische Einsicht in die Bedeutung des Traumes erhält. Die Person (im Idealfall der Träumer selbst), der diese Einsicht zuteil wird, empfindet Erleichterung und Genugtuung angesichts des Umstands, daß sich fast alle Teile des Puzzles perfekt und harmonisch ineinanderfügen. Ein Erlebnis, das ästhetisches Vergnügen bereitet.

Ein solches ästhetisches Erlebnis, zumal wenn der Träumer es hat, ist ein nahezu unumstößlicher Beleg dafür, daß die Bedeutung des Traumes erkannt wurde. Ein Traum ist solange nicht gedeutet, wie der Interviewer oder der Produzent dieses Erlebnis verspürt hat, und es ist wichtig, das Trauminterview solange fortzusetzen, bis es sich einstellt, weil der Träumer erst dann die Bedeutung seines Traumes wirklich würdigen kann. Ist dies einmal geschehen, dann werden sich fast alle Traumelemente in die Traumbedeutung ergänzend einfügen. Eine Fortsetzung des Interviews wird zeigen, daß Träume bis ins letzte Detail hinein verstanden werden können; das kann je nach Traum mehr oder weniger Zeit in Anspruch nehmen. Viele Traumforscher sind der Meinung, daß es in jedem Traum eine Anzahl von Elementen geben wird, die nicht gedeutet werden können. Einige behaupten sogar, daß die Bedeutung einiger Elemente unbewußt bleiben *muß*, damit der Hauptinhalt der Traumbotschaft den Träumer gebührend und frei von ablenkenden Details beeindruckt. Ich bin entschieden anderer Meinung. Die Annahme erscheint weit berechtigter, daß jedes Detail unseres Traumes von unserem Traumproduzenten sorgfältig ausgesucht wurde, um im Rahmen der Traumshow etwas Bedeutsames auszudrücken. Wenn wir mit dieser Einstellung an unseren Traum herangehen, wird es uns möglich sein, genau herauszufinden, was wir mit jedem einzelnen Traumelement zum Ausdruck bringen wollten; es wird sich zeigen, daß diese Details unser Traumverständnis vertiefen. Wenn wir dann unsere Produktion mit allen ihren subtilen Details nacherleben, werden wir über die Kreativität staunen, die wir als Traumproduzent entfalten.

Jeder kann es!

Es gibt zahlreiche Traumtheorien. Freud glaubte, daß Träume unterdrückte sexuelle Wünsche und Ängste zum Ausdruck bringen. Die Rolle des Traumdeuters bestehe darin, anhand der freien Assoziationen des Träumers dessen sexuelle Konflikte oder infantilen Wünsche freizulegen.

Jung sah Träume eher als Ausdruck des Strebens der Seele nach Ganzheit oder psychischer Integration denn als bloßen Ausdruck der Konflikte des Individuums beim Umgang mit seinen sozial unerwünschten Instinktantrieben. Er hob die ausgleichende Natur der Träume hervor, die uns Seiten unseres Inneren und unseres Verhaltens zeigen wollen, die wir im bewußten Zustand nicht zur Kenntnis nehmen. Er war ein Meister darin, die integrative, mitunter fast mystische Schönheit der Träume und des von ihnen geförderten Wachstumsprozesses zu beleuchten.

Alfred Adler sah Träume als Ausdruck der aggressiven Antriebe des Individuums und seines Bestrebens, mit ihnen in sozial verträglicher Weise umzugehen.

Das Problem eines allzu vorbehaltlosen Festhaltens an irgendeiner Traumtheorie besteht darin, daß man leicht geneigt ist, Träume zur Untermauerung seiner gerade erworbenen Ansichten über das Funktionieren der menschlichen Psyche zu benutzen und auf diese Weise die Freiheit des Interviewers wie des Träumers einschränkt, jeden Traum neu zu sehen. Die wahre Bedeutung eines Traumes kann leicht zugunsten einer vorgefaßten Meinung über das, was Träume bedeuten *können,* verzerrt werden.

Obwohl sie in einer langfristigen Psychoanalyse mitunter nützlich sein können, behindern psychologische Theorien bei dogmatischer Anwendung auf das Traumleben das Verstehen der Träume. So verlieren sich beispielsweise dogmatische Vertreter der Freudschen Schule der Traumdeutung in einem Gewirr von vergangenen Geschehnissen und einer Flut von freien Assoziationen. Und diejenigen, die die jungianische Traumdeutung ohne genügende Sachkenntnis anwenden, laufen Gefahr, in ihrer fieberhaften Suche nach Archetypen und universalen Symbolen die unmittelbare Wirkung und Bedeutung des Traumes zu übersehen.

Natürlich besaßen Freud und Jung beim Umgang mit Fragen der Männlichkeit und Weiblichkeit ihre liebgewonnenen Anschauungen. Ihre Traumdeutung folgte ihren persönlichen Ansichten über die psychologische Natur von Männern und Frauen sowie über die männliche Seite der weiblichen Persönlichkeit und umgekehrt. Während Freud eindeutig ein Kind des viktorianischen Zeitalters war, sollte man nicht vergessen, daß Jung ein Bürger der Schweiz war, die Frauen erst 1971, ein Jahrzehnt nach Jungs Tod, das volle Stimmrecht gewährte. Ich bin fest davon überzeugt, daß vorgefaßte Meinungen über die psychologische Natur von Männern und Frauen weit mehr Verwirrung als Erhellung schaffen. Mit dieser Einschränkung sind die Schriften der großen Pioniere der Traumdeutung sehr zu empfehlen, weil sie uns für die vielfältigen Aspekte des Träumens sensibilisieren können. Trotz seiner Grenzen hat das Lebenswerk dieser großen Denker jedem, der sich die Traumwelt erschließen will, eine Menge zu bieten.

Einige Traumanalytiker bestehen darauf, daß man Experte sein muß, um Träume zu deuten. Jung hielt es gar »für ausgeschlossen, daß jemand ohne Kenntnisse auf mythologischem und folkloristischem Gebiet, ohne Wissen um die Psychologie der Primitiven und um die vergleichende Religionswissenschaft das Wesen des Individuationsprozesses versteht, der nach allem, was wir wissen, der (vom Traum geleisteten) psychologischen Kompensation zugrunde liegt«[5]. Er räumte zwar ein, daß ein intelligenter Laie die kompensatorischen Elemente der Träume richtig diagnostizieren könne, doch er hielt ein hohes Maß an spezifischem Wissen für erforderlich, um Stellenwert und Gehalt eines Traumes im Kontext des Wachstums der Träumerpersönlichkeit deuten zu können. Der Träumer könne, so Jung, seine eigenen Träume nicht deuten, weil sie von unbewußten Teilen seiner Persönlichkeit handelten.

Beim Umgang mit eigenen Träumen und denen anderer werden wir schnell erkennen, daß spezifisches Wissen zwar für die Traumdeutung hilfreich sein kann, aber nicht unbedingt erforderlich ist. Die Kenntnis der religiösen, anthropologischen, psychologischen und mythologischen Menschheitsgeschichte kann in der Tat unser Verständnis für bestimmte Aspekte eines Traumes vertiefen. Doch sie kann auch dazu führen, daß auf der Suche nach Archetypen und universalen Symbolen mögliche unmittelbare, sehr praktische Traumbotschaften übersehen werden.

Wenn wir mehr über Träume und die verschiedenen Wege des Umgangs mit ihnen erfahren haben, werden wir sehen, daß es nicht allzu schwierig ist, die für uns brauchbaren von den unbrauchbaren Informationen zu scheiden. Fürs erste sollten wir einfach so tun, als verfügten wir über sämtliche Informationen und psychologischen Kenntnisse, die zum Verständnis unserer Träume nötig sind.

Warum nicht gleich jetzt ein Trauminterview führen? Das wird uns helfen, das bisher Gesagte zu rekapitulieren und unser Deutungsgeschick zu erproben. Wir können unser eigener Interviewer sein oder einen Freund bitten, diesen Part für uns zu spielen.

Jeder Traum, den wir in jüngerer Zeit geträumt haben und an den wir uns deutlich erinnern, eignet sich für einen Einstieg; allerdings dürfte sich am Anfang mit kürzeren Träumen leichter arbeiten lassen. Wir sollten uns den Traum, den wir erkunden wollen, durch Vorlesen oder Erzählen vergegenwärtigen und dann in der beschriebenen Weise mit dem Interview beginnen.

Eine Zusammenfassung der Fragen, die wir oder der von uns engagierte Interviewer zu stellen beabsichtigen, sollten wir stets im Kopf haben:

1. Wovon handelt der Traum Ihrem Empfinden nach?
2. Beschreiben Sie die Szenerie, und bringen Sie sie in Beziehung zu Ihrem Tagleben.
3. Wer sind die einzelnen Traumpersonen, und wie würden Sie sie charakterisieren?
4. Was sind die einzelnen Traumobjekte, und wie würden Sie sie charakterisieren?
5. Welchen Bezug zu Ihrem Tagleben haben die jeweiligen Gefühle, Personen oder Objekte?
6. Schildern Sie die Traumgeschehnisse. An was in Ihrem gegenwärtigen Leben erinnern sie Sie?

Wenn wir das Interview gemeinsam mit einer befreundeten Person führen, sollten wir unbedingt die Rollen wechseln, indem wir sowohl den Part des Produzenten als auch den des Interviewers übernehmen. Der Interviewer sollte darauf achten, seine Hypothesen hinsichtlich der Bedeutung des Traumes nicht aufzudrängen. Nach jedem Deutungsvorschlag sollte er entweder eine Bestätigung oder eine Korrektur vom Produzenten einholen. Der Produzent wird von dem Interview am meisten haben, wenn er sich vergegenwärtigt, daß er den Traum selbst produziert und zu den Erinnerungen, Gedanken, Einstellungen und Gefühlen, die seine Bedeutung erhellen werden, allein Zugang hat.

Daß uns die Deutung unseres Traums gelungen ist, werden wir wissen, wenn:

1. er uns etwas mitteilt, von dem wir zuvor keine Notiz genommen haben
2. wir das ästhetische Erlebnis oder zumindest ein Gefühl des »Oh, das ist es!« haben
3. wir einen unmißverständlichen Hinweis erhalten, was wir hinsichtlich der im Traum behandelten Situation tun könnten.

Es liegt an uns, die aus den Träumen gewonnenen Einsichten für unser Leben zu nutzen. Ein Traum kann uns zur Lösung eines Konflikts oder zu einer neuen Entdeckung über uns oder unsere Welt hinführen. Es liegt an uns, unsere neugewonnenen Einsichten in die Tat umzusetzen und das Beste aus unseren Träumen zu machen.

Wir sollten das Interview genießen und mit unseren Traumbildern spielen. Auch sollten wir die Resultate unserer ersten Versuche festhalten; es wird Spaß machen, sie mit den Niederschriften späterer, nach einiger Praxis geführter Interviews zu vergleichen.

Unterdessen sollten wir mit Freunden über unsere Träume reden, uns selbst und andere Traumproduzenten regelmäßig interviewen und nicht zuletzt weiterlesen. Die folgenden Kapitel bieten Anregungen, wie sich die Trauminkubation schöpferisch nutzen läßt; zugleich erhalten wir Gelegenheit, unser Deutungsgeschick zu entwickeln, wenn wir lesen, wie andere Träumer das ihre genutzt haben.

TEIL II

Drehbücher:
Wie man sie auswählt und handhabt
Anmerkungen zur Inszenierung
und Deutung unserer Traumszenen

KAPITEL 4

Wie steht es wirklich um unsere Beziehungen?

Unsere eigenen Filmschnulzen

Wir alle wollen geliebt werden. Die meisten sind sich dessen bewußt. Geliebt zu werden, kann uns aber nicht glücklich machen, wenn wir nicht wissen, wie wir diese Liebe erkennen, annehmen und erwidern können.

Wenn wir allerdings meinen, keine Liebe wert zu sein, haben wir kein Verständnis für diejenigen, die sie uns entgegenbringen. Aber selbst jene, die sich und ihre Umwelt gut genug kennen und sich ihrer liebenswerten Eigenschaften bewußt sind, werden oft in ein Netz schwieriger und mitunter destruktiver Beziehungen verstrickt. Wir kämpfen uns in unseren Beziehungen wie die Figuren einer Filmschnulze ab und stolpern von einem Konflikt in den nächsten, weil wir mit den Menschen in unserem Leben nicht richtig umgehen.

Als Zuschauer erfassen wir leicht, was in Filmschnulzen vor sich geht, denn es ist nicht allzu schwierig, persönliche Marotten, mangelnde Verständigung oder Mißverständnisse zu erkennen, durch die die handelnden Figuren in ihre schmerzlichen und konfliktreichen Beziehungen verstrickt werden.

Im eigenen Leben neigen wir jedoch dazu, Fehler und unfruchtbare oder verletzende Umgangsformen ebensowenig wahrnehmen zu wollen wie die Mütter und Väter, Töchter und Söhne, Freunde und Liebhaber der Filmschnulzen. Meistens kann ein Außenstehender klarer sehen, was in unseren Beziehungen wirklich vor sich geht.

Ein aufmerksamer Freund oder Psychotherapeut kann bei uns Einstellungen und Verhaltensmuster erkennen, die wir selbst nicht wahrnehmen, die uns aber ständig in innere Konflikte stürzen und es uns schwer machen, unsere Beziehungen zu anderen harmonisch zu gestalten. Ein guter Familientherapeut kann Kommunikations- und Verhaltensmuster aufspüren, die in einer Ehe oder Familie womöglich schon seit Jahren unnötiges Leid, Ärger und Kummer verursacht haben. Er kann dem Paar oder der Familie helfen zu erkennen, welchen Anteil der Partner oder ein Familienmitglied an der Aufrechterhaltung eines Kommunikationssystems hat, das unbefriedigende Situationen fortsetzt[1]. Um mit denen, die wir lieben, ehrlich umzugehen, müssen wir wissen, wie es in unserem Inneren aussieht, was wir von einer Beziehung erwarten und was wir geben können, *und* in welcher Weise wir dieses alles ausdrücken, damit andere uns verstehen können. Wenn wir keinen Kontakt zu unseren grundlegenden Bedürfnissen haben, werden wir sie nicht auszudrücken wissen; gewöhnlich wird dann unser Ärger auf den geliebten Menschen wachsen, weil er uns nicht gibt, was wir brauchen. Wir verfallen leicht darauf, uns als Opfer einer Welt zu sehen, die uns die Zärtlichkeit, Liebe, Freiheit und Achtung, die wir brauchen, versagt, statt zu erkennen, wie wir unsere eigenen Bedürfnisse mißachten und versäumen, sie anderen, die sie vielleicht befriedigen könnten, mitzuteilen.

Ein objektiver Beobachter, der uns gut kennt und uns behutsam vor Augen führt, was sich hinter den Kulissen unserer Beziehungen abspielt, kann den Anstoß geben, daß sich die Wahrnehmung unserer Beziehungen zur Umwelt und zu den Menschen, denen wir begegnen, grundlegend ändert. Das vermag ein guter Therapeut, das vermag auch unser Traumproduzent.

Wir können um einen Traum bitten, der uns verstehen hilft, warum eine bestimmte Beziehung im Argen liegt. Wir brauchen uns nicht als Opfer aller miesen Männer dieser Erde zu fühlen, sondern sollten statt dessen fragen, warum wir uns immer wieder Männer aussuchen, die uns schlecht behandeln. Statt uns den Kopf darüber zu zerbrechen, warum wir mit unserer Frau keinen Tag ohne Streit verbringen, aber auch nicht ohne sie leben können, könnten wir unseren Traumproduzenten um einen Fingerzeig bitten, wie und warum wir immer wieder diese Situation heraufbeschwören.

Unsere Träume werden auf derartige Fragen mitfühlend, humorvoll und weise antworten. Sie werden uns helfen, unsere zwischenmenschlichen und die zumeist dahinterstehenden persönlichen Konflikte zu begreifen. Unser Traumproduzent, der uns so gut kennt, wird uns die nötige Einsicht vermitteln, die unglückliche Beziehungen in gewinnbringende verwandeln kann. Er weist uns auf unsere neurotische Bindung an destruktive Beziehungen hin und hilft, uns davon zu befreien.

Nina mißfiel die Antwort, die ihr inkubierter Traum über ihre Beziehung zu Scott gegeben hatte (siehe Kapitel 1). Deshalb erwünschte sie eine Woche später einen Traum mit der Frage, warum sie so sehr an Scott hing, daß sie die Beziehung zu ihm weder beenden wollte noch konnte, obwohl sie wußte, daß sie wahrscheinlich auch weiterhin qualvoll sein würde. Sie träumte:

Ich gehe zu einem Haus in der Nähe meines Elternhauses. Drinnen befinden sich eine ältere Freundin und einige Mitglieder meiner Familie. Ich kann es kaum erwarten hineinzugehen. Scott setzt sich hinter mich und ist sehr verärgert, weil mein Kleid zu durchsichtig ist. Vater sitzt hinter Scott. Dann bin ich draußen auf einem trockenen, öden Feld.

Im Kommentarteil ihres Traumtagebuchs führte Nina ein Kurzinterview mit ihrem Traumproduzenten:

Gefühl: Ich spürte ein Einvernehmen zwischen Scott und Vater, die mich beide als »Turteltäubchen« betrachteten. Ich habe mir zu Vater immer eine warmherzige, liebevolle Beziehung gewünscht und sie nie bekommen, und jetzt habe ich mit Scott die gleichen Schwierigkeiten.

Worin sind Scott und Vater einander ähnlich? Beide sind zurückhaltend. Beide können Empfindungen oder Gefühle nicht offen ausdrücken. Ich versuche dauernd, ihnen die Wärme zu entlocken, die ich brauche, und habe fast immer das Gefühl, auf der Strecke zu bleiben.

Durchsichtiges Kleid: enthüllt meine nackten Gefühle.

Handlung: Vater und Scott mißbilligen mein Kleid, und daß ich meine Gefühle so offen zeige.

Ältere Freundin: Lois, die nett und warmherzig ist. Ich wäre gern wie sie und wünsche mir eine Familie in einem gemütlichen Heim, wenn ich erst so alt bin wie sie – vielleicht aber auch jetzt schon.

Handlung und Schauplatz: Ich kann es kaum erwarten, die Liebe und Wärme einer Familie um mich zu haben. Aha! Ich habe mir anscheinend in den Kopf gesetzt, Steine zu erweichen. Ich habe den Versuch nie aufgegeben, von Vater Zuwendung zu bekommen. Ich habe mir einen Mann wie ihn an Land gezogen und in der Folge Scott beizubringen versucht, wie schön es ist, Liebe zu zeigen. Ich habe geglaubt, Scott von seiner Unfähigkeit, Liebe anzunehmen oder zu geben, heilen zu können. In Wirklichkeit aber versuche ich, die Liebe zu bekommen, die mir bei meinem Vater immer gefehlt hat. Keinem von beiden fällt etwas Besseres ein, als mich als törichtes »Turteltäubchen« abzutun. Ich brauche einen Mann, der gern mit mir in einem warmen, gemütlichen Haus lebt, keinen, bei dem ich das Gefühl habe, auf einem kalten, trockenen, öden Feld zu sein. Aber Scott ist noch jung. Wenn er reifer wird, vielleicht . . .

Es dauerte ein weiteres Jahr, ehe sich Nina von ihrem Anspruch löste, Scotts weise Mutter zu sein und ihm das beizubringen, was sie ihrem Vater nie vermitteln konnte: Liebe offen und glücklich miteinander zu teilen. Sie hatte gehofft, daß Scott unter dem Einfluß ihrer Liebe das Glücksspiel und das Trinken aufgeben und auf wunderbare Weise »erwachsen« werden würde. Schließlich mußte sie erst ihren »Titanic«-Traum durchleben, um zu erkennen, daß sie nicht den Mann gewählt hatte, mit dem sie jemals würde glücklich sein können.

Jan, eine jungverheiratete Bildhauerin, hörte schneller auf die Botschaft ihrer Träume. Im ersten Jahr ihrer Ehe gab es zwischen ihr und ihrem Mann immer wieder Streit über die Frage, wer was im Haushalt erledigen sollte. Jan war nicht darauf erpicht, in die Rolle der Hausfrau zu schlüpfen. Sie wollte ebenso Ehefrau sein wie Anthony Ehemann. Aber sie war entschlossen, darauf zu achten, daß die Hausarbeit gleichmäßig aufgeteilt würde, und daß ihr Mann seine Ansichten über »Frauenkram« und »Männersache« änderte. Solche Auseinandersetzungen finden heute, da Frauen- und Männerrollen neu definiert werden, in zahllosen Familien statt. Oft ist die Frage, wer abwäscht, nur der handgreifliche Ausdruck tieferliegender Probleme in der Beziehung zwischen Mann und Frau.

Eines Abends stritten Jan und Anthony darüber, wer staubsaugen sollte. Jan fand, daß ihr Ehemann sehr sexistisch sei und von ihr erwarte, einen unangemessen großen Anteil der Hausarbeit zu übernehmen. Sie hatte ohnehin den Eindruck, mehr als die Hälfte zu erledigen, während Anthony meinte, sein Anteil sei siebzig Prozent.

Jan führte diese übertriebene Schätzung darauf zurück, daß seine Mutter sämtliche Hausarbeit alleine erledigte. Deshalb kämen ihm die vierzig Prozent, die er tatsächlich übernahm, wie siebzig vor. Anthony fand, daß Jan seine Bereitschaft, die Hausarbeit zu teilen, auf unfaire Weise ausnutzte. Er fühlte sich nicht anerkannt und zu Unrecht als männlicher Chauvi beschuldigt. Beim Zubettgehen war die Angelegenheit noch nicht bereinigt, und Jan erbat einen Traum mit der Frage: »Was steckt hinter diesem Streit um Kleinigkeiten?« Sie produzierte das folgende Drama:

Ich betrachtete meinen Fuß und bemerkte, daß mein zweiter Zeh enorm groß ist, mit einer häßlichen Wucherung darauf, wie ein Pilz. Ich fragte mich, ob ich die Wucherung entfernen lassen sollte. Dann schaute ich noch einmal hin und stellte fest, daß einige Zehen mitsamt der Wucherung amputiert worden waren! Ich geriet in Panik – wie würde ich jemals wieder tanzen oder auch nur laufen können?

Jan deutete den Traum so: Ihre Mutter pflegte zu sagen, daß eine Frau, deren zweiter Zeh der längste ist, im Hause die Hosen anhat. Im Traum war Jans zweiter Zeh nicht nur lang, er war erheblich überdimensioniert und entstellt. Jan sah klar, daß ihr Bedürfnis, Mann und Heim im Griff zu behalten, außer Kontrolle geraten war. Sie erkannte auch, daß sie fürchtete, ihre Macht oder Kontrolle gänzlich zu verlieren, wenn sie sie nicht energisch genug ausübte. Sie hatte Angst davor, ihre übertriebene Kontrolle (die häßliche Wucherung) aufzugeben, weil sie dann allen Einfluß (alle Zehen) verlieren würde. Dieses Schwarzweißdenken, so stellte sie fest, prägte viele ihrer Einstellungen. Angeregt durch diesen Traum begann Jan, einige ihrer Haltungen zu modifizieren und auf diese Weise ihrer Ehe mehr Harmonie zu geben, ohne das Gefühl zu haben, ungerechtfertigtem Druck ihres Mannes nachzugeben. Jetzt erkannte sie auch, wieviel Arbeit Anthony tatsächlich übernahm und bat um Verzeihung, daß sie seinen Anteil nicht voll gewürdigt hatte. Wann immer sie später unter dem Vorwand, sich vor seinem »Sexismus« schützen zu müssen, übermäßige Forderungen an ihn stellte, konnten sie beide über die Vorstellung lachen, daß ihr Riesenzeh zum Vorschein komme. Das half ihnen, die Situation mit weniger Zorn und Eifer zu betrachten und sachlicher zu diskutieren, was nicht heißt, daß Antho-

ny nicht auch dann und wann einige sexistische Anwandlungen eingestehen mußte!

Auch eine junge Rechtsanwältin wünschte sich nach einem Streit
mit ihrem Liebsten einen Traum. Sie hatten über ihr religiöses und
spirituelles Leben gesprochen, und Alyse hatte Tim einige Bemerkungen über ihre diesbezügliche Unreife übelgenommen. Sie war
wütend und fand, er habe sich unfair und herablassend benommen.
Dennoch fragte sie sich, ob sie sich nicht vielleicht Tims wohlmeinen-
dem Rat verschloß. In ihrer Inkubationserörterung versuchte sie,
sich über ihre Gefühle und Zweifel klar zu werden und formulierte
schließlich folgende Frage: »Ist Tim weiser als ich? Wenn ja, zeige
mir, inwiefern, und hilf mir, seinen Rat anzunehmen.« Sie träumte:
Tim und ich sind unterwegs zu einem Ferienhaus, das einem exzen-
trischen Onkel gehört. Er hat es auf einen Sandhügel gebaut, ohne
Lift, so daß nur die Sportlichsten in den Genuß des Hauses kommen können. Es ähnelt dem Obergeschoß meines Elternhauses.
Tim hält sich an einem großen Buch (wie Tolkiens »Herr der
Ringe«, das er mir kürzlich vorgelesen hat) fest. Das Buch ist wie
ein Motorrad oder auch ein Motorrad. Tim hält sich am Lenker
fest, ich halte mich an Tim fest. Er rast den Sandhügel hinauf,
anfangs über eine Art Straße mit durchgezogener Mittellinie. Ich
sage zu Tim, daß er manchmal zu schnell fährt. Wir geraten über
die Mittellinie. Ich habe Angst. Tim sagt mir, ich solle mich nicht
aufregen. Ich nörgele so sehr über sein Tempo, daß er mir schließlich das Buch-Motorrad übergibt und sagt: »Du wirst schon merken, daß man schnell hinauffahren muß, sonst rutscht man zurück.« Ich versuche es allein. Er hat recht, ich gerate ins Rutschen.
Ich wünsche mir, daß er ein Seil hätte, um mich hinaufzuziehen.
(Er ist schon oben auf dem Hügel.) Aber er hat kein Seil. So suche
ich mir meinen Weg rechts (ein konservativerer Weg?) von seiner
direkten Route. Ich gehe zu Fuß. Ich komme an. Toll! Wir haben's
geschafft.

Alyse wußte sofort, was der Traum bedeutet:
Mir sagt dieser Traum, daß Tim mir im spirituellen Bereich viel
Weisheit geben kann. Die Szenerie erinnert mich an meine Vorstel-
lung von den Früchten spiritueller Entwicklung und gibt ein gutes
Bild davon, wie ich Gott sehe. Gott ist wie ein exzentrischer Onkel,

der uns ein entspanntes, harmonisches, glückliches Leben bietet, sofern wir es schaffen, durch steten Gebrauch unserer Energie (Motorrad) bei ihm (auf der höchsten Ebene, meinem wahren Zuhause) anzukommen. Er hat die Welt so eingerichtet, daß wir lernen und wachsen müssen, um seine Heimstatt (Erleuchtung) zu erreichen. Tim hat mir liebevoll alle Tolkien-Bücher vorgelesen, die für mich das Symbol eines neuen, von Tim in mein Leben gebrachten Weltverständnisses sind. Heute Nacht bot Tim mir an, mit mir direkt zur Heimstatt Gottes zu fahren. Er versuchte mir zu zeigen, wie das seiner Ansicht nach zu bewerkstelligen sei. Aber sein Weg macht mir Angst.

Im täglichen Leben habe ich manchmal den Eindruck, daß er sein spirituelles Entwicklungsprogramm überzieht. Der Traum legt nahe, daß ich vermutlich meinen eigenen, weniger steilen, dafür aber längeren Weg zur Erleuchtung wählen werde. Ich werde ihn zu Fuß gehen, mit dem Motorrad in Buchform in der Hand.

Wenn ich jetzt den Traum noch einmal durchlebe, überrascht mich Tims Geduld und meine Unfähigkeit, ihm zu vertrauen. Das ist wirklich ein Jammer. Ich habe das Gefühl, daß mir eine allmähliche Annäherung an den Zustand spiritueller Weisheit mehr entspricht. Erleuchtung im Motorradtempo macht mir Angst. Trotzdem fühle ich mich auf eine neue Art offen, von Tim zu lernen, weil er in gewissem Sinne schon da ist, wo ich hingelangen möchte. Er hat eine enge Verbindung zum inneren Gott. Ich werde Tim dieses alles beim Mittagessen erzählen.

Während Alyse diesen Kommentar in ihr Traumtagebuch eintrug, schrieb auch Tim einen Traum auf. Er erzählte ihr an jenem Tag beim Mittagessen von einem sehr lebendigen Traum, der die Herablassung, mit der er ihr am Vorabend begegnet war, erklärte. Er hatte von einer sehr weisen alten Frau geträumt, die ihm auf nonverbale, jenseits der dreidimensionalen Erfahrung liegende Weise zeigte, wie viel er noch zu lernen hatte. Als der Traum realistischer und bestimmter wurde, unterzog sie ihn einer Prüfung, die er wegen seines übermäßigen Stolzes nicht bestand.

Tim und Alyse wurden durch ihre Träume auf Eigenschaften aufmerksam gemacht, die in ihrer Beziehung mancherlei Reibungen verursachten. Nachdem sie sich gegenseitig ihre Träume erzählt hatten, konnten sie mit Tims Stolz und Alyses mangelndem Vertrauen besser umgehen. Ihre Träume brachten sie einander näher.

Ned, ein eifersüchtiger Ehemann, ging eines Abends höchst ärgerlich zu Bett. Seine Frau war mit einem Diplomanden, dem sie bei einem Referat half, noch spät zum Abendessen ausgegangen. Der Student schrieb eine Arbeit über medizinische Ethik und hatte sie angerufen, weil er gehört hatte, daß sie sich als Journalistin für dieses Thema besonders interessiert hatte. Obwohl Ned sich sagen konnte, daß seine Frau nur ein harmloses Diner mit einem intelligenten, ihr vermutlich schmeichelnden Studenten genoß, war er sehr eifersüchtig. Späte Abendessen, so fand er, seien kaum der studentischen Ausbildung förderlich. In seinem Tagebuch machte er seinem Ärger gehörig Luft. Dann ging er rastlos in der Wohnung auf und ab und schließlich allein zu Bett. Ohne eine besondere Traum-Bitte – abgesehen von seinem im Tagebuch herausgelassenen Ärger – träumte er einen beunruhigenden Traum:

Ich bin, glaube ich, operiert worden. Jedenfalls ist ein Teil meiner Milz draußen, und die Ärzte experimentieren mit ihr, um ihr ein eigenes, bewußtes Leben zu geben. Jetzt haßt sie mich und will mich umbringen. Man kann die Wissenschaft nicht am Experimentieren hindern, selbst wenn es gefährlich ist. Voller Angst erwache ich und versuche, den Traum zu vergessen.

In seinem Traumtagebuch führte Ned folgendes Selbstinterview:

Es sieht so aus, als wäre meine Eifersucht, wie der sich außerhalb meines Körpers befindliche Teil meiner Milz, dort draußen, um mich umzubringen.

Milz: Organ, das verbrauchte rote Blutkörperchen abbaut und *Antikörper* produzieren kann.

Meine Milz zeigen: meiner Eifersucht und meinem Ärger Luft machen. Nur ein Teil meiner Milz war draußen und verfolgte mich.

Der unablässige Fortgang wissenschaftlicher Experimente: es stimmt, daß Wissenschaftler unklugerweise Frankensteins geschaffen haben.

Die Ärzte: stehen für meine Überzeugung, daß alle Gefühle herausgelassen, ausgedrückt und nicht versteckt werden sollten. Der Traum sagt mir aber, daß ich letzte Nacht nicht einfach meinem Ärger Ausdruck gegeben, sondern ihn geschürt habe, indem ich mich zu sehr auf ihn konzentrierte. Ich habe mich regelrecht in Rage gebracht, meinen Ärger verstärkt und ihn mit eifersüchtigen Phantasien genährt. Die Milz, die ich herauslasse, ist ein Bumerang. Sie will mich zerstören. Sieht so aus, als könnte Eifersucht meiner Ehe und mir selbst schaden. Dieser Traum ist sehr beunruhigend; ich hätte mir genauer anschauen sollen, was hinter dem destruktiven Teil meiner Eifersucht steckt.

Am Morgen nach dem Traum war Ned etwas weniger selbstgerecht und begann, gemeinsam mit seiner Frau den möglichen Ursachen seiner starken Eifersucht auf den Grund zu gehen.

Träume wie dieser können in einer Beziehung wichtige Veränderungen bewirken, wenn der Träumer sich die Mühe macht, sie zu erforschen und Einsichten in die Tat umzusetzen. Allnächtlich haben wir Zugang zu einem sehr weisen Beobachter, der uns hinsichtlich der für unsere Lebenserfahrung maßgeblichen Beziehungen wichtige Ratschläge geben kann. Unser Traumproduzent steht allzeit zu unseren Diensten.

Virginia bat um einen Traum, der ihr Aufschluß über die Zukunft der Beziehung zu ihrem Freund Bob geben würde. Ihre Inkubation führte zu folgender Traum-Show:

Bob und ich gehen unsere künftige Wohnung anschauen. Die Vermieterin hat Unterlagen für den Mietvertrag, alle sind auf Bobs Namen ausgestellt. Bob will keine Umstände machen und unterzeichnet den Vertrag, ohne sich die Wohnung anzusehen. Ich finde das übereilt, erhebe aber keinen Einspruch, weil ich die Sache auch hinter mich bringen will. Dann betreten wir die Wohnung. Alles ist sehr lebendig. Der erste Raum ist mit schönen blauen (wie Bobs Augen) Fliesen gekachelt, aber der obere Teil der Wände und die Decke haben einen schmutzig-weißen Putz. Als nächstes gelangen wir durch eine halbfertige Türöffnung in einen Raum, in dem ein Bett steht, das sich durch eine graue, langweilige, widerliche Farblosigkeit auszeichnet. Auf dem Boden liegt überall Baumaterial verstreut. Es gibt mehrere Ausgüsse. Die Wohnung ist eine gewaltige Enttäuschung. Ich überlege, ob wir die Wohnung selbst streichen können, wie Bob vorschlägt. Ich finde, der Aufwand wäre zu groß, aber die Wohnung muß wirklich überholt werden. Es ist eine laute, furchtbare Wohnung. Wir werden daraus machen, was wir können, schließlich haben wir sie gemietet. Ich sage: »Wir werden so lange wohnen bleiben, wie der Vertrag läuft, und dann ausziehen.«

Genau das spielte sich in ihrer Beziehung ab. Sie war in vielerlei Hinsicht grau und eintönig. Doch konnten beide während der Zeit, in der sie ihre Beziehung »überholten«, eine Menge lernen und sich von vielen lästigen Vorurteilen und starren Einstellungen (die Ausgüsse in der Wohnung) befreien. Virginia und Bob waren dankbar für die Einsicht, die ihnen ihre Beziehung gebracht hatte, und erleichtert, daß der Vertrag abgelaufen war. Sie gingen ihre eigenen Wege und fanden Partner, die besser zu ihnen paßten.

Die Botschaft empfangen

Schauen wir uns jetzt eine Serie von sechs Träumen an, die die Ehe eines jungen Paares über zwei Jahre hinweg begleiteten. Sie illustrieren in ihrer Abfolge verschiedene wichtige Aspekte hinsichtlich der Kontinuität des Traumlebens. Sie werden zeigen, wie unsere Traumproduzenten immer wieder versuchen, uns ihre Botschaft mitzuteilen, bis wir sie zur Kenntnis nehmen. Und sie werden sichtbar machen, wie eng selbst unsere bizarrsten Traumerlebnisse mit unserem täglichen Leben verknüpft sind.

Ich lernte Tanja in einer Frauengruppe kennen, und wir entdeckten unser gemeinsames Interesse an der Aufzeichnung von Träumen. Zwei Jahre lang erzählten wir uns unsere Träume.

Es folgt eine Traumserie aus Tanjas Traumtagebuch. Sie hatte Ian 1970, unmittelbar nach ihrem College-Examen, geheiratet. Nach sechs Monaten Ehe hatte sie folgenden Alptraum:

Auf meinen Wunsch hin sind mir die Haare geschnitten worden. Sie sind auf Wickler gedreht. Ich weiß nicht so recht, wie die Frisur aussehen wird. Aufgedreht sieht sie ganz nett aus, die Form ist gut! Dann sage ich zu Ian: »Ich könnte das Haar ja noch auskämmen, bevor wir schlafen gehen, mal sehen, wie die Frisur geworden ist.« Ich nehme die Wickler heraus und bürste mein Haar. Es sieht *furchtbar* aus, hängt herunter wie ein schlapper, langweiliger Pagenschnitt. Ich komme zu dem Schluß, daß es mit Lockenwicklern besser aussieht. Mein Schmerz darüber, daß ich mein Haar hatte abschneiden lassen, war so intensiv, daß ich mit einem Ruck aufwachte. Mein schönes Haar, warum habe ich es abgeschnitten?

Tanja erzählte mir diesen Traum wie ein bedrückendes Tagesereignis. Sie fühlte sich irgendwie betroffen und suchte den Trost einer Freundin, die sagt: »Oh ja, das war wirklich ein schlimmer Traum.« Ich fragte sie, was der Traum ihrer Ansicht nach bedeute, und sie meinte, es sei einfach ein unsinniger Traum gewesen. »Erinnert er Dich an gar nichts?« fragte ich sie. »Nur an Samson und Delilah, bloß daß ich Samson bin«, war ihre Antwort. Da sie kein Interesse zeigte, den Traum weiter zu ergründen, ließen wir das Thema fallen. Doch ich fragte mich, was ihr in ihrer Ehe (die Schlafzimmer-Szene mit Ian) fehlte: Was brachte sie dazu, sich selbst ein Stück von ihrer Kraft, ihrer krönenden Gloriole abschneiden zu lassen? Was es auch immer war, es schien sehr wichtig zu sein; dafür sprach der intensive Schmerz, den sie im Traum empfunden hatte. Hinter dem erschreckenden Charakter ihres Traums vermutete ich nicht zuletzt die Tatsache, daß Tanjas Traumproduzent sie nur mit großer Mühe dazu bringen konnte, sich gewisse Dinge in ihrer Beziehung mit Ian anzuschauen und deshalb zu einer Mini-Schock-Behandlung griff.

Ein gutes Jahr später erzählte mir Tanja einen weiteren, etwas exotischen Traum:

Einem ägyptischen Pharao (aus der Zeit vor der Hochblüte der ägyptischen Zivilisation) steht seine Hinrichtung durch die neuen, auf einer höheren Entwicklungsstufe stehenden Machthaber bevor. Unter einer grellen Nachmittagssonne liegt er auf dem Rükken in der Wüste. Er wird für die Hinrichtung vorbereitet. Seine Brust ist nackt, schweißbedeckt und goldfarben. Ich knie neben ihm, rechts von seinen Füßen. Im spirituellen und politischen Leben des Volkes bin ich seine Partnerin oder Mitregentin. Meine Loyalität gehört ihm, nicht den neuen Machthabern. Deshalb muß ich gleichfalls hingerichtet werden. Ein unsichtbarer Erzähler sagt: »Zu schade. Sie war unsere letzte Hoffnung als Führerin.« Meine Haut hat die Farbe ägyptischen Goldes, und während ich knie, schwebt ein wunderschönes weißes Kleid auf mich nieder und umhüllt mich. Ein Kissen in vielen faszinierenden Farben wird vor mich hingelegt. Ich soll meinen Kopf darauf legen, damit er abgeschlagen werde. Die Zeit ist gekommen. Ich schaue zum König, dann zu Gott und lege meinen Kopf auf das Kissen.

In der Zeit, als sie diesen Traum träumte, gab es in Tanjas Beziehung zu Ian erhebliche Konflikte. Er war ein sehr erfolgsorientierter Rechtsanwalt, der sich in seiner Freizeit bei juristischer Fachlektüre entspannte. Er hatte nahezu kein Interesse an sportlicher Betätigung; mit seiner Frau allein zu sein und zu lesen war ihm lieber als alles andere. Tanja bewunderte seinen intellektuellen Ehrgeiz und ließ sich durch ihn in ihrem eigenen bestärken. Aber ihr wurde ein derartig häusliches Leben allmählich langweilig. Sie schätzte es, andere Leute zu treffen, zu laufen, Tennis zu spielen und zu reisen. Sie las auch gern, aber was zuviel war, war zuviel.

Als Außenstehende sah ich deutlich, daß Tanja das Gefühl hatte, um der Aufrechterhaltung ihrer Ehe willen viel von dem, was sie im Leben liebte, aufgeben zu müssen, nicht zuletzt ihre eigene Art der Kommunikation. Ich fragte sie, ob sie nicht die lebendigsten und natürlichsten Teile ihrer selbst abtöte. Sie erklärte, sie habe aus zwei Gründen ihren Lebensstil geändert und sich dem geliebten Mann angepaßt: Zum einen habe er sich bei ihrem mehr extrovertierten Lebensstil nicht wohl gefühlt; zum anderen sei sie froh über die Gelegenheit, sich zum »Erwachsenwerden« zu zwingen und sich mehr nach innen zu wenden als vor ihrer Ehe. Sie vermutete auch, daß es sich bei ihrem Traum um eine Rückschau auf eine frühere Reinkarnation als ägyptische Frau handeln könnte, weil der Traum und ihre andersartige Hautfarbe ihr so wirklich vorgekommen waren.

Damit war das Thema für Tanja erledigt, und auch ich fragte nicht weiter. Tanja war offensichtlich nicht bereit, ihre Vorstellungen über das, was sie sich zur Fortsetzung ihrer Ehe abzuverlangen habe, in Frage zu stellen. Die Motive dieses Traumes deuteten darauf hin, daß irgend etwas mit Tanja, mit ihrer Ehe oder mit beiden überhaupt nicht stimmte. Zwar konnte ich Tanja nicht interviewen, doch da ich sie gut kannte und mir die Traumwelt in ihren grundlegenden Zügen vertraut war, formulierte ich folgende Hypothese:

Die Szenerie, in der sie sich befindet, ist eine Wüste, die zwar sehr romantisch und exotisch ist, in der es aber kein Wachstum (der Persönlichkeit) gibt. Sie und ihr Partner (Ian?) sollen in diesem emotionalen Klima getötet werden. Weil sie ihre Partnerschaft als von Gott eingesetzt (Ehe) ansah, war Tanja bereit, ihr eigenes Leben aufzugeben und mit ihrem Partner zu sterben. Der Erzähler gibt uns einen Hinweis auf die Bedeutung des Königs und auf das Problematische an Tanjas Bereitschaft zu sterben, nur weil die Tradition es befiehlt. Wenn wir nicht selbst die Herrscher über unsere Traumdynastien oder -gruppen sind, dann symbolisiert der Herrscher, dem wir im Traum gehorchen, zumeist unbewußte Teile unserer selbst oder Haltungen anderer Menschen oder Gruppen, die wir verinnerlicht und als unsere eigenen akzeptiert haben. Der Erzähler, in Träumen fast immer eine weise Figur, drückt sein Bedauern darüber aus, daß die Frau, die des Volkes letzte Hoffnung ist, es zuläßt, daß man sie hinrichtet. Der Zeitpunkt, das Ägypten vor der Hochblüte seiner kulturellen und politischen Entwicklung, läßt vermuten, daß das Volk jene Seiten in Tanjas Persönlichkeit verkörpert, die durch gute Führung zur vollen Entfaltung ihrer Möglichkeiten gelangen. Der alte König muß sterben, ehe der neue König seine Macht einsetzen kann, um das Königreich zu neuer Blüte zu bringen. Dieses Thema taucht in der Weltliteratur immer wieder auf. In Träumen symbolisiert es meistens die Notwendigkeit, alte Überzeugungen und Haltungen sterben zu lassen, ehe neue die Persönlichkeit wiederbeleben können. Tanja träumte wohl deshalb von einem jungen König, der sie an Ian erinnerte, weil sich in Ian für sie alte, einengende Überzeugungen und Haltungen verkörpern, die ihr Verhalten als Ehefrau ihrem Mann gegenüber entscheidend geprägt haben.

Das Bild des Kissens mit seinen lebhaften Farben gab mir Rätsel auf. Ein paar Monate nach dem Traum erzählte mir Tanja, das faszinierende, vielfarbige Kissen habe ihre Träume oder vielmehr ihre Einstellung zu Träumen symbolisiert. Sie habe später erkannt, daß sie sich in der Zeit, als sie diesen Traum träumte, vom Reichtum und der Faszination der Traumbilder leicht habe ablenken lassen. Es habe ihr zwar sehr viel Spaß gemacht, über die exotischen, mythologischen und archetypischen Elemente der Träume zu sprechen, sie habe aber nicht erkannt, daß ihre Träume meist sehr reale Themen behandelten – in diesem Falle ihre selbstverordnete Hinrichtung.

In der Nacht nach der »Ägyptischen Hinrichtung« träumte Tanja, daß Ian die Verfügungsgewalt über einen Geysir hatte, der ihr selbst gehörte. Nach außen sah es so aus, als würde er Ian gehören. Ein Unternehmer bot ihm eine Menge Geld dafür. Ian wollte, daß Tanja ihm den Geysir verkaufe, um ihn dann gewinnbringend weiterverkaufen zu können. Tanja war verärgert und sagte Ian, sie würde ihm den Geysir nicht verkaufen; er gehöre ihr, und jeder Gewinn aus seinem Weiterverkauf stünde gleichfalls ihr zu. Am Ende des Traumes hatte sie Schuldgefühle, weil sie sich ihrem Ehemann gegenüber so egoistisch verhielt. Tanja begann zu begreifen, worum es ging. Sie fragte sich, was ein Geysir ist und sah ihn als Symbol unbegrenzter Energie und Kreativität. Sie ahnte allmählich, daß sie ihre kreativen Energien erstickte, wenn sie kein aktiveres, extrovertierteres Leben führte. Es war jedoch derart mühsam, Ian in die Aktivitäten einzubeziehen, die sie aufregend fand, daß sie meistens nachgab und an seinen Zerstreuungen teilnahm, statt ohne ihn zu tun, was ihr Spaß machte. Beide hatten sich daran gewöhnt, fast die gesamte Freizeit zusammenzusein und waren eifersüchtig auf jede Minute, die der andere für sich verbrachte.

Etwa drei Wochen nach dem »Geysir«-Traum träumte Tanja von Isadora Duncan, die ihr erklärte, Ian sei der falsche Mann für sie; sie seien beide zu verschieden, um in ihrem Lebenswandel jemals zu einem Kompromiß finden zu können, der ihrer beider Bedürfnisse befriedigen würde. Dann nahm Isadora Tanja mit zu Carl Jung und bat: »Carl, mach' ihr bitte klar, daß diese beiden Charaktere immer zueinander im Gegensatz stehen werden.« Tanja weigerte sich, diese Prognose für ihre Ehe zu akzeptieren. Sie beharrte darauf, daß ihre Liebe zueinander ihre Gegensätzlichkeit überwinden werde. Überdies müsse sie nur noch etwas erwachsener werden, um zu erkennen, wie oberflächlich ihre Extrovertiertheit zumeist war. Als Tanja nach diesem Drama erwachte, war sie sehr beunruhigt. Sie hatte den Traum herbeigewünscht und nach einem Ausweg gefragt. Sie liebte vieles an ihrem Ehemann sehr und fühlte sich ihm geistig tief verbunden, aber tagtäglich mit ihm zu leben machte ihr große Schwierigkeiten. Und nun erklärten ihr zwei Personen, die sie beide außerordentlich schätzte – die eine wegen ihrer Kreativität, Energie und Courage, die andere wegen ihrer Menschenkenntnis –, daß all ihr Bemühen, sich an ein Zusammenleben mit einem so introvertierten Menschen wie Ian zu gewöhnen, vergeblich sei.

Nach diesem Traum verdoppelte Tanja ihre Anstrengung, einen Weg zu finden, der ihr die Freiheit gab, die Dinge zu tun, die sie liebte, ohne dabei das Gefühl haben zu müssen, sie lasse ihren Mann im Stich.

Sie beschloß auch, sich mit der Eifersucht auseinanderzusetzen, die es ihr schwer machte, Ian auch nur einen einzigen Abend allein zu lassen mit dem, was ihm am meisten Spaß machte. Es war ihr bewußt geworden, daß zwei so gegensätzliche Temperamente wie Ian und sie Raum brauchten, um sich ungehindert auf die ihnen entsprechende Weise auszudrücken und zu vergnügen; andernfalls würde ihre Beziehung sie beide unerträglich beengen. Leicht stellte sie sich das nicht vor, denn sie waren beide sehr abhängig voneinander und hatten große Angst, den anderen zu verlieren. Ihre Beziehung begann sich zu verändern, wenn auch in winzigen Schritten.

Ian und Tanja erlebten gute und schlechte Tage. Doch die guten Tage wurden aufregender und die schlechten weniger enttäuschend, nachdem sie sich ein wenig von der Vorstellung gelöst hatten, immer zusammen sein und dieselben Dinge tun zu müssen. Ian und Tanja wurden ein Stück unabhängiger, entwickelten mehr von ihrer eigenen Individualität. Sie wurden erwachsener. Die Notwendigkeit, ihre eigenen, individuellen Bedürfnisse zu befriedigen, ohne dabei vom anderen ständige Teilnahme zu erwarten, wurde ihnen bewußter. Doch diese Entwicklung barg viel Sprengstoff in sich, da doch beide Partner für ihre eigene emotionale Stabilität immer noch in starkem Maße auf die fast totale Zuwendung und Aufmerksamkeit des anderen angewiesen waren. Die Tatsache, daß es Tanja war, die schließlich den Mut fand, ihr Bedürfnis nach größerer Freiheit innerhalb ihrer Ehe einzugestehen, und die eher bereit war, Ian dieselben Freiheiten zuzubilligen, zeigt vielleicht, daß sie von Ian unabhängiger geworden war. Da die Ehe Ians Vorstellungen weitgehend entsprach, sah er keine Veranlassung, daran etwas zu ändern. Er hatte sich nicht eben eine unabhängige Frau gewünscht und stand nun vor der Alternative, Tanja mehr Freiheit zu lassen oder zu riskieren, sie zu verlieren. Ihm war immer klar gewesen, wie grundverschieden sie beide waren, und die wachsende Unabhängigkeit seiner Frau freute und ängstigte ihn zugleich.

Tanja wünschte sich sehr, daß ihre Ehe mit Ian klappte, aber sie war immer weniger bereit, ein abgeschiedenes Leben ohne aufregende Leute zu führen. Sie erkannte, wie sehr Ian versucht hatte, sich ihren Bedürfnissen anzupassen, und sie hatte deswegen Schuldgefühle. Sie wußte, wie verletzt er sein konnte, wenn sie einmal ohne ihn zum Tennis oder zum Tanz ging. Sie fühlte sich beengt und selbstsüchtig. Sie war verwirrt. Sie schätzte Ian mehr als je zuvor und hatte doch noch nie in ihrem Leben in einem derartigen Dilemma gesteckt.

Zwei Monate nach dem Isadora-Duncan-Traum wünschte sie erneut einen Traum herbei. Diesmal wollte sie wissen, welche Fortschritte Ian und sie in ihrem Bemühen um eine verständnisvollere Ehe gemacht hatten. Hier die Antwort ihres Traumproduzenten, gefolgt von Tanjas Kommentar:

Ich wandere auf einem Pfad in der Wüste. Ian ist ein kleiner Junge, den ich an der Hand halte. Ein Wind kommt auf und plötzlich steigen die Götter in einem Wirbelsturm zu mir herab und rufen in einem Chor von widerhallenden Stimmen: »Wenn Du Dich nicht von Ian trennst, wirst Du sterben.« Ich sage den Göttern, sie sollten aufhören, mich herumzukommandieren, ich würde bei Ian bleiben, was auch immer geschieht. Wir würden es schaffen.

In der nächsten Szene, an die ich mich erinnere, bin ich in einer Art Krankenhaus-Gefängnis und warte auf meine Hinrichtung. Ian besucht mich und bringt mir Blumen, kann mir aber nicht helfen. Ich weiß, daß ich im Morgengrauen zu meiner Hinrichtung gehen muß. Es gibt keinen Ausweg. Die Götter haben gewonnen.

Dieser Traum war unglaublich lebendig. Er sagt mir, daß sich unsere Situation nicht allzu sehr verändert hat. Ich gehe auf einen toten Punkt zu. *Ian als kleiner Junge?* In welchem Maße steht hinter meiner Liebe zu Ian der Wunsch, ihn zu bemuttern, ihm das nötige Selbstvertrauen zu geben? Vielleicht sehe ich ihn nur so, weil ich selbst ein starkes Bedürfnis habe, gebraucht und geliebt zu werden. Ein Kind würde mich nie in der Weise im Stich lassen können wie ein erwachsener, selbstsicherer Mann. Nicht Ian saß im Gefängnis, sondern ich. Ich war die Kranke im Krankenhaus, nicht er. Meine Güte! Deshalb also weigere ich mich, auf die Götter zu hören. Ich habe so große Angst, allein zu sein, daß ich mir einen Mann ausgesucht habe, bei dem ich mich ganz und gar sicher fühle und der mich nie verlassen würde, wie es mein Vater mit meiner Mutter getan hat. Ich habe einen guten Mann gewählt, einen wunderbaren Mann, aber einen, mit dem das Zusammenleben einfach schwierig sein mußte. Ich habe ihn kritisiert, nur weil er ist, wie er ist. Um ihn bemuttern zu können, rede ich mir ein, er sei scheu und introvertiert, emotional unreif oder wisse sich einfach nicht zu helfen. Es beschämt mich, daß ich nicht schon früher erkannt habe, wie sehr mein Bedürfnis nach emotionaler Sicherheit den Ausschlag gab, Ian zu heiraten. Aber ich liebe ihn. Er ist so ein feiner Mensch. Was nun?

Einige Wochen verstrichen. Ian wurde eingeladen, in Europa an einer Reihe bedeutender Konferenzen über internationales Recht teilzunehmen. Tanja beschloß, ihre Arbeit nicht zu unterbrechen und ihn auf seiner sechswöchigen Reise nicht zu begleiten. Sie wollte ausprobieren, wie es ist, eine Zeitlang allein zu leben. Als Ians Abreise näherrückte, kamen ihr bei dem Gedanken an die bevorstehende Trennung jedesmal die Tränen. Ian redete ihr zu, ihn zu begleiten, aber sie lehnte ab und erklärte ihm, sie sei sich den Beweis schuldig, zumindest für sechs Wochen allein leben zu können. Am Morgen seiner Abreise war Ian sehr traurig, ohne seine Frau fahren zu müssen; Tanja aber war völlig außer Fassung. Sie schrieb später in ihr Tagebuch: »Ich hatte das Gefühl, das Herz sei mir aus der Brust gerissen worden, eine unersetzliche Lücke bliebe zurück, wenn Ian gegangen wäre. Ich sagte mir zwar, daß es töricht sei, wegen einer sechswöchigen Trennung einen solchen Aufstand zu machen. Doch das ließ den tiefen Schmerz, der mich erfüllte, nicht geringer werden.«

Nach einem sehr schmerzlichen morgendlichen Abschied ging Tanja in ihr Bett zurück und bat um einen Traum, der ihr helfen würde zu verstehen, warum sie derart aufgewühlt war, als würde sie Ian niemals wiedersehen. Dies war ihr Traum:

Ich bin in einer Gruppe, die in einem schönen Garten im Freien zu Mittag ißt. Jemand erzählt mir, das »Kuhpferd« hinter mir leide schrecklich, weil es ein Lamm fressen müßte. Ohne mich nach dem Kuhpferd umzudrehen, sage ich: »Es muß aber das Lamm fressen, um zu überleben. Daran ist an sich nichts Schreckliches. Aber ich kann mir vorstellen, daß es schwerfällt, es wirklich zu tun. Doch das Kuhpferd muß es schließlich sein ganzes Leben lang getan haben.« Dann drehe ich mich um und betrachte das Tier, halb

Kuh, halb Pferd, das so in Bedrängnis ist, weil es das Lamm, das am Boden liegt, nun töten und fressen muß. Jemand sagt: »Ja, aber diesmal mußte das Kuhpferd es zum ersten Mal bewußt tun« (d. h. das Lamm töten und häuten, anstatt es aus der Dose in einer Schüssel verabreicht zu bekommen). Dann sehen das Kuhpferd und ich einander an, und wir erkennen, daß unser Leid dasselbe ist – mein Leid über die Trennung von Ian und sein Leid darüber, daß es ein Lämmchen fressen muß, um zu überleben. Das Kuhpferd, das jetzt fast ganz Pferd ist, schmiegt sich an mich und tröstet mich. Der Schmerz schwindet völlig aus meinem Herzen. Ich fühle neue Kraft und ein neues Wohlgefühl. Wie herrlich! Ich erwache und fühle mich von meiner Trauer geheilt; ich habe ein Gefühl von Kraft und Energie, das, wie ich erst jetzt merke, mir in den letzten beiden Jahren gefehlt hatte.

Tanja hielt es für unnötig, ihren Traumproduzenten über diesen Traum zu interviewen. Seine Bedeutung und Wirkung lagen offen zutage. In ihr Traumtagebuch schrieb sie den folgenden Kommentar:

Indem ich an meinem Entschluß festhalte, sechs Wochen lang ohne Ian zu leben, esse ich den lammfrommen, übermäßig abhängigen Teil von mir auf. Das ist hart, aber wenn ich als Mensch überleben will, bleibt mir keine andere Wahl. Selbst das Verwirrspiel um das Kuhpferd hat seinen Sinn. Dieses ist zugleich Kuh und Pferd. Die Kuh steht für eine sanfte, empfangende, weibliche, das Pferd für eine energische männliche Seite. Diese beiden Seiten meines Wesens habe ich bisher nicht zum Ausdruck gebracht, weil ich mich nicht traute, mein Schafs-Bedürfnis nach Sicherheit und Abhängigkeit aufzugeben. Das Leben sollte eigentlich aufregender sein. Mein Kuhpferd hat enorme Energie, denn es gab sich einen Ruck und fraß das Lamm. Ich habe die gleiche Energie in mir und mir wird klar, daß ich sie zuletzt verspürte, ehe ich mich so eng an Ian band. Da ich noch nicht einmal gemerkt hatte, daß ich mein Gefühl der Kraft und Unabhängigkeit für ein Gefühl der Sicherheit aufgegeben hatte, fühle ich mich jetzt wirklich lebendig. Ich könnte es nicht ertragen, jemals wieder so viel von mir selbst aufzugeben. Nun wird mir klar, wie ich mich selbst hingerichtet habe. Welchen Preis ich für Sicherheit zu zahlen bereit war! Ich fühle mich heute morgen wie ein ganz anderer Mensch. Ob Ian und ich zusammenbleiben werden? Ich weiß es nicht, aber wenn nicht, werden wir es beide überleben, das weiß ich. Bisher war ich mir da überhaupt nicht sicher.

Wie sich herausstellte, fand nicht nur Tanja während dieser sechs Wochen der Trennung neue Kraft und Lebensfreude; auch Ian erlebte zu seiner Überraschung einen kräftigen Anflug von Energie und Unabhängigkeit. Als er zurückkam, verglichen sie ihre Tagebuchaufzeichnungen und stellten fest, daß sie beide das gleiche Sicherheit-um-jeden-Preis-Spiel gespielt hatten, das sie viel Kraft gekostet hatte. Sie versuchten, ihre Ehe auf eine neue Grundlage zu stellen. Doch ihre unterschiedlichen Temperamente traten nun deutlicher zutage als zuvor, und es wurde bald klar, daß sie nicht zusammenpaßten. Sie ließen sich scheiden und heirateten beide nach einiger Zeit wieder. Ian fand eine Frau, die ihm ähnlicher war, die dieselben Dinge mochte wie er, ohne dabei das Gefühl zu haben, um des Kompromisses willen auf aufregendere Unternehmungen zu verzichten. Tanja heiratete einen Mann, der viele ihrer Interessen mit großer Begeisterung teilte. Sie empfand ihre neue Beziehung eher als Verschmelzung denn als Kompromiß.

Sie hatte sich ihre Träume zu Herzen genommen und nahm an mehreren Workshops über Familientherapie teil, um etwas über die Triebkräfte von Beziehungen zu erfahren, denen die unmittelbar Beteiligten oft so blind gegenüberstehen. Ihr Traumproduzent hatte es schwer gehabt, ihr seine Botschaft zu übermitteln, aber als sie sie schließlich begriffen hatte, wußte sie damit etwas anzufangen. Wenn wir uns Tanjas Träume in ihrem Verlauf und im Kontext ihres Lebens anschauen, wird jeder einzelne verständlicher, als wenn wir ihn für sich betrachten würden.

Daß Träume leichter zu begreifen sind, wenn man sie anhand seines Traumtagebuchs regelmäßig Revue passieren läßt und dabei solche, die dasselbe Thema behandeln, im Zusammenhang untersucht, kann jeder bei sich selbst überprüfen. Wenn wir Träume mit Freunden besprechen und womöglich unsere Traumtagebücher austauschen, wie Tanja und ich es taten, werden wir entdecken, daß wir strukturelle Tendenzen in den Träumen und Traumserien anderer oft leichter wahrnehmen und analysieren können als in unseren eigenen. Anhand von Tanjas Träumen ließe sich üben, einige darin sichtbar werdende grundlegende Strukturmerkmale ausfindig zu machen.

Bemerkenswert ist zum Beispiel, daß die Bilder eines Kranken-haus-Gefängnisses oder eines Kuhpferdes nicht verwirrend sind, wenn man akzeptiert, daß sie beides sind, Krankenhaus und Gefängnis, Kuh und Pferd. Das Nebeneinander einzelner Traumszenen läßt sich daraufhin untersuchen, ob es sinnvoll ist, zwischen ihnen einen kausalen Zusammenhang herzustellen. Bei Tanjas Traum von den »Göttern im Wirbelsturm« etwa kann man davon ausgehen, daß die Götter ihren Tod prophezeien, weil sie mit Ian umgeht, als sei er ein Kind. Und weil sie die Warnung der Götter mißachtet, findet sie sich in Erwartung ihrer Hinrichtung in einem Krankenhaus-Gefängnis wieder. Träume geben uns mitunter sehr deutliche sprachliche Hinweise auf ihre Bedeutung; dies gilt besonders für die Träume, die wir herbeigewünscht haben. Manchmal scheinen diese Kommentare von einem unsichtbaren Erzähler zu kommen; in anderen Fällen stammen sie von einem sichtbaren oder unsichtbaren Akteur des Traumes; wie in Tanjas Traum vom Kuhpferd, in dem eine Person am Picknicktisch ihr erzählt, was mit dem Kuhpferd los ist.

Wenn wir Tanjas Träume nochmals durchgehen, sollten wir uns auch fragen, zu welcher anderen Auslegung sie gekommen wäre, wenn sie alle Träume, vor allem in Bezug auf Ian, auf der subjektiven Ebene gedeutet hätte. Auch könnten wir überlegen, welche Fragen wir Tanja stellen würden, wenn wir die Gelegenheit hätten, sie über ihre Träume zu interviewen.

Die Fragen beantworten

Wir können die Trauminkubation auch auf andere Weise einsetzen, um die Beziehungen in unserem Leben besser zu verstehen. Angenommen, wir sind einsam und haben kaum Freunde. Wenn wir unsere Träume fragen würden, warum dies so ist und was wir daran ändern können, würden wir womöglich einige sehr überraschende Antworten erhalten. Einsame Menschen haben oft das Gefühl, an ihrer Lage nichts ändern zu können. Doch gibt es aus der Einsamkeit fast immer einen Ausweg, und unsere Träume können ihn uns zeigen und verstehen helfen, warum wir nicht in der Lage waren, diese Auswege, die uns offenstanden, zu erkennen und zu akzeptieren.

Die Teilnehmer unserer Traumgruppen haben in ihren Träumen auf die unterschiedlichsten Fragen über ihre Beziehungen hilfreiche Antworten erhalten. Ein Vater, dessen Sohn mit gefährlichen Drogen zu tun hatte, erwünschte einen Traum, um seinen Sohn verstehen und mit ihm besser umgehen zu können. Eine Frau fragte, warum ihre Freunde sie immer ausnutzten. Eine Mutter konnte mit Hilfe eines erbetenen Traumes eher begreifen, aus welchen Motiven heraus der Sohn Geld aus ihrem Portemonnaie gestohlen hatte. Ein liebevoller, aber sehr strenger Vater erhielt die Warnung, er werde es schon bald mit einem sehr unsicheren und rebellischen Teenager zu tun haben, wenn er dauernd mit ihm schelten und Kritik an ihm üben würde, statt ihn auch mal zu loben und mit ihm zu spielen. Der Traum ließ erkennen, daß hier der Sohn für die perfektionistische Einstellung, die der Vater von *seinem* Vater geerbt hatte, ungerechterweise büßen mußte.

Kay, die sich gerade verliebt hatte, war beunruhigt durch die Vorstellung, mit einer alten Liebe noch nicht im reinen zu sein. Sie wollte sich von ihrem »Was-wäre-wenn«-Syndrom und der daraus resultierenden Unverbindlichkeit befreien. Sie erbat einen Traum und fragte: »Habe ich mich von meinen Bindungen an frühere Freunde, vor allem an Bret, freigemacht?« Sie träumte:

Ich bin am Strand, an unserem Treffpunkt. Alle meine alten Freunde werde ich hier treffen. Ich will meine Beziehung zu Bret noch einmal prüfen und entscheiden, ob ich noch den Wunsch habe, sie wiederzubeleben. Wenn mich dann wirklich keinerlei »Was-wäre-wenn«-Phantasien mehr belasten, werde ich mich unbeschwert auf eine Beziehung zu Michael einlassen.

Dann treten alle Jungen, die im Laufe des Lebens meine Freunde waren, vor mich hin, sogar die, in die ich in der Grundschule verliebt war. Ich sehe mir diese Freunde an, einen nach dem anderen, danke jedem für das, was er zu meinem Leben beigetragen hat, und gehe zum nächsten weiter. In mir ist ein Gefühl von Freiheit und Dankbarkeit. Aber wo ist Bret? Ich habe ihn am ganzen Strand gesucht, habe gehofft und zugleich befürchtet, ihn zu finden. Was wird, wenn ich ihn wiedersehe und noch immer den Wunsch habe, ihn zu lieben? Das würde meine Beziehung zu Michael zerstören. Ich treffe ein sechzehnjähriges Mädchen, das mir sagt, es sei mit Bret zusammen auf dem Schiff gewesen, das offenbar alle meine früheren Freunde hergebracht hat. Es erzählt mir, Bret habe es in die Freuden der körperlichen Liebe eingeführt, und es sei sehr froh, ihm begegnet zu sein; sie habe aber keine Ahnung, wo er jetzt ist. Ich setze meine Suche fort; da kommt ein freundlicher Mann auf mich zu und sagt: »Du hast gerade einen Brief bekommen, der deine Frage beantworten wird.«

Beim Erwachen empfand Kay Erleichterung und hatte das Gefühl, sie habe sich gerade durch einige alte Vorbehalte, Enttäuschungen und Hoffnungen hindurchgearbeitet, die sie immer noch mit sich herumgeschleppt hatte, ohne sich dessen bewußt zu sein. Aber was war mit Bret? In drei aufeinanderfolgenden Nächten erbat sie einen Traum, um zu erfahren, was in dem Brief stand, der alles klären sollte. Sie redete sich ein, sie würde den Brief finden und sogleich verstehen. Keine Antwort. Kay fand es sehr ärgerlich, von einem Traum derart gefoppt zu werden. Als sie ihren Traum in der Traumgruppe vortrug, fragte ein Teilnehmer, ob nicht ihre schriftliche Aufzeichnung des Traumes auf den Seiten ihres Tagebuches der Brief sein könnte, der im Traum vorkam. Es dämmerte Kay, daß der Traum selbst der Brief war. Sie bat dann einen Teilnehmer der Gruppe, sie über die Sechzehnjährige, der Bret begegnet war, zu interviewen. Dabei erkannte sie den Hinweis ihres Traumproduzenten, daß Bret an einem bestimmten Punkt ihres Lebens der ideale Mann für sie gewesen war. Er hatte sie auf eine neue, reifere Ebene der Liebe zwischen Mann und Frau geführt. Nun war die gemeinsame Reise beendet, wie die Sechzehnjährige zu verstehen gab. Diese Art von Träumen scheint vergangene Erlebnisse zu verdichten und den Weg für neue Entwicklungen freizumachen.

Wenn wir uns an Träume erinnern, in denen uns in einer unangenehmen Angelegenheit ein Brief angekündigt wird oder ein Bild oder Film zu sehen ist, sollte man den Traum selbst oder seine schriftliche Aufzeichnung als den angekündigten Brief, das Foto oder den Film betrachten. Wenn wir träumen, in einer für uns peinlichen Situation fotografiert und dabei von anderen Menschen beobachtet zu werden, so sind wir mit hundertprozentiger Sicherheit einer dieser »anderen«, und das Foto ist unser Traum. Die peinliche Situation kann ein Hinweis auf Eigenschaften und Verhaltensweisen sein, die wir ungern eingestehen. Doch wenn wir sie zugeben, versetzt uns das eher in die Lage, mit den Schwierigkeiten des täglichen Lebens umzugehen.

In einer unserer Traumgruppen machte ein Teilnehmer den Vorschlag, jeder solle die schwierigste oder schmerzlichste Beziehung seines gegenwärtigen Lebens herausgreifen und um einen Traum bitten, der zu einem Ausweg führen könnte. Drei Studenten beschlossen, dieses zu versuchen. Eine junge Frau, die ihren alkoholabhängigen Vater verachtete und wohl auch haßte, erbat sich von ihrem Traum mehr Verständnis für ihren Vater und dadurch Befreiung von der Last ihres Hasses. Ein Alptraum, in dem ein Tiefsee-Ungeheuer sie angriff, weckte sie. Der Traum machte ihr derart Angst, daß sie sich weigerte, ihn näher zu ergründen. Sie kam zu dem Schluß, daß es sie überfordere, sich mit den Gefühlen ihrem Vater gegenüber zu befassen und beschloß, ihn weiter zu hassen, bis sie vielleicht einmal in der Lage war, mit diesen Gefühlen umzugehen. War es ihr tiefer Haß, der sie im Traum wie im Leben attackierte?

Ein anderer Teilnehmer, der mutlos gewordene Ehemann einer Alkoholikerin, wünschte sich einen Traum, in dem er um die Kraft bat, entweder mit seiner Frau auszukommen oder sie zu verlassen. John träumte einen jener Träume, in denen alles wirklicher erscheint als im Wachzustand. Die Farben waren kräftiger und die Bedeutung jeder Einzelheit des Traumes war ihm sofort verständlich. Er erzählte uns seinen Traum so:

Ich sah zwei schöne Flammen, eine grüne und eine blaue; sie symbolisierten das innerste, göttliche Wesen von mir und meiner Frau (sie die blaue, ich die grüne Flamme). Mir wurde bewußt, daß wir selbst diese Flammen waren, deren Farben so wunderbar leuchteten. Als Flammen sahen wir empor und sahen ein Weiß, das wie ein Engel oder Gott über uns dahinzog. Diese liebevolle, friedliche Gegenwart war wie eine Segnung und erfüllte uns beide mit pulsierender Energie.

John erzählte uns, er habe sich beim Erwachen wiederbelebt gefühlt, voller Hoffnung und Liebe zu seiner Frau. Zwei weitere Male, als er sich entmutigt fühlte und für seine Ehe kaum einen Ausweg wußte, erbat und empfing er ähnliche Träume, die jedesmal seine Hoffnung neu belebten. Etwa acht Monate später hörte seine Frau mit dem Trinken auf und hat in den fünf Jahren seither nicht wieder angefangen. John halfen seine Träume, als er es am nötigsten hatte.

Die dritte Teilnehmerin probierte eine Annäherungsinkubation. Dabei bittet der Träumer um Hilfe für besonders schwierige Beziehungen, die in eine Sackgasse geraten sind. Es kann zum Beispiel sein, daß der Träumer schon zahlreiche Versuche unternommen hat, um mehr Harmonie in die Beziehung zu bringen, damit aber erfolglos blieb und keine klare Alternative mehr sieht, als die Beziehung zu ertragen.

An einem solchen Punkt, an dem im wachen Zustand nichts mehr zu gehen scheint, kann der Träumer darum bitten, im Traum eine Annäherung an die betreffende Person zu erleben. Die Absicht dabei ist, im Schlafzustand, in dem man offenbar objektiver und neuen, andersartigen Erfahrungen gegenüber aufgeschlossener ist, zu einer gewissen Verständigung mit dem anderen zu gelangen. Ob der Träumer seinen »Gegner« im Schlaf wirklich trifft oder ob er einfach einen normalen Traum über den anderen träumt, ist nicht klar. In jedem Fall berichten diejenigen, die solche Annäherungsträume herbeiwünschten, daß sie bei diesen Zusammentreffen zu neuem Verständnis, Mitgefühl oder Frieden ihm gegenüber fanden. Die meisten Annäherungsträume führen zu einer deutlichen Besserung der problematischen Beziehung.

Lynn war eine junge Feministin, deren Mutter die Tatsache nicht akzeptieren konnte, daß die Wert- und Moralvorstellungen ihrer Tochter nicht den Geboten ihrer Kirche entsprachen. Die Mutter kam schließlich zu dem Urteil, ihre Tochter sei sündig und völlig unmoralisch; die Tochter wiederum beurteilte ihre Mutter als rigide, naiv und reaktionär. Die emotionale Distanz, die zwischen ihr und der Mutter entstanden war, machte Lynn traurig. Sie wollte ihre Mutter stärker an ihrem Leben teilhaben lassen, doch es gelang ihr einfach nicht, deren mormonische Panzerung zu durchdringen. Die Mutter ihrerseits hatte das Gefühl, als Mutter versagt zu haben, und wußte nicht weiter. Lynn wünschte sich, wenn möglich, mit ihrer Mutter im Traumzustand zusammenzutreffen und sich mit ihr auf einer Ebene zu unterhalten, wo ihrer beider Herzen sprechen und sie einander ohne den Lärm wechselseitigen Urteilens und weltanschaulicher Kritik würden verstehen können.

Lynn erzählte uns, sie habe geträumt, ihrer Mutter in einer Art außerkörperlichem Bewußtseinszustand zu begegnen. Sie führten ein langes Gespräch und hörten einander liebevoll und interessiert zu. Sie fanden einen Weg, einander zu verstehen und anzunehmen, und genossen gerade ihre neugewonnene Nähe, als das traumähnliche Erlebnis endete. Lynn erwachte mit dem Gefühl, zum ersten Mal seit Jahren mit ihrer Mutter ein Gespräch geführt zu haben, bei dem sie sich nicht argwöhnisch beäugt fühlte. Sie verspürte den Impuls, ihre Mutter in Salt Lake City anzurufen und sie zu fragen, ob sie den gleichen Traum gehabt habe, zögerte jedoch, weil sie wußte, was ihre Mutter von »Träumen und all diesem Unsinn« hielt. Einige Stunden später rief die Mutter an, und sie führten eines der intimsten und erfreulichsten Gespräche der letzten Jahre. Lynn versuchte herauszufinden, ob ihre Mutter in der vorhergehenden Nacht das gleiche Traumerlebnis gehabt habe, fand aber kein Anzeichen dafür. So beschloß sie, einfach dankbar zu sein für dieses Erlebnis der Übereinstimmung mit ihrer Mutter.

Nan bat um einen Annäherungstraum, der ihr helfen sollte, eine sehr unangenehme Situation zu meistern. Sie nahm gerade an einer zweiwöchigen Kreuzfahrt teil, auf der sie jeden Abend mit denselben Menschen zu Abend essen mußte. Nan empfand einen von ihnen, Bill, als äußerst unangenehmen Tischgenossen. Ihrer Meinung nach war er darauf aus, jedes Gespräch an sich zu reißen, war laut und verfiel in irritiertes Schweigen, wenn ihm die Kontrolle über ein Gespräch entglitt. Nan ging einer Auseinandersetzung mit Bill aus dem Wege, da er sie nicht zu mögen schien und vielleicht auf irgendeine Weise verunsichern könnte. Dennoch ärgerte sie sich, daß der Horror vor dem Abendessen ihr die Ferien verdarb. Nach einer Woche derart unerfreulicher Mahlzeiten entschloß sie sich, einen Annäherungstraum zu erbitten. Sie hoffte, daß sie und Bill im Traumzustand objektiver und offener sein und einander besser verstehen würden. Sie träumte einen sehr lebendigen Traum:

Ich klopfte an die Tür von Bills Schlafzimmer. Er kam heraus, und wir sprachen im Flur miteinander. Ich war mir ziemlich, wenn auch nicht absolut, sicher, daß ich mich außerhalb meines Körpers in einem Traumzustand befand. Ich erzählte Bill, warum ich ihn nicht mochte und wie sehr mich seine Rücksichtslosigkeit verletzt hätte.

Im Wachzustand hätte ich nie erwartet, daß er meine Empfindungen verstehen würde, doch in unserer gegenwärtigen Realität tat er es. Er dankte mir für meine Offenheit und bat mich um Verzeihung dafür, daß er meine Gefühle verletzt hatte; er habe angenommen, ich hätte keine Zeit für ihn. Er fügte hinzu, er hoffe, daß wir im wachen Leben Freunde werden könnten. Das stimmte mich froh, denn jetzt mochte ich ihn wirklich.

Nan erzählte uns, welche Fortsetzung ihr Traumerlebnis nahm: Am nächsten Tag sagte ich Bill, daß ich von ihm geträumt hätte. Er war sehr neugierig, darüber zu hören, hatte aber selbst nichts geträumt. Als ich ihm den Traum erzählte, reagierte er fast genauso, wie er es im Traum getan hatte. Zwischen uns entwickelte sich, wenn auch ein wenig zurückhaltender, das gleiche Interesse und Gefühl füreinander wie im Traum. Nach diesem Erlebnis wurden wir Freunde. Hat der Traum nun ein wirkliches Ereignis geschildert oder mir einfach nur den Mut gegeben, mich mit Bill auseinanderzusetzen, der womöglich auch dann nicht anders reagiert haben würde, wenn ich den Traum nicht geträumt hätte?

Phil, der Sohn eines Alkoholikers, der seinen Vater für all das Leid haßte, das er im Zusammenleben mit ihm erfahren hatte, bat um ein Traumerlebnis, das ihm helfen würde, sich von der schweren Bürde seines Hasses und Ärgers zu befreien. Er träumte, daß er einen häßlichen, mit Beulen übersäten Frosch in der Hand halte. Er hatte Angst, von dem Frosch Warzen zu bekommen. Dann kam ihm der Gedanke, daß er den armen, einsamen, häßlichen Frosch lieben solle, und so küßte er ihn. In diesem Moment verwandelte sich der Frosch in seinen neurotischen, einsamen (und dankbaren) Vater. Der Traum brachte den Sohn zu der Einsicht, daß in diesem späten Stadium ihres Verhältnisses Mitleid und Liebe die besten Mittel seien, um sich vom eigenen Haß zu befreien. Der Vater war vielleicht unfähig, sich zu ändern, der Sohn aber war es nicht. Die Erfahrung, den widerlichen Frosch-Vater zu lieben, war so lebendig und tiefgehend, daß Phil einen Teil seines Hasses vergessen und die dahinter verborgenen Liebes- und Mitleidsgefühle zulassen konnte. Der bemitleidenswerte Frosch blieb ihm als eindrucksvolles Bild im Gedächtnis; er beschwor es jedesmal herauf, wenn ihn in der Beziehung zu seinem Vater Ablehnung überkam.

Träume können auch als eine Form der direkten zwischenmenschlichen Kommunikation genutzt werden. Klienten der Psychotherapie träumen häufig Träume, die ihren Therapeuten verborgene Gedanken und Gefühle offenbaren. Träume können auch den entscheidenden Anstoß dazu geben, etwas auszusprechen, das als unangenehm oder peinlich empfunden wird.

Barbara hatte folgenden Traum:

Ich schwamm in einem Swimming-pool mit meinem achtjährigen Sohn auf dem Rücken. Ich schwamm unter Wasser, der Kopf meines Sohnes blieb über Wasser. Ich schwamm in mehreren kurzen Zügen, mein Mann sollte uns in dieser Haltung fotografieren. Aber aus irgendeinem Grund brachte er es nicht fertig, das Bild aufzunehmen. Ich hatte allmählich das Gefühl, zu ertrinken, wenn er nicht bald knipste. Jedesmal, wenn ich auftauchte, fragte ich ihn: »Hast du das Bild?«, und jedesmal antwortete er: »Noch nicht.«

Den übrigen Teilnehmern der Traumgruppe war klar, daß Barbara ihrem Mann deutlich zu machen versuchte, daß sie »untergehen« werde, falls sie weiterhin allein für das Kind zuständig wäre, und daß sie sich mehr Anerkennung und Entlastung wünschte. Barbara selbst brauchte ziemlich lange, um das klare Wortspiel zu erkennen, das der in der Traumszene immer wieder geäußerte Satz enthielt: »Hast du das Bild?« Erst als ein anderer Teilnehmer die Worte wiederholt hatte, verstand sie es endlich. Sie lachte und beschloß, die Botschaft ihrem Mann mitzubringen.

KAPITEL 5

Unsere Träume und unser Körper

Die alten Griechen und Römer glaubten, daß Träume von den Göttern kommen und körperliches Unwohlsein und Gebrechen sowohl diagnostizieren als auch mitunter einer Heilung zuführen könnten. Diese Überzeugung teilten viele Kulturen, primitive wie hochentwikkelte. Freud, der unsere heutigen Ansichten über Träume tiefgreifend beeinflußt hat, formulierte die Hypothese, daß der Sinn des Träumens in der Bewältigung der aus der Unterdrückung instinktiver Triebe entstehenden emotionalen Probleme liege. Richtig gedeutet, so glaubte er, würden Träume zur Diagnose und manchmal sogar zur Auflösung sexueller Konflikte führen. Die antiken wie die Freudschen Traumtheorien erscheinen heute in ihrer Beschreibung des Ursprungs und Zwecks von Träumen zwar allzu begrenzt, doch haben sie zumindest zwei wichtige Funktionen des Träumens ins Blickfeld gerückt. Wir werden in diesem Kapitel untersuchen, wie wir unsere Träume nutzen können, um unser körperliches wie psychosexuelles Wohlbefinden zu erhöhen.

Träume als Lebenshilfe bei Krankheit, Unfällen, schlechten Angewohnheiten, Schlaflosigkeit und Altersproblemen

Die alten Griechen bauten dem Gott Aeskulap geweihte Tempel und veranstalteten ausgefeilte Inkubationsrituale, die ihnen bei der Bekämpfung von Krankheiten die göttliche Unterstützung sichern sollten[1]. Auch die Römer und manche Hebräer – die wie die Griechen glaubten, daß uns die Träume von übernatürlichen Kräften gegeben werden – suchten die Tempel Aeskulaps auf und erbaten dort Träume, die sie von ihren meist körperlichen Gebrechen heilen sollten. Die Talmudgelehrten mißbilligten zwar den griechisch-römischen Brauch, sich durch Inkubationsrituale an ein Traumorakel zu wenden, glaubten aber dennoch, daß Träume häufig Auskunft über den Gesundheits- oder Krankheitszustand des Träumenden geben können[2]. Galen[3], der im zweiten Jahrhundert n. Chr. lebende griechische Arzt und Begründer der experimentellen Physiologie, und Aristoteles[4], der Begründer der Logik, waren beide der Ansicht, daß Träume körperliche Zustände widerspiegeln und bei der Diagnose und Behandlung von Krankheiten hilfreich sein können.

Spätere philosophische und wissenschaftliche Entwicklungen in der westlichen Welt führten zu dem Glauben, daß Krankheiten körperliche Ursachen haben, die, sobald sie wissenschaftlich und logisch untersucht sind, auch irgendwann durch eine Behandlung des Körpers geheilt werden können. Die grundsätzliche Überzeugung, daß Krankheiten durch Keime oder durch ein chemisches Ungleichgewicht im Körper verursacht werden, hat der Theorie, daß Träume körperliche Krankheiten widerspiegeln oder beeinflussen, nur wenige Anhänger belassen. Die Tatsache, daß manche Geisteskrankheiten auf bestimmte Medikamente ansprechen, hat Forscher zu der Hoffnung ermutigt, daß sich eines Tages die physiologische oder biochemische Grundlage aller Krankheiten identifizieren läßt und man chemische Behandlungsformen zu ihrer Heilung entwickeln kann.

Doch eine wachsende Zahl von Forschern im Bereich der Psychologie und Medizin glaubt, daß die Ursachen seelischer und köperlicher Krankheiten nicht allein in den Laboratorien, sondern auch, und vielleicht vor allem, in den Herzen und Seelen der Kranken zu finden seien. Die Entdeckung, daß emotionale Spannungen Beschwerden wie Kopfschmerzen, Magengeschwüre, Asthma und Verdauungsstörungen hervorrufen und verstärken können, hat der Theorie, daß viele körperliche Krankheiten auch seelische Ursachen haben, größeren Respekt verschafft. Der texanische Radiologe Dr. O. Carl Simonton[5] vertritt sogar die Hypothese, daß ein Zusammenhang zwischen körperlichen Krankheiten – bis hin zu so lebensbedrohlichen wie dem Krebs – und seelischer Einstellung und Überzeugung des Kranken besteht. Er experimentiert mit dem Einsatz psychotherapeutischer Verfahren als Ergänzung der strahlen- und chemotherapeutischen Behandlung seiner Krebs-Patienten. Ausreichende Daten über die Ursache, das Ausmaß und die Umstände des

Einflusses seelischer Ursachen auf körperliche Krankheiten werden erst in einiger Zeit vorliegen. Doch läßt sich schon heute sagen, daß viele Krankheiten eine psychische Komponente haben, die zu verstehen die Intensität der Beschwerden verringern und die Einstellung des Kranken zu seiner Krankheit verbessern kann.

In unseren Traumgruppen haben einige Teilnehmer mit Hilfe von Trauminkubationen untersucht, wieweit ihre körperlichen Beschwerden möglicherweise auf den Einfluß psychischer Faktoren zurückzuführen sind.

Ann, die erst vor kurzem von Florida nach Kalifornien gezogen war, bekam plötzlich Unterleibsbeschwerden: Eine Schwellung der Eierstöcke verursachte derartige Schmerzen, daß ihr selbst das Gehen schwerfiel. Der Gynäkologe, den sie alle paar Tage aufsuchte, konnte keine Ursache für diesen Zustand finden. Nach zwei Monaten schlug er vor, der Sache durch einen chirurgischen Eingriff auf den Grund zu gehen. Ann beschloß, vor einem solchen Eingriff weiteren ärztlichen Rat einzuholen und flog nach Florida, um ihren früheren Gynäkologen aufzusuchen. Auf dem Flug beschloß sie, einen Traum herbeizuwünschen, der sie von ihren Beschwerden heilen oder ihr zumindest deren mögliche psychische Ursachen aufzeigen würde. Als Inkubationsbitte formulierte sie folgenden Satz: »Dies ist eine letzte Chance, mich vor dem Messer des Chirurgen zu retten. Warum bin ich krank und was kann dagegen unternommen werden?«

Ann hatte einen langen Traum, in dem ihr durch Stimmen und Bilder immer wieder bedeutet wurde: »Es gibt genug Zeit; für alles ist reichlich Zeit vorhanden.« Vor ihren träumenden Augen tauchten verschiedene Szenen auf: Sie badete friedlich in einem Fluß; sie brachte in einer leichten Geburt ein Kind zur Welt; sie kletterte angestrengt eine Leiter empor, auf deren oberster Sprosse sie ihr juristisches Diplom fand; sie saß in stiller Meditation am Fluß. Alle diese Szenen schienen gleichzeitig abzulaufen, und jedesmal befand sie sich in oder am Fluß. In der Leiter-Szene empfand sie Triumph, bei der leichten Geburt freudige Überraschung; und die Szenen, in denen sie ihr Haar im Fluß wusch und am Ufer des Flusses meditierte, vermittelten ihr ein Gefühl der Freude und inneren Ruhe. Nach diesem Traum erwachte sie erfrischt und gelassen. Dann fiel ihr auf, daß sie zum ersten Mal seit zwei Monaten keine Schmerzen im

Unterleib verspürte. Der Gynäkologe, den sie am gleichen Tag aufsuchte, konnte an ihren Eierstöcken nichts Außergewöhnliches feststellen; ebensowenig ein anderer Arzt, der sie untersuchte. Als Ann die Vermutung äußerte, ihr Traum könnte sie geheilt haben, sagten die Ärzte: »Das ist unmöglich.« Beide Ärzte hielten es für wahrscheinlicher, daß der Befund, der Anns Symptome in Kalifornien beschrieb, von einem unfähigen Gynäkologen stammen müsse, und daß Anns Schmerzen bloße Einbildung gewesen waren.

Ann hatte eine andere Erklärung. Sie fühlte sich durch den Traum weitgehend von dem teilweise unbewußten Konflikt befreit, in den sie hinsichtlich der Frage, Kinder zu haben, geraten war. Sie hatte befürchtet, daß ein Kind ihr die eigene Zeit, die innere Ruhe und die Möglichkeit einer erfolgreichen Karriere nehmen werde. Ihre Bereitschaft, das Jura-Studium abzuschließen, sah sie dahinschwinden, falls sie ihren weiblichen Wünschen nachgäbe, das Leben einfach zu genießen und jene sanften, lustbetonten Gefühle zuzulassen, die sie um ihres Studiums willen hintangestellt hatte. Der Traum sagte ihr, sie könne ganz ruhig sein, da sie genug Zeit haben werde, beide Seiten ihres Wesens zu leben, die erfolgsorientierte und die gefühlsbetonte. Ann verstand ihre Beschwerden als den symbolischen Ausdruck für ihre Bemühungen, ihr lustbetontes, weibliches Ich aus Angst, es könne ihre Karrierepläne sabotieren, zu leugnen. In der Geburtsszene sah sie ein Symbol dafür, daß das, was sie für ihre weibliche Seite hielt, ihr Leben durch eine größere Wachheit für ihre Gefühle bereichern würde, ohne ihr Privatleben oder ihre Arbeit zu stören. Anns Traum hatte bei ihr eine tiefe Wirkung hinterlassen. Ob er sie tatsächlich heilte, läßt sich nicht beweisen; in jedem Fall aber hatte sie durch ihn eine für ihr Lebensglück und ihre Lebensfreude bedeutsame Erkenntnis gewonnen. Die Tatsache, daß sie zum ersten Mal seit zwei Monaten beim Aufwachen keine Schmerzen verspürte, bestärkte sie in dem Glauben, daß hier mehr als bloßer Zufall im Spiel war.

Eine häufigere, wenngleich weniger dramatische Traumantwort auf Inkubationen, die nach dem Einfluß psychischer Faktoren auf Krankheiten wie Virusinfektionen, Kopfschmerzen oder Arthritis fragen, legt dem Träumer nahe, einige spannungsreiche Konflikte in seinem Leben zu lösen. Die Krankheit wird in solchen Träumen gewöhnlich als Flucht vor der Beschäftigung mit diesen Konflikten dargestellt. Wenn wir krank sind, könnten wir unsere Träume fragen: »Was versuche ich zu vermeiden oder loszuwerden?« Es mag uns überraschen, wie schnell sich in solchen Fällen unsere Krankheit klärt, wenn wir uns dem Problem zuwenden, das wir mit ihr zu vermeiden suchten. Natürlich können Krankheiten auch benutzt werden, um sich Anteilnahme und besondere Aufmerksamkeit zu holen. Solche »sekundären Vorteile« lassen sich häufig bei leichteren Krankheiten wie Schnupfen und Kopfschmerzen erzielen; sie können auch bei Verletzungen, die man sich durch »Unfälle« zuzieht, eine Rolle spielen.

Peter, ein Student, dessen liebster Zeitvertreib das Tennisspiel war, verrenkte sich eines Tages den Rücken, als er etwas Schweres aus dem Kofferraum seines Autos hob. Es bestand die Vermutung, daß er sich eine Bandscheibenverletzung zugezogen haben könnte, denn er klagte über Schmerzen, die bis in die Beine ausstrahlten – ein häufiges Symptom für einen eingeklemmten Nerv. Er wußte, daß in solchen Fällen normalerweise eine sechswöchige strikte Bettruhe im Krankenhaus verordnet wird. Er fand diese Aussicht ziemlich unerfreulich, zumal es keine Garantie gab, daß die Schmerzen dadurch nachlassen würden. Gemeinsam mit seinem Arzt entschied er, erst einmal abzuwarten, ob die Schmerzen abklingen würden. Fünf Wochen später verbrachte Peter immer noch den größten Teil seiner Zeit im Bett, weil die Schmerzen im Liegen erträglicher waren. Er kam auf die Idee, einen Traum herbeizuwünschen, um herauszufinden, ob er seine Schmerzen aus irgendeinem psychologischen Grund aufbausche oder innerlich übertreibe. Er fragte sich auch, ob sein »Unfall« zu diesem Zeitpunkt mehr als ein bloßer Zufall gewesen sein könnte. Seine Inkubationsfrage lautete: »Warum ist mein Rücken steif, und was kann ich dagegen tun?« Sein Traum gab ihm darauf folgende Antwort:

Die Kommunistische Partei wird mich hinrichten lassen, weil ich mich nicht der Parteilinie unterwerfe. Ich ergebe mich in mein Schicksal, weil ich das Gefühl habe, daß ihre Macht zu groß ist, um dagegen Widerstand zu leisten. Dean, ein glühender Parteigenosse, aber trotzdem mein Freund, soll auch hingerichtet werden als Warnung an die anderen, daß »die Partei« jeden töten kann, daß keiner sicher ist. Dean bügelt das Hemd, das er bei seiner Hinrichtung tragen wird; er empfindet das als seine Pflicht gegenüber »der Partei«. Wenn man ihm sagt, er müsse es tun, dann tut er es. Ich bin wütend, daß er bereitwillig sein eigenes Grab schaufeln hilft und sage ihm das. Dann sehe ich mich selbst, wie ich eine Übung mache, die gut für meinen Rücken ist, und der Traum ist damit zu Ende.

In seinem Tagebuch führte Peter das folgende Trauminterview:

Gefühl: Der Traum erinnert mich an das Gefühl, das ich gestern hatte, als ich meinem Kommilitonen Dean sagte, er werde sich noch zu Tode arbeiten. Er versucht, ein Geschäft zu führen und zugleich sein Studium durchzuziehen; die Strapazen dieser Belastung machen sich bereits bemerkbar.

Szenerie: Der kommunistische Arbeiterstaat! Ich werde von ihnen kontrolliert. Aber stimmt das wirklich? Ich fühle mich einigermaßen frei von dem Arbeitsethos, das in unserer Gesellschaft die meisten Männer unter Druck setzt.

Handlung: Ich soll getötet werden, weil ich rebelliere; Deans Hinrichtung gehört zur Terrortaktik »der Partei«. Ich hab's.

Aha! Wir, Dean und ich, leben beide unter der Knute eines Systems von Glaubenssätzen, das man Arbeitsethos oder den Arbeiterstaat nennt. Ich rebelliere zwar gegen mein eigenes Arbeitsethos (meine Magisterarbeit verschiebe ich zum Beispiel um ein halbes Jahr), verhalte mich aber immer noch seinen grundlegenden Voraussetzungen entsprechend. Wer rebelliert schon gegen etwas, das ihn nicht berührt? Auch Dean lebt unter diesem Gedankengeflecht, aber er gehorcht den Regeln. Er ist ein so gewissenhafter Arbeiter, daß es ihn umbringt. Ich habe meine Rückenschmerzen als Entschuldigung benutzt, um meine Magisterarbeit aufschieben zu können. Der Traum legt mir nahe, daß ich mich, solange wie ich in diesem Autoritätskonflikt gefangen bleibe, selbst hinrichte – symbolisiert durch meine Bettlägerigkeit. Dean ist vielleicht bereit, sein Schicksal hinzunehmen, ich bin es nicht. Wenn ich mir klar machen würde, daß ich die Arbeit für mich schreibe, weil ich den Titel haben will, würde ich wahrscheinlich schneller fertig werden. Und wenn ich wirklich meine Rückenschmerzen vorschiebe, um die Magisterarbeit hinauszuzögern, dann sollte ich sie besser hinter mich bringen, sie könnte mich sonst auf Dauer außer Gefecht setzen. Ich werde den Arzt fragen, ob es schadet, wenn ich die Übung aus dem Traum ausprobiere, und ich werde die Magisterarbeit schreiben, egal, wie groß die Schmerzen sind.

Diesen Beschluß setzte Peter in die Tat um. Nach zwei Wochen war seine Magisterarbeit fertig, und die Schmerzen waren verschwunden. Hatte er den Schmerz übertrieben, um eine Ausflucht zu haben? Oder könnte er den »Unfall« unbewußt herbeigeführt haben, um sich selbst eine gute Ausrede zu verschaffen, die Magisterarbeit noch ein paar Monate aufzuschieben? Beide Hypothesen können zutreffen; in jedem Fall hat die Arbeit mit seinem erbetenen Traum Peter offensichtlich schneller auf den Tennisplatz zurückgebracht, als er es erwarten konnte. Die Übung aus dem Traum probierte er nicht aus, obwohl der Arzt meinte, sie könne hilfreich sein. Ihr kann also das positive Ergebnis nicht zugeschrieben werden.

Die psychosomatische Medizin betont die Bedeutung psychosozialer Faktoren – weniger in der Verursachung von Krankheiten als in der Veränderung der individuellen Anfälligkeit für sie. Sie untersucht, wie biologische, psychologische und soziologische Faktoren wechselseitig aufeinander einwirken, um die Gesundheit aufrechtzuerhalten und den Ausbruch und Verlauf von Krankheiten zu beeinflussen. Viele medizinischen Forscher glauben heute, daß alle Krankheiten durch psychosoziale Faktoren beeinflußt werden[6]. Diese Faktoren können im Traumzustand wirkungsvoll aufgedeckt und angegangen werden. Auch Menschen, die unter chronischen Schmerzen leiden, können sich des Verfahrens der Inkubation bedienen, um die psychosomatischen Dimensionen ihrer realen Schmerzen herauszufinden. Spezialisten für die Behandlung chronischer und starker Schmerzen werden vielleicht eines Tages die Fähigkeit besitzen, die Träume zu analysieren, die ihre Patienten erbeten haben mit Fragen wie: »Wie kann ich meine Schmerzempfindlichkeit verringern?« »Wie und warum übertreibe ich meine Schmerzen?« »Welche sekundären Vorteile gewinne ich durch meine Schmerzen?« Oder: »Zeige mir eine gangbare Alternative zu meiner Schmerzfixierung.«

Manchmal kommen uns ganz spontan Träume, die uns vermelden, daß wir unseren Körper vernachlässigt haben oder im Begriff sind, krank zu werden. Träume, in denen wir total erschöpft scheinen, teilen uns möglicherweise mit, daß wir langsamer treten müssen und mehr Schlaf brauchen. Mir wurden Träume erzählt, in denen es dem Träumer nach frischem Obst oder Gemüse gelüstet, er aber enttäuscht oder verärgert ist, weil er beides nicht bekommen kann und ihm statt dessen Kartoffeln oder Süßigkeiten angeboten werden. Derartige Träume treten meist nach einer Phase ungesunden oder maßlosen Essens auf und haben den kurzfristigen Effekt, dem Konserven-Konsumenten Appetit auf nahrhaftere, frische Speisen zu machen. In einer anderen Version dieses Traumes erbricht der Träumer Essen, das für ihn ungesund ist oder von dem er in letzter Zeit zuviel gegessen hat. Solche Träume wirken wie eine negative Konditionierung, denn dem Träumer bleibt buchstäblich ein schlechter Nachgeschmack zurück, der ihm die betreffenden Speisen verleidet.

Diese negative Konditionierung findet auch in Träumen statt, die ich als »Pfeifenträume« bezeichne. In ihnen sieht sich der Träumer Dinge tun, die er als »schlechte Angewohnheit« wertet (Rauchen, maßloses Essen oder Trinken) und die im Traum ein äußerst unangenehmes Erlebnis darstellen. Für den Versuch, eine schlechte Angewohnheit abzulegen, kann es hilfreich sein, einen Traum herbeizuführen, in dem wir eine negative Erfahrung mit dieser Angewohnheit machen oder sie bereits abgelegt haben und nun die Vorteile dieses Verzichts genießen können. Es ist allerdings recht schwierig, einen Traum herbeizuwünschen, bei dem eine bestimmte Handlung im voraus festgelegt wird, selbst wenn man einen erfahrenen Hypnotiseur hinzuzieht[7]. Meine Studenten und ich hatten mehr Erfolg, wenn wir mit Formulierungen wie »Warum trinke ich so viel?« »Warum bin ich so dick?« oder »Hilf mir, diese Angewohnheit abzulegen« einen Traum erbaten.

Ein solches Vorgehen gibt unserem Traumproduzenten die Möglichkeit, uns die inneren Triebkräfte zu erklären, die unsere Angewohnheit fortdauern lassen. Zwanghafte Gewohnheiten sind häufig ein Ersatz für grundlegendere, oftmals gesündere, aber unerkannt gebliebene psychische Bedürfnisse. Auch erlaubt diese Methode unserem Traumproduzenten, die Bilder zu verwenden, die uns am verständlichsten sind und in uns am ehesten den Wunsch wecken, die betreffende Angewohnheit über Bord zu werfen. Wir können auch den Vorsatz fassen und durch eine langfristige Inkubationsbitte in unserem Traumtagebuch bekräftigen, von Zeit zu Zeit Träume herbeizuführen, die uns in unserem Beschluß bestärken, die eine oder andere schlechte Angewohnheit aufzugeben. Im Falle von Drogen- oder Alkoholsucht wird von Träumen berichtet, in denen der Süchtige oder eine ihm nahestehende Person vor bevorstehenden Versuchungen gewarnt wird, die den Erfolg von Entzugsbemühungen gefährden könnten. Diese Träume haben die Funktion, den Süchtigen vor der Versuchung – die in den drei mir bekannten Fällen tatsächlich wenige Tage nach dem Traum auftrat – zu warnen und sich dagegen zu wappnen. Inkubationsträume, in denen nach den Triebkräften einer lästigen Gewohnheit gefragt wird, können auch bei zwanghaftem Lügen, Klatschen, Aufschneiden, Reden, Schummeln oder Stehlen hilfreich sein. Das gleiche gilt für gewohnheitsmäßige, aber eher hinderliche Reaktionen, wie wir sie etwa in Stress-Situationen zeigen. Auch sie lassen sich durch Inkubationsfragen erforschen, die etwa lauten könnten: »Warum werde ich immer so nervös, wenn . . .?« oder »Warum werde ich immer so eifersüchtig (ärgerlich, ängstlich), wenn . . .?«

Mit Ängsten umgehen

Zwei Frauen aus unserer Traumgruppe befragten ihre Träume, ob die Anti-Baby-Pille für sie ein sicheres Verfahren sei. Sie hatten beide keinerlei Beschwerden durch die Pille, doch hatten die Berichte über mögliche gefährliche Nebenwirkungen sie beunruhigt. Beiden wurde eine sehr deutliche Warnung zuteil, die Pille nicht mehr zu nehmen. Die eine Träumerin beschloß, den Traum zu ignorieren, und es ging ihr zwei Jahre später nach wie vor ausgezeichnet. Die andere nahm sich die Warnung ihres Traums zu Herzen und setzte die Pille ab. Zu ihrer Überraschung verspürte sie schon eine gute Woche später neuen Auftrieb und ein Gefühl gesteigerter Energie. Ihr Arzt meinte,

146

diese Veränderung könnte durch das Absetzen der Pille bewirkt worden sein. (Es gibt Anhaltspunkte dafür, daß die Pille bei manchen Frauen eine leicht depressive Wirkung hervorruft.) Die Träumerin war froh, auf ihren Traum gehört zu haben. Sie meinte, ihre gesteigerte Lebensfreude und Energie hätten es ihr leichter gemacht, weniger zu essen und dadurch zehn Pfund abzunehmen.

Ein Mann, der noch niemals einen Traum herbeigewünscht hatte, wandte diese Technik auf eine interessante Art und Weise an. Sein Traum und das sich anschließende Interview zeigen uns eine weitere Anwendungsmöglichkeit der Trauminkubation und verdeutlichen einmal mehr, wie man die Interviewtechnik zur Deutung eines schwierigen Traums einsetzen kann.

Der Mann, ein Psychologe namens Skip, hatte drei Nächte lang unter Schlaflosigkeit gelitten und war morgens beunruhigt und erschöpft erwacht. Er besprach die Situation mit seinem Lehranalytiker, konnte aber keine Erklärung dafür finden. Seine Frau, die an einer unserer Traumgruppen teilnahm, hatte ihn schon mehrfach aufgefordert, sich mit seinen Träumen zu befassen, um eine Erklärung für den nächtlichen Streß zu finden, unter dem er litt. Skip entschloß sich, den Rat seiner Frau zu befolgen und erbat sich einen Traum mit der Frage: »Warum diese nächtlichen Ängste, vor allem in letzter Zeit?« In der Nacht träumte er:

Ich bin in einem Skizentrum. Das Wetter ist stürmisch und regnerisch. Der Schnee pappt, Skilaufen kommt nicht in Frage. Ich bin drinnen, zusammen mit Rick, der ein schwarzes Hemd und eine blaue Smokingjacke trägt. Ich habe meinen schwarzen Smoking an, aber es behagt mir nicht, daß ich dazu meine alten braunen Alltagsschuhe trage statt meiner blauen Schneestiefel.

Skip kam mit diesem Traum in eine der Sitzungen, die wir speziell für die Partner unserer Gruppenteilnehmer abhalten. Er bat mich, ihn zu interviewen.

Gayle: Haben Sie irgendeine Ahnung, wovon der Traum handelt, Skip?

Skip: Unmittelbar nach dem Traum, noch ehe ich aufwachte, habe ich ihn vollkommen verstanden. Er war erstaunlich klar. Doch als ich erwachte, hatte ich viele meiner Einsichten wieder vergessen. Ich erinnere mich lediglich, daß ich mich dagegen wehre, meine Gefühle zu erleben, indem ich mich von mir selbst distanziere. Ich muß lernen, die Regungen meines Körpers zu empfinden, anstatt sie zu analysieren, als ob sie Gedanken wären. Aber ich habe Angst, daß die sinnliche Erfahrung überhandnehmen und meine Fähigkeit zu intellektueller Objektivität, auf die sich mein Selbstwertgefühl und mein beruflicher Erfolg gründen, beeinträchtigen könnte. Im Traum habe ich sehr deutlich begriffen, daß es zwei Arten gibt, das Leben wahrzunehmen. Die eine besteht darin, das eigene Selbst zu erfahren, die eigenen Gefühle, Empfindungen etc. zu kennen. Die andere objektiviert das Selbst, betrachtet das eigene Leben mit dem Intellekt, als Beobachter. Ich erkannte, daß ich mich verstärkt der ersten Art der Wahrnehmung bedienen muß, um wirklich zu leben, obwohl auch die zweite wichtig ist. Was das alles mit dem Traum zu tun hat, ist schwer zu sagen.

G: Es hört sich so an, als hätten Sie in diesem Traum recht eindrucksvolle Einsichten gewonnen. Passiert Ihnen das öfter?

S: Nein. Eigentlich behalte ich meine Träume nur selten. Ich war überrascht, daß die Inkubation überhaupt funktioniert hat.

G: Meinen Glückwunsch! Ich werde Ihnen jetzt ein paar Fragen zu Ihrem Traum stellen. Stellen Sie sich einfach vor, ich käme von einem anderen Planeten und wüßte nichts über das Erdenleben, geht das? (Skip nickt zustimmend.) Können Sie mir bitte beschreiben, was ein Skizentrum ist?

S: Es ist ein Ort, an dem man sich fit hält und entspannt, indem man wunderschöne Schneeberge herabgleitet, auf eigens dafür konstruierten Brettern, die das Körpergewicht so verteilen, daß man so schnell und flüssig wie möglich abfahren kann. Ich fahre sehr gern Ski, aber ich tue es nicht oft genug. Das Skifahren erinnert mich immer daran, wie schön es ist, frei, locker und unkompliziert in seinem Körper zu sein. Beim Skifahren habe ich immer das Gefühl, zu fliegen und mit meinen Gefühlen im Einklang zu sein. Ich wünschte, mein Leben würde dem Leben in einem Skizentrum gleichen.

G: Angenommen, Sie wären der Drehbuchautor dieses Traumfilms. Warum hätten Sie für das Skizentrum schlechtes Wetter vorgesehen?

S: Um die emotionalen Spannungen auszudrücken, die ich in letzter Zeit verspürt habe. Regen und Sturm machen es mir in letzter Zeit unmöglich, meine Empfindungen, mein Gefühlsleben zu genießen.

Das Wetter (mein emotionales Leben) ist zu stürmisch, um nach draußen gehen und meine Umwelt (Empfindungen) genießen zu können.

G: Wer ist Rick, und wie ist er?

S: Er ist ein Freund, der sich gern selbst zum Märtyrer macht. Er klammert sich an seine Probleme und ist anscheinend von ihnen fasziniert. Er macht nicht den Eindruck, als ob er an ihnen etwas ändern möchte.

G: Haben Sie auch eine Seite, die wie Rick gern an Problemen festhält?

S: Meine Frau meint das. Sie sagt, ich benutze meine eigene Analyse, um über Probleme zu reden, ohne etwas an ihnen zu ändern. Ich glaube aber, daß Reden Verständnis bringt. Man kann nicht einfach so tun, als ob die Probleme nicht existieren, und sie mit einer positiven Einstellung unter den Teppich kehren.

G: Was halten Sie von Ricks schwarzem Hemd und der blauen Smokingjacke? Welche Menschen tragen ein schwarzes Hemd? welche eine blaue Smokingjacke?

S: Das schwarze Hemd erinnert mich an das Hemd eines Priesters. In meiner Analyse bin ich heute auf diesen Traum zu sprechen gekommen und dachte, daß er mit meinem Psychiater zu tun hat, der wie ein Beichtvater ist. Weiter sind wir mit dem Traum nicht gekommen, weil meine Assoziationen für den Rest der Stunde in andere Richtungen gingen. Das blaue Smoking-Jackett? Irgend etwas stimmt mit den Leuten nicht, die dergleichen tragen, es hat etwas von falscher Sportlichkeit. Daß Rick ein solches Jackett trägt, ist unpassend; zum Winter gehört ein schwarzer Smoking, kein frühlingsblauer. Außerdem sieht das schwarze Hemd dazu furchtbar aus.

G: Unpassend. Erinnert Sie das an etwas?

S: Nun, Präsident Carter hat einmal verkündet, er fände das Bekenntnis unseres UN-Delegierten zu der Rolle, die die Vereinigten Staaten in den politischen Angelegenheiten Chiles spielen, »unpassend«.

G: Wie fühlen Sie sich, wenn Sie einen Smoking tragen wie in Ihrem Traum?

S: Großartig! Ich fühle mich dann immer gut angezogen und sehr selbstbewußt. In einem Smoking kann man überall hingehen.

G: Dann sind Sie also »passend« angezogen?

S: Bis auf meine braunen Alltagsschuhe; die behagen mir nicht.

G: Beschreiben Sie mal Ihre braunen Schuhe.

S: Sie sind alt und zerbeult. Sie sind sehr bequem, aber sie sind nicht dazu geeignet, in einem Skizentrum im Schnee herumzuspazieren. Selbst bei bestem Wetter rutscht man mit ihnen im Schnee aus, und ich kriege darin kalte Füße. Ich würde bei dem stürmischen Wetter gern ins Freie gehen und die frische Luft genießen, wenn schon Skifahren nicht möglich ist; aber in diesen Schuhen geht das nicht. Ich wünschte, ich hätte meine blauen Stiefel an.

G: Beschreiben Sie Ihre blauen Stiefel.

S: Meine Frau hat mich in unserem letzten Skiurlaub überredet, sie zu kaufen. Ich habe mich dagegen ein paar Tage lang gewehrt, aber dann hatte ich es satt, im Schneematsch auf den Straßen herumzurutschen und kalte Füße zu bekommen. Mit dem Skifahren war es nicht weit her, deshalb machte meine Frau den Vorschlag, eine Wanderung zu einem kleinen Restaurant in den Bergen zu machen. Ich wußte, daß ich festeres Schuhwerk brauchte, wenn ich wandern und nicht den ganzen Tag im Hotel bleiben wollte. Ich gab also ihrem Drängen nach. Sie weiß viel besser als ich, wie man in einem Skigebiet zurechtkommt, weil sie viel öfter zum Skifahren war als ich. Sie suchte also die Stiefel aus, die sie für die geeignetsten hielt. Sie sind sehr warm und haben dicke, rutschfeste Sohlen, wie Traktorreifen. Ich war sehr froh, daß meine Frau mich durch ihr Nörgeln dazu gebracht hat, die Stiefel zu kaufen. Ich wunderte mich, weshalb ich bei Skiurlauben so lange in meinen alten braunen Stadtschuhen herumgelaufen bin. In den Stiefeln konnte ich selbst bei schlechtem Wetter hinausgehen und die Berge genießen, ohne befürchten zu müssen, daß ich ausrutsche und mir den Hals breche. Die Stiefel schienen ein Symbol für etwas sehr wichtiges in meinem Leben zu sein, aber ich wußte nicht, für was.

G: Wie alt sind Ihre braunen Schuhe?

S: Fünf Jahre.

G: Und wie lange sind Sie in der Psychoanalyse?

S: Fünf Jahre!

G: Sagt Ihnen das etwas?

S: Meinen Sie, meine nächtliche Angst sei wie der Sturm im Traum,

150

und meine Psychoanalyse sei nicht das richtige Schuhwerk, um damit umzugehen?

G: Das wäre möglich. Was könnten die blauen Stiefel bedeuten?

S: Daß meine Frau mir sagt, ich solle mit meinen Träumen arbeiten, um die Ursachen für meine nächtlichen Ängste herauszufinden. Sie hat einmal erwähnt, daß Schuhe im Traum Verständnis bedeuten können. Vielleicht könnte ich durch die Traumarbeit meine Schlechtwetternächte besser verstehen als durch meine städtische, verbale Psychoanalyse.

G: Vielleicht haben Sie Ihr Gefühlsleben wie ein Skizentrum angesehen. Ihre Frau findet sich in dieser Umgebung besser zurecht als Sie, möglicherweise, weil sie ein unbefangeneres Verhältnis zu ihren Gefühlen und Empfindungen hat, dem Rohmaterial der Träume.

S: Ja, und der Sturm wird vorübergehen. Ich werde bald skifahren und fliegen können, aber bis dahin könnten mir meine Träume das nötige Verständnis dafür geben, mich im Freien wohlzufühlen. Das Skizentrum steht für die Erfahrung des Selbst durch die eigenen Gefühle. Meine braunen Schuhe, die für die Stadt gut geeignet sind, repräsentieren die zweite Art, das Leben wahrzunehmen: indem man das Selbst objektiviert, wie ich das oft in meiner Analyse tue. Zwar komme ich, auch in der Analyse, in meinen Körper und an meine Gefühle heran, aber das ist keine so lebendige und unmittelbare Erfahrung wie in meinen Träumen. Darüber werde ich nachdenken müssen.

G: Ich würde darüber lieber nicht soviel nachdenken, Skip! Versuchen Sie lieber, sich den Traum in den nächsten zwei, drei Tagen immer wieder zu vergegenwärtigen, und sehen Sie, was dann passiert.

Träume im Alter

Viele ältere Menschen klagen über Schlaflosigkeit. Sie können in der Nacht nicht mehr als drei bis vier Stunden schlafen und machen deswegen tagsüber öfter ein Schläfchen. Tatsächlich reicht diese Menge Schlaf für einen Menschen über fünfundfünfzig Jahre aus, denn mit zunehmendem Alter brauchen wir weniger Schlaf. Die

»Schlaflosen« aber meinen, sie sollten acht Stunden Schlaf haben und greifen dann zu Schlafmitteln. Diese Menschen haben oft keine Freude mehr an ihrem Leben und stehen ihm eher passiv gegenüber. An ihre Träume wollen sie sich nicht erinnern, weil die meist unerfreulich seien.

Eine Studie über die Träume älterer Menschen ergab, daß viele von ihnen davon träumen, ihre körperlichen und geistigen Fähigkeiten zu verlieren[8]. Auch Träume, in denen der Träumende an einem fremden Ort umherwandert, sich verirrt hat und Hilfe sucht, sich nicht erinnern kann, wer er ist und wie seine Freunde heißen, oder in denen er etwas ihm Vertrautes verloren hat und sich müht, es wiederzufinden, sind bei älteren Menschen mit relativ passiver Lebenshaltung häufig anzutreffen. Diejenigen, die sich intensiv damit beschäftigen, etwas aus ihren späten Jahren zu machen, träumen von solchen Begebenheiten längst nicht so oft. Ihre Träume sind eher darauf ausgerichtet, die täglichen Probleme zu lösen und bestimmte Ziele zu erreichen.

Es ist zwar ganz natürlich, sich über den möglichen Verlust des Gedächtnisses, des Seh- und Hörvermögens und der Beweglichkeit Gedanken zu machen, doch wenn man sich allzu sehr auf die unerfreulichen Aspekte des Alterns konzentriert, gibt man eine aktive Lebenseinstellung auf und zieht sich damit vom Leben selbst zurück. Wenn Träume den derartig resignierenden Alten zusetzen, dann versuchen sie ihnen zu zeigen, was sie versäumen, wenn sie sich weigern, ihre Lebenskraft auszuschöpfen. Kann ein Träumer sich nicht erinnern, wohin er geht, so will sein Traum ihn vielleicht ermutigen, seinem Leben Richtung zu geben, statt bis an sein Ende allein und verloren umherzulaufen. Einige Träume, in denen man körperliche Fähigkeiten verliert, mögen Angstträume sein, und die Angst des alternden Menschen vor der Zukunft zum Ausdruck bringen; ich glaube jedoch, daß die große Mehrzahl dieser Träume die innere Einstellung des Träumers zum Leben widerspiegelt.

Einen Menschen, der im Traum eine verlorene Brieftasche nicht wiederfindet, oder vergessen hat, wohin er geht, sollte man fragen, ob er denn in seinem Wachleben derzeit ein Gefühl für seine Identität hat. Wenn wir alt werden und meinen, daß unser Leben keinen Sinn mehr hat, könnten wir unsere Träume fragen, warum wir uns entschlossen haben, die Welt auf diese Weise zu betrachten, da wir doch wissen, daß es Menschen gibt, die unsere Zuwendung und Liebe brauchen und sie erwidern können. Unsere Träume könnten uns auf sinnvolle und befriedigende Tätigkeiten hinweisen, denen wir uns zuwenden könnten, nachdem die Stürme der Jugendzeit hinter uns liegen. Unser Wach- und Traumleben werden uns für diese aktive Haltung reicher belohnen, als wir es uns vorstellen können.

Helen Keller, eine Frau, die taub und blind war, ließ sich durch ihre Behinderungen nicht entmutigen. Sie beschloß, aus ihrem Leben das beste zu machen. Ihr Wach- und Traumleben honorierten diese Haltung und schenkten ihr Glück und Befriedigung. Helen Keller beschrieb ihr Traumleben so:

Ich glaube, daß ich in meinen Träumen glücklicher bin, als die meisten Menschen; denn wenn ich so an meine Träume zurückdenke, scheinen mir die angenehmen vorherrschend zu sein, obwohl wir uns natürlich der grotesken und phantastischen Abenteuer in Schlummerland am lebhaftesten erinnern und sie am eifrigsten erzählen ... Und doch ist es wahr, daß meine Träume – darin gleichen sie dem Unglück – zahlreiche und holde Vorteile bringen. All mein Sehnen nach dem Sonderbaren, Zauber- und Geisterhaften wird in Träumen erfüllt. Sie führen mich aus dem Gewohnten und Alltäglichen heraus. In einem Nu, in einem Augenblick reißen sie die Bürde von meiner Schulter, die Alltagsarbeit aus meiner Hand, Pein und Enttäuschung aus meinem Herzen, und ich sehe das liebliche Antlitz meines Traumes. In lustigem Takt tanzt er um mich herum und tollt in glücklicher Selbstvergessenheit hin und her. Liebliche Phantasien springen unversehens aus jeder Ecke, aus jedem Winkel, und entzückende Überraschungen begegnen mir bei jeder Wegbiegung. Ein glücklicher Traum ist kostbarer als Gold und Rubinen.

Es ist ein Lieblingsgedanke von mir, daß wir in Träumen Blicke von einem Leben erhaschen, das größer ist als unser eigenes. Wir sehen es wie ein kleines Kind oder wie ein Wilder, der eine zivilisierte Nation besucht. Gedanken werden uns mitgeteilt, die hoch über unserem gewöhnlichen Leben stehen. Edlere und weisere Gefühle, als wir sie jemals kannten, durchschauern uns, lassen unser Herz höher schlagen. Für eine einzige schnell dahinfließende Nacht ergreift eine fürstliche Natur Besitz von uns, und wir werden so groß wie unser Streben[9].

Träume und sexuelle Konflikte

An dieser Stelle kommt vielleicht der Einwand: »Das ist ja alles ganz interessant, aber wie steht es mit der These, daß Träume, wenn auch verschlüsselt, unsere sexuellen Konflikte, Sehnsüchte und Wünsche ausdrücken? Und was ist mit Träumen, in denen es ganz unverhüllt um Sex geht?«

Die klassische Freudsche Theorie verstand Träume als Ausdruck des unterdrückten infantilen Wunsches, sich mit dem andersgeschlechtlichen Elternteil sexuell zu vereinigen und den gleichgeschlechtlichen zu töten. Diese Theorie ist seit dem Jahre 1900 erheblich modifiziert worden. Heute stimmen die meisten Traumforscher darin überein, daß Träume nicht nur eine größere Bandbreite sexueller Konflikte widerspiegeln, sondern darüber hinaus auch das weite Spektrum der Konflikte, Erfolge, Hoffnungen und Bemühungen des Träumers, seine täglichen Probleme in allen Bereichen seines Lebens zu lösen.

Wenn in unserem Sexualleben Probleme auftreten, werden unsere Träume selbstverständlich darauf reagieren und uns nützliche Einsichten anbieten. Über diesen Bereich unseres Lebens lassen sich in derselben Weise Träume herbeiwünschen wie über andere auch.

Mehrere Mitglieder unserer Traumgruppen haben Träume erbeten, um herauszufinden, was sie daran hindert, ihre Sexualität zu genießen. Drei Frauen stellten die Frage: »Warum brauche ich so lange, bis ich zum Orgasmus komme?« Interessanterweise träumten alle drei davon, daß beim Liebesakt mit ihrem Partner die Eltern anwesend waren oder ein Elternteil, und sie nur dadurch zum Orgasmus kommen konnten, daß sie den Raum verließen. Diese Träume machen deutlich, wie sehr die Träumerinnen durch ihre anerzogene Einstellung zum Sex als einer verbotenen Aktivität gehemmt waren; eine Einstellung, die sie in ihren Eltern personifiziert sahen. Diesen Frauen war nicht bewußt gewesen, wie sehr sie noch von der Kindheitsvorstellung beeinflußt waren, Sex sei eine schmutzige, unanständige und sündige Angelegenheit. Diese Erkenntnis führte zu der Idee, in ihren Traumtagebüchern einen Inkubationsplan für eine längerfristige Serie von »sexualtherapeutischen« Träumen aufzustellen, die sie in der Ansicht bekräftigen sollten, daß Sex ein gesunder, normaler und erfreulicher Teil ihres Lebens sei. Formal gingen sie so vor, daß sie den ersten Traum der Serie herbeiwünschten, indem sie eine Inkubationserörterung führten und einen Inkubationssatz formulierten, dem sie die Bitte hinzufügten, etwa einmal pro Woche einen ähnlichen Traum zu haben. Diese wirkungsvolle Form der Selbsttherapie ist in verschiedenen Fällen, in denen der Träumer sich von der Bürde überholter Vorstellungen, Ängste und Haltungen befreien und realistischere, angemessenere Einstellungen festigen wollte, mit Erfolg angewandt worden.

Vollzieht der Träumer im Traum eindeutig sexuelle Handlungen, so kann er entweder ein sexuelles Problem untersuchen oder davon träumen, mit einem vom Traumpartner repräsentierten Teil seiner selbst eins zu werden, mit dem er bislang nicht besonders eng verbunden war.

Die meisten Heterosexuellen träumen dann und wann, einen Partner des eigenen Geschlechts zu lieben. Diese Träume wurden oft als Manifestation einer latenten Homosexualität gewertet. Das mag wohl in einigen Fällen zutreffen; meiner Erfahrung nach drücken solche Träume aber meist den Wunsch des Träumers aus, die auf den Sexualpartner projizierten Eigenschaften selbst zu besitzen oder zu erlangen. Jean zum Beispiel träumte:

Ich liege mit Sara im Bett. Wir lieben uns, ich achte aber nicht auf die Einzelheiten. Vor allem habe ich ihr gegenüber ein warmes und liebevolles Gefühl. Wir sind sehr glücklich. Es kommt mir alles ganz natürlich vor. Erst beim Erwachen erkenne ich, daß es im Traum um eine lesbische Beziehung ging, und der Inhalt des Traumes macht mich verlegen.

Auf die Frage, wer Sara sei, antwortete Jean: »Sie ist eine sehr begabte und erfolgreiche Geschäftsführerin. Wie sie ist? Sie ist eine neue Freundin, die ich bewundere, weil sie ihre Warmherzigkeit nicht dem Erfolg geopfert hat. Sie ist aggressiv und doch liebenswürdig. Ich wünschte, ich wäre mehr wie sie.« Gefragt, was lieben für sie bedeute, antwortete Jean: »Es ist ein Sich-Vereinen und Sich-Ergänzen, das aus tiefen körperlichen und seelischen Antrieben kommt. Dabei fällt mir ein, daß ich gestern mein Selbstbewußtsein erprobt und meinem Chef erklärt habe, daß ich eine Beförderung verdiene. Ich glaube, mein Traum bestätigt und ermutigt mich in meinen Bemühungen, mich mit den Teilen von mir, die wie Sara sind, zu vereinen oder sie zu zeigen.«

Dieses bringt uns zu einem Typus von Träumen, deren Deutung umstritten ist. Frauen träumen gelegentlich, einen Penis zu haben. Bedeutet das, daß die Träumerinnen sich wünschen, in der Wirklichkeit einen Penis zu besitzen? Eher als »Penisneid« dürften diese Träume ausdrücken, daß sich die Träumerin Erfolg oder andere traditionell männliche Eigenschaften wünscht, die sie durch einen Penis symbolisiert. Zu solchen Träumen lassen sich im Interview Fragen stellen wie: »Was bedeutet ein Penis?«; »Wie sind Menschen, die einen Penis haben?«; »Wie unterscheiden sich Menschen mit Penis psychologisch, kulturell und gesellschaftlich von Menschen ohne Penis?«

Männer, die Schwierigkeiten hatten, eine Erektion zu erreichen oder zu behalten, wünschten sich hierzu Träume, indem sie fragten: »Warum bekomme ich keine Erektion?« oder »Welche Ursachen stecken hinter meiner Impotenz?« Die durch solche Fragen angeregten Träume helfen dem Träumer, dem Problem auf den Grund zu gehen und sich mit Ursachen statt mit Symptomen zu befassen. Gegenüber der rein intellektuellen Erklärung, daß unbewußte Schuldgefühle, Scham, Ärger oder Leistungsdruck die sexuelle Aktivität blockieren, haben diese Traumantworten den großen Vorteil, daß sie über die Ursachen unmittelbar Aufschluß geben können.

Joe wählte die Inkubationsfrage: »Warum bekomme ich keine Erektion?« Sein Traumproduzent gab ihm diese Antwort:

Ich stehe im Freien vor dem Hause einer sehr attraktiven Frau. Sie ist auf ihrer Veranda und sieht mir zu, und ich zeige ihr, wie gut ich hochspringen kann. Dann bemerke ich meine alte Freundin Lila, die vorbeigeht. Das nächste, was ich weiß, ist, daß ich nicht vom Boden wegkomme, wenn ich zu springen versuche. Das ist ein furchtbares Gefühl.

Hier eine Kurzfassung des Trauminterviews, das Joe führte:

Eröffnungsszene: Ich prahle mit meiner Fähigkeit, hoch in die Luft springen zu können. Ich bin stolz auf meine Meisterleistung. Anscheinend kann ich angeben und mich vor dieser attraktiven Frau produzieren, wenn ich unbefangen bin und einfach meinen Spaß haben will. Dann sehe ich Lila.

Wer ist Lila? Eine Klassenkameradin aus der High School. Ich hatte immer den Eindruck, daß sie auf mich herabsieht. Ich wollte ihr immer zeigen, was für ein prima Kerl ich bin, aber ich war zu schüchtern, um in dieser Sache irgend etwas zu unternehmen.

Ich hab's. Wenn ich das Ganze unbefangen angehe, kriege ich eine Erektion. Sobald ich jedoch daran denke, wie ich mich in Lilas Gegenwart fühle, ist alles aus. Der altbekannte Leistungsdruck. Was gibt es sonst noch? Mir war nicht klar, daß ich dermaßen verklemmt bin. Ich habe wirklich eine Lila in mir, die mir vorhält, daß ich nicht cool und nicht gut genug bin. Wenn ich mir die sexuellen Debakel der letzten Zeit noch einmal vergegenwärtige, wird mir klar, daß da Lila am Werk war. Werde ich sie loswerden können?

In manchen sexuellen Träumen erfüllen wir uns unsere eigenen Wünsche. Das geschieht besonders in den Nächten, in denen wir in dem Gefühl, zu lange ohne Sex gelebt zu haben, von wundervollen und erfüllenden sexuellen Begegnungen träumen.

Eine eher schüchterne Frau erzählte unserer Traumgruppe von einem Traum ihres Mannes, der erfreuliche Folgen auf das Liebesleben haben sollte. – Sie hatte ihrem Mann schon seit längerem sagen wollen, daß sie sich ein ausgedehnteres Vorspiel wünschte und vor allem eine Stimulation der Klitoris, um die Vereinigung mit ihm voll genießen zu können. Sie hatte das Thema auch einige Male angeschnitten, aber jedesmal den Eindruck gehabt, daß er nicht darüber sprechen wollte. Eines Nachts träumte ihr Mann, daß er, als sie miteinander schliefen, ausgiebig beim Vorspiel verweilte und hocherfreut war, daß seine Frau daran großes Vergnügen fand. Als er erwachte, erzählte er ihr seinen Traum. Sie bat ihn, ihr zu zeigen, wie er sie im Traum liebkost hatte, und hatte das Gefühl, in ihm ihren Don Juan gefunden zu haben.

Eine Serie von spontanen Träumen, die das Liebesleben eines Paares zum Inhalt haben, wurde uns von Laurel und Frank erzählt.

Laurel hatte im Laufe eines Monats dreimal von einer kränkelnden Palme geträumt, deren Blätter schlaff herunterhingen. Der Traum bestand jeweils nur darin, daß sie die Palme sah und darüber traurig war. Sie hatte keine Idee, was der Traum bedeuten könnte. Sie charakterisierte und beschrieb Palmen als exotische, schöne und empfindliche Pflanzen. Die Palme aus ihrem Traum war ihr von ihrem Mann zum Geburtstag geschenkt worden und stand in ihrem Schlafzimmer, wo sie recht gut gedieh. Laurel vermutete, daß der Traum etwas mit ihrer Gesundheit zu tun haben könnte, doch gab es keinen klar erkennbaren Zusammenhang zwischen den Beschwerden der Traumpflanze und ihren eigenen.

Dann träumten eines Nachts Laurel und Frank beide von der Geranie in ihrem Schlafzimmer. Die Pflanze im Traum hatte offensichtlich eine harte Dürreperiode hinter sich, denn die unteren Blätter waren verdorrt und abgefallen. Jetzt sah sie allerdings wieder sehr gesund aus, hatte viele Blätter und sogar zwei große Blüten an der Spitze.

Als Laurel und Frank sich diesen gemeinsamen Traum erzählten, wurde ihnen klar, was die welke Palme ihnen hatte mitteilen wollen. Die Pflanzen im Schlafzimmer waren ein perfekter Spiegel ihres Liebeslebens gewesen. Sie hatten eine Durststrecke hinter sich, während der sie beide beruflich außergewöhnlich beansprucht und oft unerträglich streitsüchtig gewesen waren. Hätten sie die Palmen-Träume verstanden, so hätten diese ihnen als Mahnung dienen können, sich um ihre welkende Ehe zu kümmern. Der Traum von der blühenden Geranie kam zu einem Zeitpunkt, als beide ihre Lebenseinstellung so geordnet hatten, daß ihnen wieder reichlich Zeit für die Liebe blieb.

Louis, ein glücklich verheirateter Ehemann, träumte davon, daß jemand sein Haus betrat, während er und seine Frau im Obergeschoß schliefen. Louis ging im Traum hinunter, um nachzuschauen, was da für ein Lärm sei. Der Eindringling war eine fremde Frau, die sich aus der Küche die Lieblingsspeise seiner Frau holte. Louis war über diese Störung sehr erbost und forderte die Frau auf, das Haus sofort zu verlassen.

Ihm war sofort klar, was sein Traumproduzent ihm sagen wollte: daß die sporadische Affäre mit einer Frau, die er kaum kannte, seine glückliche Ehe bedrohte und deshalb beendet werden müsse. Vor allem raubte ihm diese Affäre seine besten romantischen Gefühle und seine sexuellen Energien – die Lieblingsspeise seiner Frau. Louis war überrascht, daß sein Traumproduzent diesen Seitensprung so ernst nahm, konnte aber andererseits nicht leugnen, wie zornig er selbst im Traum darauf reagiert hatte. Die Botschaft war bei ihm angekommen, und er handelte danach.

Zu den aufregendsten, aber auch am schwersten zu beschreibenden Träumen über Sex gehören die »höheren« sexuellen Träume. In diesen Träumen kann man eine neue Ebene der Intimität mit dem Partner und ein gesteigertes Gefühl der Einheit mit der Natur erleben. Bei »höheren« sexuellen Träumen hat der Träumende mitunter religiöse oder mystische Assoziationen. Vom tantrischen Buddhismus und von anderen Sekten ist bekannt, daß sie den Geschlechtsakt als ein heiliges, religiöses Ritual begreifen. Einige Träumer berichten von Traumerfahrungen, bei denen sie und ihr Partner beim Liebesakt von hellem Licht und tiefer Liebe erfüllt waren. In manchen Fällen führten diese Träume dazu, daß sich die wachen sexuellen Erfahrungen des Träumers freier, lustvoller und weniger konflikthaft gestalteten. Derartige Träume herbeizuwünschen ist schwierig, aber nicht unmöglich. Formulierungen wie: »Zeige mir die höheren Dimensionen der Sexualität«, »Wie ist Sex am besten?« und »Ich wünsche mir das Erlebnis wirklicher Nähe mit meinem Partner« haben sich als hilfreich erwiesen. Interessant ist, daß solche Inkubationen, selbst wenn sie das erbetene Ziel nicht erreichen, zumindest die Blockaden sichtbar machen können, die den Träumer daran hindern, die gewünschten Erfahrungen zu machen.

Die Bedeutung sexueller Träume läßt sich am besten erschließen, wenn wir unseren Traumproduzenten vorurteilsfrei und vorbehaltlos interviewen. So verbarg sich beispielsweise hinter dem Traum einer Frau von einem wundervollen, leidenschaftlichen Liebesakt mit Richard Burton nicht etwa der geheime Wunsch nach Sex mit ihrem Vater. Gefragt, wer Richard Burton sei, antwortete sie, er sei ein romantischer, brillanter und kreativer Schauspieler, dessen Können sie immer bewundern werde, ganz gleich wie sein weiteres Leben verlaufe.

Ihr war sofort klar, daß der Traumproduzent ihr sexuelle Attraktivität bescheinigte, zu einem Zeitpunkt, als sie begonnen hatte, daran zu zweifeln, und daß er sie zugleich ermutigte, ihre eigene, Burtongleiche Kreativität zu nutzen.

Wenn wir die Produzenten solcher Träume interviewen, sollten wir daran denken, sie über die Hindernisse zu befragen, die im Traum auftreten, um die Wünsche des Träumers zu vereiteln.

Sie können Aufschluß darüber geben, welche Art von Hindernissen dem Träumer auf diesem Gebiet auch im Wachleben begegnen werden.

KAPITEL 6

Träumen bei der Arbeit

Einer der beliebtesten Gegenstände für die Trauminkubation ist das Verhältnis des Träumers zu seiner Arbeit. Manche gespannte Beziehung zwischen Chef und Angestelltem oder zwischen Arbeitskollegen wurde mit Hilfe von Träumen geklärt und verbessert. Aufgrund der im Traum gewonnenen Einsichten wurden wichtige berufliche Entscheidungen getroffen und neue Ideen geboren.

Ich habe mit einer Reihe von erfolgreichen Managern gesprochen, die Träume für Quatsch hielten, mir aber gleichwohl Geschichten von großen Ideen und fruchtbaren Intuitionen erzählten, mit denen sie am Morgen oder nach einem Nickerchen aufgewacht sind. Interessanterweise wird Intuition in den meisten Wirtschaftskreisen als wichtiges Attribut einer in eine Spitzenposition aufgerückten Person angesehen, während Träume für gewöhnlich als Zeitvergeudung abgetan werden. Gleichwohl dürften Träume als die aktivste Quelle für Intuitionen gelten.

Bill, ein erfolgreicher Versicherungsmakler, zerbrach sich auf einem Flug von Chicago nach Los Angeles den Kopf über die Neufassung eines geschäftlichen Angebots, das ein potentieller Kunde gerade abgelehnt hatte. Da ihm keine zündende Idee kam, beschloß er, die Angelegenheit zu überschlafen. Als das Flugzeug zur Landung ansetzte, wachte er mit einer Idee auf, wie das Angebot auf eine ihm sinnvoll erscheinende Weise abgeändert werden könnte. Das modifizierte Angebot wurde erneut unterbreitet und angenommen. Bill konnte sich an keinen speziellen Traum erinnern, doch er bekam, was er wollte.

Vera Leonard, Krankenschwester in einem Krankenhaus, berichtete von einem Traum, der ihr eine überaus nützliche Idee beschert hatte. Anhand einer im Traum empfangenen Anregung entwarf sie einen »Evakuierungskittel« für Schwestern, die auf Säuglingsstationen arbeiten. Der Kittel besteht aus schwerem Sackleinen und hat außen vier geräumige Taschen. Bei Feuer oder anderen Notfällen kann eine derart ausstaffierte Krankenschwester einen Säugling in jeder Tasche und einen in jedem freien Arm tragen und somit sechs Babys auf einmal retten. Vera hat ein Patent beantragt[1].

Lawrence Lee und Barry Gifford schrieben kürzlich ein Buch über Jack Kerouac[2]. Die Frage des Titels blieb ein quälendes und ungelöstes Problem, bis Barry schließlich einen Traum dazu hatte. Er träumte, er sei ein allwissendes Auge, das über der Buchabteilung eines großen Kaufhauses schwebte. Eine riesige Menschenmenge kaufte sein Buch. Er beugte sich in die Menge hinunter, um sich das Buch anzusehen und seinen Titel zu lesen. Doch beim Erwachen hatte er den Titel wieder vergessen. In der folgenden Nacht träumte er den gleichen Traum noch einmal, und diesmal behielt er den Titel: *Jack's Book*. Alle waren mit diesem Titel einverstanden, und das Buch wurde ein Erfolg.

Meine eigenen Träume waren für mich unverzichtbar, während ich dieses Buch schrieb. Sie versorgten mich mit Ideen, Ergänzungen und Korrekturen, vor allem aber waren sie die entscheidende Kraft, die mich zum Durchhalten motivierte, wann immer meine Kräfte nachließen. Meine Träume ermöglichten es mir, alle meine Termine einzuhalten, da sie meinen Kopf klärten, gelegentlich meinen Geist auffrischten und mich mit der notwendigen Energie und Ausdauer versorgten.

Die Inkubation von Träumen kann uns nicht nur kreative Ideen zur beruflichen Arbeit bescheren, sie kann auch äußerst nützlich zur Lösung zwischenmenschlicher Probleme am Arbeitsplatz sein. Wenn wir mit einem Arbeitskollegen nicht zurechtkommen oder wenn es uns nicht gelingt, die von uns gewünschte Art der Zusammenarbeit oder Tätigkeit durchzusetzen, dann können wir um Träume bitten, die uns zeigen, wie wir das Problem angehen sollen. Solche Annäherungsträume können zwischen streitenden Parteien innerhalb eines Betriebs kleine Wunder bewirken.

Im Traumzustand können neue Ausbildungs- und Werbeprogramme entworfen werden. Wir können es mit Inkubationssätzen versuchen wie »In welcher Form gestalte ich dieses neue Programm am besten?« oder »Ich brauche eine neue Anregung für dieses Produkt« oder »Wie kann ich diese Angelegenheit in der nächsten Woche deutlich und überzeugend vortragen?« Wenn wir eine Idee benötigen, sollten wir nie versäumen, die uns während des Schlafes zur Verfügung stehende Kreativität zu nutzen.

Alkoholismus ist häufig Ursache von Schwermut am Arbeitsplatz. Jeder, der mit einem Problemtrinker zu tun hat, ist unangenehm berührt, doch kaum jemand ist willens oder in der Lage, ihm zu helfen, solange das Problem nicht außer Kontrolle gerät. Geschäftsessen, bei denen man sich leicht zu übermäßigem Alkoholgenuß verpflichtet fühlt, um einem Kunden, Chef oder Kollegen Gesellschaft zu leisten, liefern die perfekte Entschuldigung für im Rausch verbrachte Nachmittage. Nicht selten würde der Problemtrinker lieber weniger trinken, traut sich jedoch nicht aus Angst, einen Kunden oder Mitarbeiter zu kränken. Träume, die mit der Frage »Wie kann ich angesichts meiner beruflichen Verpflichtungen weniger trinken?« herbeigewünscht werden, können dem Trinker helfen, sich den Mechanismen zu stellen, mit denen er sein übermäßiges Trinken entschuldigt oder ignoriert. Hat der Trinker das Problem erst einmal erkannt, so kann er sich die dahinter stehenden Ursachen mit Hilfe der Traumarbeit bewußt machen. Mitarbeiter des Trinkers können über Möglichkeiten träumen, wie sie das Problem angehen könnten, ohne einen Freund zu verlieren.

Einige meiner Traumstudenten haben sich mit Inkubationsfragen wie »Wie redlich betreibe ich meine Geschäfte?« oder »Was kann ich zum Schutz der Umwelt tun, zu deren Verschmutzung mein Gewerbe beiträgt?« selbst herausgefordert. Eine häufig gestellte Inkubationsfrage lautet: »Erfolg ist nicht etwas so Großartiges wie ich geglaubt hatte. Weshalb nicht? Was fehlt?« Auch die Anpassung an den Ruhestand oder die Ablehnung dieser Perspektive kann durch einen Blick nach innen und die Frage »Was soll ich in diesem Abschnitt meines Lebens tun?« erleichtert werden.

Träumer aus unseren Traumgruppen haben ihre Träume um Ideen und Ratschläge gebeten, wie sie ihre kreativen Energien auf eine befriedigendere Weise nutzen könnten. Marias im zweiten Kapitel wiedergegebener Traum »Blankes weißes Auto« ist ein gutes Beispiel für eine Traumantwort auf eine solche Erkundigung. Gewöhnlich zeigt der Traum sowohl Alternativen als auch die Gründe auf, weshalb es dem Träumer nicht gelingt, sie sich zunutze zu machen.

Eine andere Gruppenteilnehmerin fragte ihre Träume, ob sie eine ihr von einer Bank angebotene Stelle annehmen solle. Sie träumte: Ich war auf einer Versammlung von Richtern. Wir alle trugen Richterroben. Ich wußte, daß ich hier geschäftliche Kontakte herstellen konnte. Dann sagte ein Richter zu mir: »Wenn Sie die Stelle bei der Bank annehmen, wie wollen Sie dann noch Zeit für Ihre künstlerische Arbeit finden?« Ich antwortete ihm, daß ich bereit sei, mich zu verkaufen und jeden Job anzunehmen. Doch beim Erwachen wurde mir klar, daß ich mich nicht verkaufen müßte, sondern mir eine Arbeit suchen sollte, die mir mehr freie Zeit für meine künstlerischen Aktivitäten lassen würde.

Eine andere Frau namens Lisa verabscheute ihre gegenwärtige Arbeit und bat ihre Träume um eine Idee für einen neuen Beruf. Ihr Traumproduzent antwortete mit dem Vorschlag, sie solle noch einmal die Schulbank drücken und Gartenbau studieren, eine Tätigkeit, von der sie als Jugendliche begeistert war, und die sie im Traum als sehr befriedigend erlebte. Sie hielt diesen Vorschlag für metaphorischer Natur, konnte jedoch seine Bedeutung nicht entschlüsseln. Deshalb bat sie ihre Träume um einen präzisen, unverschlüsselten Vorschlag. Ihr Inkubationssatz lautete: »Ich brauche eine Idee.« Darauf träumte sie:

Eine junge Frau hatte Besuch von ihrem Freund. Sie kochte für ihn und machte ihm Licht, doch er wollte nicht gehen. Er benahm sich wie ein forderndes Kind.

In einem Begleitbrief schrieb Lisa, daß sie diesen Traum als sehr unangenehm empfunden und sich vor dem jungen Mann gefürchtet habe. Kein Wunder! Sie deutete diesen jungen Mann als Verkörperung ihrer kreativen Energien, die sowohl mit Nahrung zum Denken als auch mit Licht zur Orientierung versorgt wurden, aber immer noch nicht bereit waren, sich auf den Weg zu neuen Ufern zu machen. Der Traum gab ihr zu verstehen, daß ihre kreativen Kräfte beginnen würden, gegen sie zu arbeiten, falls sie sie weiterhin in sich einschließen würde. Sie schrieb, der junge Mann sei »der Teil von mir, der einem ›verwöhnten Kind‹ gleicht, das ungeachtet aller Antworten immer weiterfragt«.

Wenn wir unsere Träume um eine Antwort bitten, die wir bereits erhalten haben, dann werden sie uns diese Antwort häufig in einer anderen Form erneut präsentieren, falls wir sie zuvor nach besten Kräften ausgeschöpft haben. Doch wenn wir uns in keiner Weise bemüht haben, eine Traumantwort beim ersten Mal zu verstehen und anzuwenden, wird eine zweite Inkubation zum gleichen Gegenstand, entweder, wie im Falle von Marias Traum vom blanken weißen Auto, zu einer Wiederholung der ersten Traumantwort führen, oder, wie in Lisas Fall, daran erinnern, daß sie die Antwort bereits erhalten hat.

Neben Anregungen für neue berufliche Wege haben unsere Gruppenmitglieder von ihren Traumproduzenten nützliche Antworten erhalten auf Fragen wie »Wie kann ich meine Arbeit effektiver gestalten?« oder »Wie kann ich in meinem jetzigen Job kreativer und zufriedener sein?« oder »Welche Hobbys oder sportlichen Betätigungen würden dem Teil von mir eine Ausdrucksmöglichkeit verschaffen, der in meiner Arbeit zu kurz kommt?«

KAPITEL 7

Cinéma vérité

Wie können wir mit Hilfe unserer Träume herausfinden, wie wir uns selbst sehen, wie unser Traumproduzent uns sieht und wie wir unser Selbstbild verbessern sollten?

Wie sehen wir uns selbst?

Virginia wußte um die Bedeutung eines positiven Selbstbildes. Sie begriff, daß die Beurteilung ihrer eigenen Stärken und Schwächen ein wesentlicher Faktor ihrer Lebenserfahrung war. Sie wußte auch, daß das, was sie über sich selbst dachte, ihrem Selbstwertgefühl Grenzen setzte, was sich auch deutlich denen mitteilte, mit denen sie zu tun hatte, und zu entsprechenden Reaktionen führte. Sie hatte Schwierigkeiten, Männer für sich einzunehmen, die sie sich als Ehepartner wünschte, und sie begann sich zu fragen, ob sie womöglich unbewußte Signale aussende, die entweder Langweiler oder Schürzenjäger oder überhaupt keine Männer anzog. Sie wollte einen Mann, der gescheit, selbstbewußt und anregend war. Offenbar übermittelte sie die falschen Signale. Nachdem sie die Angelegenheit in ihrem Tagebuch erörtert hatte, beschloß sie, einen Traum über ihr Selbstbild zu erbitten. Sie fragte: »Wie sehe ich mich selbst?« Am nächsten Morgen erwachte sie mit einem Traumfragment, in dem es »irgendwie um einen Fernseher und einen kleinen viereckigen Tisch« ging.

Zuerst glaubte Virginia, sie habe keine Antwort auf ihre Inkubation erhalten. Doch dann ging ihr ein Licht auf. Sie schrieb in ihr Traumtagebuch: »War das wirklich des Rätsels Lösung? Sehe ich mich (Fernseher) so viereckig und konservativ wie den unbedeutenden Tisch? Ist das das Bild, das ich von mir vermittle?« Sie begann

Freunde zu fragen, ob der Traum den Eindruck wiedergegeben hatte, den sie verbreitete. Man gab ihr zu verstehen, daß sie zwar lieb, nett und charmant sei, aber auf den ersten Blick weit konservativer wirke als sich nach näherem Kennenlernen herausstellte. Virginia begann, sich mit dem Teil von sich zu beschäftigen, der ihr klein und viereckig erschien. Sie entdeckte, welche Haltung sie unbewußt lange Zeit sich selbst gegenüber eingenommen hatte, ohne sich die Mühe gemacht zu haben, über ihren Wert und den Einfluß auf ihr Leben nachzudenken. Sie hatte es vorgezogen, dieses Selbstbild beiseite zu schieben und es durch ein anderes zu ersetzen, eines, in dem sie sich als strahlende, emanzipierte, unternehmungslustige Frau sah. Der Traumproduzent half ihr, sich den Teil ihres Selbstbildes vor Augen zu führen, den sie ignorieren wollte, der jedoch gegenwärtig war und ihre Bemühungen durchkreuzte, einen Mann anzuziehen, den sie auch selbst anziehend fand.

Während viele unserer Träume uns zeigen, wie unser weiser und objektiver Traumproduzent uns sieht, wird es schwieriger sein zu erkennen, wie wir selbst uns von einer bewußten Warte aus sehen. Wir können unsere Träume darum bitten, uns zu zeigen, welche Vorstellungen unser Selbstbild bestimmen; wie andere uns sehen; wie entschlossen wir uns persönliche, zwischenmenschliche, berufliche und geistige Ziele setzen. Wenn wir nicht viel von uns halten, sollten wir uns diesen Umstand bewußt machen, da er mit Sicherheit unser Verhalten und unsere Beziehungen beeinflußt. Wir können mit Hilfe unserer Träume Aspekte unseres Selbstbildes zutage fördern, die zu verbergen wir enorm viel psychische Kraft aufgewendet haben.

Virginia fiel es nicht leicht, sich als viereckig und unbedeutend anzusehen, da sie sich doch für interessant, liebenswert und anregend hielt, was sie ja eigentlich auch war. Doch in einem weiteren Traum wurde ihr mitgeteilt, daß sie zu den »großen Leuten«, nicht zu den kleinen, unbedeutenden gehöre. Warum sah sie sich klein, gering, eckig, was hinderte sie, den großen, bedeutenden Leuten ebenbürtig zu sein? Sie mußte ihr Selbstbild, ihre Ansichten und Möglichkeiten überprüfen. In ihrem Tagebuch notierte sie, was sie von sich selbst hielt – von ihrer Attraktivität und Ausstrahlung auf Männer, ihrem Bedürfnis nach Unabhängigkeit oder Abhängigkeit, ihren beruflichen Leistungen, ihrer Sicherheit und ihren Erlebnissen.

Sie begann mit einer »vorläufigen« Beschreibung des Typs von Mann, den sie einmal heiraten wollte. Solche Rechenschaftsberichte haben Virginia und anderen Teilnehmern unserer Traumgruppen dabei geholfen, Verhaltensweisen und Ansichten ins Bewußtsein zu bringen, die häufig unmittelbar unterhalb der Ebene der Wahrnehmung verborgen liegen. Als Virginia in der Lage war, die Meinung zu erkennen, die sie von sich selbst hatte und die zu ihrer verringerten Selbstachtung geführt hatte, konnte sie einiges davon in ihrem Leben revidieren und abbauen.

Sie ergriff die Gelegenheit, bestimmte Meinungen über sich in Frage zu stellen, die unter längst vergangenen Umständen entstanden sein mochten. Das Selbstbild einer kleinen, unbedeutenden Person erschien Virginia im Lichte ihrer persönlichen Entwicklung und beruflichen Erfolge der letzten Jahre nicht mehr zutreffend. Sie entwarf ein neues und probierte aus, wie es zur heutigen Virginia paßte. Dann entwarf sie das Wunsch-Selbstbild einer Virginia, wie sie sich gern in der Zukunft sähe. Dabei versuchte sie keineswegs, ihr gegenwärtiges Selbstbild mit einem neuen, idealen zu überkleistern; sie probierte lediglich ein neues aus – des Formates wegen, zum Spaß oder zur Anregung. Allmählich wandelte sich das Bild, das sie von sich hatte. Der Traumproduzent antwortete auf ihre Wachbemühungen, sich klarer zu sehen, indem er ihr die Hauptrolle in folgendem Traum gab:

Ich trage ein leuchtendrotes Kleid mit einem tiefen Ausschnitt. Ich denke mir, daß es schön ist, aber wahrscheinlich wegen seiner Farbe und seines Ausschnitts nicht eben schmeichelhaft. Es scheint fürs Weihnachtsfest geeignet. Dann betrachte ich mich und sehe, daß es tatsächlich sehr kleidsam ist!

In ihrem Traumkommentar schrieb Virginia, daß sie in der Vergangenheit immer geglaubt habe, rot stehe ihr nicht; es sei eine zu grelle Farbe, für Teenies geeignet. Sie habe die Farbe regelrecht verabscheut. Etwa ein Jahr vor diesem Traum habe sich ihre Einstellung geändert, und sie habe begonnen, sich rote Blusen und Accessoires zu kaufen. Zum Zeitpunkt des Traums habe sie die Farbe »strahlend und lebendig« gefunden. Sie würde »Aufmerksamkeit erregen, doch das ist gut so«, schrieb sie in ihr Tagebuch. Sie sah sich auf eine neue Weise. Ein Teil von ihr glaubte zwar immer noch, daß ihr rotes

Traumkleid zu gewagt und zu leuchtend war, doch ihr Traumproduzent zeigte ihr, daß das nicht stimmte, und daß sie in dem Kleid sehr attraktiv aussah. Wenn es dir steht, trage es! . . .

Ein neuer Paß

In *Cinéma-vérité*-Träumen sehen wir, was wir wirklich von uns denken, oder was unser objektiver Traumproduzent von uns denkt. Wie wir gesehen haben, sind diese beiden Bilder nicht immer identisch. Natürlich handeln Träume nicht von der einzigen, nicht einmal unbedingt von der hauptsächlichen Art und Weise, in der wir uns sehen, sondern von wichtigen Aspekten unseres Selbstbildes, wie sie von unserem Wach- oder Traumselbst gesehen werden. Die aus solchen Träumen gewonnenen Einsichten können auf das Leben des Träumers, wenn er sie sich zu Herzen nimmt, einen tiefreichenden Einfluß ausüben.

Im Jahre 1972 hatte ich einen *Cinéma-vérité*-Traum, den ich mir leider erst einige Jahre später zu Herzen nahm. Im folgenden gebe ich die Seiten aus meinem Traumtagebuch wieder, die von diesem Traum handeln. Wie in Ardells Traum »Im Bett mit Bob« (siehe Kapitel 1) ist auch hier das Gefühl beherrschend, daß ein Irrtum vorliegt. In beiden Fällen kann ein Mangel an Selbstvertrauen als Erklärung für dieses Gefühl dienen.

21. 8. 72
Zürich

Tagesnotizen. Ein friedlicher, ruhiger Tag. Brief an Lynn, meine älteste und beste Freundin, geschrieben. Ich habe es satt, für sie eine Freundin zweiter Wahl zu sein. Wann immer sie einen Freund hat, läßt sie alles fallen und behandelt mich wie einen Menschen zweiter Klasse. Wenn sie die Möglichkeit hat, mit einem männlichen Wesen zusammen zu sein, und sei es noch so mittelmäßig, scheint sie alles zu vergessen, was ihr sonst lieb und teuer ist. Spaziergang im Park am Zürichsee. Rossis Buch *Dreams and the Growth of Personality* gelesen. Es ist großartig. Ließ mich an das schüchterne Kind denken, das in letzter Zeit in meinen Träumen auftaucht. Ich habe in letzter Zeit einiges von meinem Selbstvertrauen verloren. Wann habe ich mich in meinem Leben am selbstsichersten gefühlt? Als ich täglich Schlittschuh lief und mich auf Wettkämpfe vorbereitete. Es ist fünf Jahre her, seit ich zuletzt Schlittschuh gelaufen bin. Rossi schreibt, daß ein neues Wachstum der Persönlichkeit sich zuerst in den Träumen zu manifestieren scheint, in Form von neuen und ungewöhnlichen Traumbildern.

Erörterung. Ich brauche und wünsche mir eine neue Bewußtheit, ein Wachsen meiner Persönlichkeit, um alte Gewohnheiten der Wahrnehmung und der Reaktion auf meine Umwelt zu durchbrechen. Ich weiß, daß mehr schöpferische Kraft in mir steckt, als ich zur Anwendung bringe, aber wie soll ich sie herauslassen? Wie kann ich meine kraftvolle Kreativität freisetzen und zum Ausdruck bringen?

Mein neuer Paß. Ich hatte einige Fotos nach Philadelphia geschickt, damit die Paßbeamten für meinen *neuen* Paß das geeignete aussuchen konnten. Ich erhielt den neuen Paß mit der Post und schaute gleich hinein, um ihn zu begutachten. Statt nur eines Bildes waren die ersten vier Seiten voll mit Farbfotos, die mich beim Eislaufen zeigten. Es waren fabelhafte Bilder, die ich scheinbar zum ersten Mal sah. Ich dachte: »Ich wußte gar nicht, daß ich nach so langer Unterbrechung noch so gut bin. *Kann* das überhaupt wahr sein?« Viele Fotos waren sehr lebendige Schnappschüsse. Besonders auf einem war meine Körperhaltung einfach vollendet – Balance und Ausdrucksform waren perfekt. Es war erregend zu sehen. Auf einem anderen Foto war ich etwa 45jährig. Ich sah es mir näher an und prüfte die Spannkraft meiner Beinmuskeln. Ich war überrascht, daß sie für ein Schaulaufen in diesem Alter noch ausreichte. Aber dies ist ein *Paß,* und vier Seiten mit Bildern von mir sind wirklich übertrieben und viel zu vertraulich und bloßstellend. Auf der letzten Bildseite finde ich mein richtiges (aktuelles) Paßfoto. Es ist im üblichen Schwarzweiß, hübsch, ruhig, Standardausführung. Obwohl es eigentlich das einzige Photo im Paß sein sollte, war es nur eines unter vielen, obendrein an unbedeutender Stelle plaziert. »Aber das kann nicht angehen«, dachte ich. »Es sieht so aus, als wollte ich mich aufspielen. Warum haben die Paßbeamten das getan? Was soll ich nun machen?« Dann erzählt mir Lynn, daß sie gerade ihren Paß mit einer Extraseite Photos bekommen habe. Ihr Vater, ein Anwalt, habe die zusätzlichen Bilder mit chemischen Dämpfen beseitigt. Er sei sehr sorgfältig vorgegangen, damit die Polizei das Herumpfuschen an dem Dokument nicht bemerkt. »Mein Vater wird es bei deinem Paß auch machen, wenn du willst«, sagte Lynn. Zuerst war ich erleichtert. Doch dann zögerte ich; ich wollte an meinem Paß keinerlei betrügerische Veränderungen vornehmen lassen, da auf dem Dokument selbst geschrieben steht, daß jegliche eigenmächtigen Abänderungen zum Entzug des Passes führen werden.

Kommentar. Beim Aufwachen denke ich: »Ist das meine wahre Identität, die da beim Eislaufen zum Ausdruck kommt? Haben sich die Paßbeamten vielleicht doch *nicht* geirrt? Kennen sie womöglich meine wahre Identität besser als ich selbst?« Der Hinweis auf dem Antragsformular ging mir immer wieder durch den Kopf: »Paßbilder müssen dem Aussehen des Antragstellers ähnlich sein, andernfalls werden sie abgelehnt.« Als ich gänzlich erwacht bin, bemerke ich die Unmöglichkeit von alledem. Zu lange bin ich nicht mehr ernsthaft Schlittschuh gelaufen. Ich habe zu viel Zeit verloren. Ich bin schon 23 Jahre alt. Und selbst wenn ich einen neuen Anfang machen und mein Studium für das Eislaufen aufgeben würde, wo würde ich einen Partner finden? Es gibt so wenige Männer beim Eistanz, unter denen ich wählen könnte. Gern würde ich es für möglich halten, daß mir wie im Traum eine Karriere als Schauläuferin offensteht, doch das ist eine Illusion. Der Traum war so lebendig und schien im wörtlichen Sinn so real zu sein, daß es schwerfällt, seine Metapher zu entschlüsseln. Die wörtlich-objektive Deutung kann nicht die richtige sein, deshalb werde ich es mit einem Trauminterview versuchen, um der Sache auf den Grund zu gehen.

Szenischer Hintergrund. Es ist Zeit für einen neuen Paß (Identität). Ich habe den Paßbeamten eine Auswahl von Selbstbildern geschickt, aus denen sie dasjenige aussuchen sollen, das meiner Identität am nächsten kommt. Der Paß, den ich erhalte, ist neu. Mit Sicherheit handelt der Traum von meiner Inkubationsbitte um ein neues Bewußtwerden meines Selbst, vielleicht auch von einem Weg, um es zum Ausdruck zu bringen.

Was ist ein Paß? Mein liebstes Dokument. Es gibt Auskunft über die Identität seines Inhabers und ermöglicht freien Zugang zur Welt. Bewegungsfreiheit. Schrecklich die Vorstellung, es zu verlieren oder entzogen zu bekommen. Ohne dieses Dokument kann man die Welt nicht kennenlernen.

Das schwarzweiße Foto? Das gleiche, das ich in meinem derzeitigen Paß habe. Es ist gut getroffen, aber eben ein Standardfoto. Es zeigt das bewußte Selbstbild einer strahlenden, graduierten Psychologin. Nicht sonderlich aufregend. Mein Traumproduzent scheint der Meinung zu sein, daß dies in der Tat ein Teil meiner Identität ist, aber keinesfalls der wichtigste.

Die Farbfotos? Sie bringen zum Ausdruck, was der Traumproduzent für meine wahre Identität hält. Offenbar sehe ich sie im Traum zum ersten Mal oder bin mir dieses Selbstbildes bislang nicht bewußt gewesen. Diese Fotos zeigen mich beim Eislauf mit und ohne Partner, eher in einer professionellen Kulisse, wie sie in Eislaufshows und Filmen vorkommt, als in einer Wettkampf-(Amateur-)Szenerie. Sie zeigten mich in verschiedenem Alter, von etwa 25 bis 45 Jahre. ich war unheimlich froh, sie zu sehen, aber ich wagte nicht zu glauben, daß sie meine wahre Identität zeigten. Gleichwohl waren es zweifellos Fotos von mir; ich konnte meine zukünftigen Selbstbilder sogar mit den Händen greifen, als seien sie dreidimensional und wirklich gewesen.

Warum schicke ich diese Photos an das Paßamt in Philadelphia und nicht an jenes in New York, das ich gewöhnlich in Anspruch nehme? Weil Philadelphia ein sensiblerer, für die schönen und anmutigen Seiten des Lebens offenerer Ort ist als New York, das so leistungsorientiert und hektisch ist. Habe ich mich nicht mit New York identifiziert, seit ich das Eislaufen an den Nagel hängte?

Weshalb kann ich die von den Paßbeamten vorgenommene Auswahl nicht akzeptieren? Erstens erscheint es mir unmöglich, daß ich noch einmal eine wirklich gute Eisläuferin werden könnte. Zweitens befürchte ich, daß die Photos zu prahlerisch, bloßstellend und persönlich sind.

Welchen Bezug hat das zuletzt Gesagte zu meinem Leben? Vielleicht den, daß ich in letzter Zeit in dem Bestreben, den mich umgebenden Intellektuellen zu gefallen, etwas zu gesetzt geworden bin. Ich habe meine Lebendigkeit und die ungestümen Seiten meiner Persönlichkeit ein wenig unterdrückt, weil sie in einer akademischen und wissenschaftlichen Umgebung nicht akzeptabel erschienen. Ich bedaure das, doch es scheint mir angemessen zu sein. Vielleicht kann ich ein Betätigungsfeld für meine mehr unbändigen, lebhaften Seiten finden. Vielleicht würde ein bißchen Eislauf nebenher, ein paarmal die Woche, genügen. Schließlich hebt der Traum hervor, daß mein Eislauf-Selbst der wichtigere, bedeutendere Teil meiner Persönlichkeit ist.

Wer ist Lynn? Eine gute Freundin, die leider allzusehr auf Männer fixiert ist. Das hat mich verletzt und ihr selbst geschadet. Sie setzt sich selbst dauernd herab und erkennt nicht, daß sie als Frau, als Tänzerin und Schauspielerin und als Jurastudentin Dynamit ist.

Gibt es eine Lynn in mir? Ich weiß, daß der Traum mir das nahelegt, aber ich kann es nicht glauben. Habe ich mehr Begabung und Schwung, als ich weiß oder mich auszudrücken traue? Vielleicht ein bißchen. Bin ich zu sehr auf Männer fixiert? Ja.

Wer ist Lynns Vater und wie ist er? Ich mag ihn sehr. Er ist noch ganz von altem Schlag, ein hart arbeitender Anwalt. Er ermutigt Lynn, ihre akademische Ausbildung fortzusetzen. Er liebt es, mit Lynn im Auto zu verreisen. Ich fliege lieber. Mit meinem Vater bin ich immer nur im Flugzeug verreist. Lynns Vater – und sie in seinen Fußstapfen – verkörpert wohl meine konservative, vorsichtige, sicherheitsbewußte Einstellung, die in der Lage ist, meinen Paß oder meine wahre Identität zu entstellen, wenn ich sie gewähren lasse. Lynn hat meiner Meinung nach zugelassen, daß diese Einstellung und ein mangelnder Glaube an die eigenen Fähigkeiten die spannendsten Seiten ihrer Identität an der Entfaltung hindern.

Zusammenfassung. Also gut. Im Traum wird meine farbige, lebendige und wahre Identität durch die Eislaufbilder zu Ausdruck gebracht, während die gesetzten, arbeitsorientierten, leidenschaftslosen Seiten von mir, mit denen ich mich zur Zeit fast gänzlich identifiziere, wie das Schwarzweißfoto in eine meinem Eislauf-Selbst nachgeordnete Position gehören. Wie Lynn neige ich aufgrund von Selbstzweifeln dazu, für meine Berufskollegen und den Teil von mir, der Lynns Vater ähnlich ist, respektabel zu erscheinen; das führt zur Ablehnung meines Eislauf-Selbst.

Rossi zufolge würde Lynns Vater meine arbeits- und sicherheits-
orientierte Einstellung verkörpern, die das Erkennen meiner wahren Identität blockiert. Diese Einstellung engt meine Persönlichkeit ein und führt zu der durch das Schwarzweißfoto zum Ausdruck
gebrachten Standardisierung. Kein Wunder, daß ich mich unzu-
länglich und unfähig fühlte, jene Eisläuferin zu werden, solange
ich mich mit den Augen von Lynn und ihrem Vater betrachtete. Ich
vermochte den Teil von mir, der bereits wie sie ist, nicht zu sehen.
Was verkörpert die Eisläuferin? Der Gedanke erscheint einleuchtend, daß sie für den sprühenden, risikofreudigen, mutigen und
unternehmungslustigen Teil von mir steht. Doch die Empfindung
des Eislaufens ist auch jetzt noch so real, daß es schwerfällt, sie
nicht als eine unverschlüsselte, objektive Darstellung meiner Zukunft aufzufassen. Die Tatsache, daß mit Ausnahme des Schwarz-
weißfotos mich alle Bilder beim Eislaufen und nicht bei irgendeiner anderen Tätigkeit zeigen, ist sehr interessant. Sie scheint nahe-
zulegen, daß der Traum eher von meiner objektiven beruflichen
Identität handelt als von einer subjektiven Metapher für meine
Gesamtidentität, da letzteres Darstellungen der anderen Seiten
meiner persönlichen Identität hätte einschließen müssen. Vielleicht bin ich derzeit wie Lynn; doch daß ich eine professionelle
Eisläuferin werden könnte, davon kann keine Rede sein. Deshalb
sollte ich den Traum dahingehend deuten, daß es mir guttäte, die
symbolische Eisläuferin in mir zu erkennen, anzunehmen und zu
verwirklichen – falls ich mich traue.

Dieser Traum überbrachte auf der objektiven Ebene derart gute
Nachrichten, daß ich versucht war, ihn der Kategorie der Wunscher-
füllungsträume zuzurechnen. Doch wie meist im Verlauf eines
Trauminterviews wurde schnell klar, daß die Bedeutung des Traums
auf der subjektiven Ebene tiefgründiger war. Leider empfand ich
sowohl die objektive (daß ich eine professionelle Eisläuferin werden
würde) als auch die subjektive Deutung (daß ich mein überschäu-
mendes Selbst zurückwies) als für mein damaliges Selbstbild und
meine damalige berufliche und persönliche Situation bedrohlich.
Selbst nach meinem Trauminterview beschloß ich, den Traum zu
ignorieren.

Schließlich überzeugten·mich Tages- wie Traumereignisse mit vereinten Kräften dann doch, die Botschaft dieses Traums ernst zu nehmen. Etwa ein Jahr nach dem Traum begann ich, mehr und mehr von der symbolischen Eisläuferin in mir herzuzeigen. Und nach zwei Jahren holte ich meine Schlittschuhe wieder hervor und ging zu den Kursen eines örtlichen Schlittschuhclubs. Dort traf ich, welch ein Wunder, Bob Castle, einen großartigen Goldmedaillen-Eistänzer, der zufällig gerade eine Partnerin suchte! Eistänzer sind selten, aber solche mit einer Goldmedaille und ohne Partnerin sind schwerer zu finden als Wasser in der Wüste. Seit Bob und ich zusammen laufen, haben wir an Eislaufveranstaltungen in Sun Valley und Europa teilgenommen, und ich laufe besser und mit mehr Spaß als je zuvor. Das hätte ich 1972 niemals für möglich gehalten. Ich bin kein Profi geworden, doch wer weiß – selbst das könnte das Schicksal für mich bereithalten, obwohl ich es nach wie vor bezweifle. Wie dem auch sei, meine Lebensqualität hat sich jedenfalls merklich verbessert. Die Eisläuferin in mir hat sich zunehmend alle Bereiche meines Lebens erobert, und ich habe den Unternehmungsgeist zurückgewonnen, nach dem ich mich sehnte, als ich den Paß-Traum herbeiwünschte.

Unsere Persönlichkeit wird im Laufe der Zeit und mit ein wenig Glück auch ohne unser Zutun reifen und wachsen. Doch wenn wir uns aktiv und aus ganzem Herzen an diesem Wachstumsprozeß beteiligen, können wir uns viel Zeit und Mühe ersparen.

Unser »wirkliches« Selbst finden

Es folgen einige Fragen, mit deren Hilfe wir *Cinéma-vérité*-Träume erbitten können:

Wie sehe ich mich wirklich selbst?

Welche der Ansichten, die ich über mich habe, muß ich mir bewußter machen?

Wie sieht mich mein weiser, objektiver Traumproduzent?

Welche meiner Selbsteinschätzungen schmälern meine Lebensfreude?

Welches sind meine lähmendsten Ängste oder Hemmungen?

Aufgrund welcher meiner Ansichten darüber, wie ich bin, ziehe ich Menschen an, die mich nicht so behandeln, wie ich es mir wünsche?

Welches sind meine größten Vorzüge, und wie kann ich sie besser zur Geltung bringen?

Möglicherweise werden wir diese Fragen in unsere eigenen Worte fassen und unsere eigenen *Cinéma-vérité*-Inkubationssätze formulieren wollen. Auf jeden Fall werden wir Träume empfangen, die uns überraschen, weil wir unseren Traumproduzenten um Auskunft über etwas bitten, was wir noch nicht wissen. Es empfiehlt sich, zur Erkundung der möglichen subjektiven und objektiven Bedeutung dieser Träume sich des Verfahrens des Trauminterviews zu bedienen. Wenn wir eine befreundete Person bitten, die Rolle des Interviewers zu spielen, wird es uns nicht so leicht wie mir in meinem Beispiel passieren, einen wichtigen Traum zu ignorieren.

In Teil III werden wir uns einigen exotischen Varianten des Träumens zuwenden, die zu einer neuen Bewußtheit verschiedenster Erlebnisse führen können. Diese Träume sind weder wichtiger noch unwichtiger als die bereits erörterten. Sie können unser Leben über Nacht verändern; doch gewöhnlich werden sie uns wie die meisten Träume helfen, unsere Lebenserfahrung Schritt für Schritt zu bereichern. Sie werden unseren Horizont erweitern, indem sie uns Quellen der Wahrnehmung und Eingebung erschließen, von deren Zugänglichkeit wir womöglich nichts gewußt haben. Sie können uns zeigen, daß ein körperloses Leben sowohl im lebendigen Zustand als auch nach dem Tod nicht bloß in den Halluzinationen von Heiligen oder Mystikern existiert. Alle diese Träume sind spannend und mitunter von großer Wichtigkeit. Wer glaubt, daß nur bestimmte, scheinbar besonders intensive oder spezifische Träume des Erinnerns wert sind[1], hat offenbar die vitale Bedeutung der Einsichten, die uns unsere normalen Träume vermitteln, nie zur Kenntnis genommen oder vergessen. Jeder, der Träume zu deuten weiß, wird sich hüten, irgendeinen Traum geringzuschätzen; vielmehr wird er die Bedeutung aller Träume uneingeschränkt zu würdigen wissen.

TEIL III

Tagträumer und Nachtschwärmer

KAPITEL 8

Wie wir unsere Träume um Inspiration und kreative Ideen bitten können

Es ist bekannt, daß zu allen Zeiten Heilige, Mystiker und Künstler ihren Träumen spirituelle und schöpferische Eingebungen entnommen haben. Weniger bekannt ist, daß Gelehrte und Wissenschaftler bei der Lösung ihrer Forschungsprobleme im Traum auf bedeutende Entdeckungen gestoßen sind[1]. In der Literatur über Träume findet man viele Beispiele von spektakulären Anregungen, die auf einen Traum zurückgehen.

Im Alter von 23 Jahren träumte René Descartes, Frankreichs größter Philosoph, eine Nacht lang Träume, die sein Lebenswerk entscheidend prägen sollten. Drei Träume vom 10. November 1619 offenbarten ihm die grundlegenden Ideen, auf denen seine Ausarbeitungen über Methodologie, Algebra, Physik und Metaphysik beruhten[2].

Voltaire schrieb: »Ich habe Anwälte gekannt, die im Traum ihr Plädoyer gehalten, Mathematiker, die knifflige Aufgaben zu lösen versucht, und Dichter, die Verse verfaßt haben. Ich selbst habe einige recht passable zustande gebracht. Es ist daher unbestreitbar, daß konstruktive Ideen sowohl im Schlaf als auch im Wachzustand auftreten[3]...«

Mahatma Gandhi bediente sich seiner Träume, um eine gewaltlose Antwort der Massen auf Englands Rowlatt-Gesetz zu finden, das jedwede auf die Befreiung Indiens abzielende Agitation streng untersagte. Eine der bedeutendsten Manifestationen von Gandhis Lehre der Gewaltlosigkeit und des zivilen Ungehorsams war der allgemeine *Hartal* oder Massenstreik. Nachdem er wochenlang darüber gegrübelt hatte, wie sich die Ablehnung des Rowlatt-Gesetzes durch die indische Bevölkerung gewaltlos, aber wirksam zum Ausdruck bringen lasse, fand Gandhi die Lösung in einem Traum, der den Vorschlag enthielt, das indische Volk solle für 24 Stunden die Arbeit niederlegen und den Tag mit Fasten und Beten verbringen. Die daraus resultierenden *Hartals* von 1919 stellten eine entscheidende Wende in Indiens Kampf für das Recht auf Selbstbestimmung dar[4].

Im Frühjahr 1940 arbeitete D. B. Parkinson, ein junger Ingenieur der Bell Laboratories, mit einem Team an der Entwicklung eines verbesserten automatischen Levelrecorders. Dieses zur Verbesserung der Meßgenauigkeit bei Telefonübermittlungen verwendbare Aufzeichnungsgerät war eine Art Spannungsschreiber. Eine angelegte Spannung führte zur Bewegung eines Tintenstiftes über die Breite eines Papierstreifens, der in Längsrichtung mit gleichmäßiger Geschwindigkeit abrollte ... Die Bewegung des Stiftes war nicht linear zur angelegten Spannung, sondern zum Logarithmus der Spannung. Das System war für die damalige Zeit sehr schnell. Das kleine Potentiometer konnte die Bewegung des Stiftes kontrollieren[5].

Während Parkinson mit der Telefontechnologie experimentierte, marschierten die Nazis in Holland, Belgien und Frankreich ein. Wie die meisten Amerikaner war Parkinson über diese Nachrichten besorgt; eines Nachts hatte er folgenden Traum:

»Ich befand mich mit der Bedienungsmannschaft eines Flugabwehrgeschützes in einem Schützengraben oder befestigten Unterstand. Ich weiß nicht, wie ich dorthin gelangte – ich war einfach da. Die Männer waren ihren Uniformen nach Holländer oder Belgier – ihre Stahlhelme waren weder deutscher noch französischer noch englischer Herkunft. Es gab ein Geschütz, das in meine Richtung zeigte – ich hatte nie näher mit Flugabwehrgeschützen zu tun gehabt, besaß aber einige allgemeine Kenntnisse über Artillerie. Die Kanone feuerte gelegentlich, auffallend aber war, daß *jeder Schuß ein Flugzeug vom Himmel holte!* Nach drei oder vier Schuß lachte einer der Soldaten zu mir herüber und forderte mich auf, näher heranzukommen. Als ich neben ihm stand, zeigt er auf das vorstehende Ende des linken Schildzapfens. Dort war das Kontrollpotentiometer meines Levelrecorders angebracht! Es war kein Irrtum möglich – es war mein Gerät[6].«

»Wenn das Potentiometer die rasche Bewegung eines Aufzeichnungsstiftes mit großer Genauigkeit zu kontrollieren vermochte«, schoß es Parkinson beim Aufwachen in den Sinn, »dann müßte ein entsprechend konzipiertes Gerät das gleiche bei einer Flugabwehrkanone bewirken[7]!«

In diesem Traum hatte Parkinson, der keinerlei Kenntnisse über die Technologie der Geschützsteuerung besaß, den Schlüssel zur Entwicklung äußerst genauer Geschützlenkgeräte erhalten, die mit Hilfe von Computern Radardaten über Existenz und Position eines Zieles in Geschützbefehle umwandeln, welche die Artilleriegeschosse in eine Position steuern und dort zünden, in der das feindliche Ziel am ehesten unschädlich gemacht werden kann[8]. Das erste vollelektrische Geschützlenkgerät, das auf durch Parkinsons Traum inspirierte Forschungen zurückging, war die elektrische Rechenmaschine M-9. Sie konnte nicht nur leicht und relativ billig in die Massenproduktion gehen, sie war obendrein auch sehr genau. In der zweiten Schlacht um England wurden allein im Monat August 1944 neun von zehn deutschen V-1-Raketen, deren Ziel London war, über den Klippen von Dover abgeschossen... In einer einzigen Augustwoche zündeten die Deutschen im Raum Antwerpen 91 V-1, von denen 89 durch schwere, M-9-gesteuerte Geschütze zerstört wurden[9]. Die M-9 war der Vorläufer der nach dem Krieg entwickelten Lenksysteme für Flug- und Bodenabwehrraketen[10].

Robert Louis Stevenson hat einmal behauptet, die Hälfte seiner schöpferischen Arbeit sei ihm von seinen Träumen abgenommen worden[11]. Sein Werk *Der seltsame Fall von Dr. Jekyll und Mr. Hyde* wurde durch einen Traum angeregt, in dem sich Mr. Hyde in Dr. Jekyll verwandelte, um Verfolgern zu entkommen. August Kekule entdeckte die Ringstruktur des Benzols, nachdem er in einem Tagtraum eine sich in den Schwanz beißende Schlange gesehen hatte. Er war so beeindruckt von der Beziehung zwischen Träumen, wissenschaftlicher Inspiration und Problemlösung, daß er auf einer wissenschaftlichen Tagung im Jahre 1890 seinen Kollegen zurief: »Lernen wir träumen, meine Herren, vielleicht werden wir dann die Wahrheit finden[12].« Zehn Jahre später begann Freud mit seiner Schrift *Die Traumdeutung* das Interesse für die psychodynamische Natur der Träume zu wecken. Carl G. Jung wies insbesondere in den 1940er und 1950er Jahren auf die bedeutende kreative und inspirierende Rolle hin, die zahlreiche Träume in seinem eigenen und im Leben seiner Patienten gespielt haben.

Obgleich man sagen kann, daß alle unsere Träume zu Wachstum, Reife und Veränderung unseres Lebens beitragen, werden wir uns in diesem Kapitel auf Beispiele von Träumen konzentrieren, die von unseren mehr spirituellen und kreativen Bedürfnissen handeln, die mit unserem philosophischen, religiösen, künstlerischen und beruflichen Leben in Zusammenhang stehen.

Seelennahrung

Viele Menschen, die weder als Heilige verehrt noch aufgrund ihrer Einsicht in das Wesen des Universums jemals Berühmtheit erlangen werden, berichten von Träumen, die ihnen ein unerschütterliches Gefühl für den Sinn und Zweck ihres Lebens und der sie umgebenden Welt gegeben haben. Andere haben durch Träume, die ihre verwirrten oder verzweifelten Seelen getröstet und ermutigt haben, neue Hoffnung, Kraft und Einsicht gewonnen. Träume können uns einige der schönsten und erleuchtendsten Erlebnisse unseres Lebens schenken. Wir mögen ihnen bedeutsame mystische oder religiöse Erfahrungen über die Einheit und Harmonie des Universums verdanken, die wir nie vergessen werden. Eingebungsträume vermögen uns einen Lebenszweck zu zeigen, den wir nicht vorhanden glaubten, oder die Liebe unserer Freunde, die wir nicht wahrzunehmen vermochten. Diese Träume werden zu uns kommen, ob wir um sie bitten oder nicht. Sie werden unser Denken beeinflussen, ob wir uns an sie erinnern oder nicht. Doch wenn wir ihnen zugetan sind, sie im Gedächtnis behalten und uns bei Bedarf sogar herbeiwünschen, werden sie einen weitreichenden, starken Einfluß auf unser Leben ausüben. Allein die Erwartung, von unseren Träumen Eingebung zu erhalten, wird uns bereit machen, sie auch tatsächlich in uns aufzunehmen.

Woher kommt diese Eingebung? Aus einem höheren Selbst? Aus unserer innersten Existenz, die Zugang zu universaler Weisheit und womöglich gar zu einem Gott hat? Oder vielleicht aus dem Unterbewußtsein, in dem wir Zugang zu all den Eindrücken und Erfahrungen unseres persönlichen Lebens haben, die uns durch schöpferische Umgestaltung mit nur scheinbar jenseits unseres normalen Wahrnehmungsvermögens liegenden Inspirationen versorgen? In Laboruntersuchungen wurden Schlafende zu verschiedenen Zeitpunkten der dem Beginn der Traumphase vorausgehenden Schlafphase (Vor-REM-Schlaf) geweckt. Sie berichteten, ihr Kopf sei mit mehr oder weniger alltäglichen Gedanken und Erinnerungen angefüllt gewesen, die offenbar mit zunehmender Annäherung an den Traumzustand immer bizarrer wurden[13]. Diese Aussagen erklärt man sich damit, daß wir im Schlaf weder einem Übermaß instinktiver Antriebe ausgesetzt sind noch es mit einer in oder über uns wirkenden weisen oder kosmischen Kraft zu tun haben. Allerdings bieten derartige Laboruntersuchungen nicht unbedingt eine inspirierenden Träumen förderliche Basis. Bei den Versuchspersonen handelt es sich auch nicht immer um Menschen, die ihre im Schlaf erfahrenen Bewußtseinszustände präzise erklären können.

Wer sich durch Meditation und Übungen mit den geistigen Inhalten und Erlebnissen veränderter Bewußtseinszustände näher befaßt hat, weiß, daß der menschliche Geist imstande ist, auf verschiedenen Ebenen gleichzeitig tätig zu sein. Wenn wir beispielsweise die Augen schließen, uns entspannen und – sagen wir bis fünfhundert – unsere Atemzüge zählen, werden wir wahrscheinlich eine, wenn nicht zwei oder mehr Denk- und Bewußtseinsebenen entdecken, die während des Zählens gleichzeitig in Erscheinung treten.

Carl G. Jung vertrat die Ansicht, daß wir im Schlafzustand mitunter nicht nur zu unserem persönlichen Un- oder Unterbewußten, sondern auch zu dem universaleren Zustand der Bewußtheit Zugang haben, den er das kollektive Unbewußte nannte[14]. Jung zufolge stellen die Inhalte des kollektiven Unbewußten

»... eine allgemein vorhandene, durchgehend sich selbst identische *Bedingung oder Grundlage der Psyche* überhaupt [dar]. Dieser Satz stellt selbstverständlich nicht mehr als eine Hypothese dar, zu der man aber durch die Eigenart des Erfahrungsmaterials gedrängt wird, ganz abgesehen von der hohen Wahrscheinlichkeit, daß der allgemeinen Ähnlichkeit der psychischen Vorgänge bei allen Individuen eine ebenso allgemeine und daher unpersönliche Gesetzmäßigkeit zugrunde liegen muß, und zwar genau so, wie der beim Individuum manifest werdende Instinkt nur eine Teilerscheinung einer allgemeinen Instinktgrundlage bedeutet[15].«

Das empirische Material, auf das Jung Bezug nimmt, ist die Summe einer fünfzigjährigen Beschäftigung mit Träumen, Phantasien und Mythen, die er dem eigenen und seiner Patienten Erleben und der geschichtlichen Überlieferung entnahm. Den Teil von uns, der direkten Zugang sowohl zu unserem universalen Bewußtsein und persönlichen Erleben hat, nannte Jung »das Selbst«. Andere haben dieses reiche und weise Zentrum unserer Seele als unser inneres oder höheres Selbst, unser Inneres oder unseren inneren Gott bezeichnet. Dieses höhere Selbst operiert auf einer Ebene des Überbewußtseins und steht in enger Beziehung, ja ist Teil universaler schöpferischer Kräfte, ob sie nun für sich selbst oder für einen Gott stehen.

Wie immer man die Herkunft der Träume erklären mag, Tatsache ist, daß es Träume gibt, in denen der Träumer das Gefühl hat, eine letzte Realität zu erleben oder zu ahnen – eine Erfahrung, die zur Bereicherung oder gar Erneuerung seines Lebens geführt hat. Die von einigen dieser Träume vermittelten Erlebnisse von Einheit und Totalität werden von denen, die sie erfahren, zu den schönsten und wichtigsten Erlebnissen ihres Lebens überhaupt gezählt. Vielleicht kann die Erörterung dieser Träume dazu beitragen, sich an einen solchen Traum zu erinnern oder ihn herbeizuwünschen. Auf diese Weise werden wir besser in der Lage sein, über ihren Wert zu urteilen.

Die vielen Gesichter der Eingebung

Eingebungsträume können vielfältige Gestalt annehmen. Einige scheinen überaus tiefgründig, andere nur wenig wahrer oder weiser als unsere normalen Wahrnehmungen zu sein. Sie können von philosophischen Anliegen handeln oder zeigen, auf welche Art und Weise wir unsere Lebensenergie für berufliche und freizeitliche Aktivitäten anwenden. In den intensiveren, offenkundigen Eingebungsträumen scheinen Empfindung und Empfindungsäußerung direkten, von Sinneseindrücken unabhängigen Impulsen zu folgen und gleichzeitig aufzutreten. Der Träumer wird den Traum als ein zeitloses Erlebnis des »reinen Wissens« oder »fundamentalen Seins« beschreiben.

Derartige Träume könne sehr schwer wiedergegeben werden; vermutlich deshalb, weil sie kaum greifbare Anhaltspunkte bieten, um sie in unser Wachbewußtsein mit hinüberzunehmen. Ich habe von vielen Seiten gehört und selbst die Beobachtung gemacht, daß es schwer ist, sich einer bild- und zeitlosen Wahrnehmung im Wachbewußtsein gewahr zu bleiben, es sei denn, ihr folgt ein Traum mit erkennbaren Bildern. Einige Träumer glauben, nach einem Erlebnis des reinen Wissens dazu übergegangen zu sein, einen Traum zu bilden, der der symbolischen Wiedergabe des Erlebnisses diente. Die Symbole bilden eine Art Gleichnis, das so viel an Erlebnisgehalt einfängt, wie das Bewußtsein des Träumers aufzunehmen vermag. Der Traum stellt eine Übersetzung des ursprünglichen Erlebnisses in eine Sprache dar, die der Träumer verstehen und an die er sich erinnern kann; doch gewöhnlich weiß er, daß durch die Übersetzung dieser Erlebnisse ihr Reichtum und ihre Tiefe geschmälert werden. In solchen Augenblicken scheinen Träumer ein ungewöhnliches Maß an Bewußtsein zu erfahren. Sie können sich sogar der Auswahl der Traumbilder und der Herstellung der Traumübersetzung bewußt sein. Häufig wird man sich nur an die Traumübersetzung erinnern, vielleicht mit der zusätzlichen Ahnung, daß da noch viel mehr in dem Traum steckt, an das man sich aber nicht mehr erinnern kann.

Ich hatte einmal ein solches Erlebnis, das mir zu verstehen gab, daß das Universum in vollendeter Harmonie funktioniert. Sein Zweck besteht einfach darin, zu existieren, seine Existenz ist durch und durch glücklich. Ich wußte, daß ich ein einzelnes Teilchen dieser universalen Lebendigkeit und eins mit ihr war. Ich empfand ein tiefes Gefühl der Einheit und Harmonie. Es war mir klar, daß unterhalb der Erscheinungsebene alle Dinge in schöpferischer und glücklicher Harmonie zusammenwirkten und ich ein Teil von alledem war. Bis zu diesem Punkt nahm ich keinerlei Bilder wahr, lediglich diese direkte und unmittelbare Empfindung. Doch dann erkannte ich, daß mir eine spezifische Erinnerung nützlich sein könnte, und ich beschloß, mir dieses Erlebnis in Bildern auszumalen. Irgendwie entschied ich mich, das Universum durch einen strahlenden, funkelnden, überwältigenden Kreis zahlloser Sterne darzustellen, die alle das individuelle Bewußtsein der totalen Einheit verkörperten. Ich war einer dieser Sterne. Gefühle der Vollkommenheit, Harmonie und Glückseligkeit durchdrangen den Traum. Beim Aufwachen schien es mir, als erinnerte ich mich sowohl des Traums als auch des viel reicheren Erlebnisses, das ihm vorausging. Mein Leben hatte sich unwiderruflich verändert. Auch zehn Jahre später habe ich das Vertrauen nicht verloren, daß die wahre Natur des Seins im Grunde die einer glücklichen Harmonie ist, und daß meine Lebensaufgabe darin besteht, diese Tatsache zu entdecken oder wiederzuentdecken. In Zeiten der Bedrängnis hat mich die lebendige Erinnerung an meinen Einblick in diese Harmonie nicht nur getröstet, sondern auch ermutigt, den Ursachen meiner Schwierigkeiten auf den Grund zu gehen.

Barbara, eine Teilnehmerin unserer Traumgruppen, unterhält sich in ihren Träumen mit Bäumen, Bergen, Meeren und Wolken, mit dem Wind und den Sternen. Wortlos erzählen sie ihr von der Welt, von ihrem Leben und vom Wesen der Realität. Den Unterschied zwischen unserem Bewußtsein und dem eines Berges oder Meeres sieht sie darin, daß letztere ein umfassenderes, kollektiveres Bewußtsein haben und über eine emotionale Disposition verfügen, die sich auf nichtmenschliche Weise Ausdruck verschafft. Dieser Ausdruck ist der eines weisen, reinen Wissens. In solchen Träumen fühlt sich Barbara, wie sie sagt, eins mit den Kräften der Natur und des Universums. Sie nehmen sie auf, führen sie und spielen mit ihr. Eines Nachts hatte sie »ein lustiges Gespräch mit den Regentropfen«. In einer anderen Nacht offenbarte ihr das Meer seine Großartigkeit.

Obwohl die meisten Träume mit nonverbalem Erlebnisgehalt durch das Erzählen viel verlieren, lassen sich einige Eingebungsträume doch relativ leicht wiedergeben, da sie eher normalen Träumen gleichen und Personen und Ereignisse enthalten, die sich zumindest teilweise mit Worten beschreiben lassen. Gelegentlich treten in Träumen scheinbar überbewußten Ursprungs religiöse Figuren auf, die dem Träumer etwas bedeuten und ihm Rat oder Erleuchtung geben. Barbara hatte einmal einen Traum, in dem Moses sie anlächelte, den Kopf schüttelte und sagte: »Barbara, ich weiß nicht, was wir mit dir anfangen sollen.« Er versuchte ihr zu zeigen, daß sie im Begriff war, einen Teil ihres Lebens zu verpfuschen, versicherte ihr aber zugleich, daß sie geliebt und angenommen werde und sich grundsätzlich auf dem richtigen Weg befinde.

Andere haben von Christus geträumt, der ihnen Liebe und Verstehen, oder von Buddha, der ihnen Trost oder Gelassenheit gab. Mitunter haben die Träumer das Gefühl, daß ihr Traum-Christus oder Traum-Buddha eine tatsächliche Verbindung zum Geist der jeweiligen historischen Gestalt darstelle; in anderen Fällen verkörpert die heilige Figur den Teil des Träumers, der göttlich oder weise ist. In beiden Fällen handelt es sich gewöhnlich um ein positives Erlebnis, aus dem der Träumer Mut schöpft oder eine grundlegende Wahrheit über das Sein erfährt.

Diese Träume rufen häufig einen deutlichen Wandel im Träumer hervor. Der Nachweis mag unmöglich sein, wenn man ausschließlich auf den manifesten Inhalt oder Ablauf des Traumes sieht. So wird etwa ein Traum, der von zwei einen Davidstern bildenden Dreiecken handelt, für den Außenstehenden wenig bedeuten. Doch dieses Symbol könnte das eindrücklichste Erlebnis im Leben des Träumers darstellen, wenn es als Zeichen der Einheit von Himmel und Erde verstanden wird. Obwohl wir offenbar den Göttern nicht befehlen können, uns einen spezifischen Integrationstraum zu senden, ist es doch möglich, erfolgreich Eingebungsträume herbeizuführen. Wenn wir nach besten Kräften versucht haben, ein philosophisches oder religiöses Problem zu verstehen und daraufhin von ganzem Herzen um Erleuchtung in einem Traum bitten, ist es sehr wahrscheinlich, daß wir eine Antwort erhalten.

Ein Mann mittleren Alters, der zu spüren begann, daß sein geistiges und emotionales Leben stagnierte, erbat einen Traum, der ihm die lebendige Schönheit der inneren Welt vor Augen führen möge. Er gab an, er habe den ersten und wichtigsten Teil des Traums vergessen, konnte sich aber an folgende Szene erinnern:

Ich bin auf Wanderschaft in einem mir unbekannten, wunderschönen Land. Ich komme an einem Baum vorbei, in dem unglaublich prachtvolle Vögel sitzen. Sie haben verschiedene, kräftig leuchtende Farben: Rot-, Rosa-, Orange- und Purpurtöne. Ich bin von ihrer Schönheit und dem sie umgebenden Frieden und Glück bezaubert. Ich lasse mich unter dem Baum nieder, um mich an ihrem hübschen Gesang zu erfreuen. Dann frage ich mich, ob ich ihren Gesang in klassische Musik verwandeln könnte, gespielt auf herkömmlichen Instrumenten. Ja! Welch ein Vergnügen! Ich habe Musik noch nie so erhaben gehört. Ich fühle eine Zufriedenheit und eine Teilhaftigkeit an der Schönheit des Universums, die mein Inneres mit großer Glückseligkeit erfüllt.

Die Tatsache, daß der Träumer seine Glückseligkeit im Schlaf erlebte, machte sie für ihn nicht weniger real. Er hatte das Gefühl, daß seine Bitte um eine Bereicherung seines Innenlebens erhört worden war.

Kirsten, eine Teilnehmerin unserer Traumgruppe, wünschte einen Traum herbei, um darin ihrem geistigen Führer zu begegnen und unter seiner Anleitung im Traumzustand zu lernen und geführt zu werden. Der Traumführer gab ihr zu verstehen, daß er schon lange an ihrer Seite sei. Er versicherte, daß er nun, da sie bereit sei, von ihm zu lernen, häufig in ihren Träumen erscheinen und sie führen werde. In den folgenden zwei Monaten träumte sie von der gleichen Gestalt achtmal. Jedesmal war sie erfüllt von Ruhe und Vertrauen. Ihr Traumführer gab ihr Ratschläge zu einigen Problemen ihres Lebens, im übrigen führte er sie zu Erlebnissen und Wahrnehmungen spiritueller Natur. Doch dann wartete Kirsten zwei Monate lang vergebens auf einen Traum mit ihrem Führer und war sehr enttäuscht. Mit folgender Bitte wünschte sie einen Traum herbei: »Lieber Führer, wo steckst Du? Bitte komm zurück, ich bin bereit, zu arbeiten!« Daraufhin träumte sie:

Ich habe eine neue Aushilfsarbeit als Schreibkraft bei einem Mann angenommen, um Geld zu verdienen. Eines Tages bemerke ich plötzlich, daß ich den Job ganz und gar vergessen habe und am letzten Montag nicht zur Arbeit gegangen bin. O Gott! Er war so gut, mir die Arbeit zu geben. Ich muß zu ihm hingehen, mich verantworten und entschuldigen, so peinlich es mir ist.

Beim Erwachen wußte Kirsten genau, wovon der Traum handelte. Sie hatte ihrem Bruder als Freundschaftsdienst versprochen, seine Diplomarbeit zu tippen, doch je näher der Abgabetermin rückte, desto mehr schob sie die Arbeit vor sich her. Es war ihr klar, daß dieses der vergessene Job in ihrem Traum war. Die Botschaft ihres Traumes konnte nur bedeuten, daß die Bereitschaft zu spiritueller Arbeit sie bereits mehr als genug fordern würde. Kirsten schrieb die Arbeit ihres Bruders fertig, ihr Traumführer erschien wieder und beglückwünschte sie, daß sie seine Traumbotschaft verstanden und beherzigt habe.

Eingebungsträume verblüffen oft durch ihre Bilder. Einige scheinen fast gänzlich aus instrumentalen oder stimmlichen Klängen oder aus Farben zu bestehen, wobei die Form ganz und gar zweitrangig ist. Andere mögen sich aus sehr fremdartigen Bildern zusammensetzen oder aus geometrischen Formen, die auf einzigartige Weise zu leuchten oder zu vibrieren scheinen. Wieder andere enthalten Bilder von vertrauten heiligen Figuren oder von unbekannten weisen alten Männern und Frauen oder Sternen, Bergen und Bäumen.

Wann immer wir von unseren Träumen Eingebung, Ermutigung oder Trost haben wollen, sollten wir darum bitten. Wann immer wir entmutigt, traurig oder niedergeschlagen sind, sollten wir uns einen freundlichen oder vergnüglichen Traum wünschen, der unsere Stimmung hebt. Vergangene Träume, aus denen wir erfrischt und gutgelaunt aufgewacht sind, sollten wir in Erinnerung bewahren, um bei Bedarf einen Traum zu erbitten, in dem die gleichen Bilder wiederkehren. Selbst wenn wir uns an diese Träume nicht erinnern sollten, können sie den Teufelskreis der unglücklichen und bedrückenden Gedanken, der uns gefangenhält, durchbrechen. Doch wir sollten von unseren Träumen nicht erwarten, daß sie uns fortgesetzt die schönsten Eingebungen bescheren, wenn wir sie in unserem Wachleben nicht auch zu nutzen wissen.

Unsere Träume sind offenkundig darauf bedacht, uns zu geben, was wir benötigen und womit wir etwas anfangen können. Sie werden mit uns zusammenarbeiten, wenn wir mit ihnen zusammenarbeiten.

Alltägliche Eingebungen

Es hat sich gezeigt, daß Ideen zur Lösung von Problemen im Traumzustand Dimensionen der Kreativität erschließen können, die sich im Wachleben nicht zeigen. Teilnehmer unserer Traumgruppen haben erfolgreich Träume herbeigeführt, die ihnen die spirituelle Bedeutung der Kreuzigung, des Oster- oder Weihnachtsfestes erschlossen[16]. Eine Teilnehmerin fragte: »Was muß ich bei meiner Suche nach Weisheit vor allem verstehen lernen?« Sie träumte, scheinbar die ganze Nacht hindurch, daß sie sich fortwährend zum Mittelpunkt der Erde hin und wieder an die Erdoberfläche zurück bewegte. Es war ein sehr angenehmes Erlebnis, wobei sie jedesmal, wenn sie den Erdmittelpunkt erreichte, auf unermeßliche Quellen der Weisheit traf. Eine Stimme erklärte ihr, daß sie Weisheit finden werde, wenn sie in sich gehen und ihr Leben auf der Erde bejahen würde. Statt zu hoffen, Weisheit in einem veränderten Bewußtseinszustand oder einer astralen Sphäre zu finden, sollte sie sich den Lehren und Einsichten, die ihr Leben mit seinen alltäglichen Schönheiten und Herausforderungen ihr zu bieten habe, zuwenden. Die Stimme endete mit der Feststellung: »Du bist nicht auf die Welt gekommen, um sie alsbald wieder zu verlassen. Du bist hier, um das Leben auf der Erde so voll und lebendig auszukosten und zu erleben, wie dein Verständnis es nur zuläßt.« Das Interesse der Träumerin an den Dingen des alltäglichen Lebens wurde in zunehmendem Maße geweckt.

Eine Freundin von mir, die einer Steptanztruppe angehörte, bediente sich der Trauminkubation, um sich von Fred Astaire und Gene Kelly Hilfestellung für ihre Tanzkünste zu holen. Die beiden Gentlemen verweigerten sich nie. Als ich mit der Arbeit an diesem Buch begann, schrieb ich eine längerfristig gemeinte Inkubationsbitte um spezielle Träume, die mir bei meinem Vorhaben helfen würden, in mein Traumtagebuch. Fast jeden Tag erwachte ich mit einem hilfreichen Traum oder einigen guten Ideen oder Korrekturen im Kopf, während ich mich weiterhin auch an Träume zu anderen Themen zu erinnern vermochte. Eines Tages war ich es so leid, darüber zu träumen, wie ich den Umgang mit Träumen am besten in meinem Buch erläutern sollte, daß ich um ein paar Nächte Unterbrechung bat. Mein Traumproduzent erfüllte mir meinen Wunsch mit einigen sehr erholsamen Produktionen.

Am Vorabend meines Hochzeitstages stand ich vor einem schrecklichen Problem. Bei jeder Hochzeit, an der ich als Gast teilgenommen hatte, hatte ich weinen müssen. Bei der Hochzeit meiner Schwester hatte ich während der gesamten Zeremonie und des anschließenden Empfangs geweint. Ich wollte meinen Hochzeitstag nicht in einem Meer von Tränen verbringen, ganz gleich, von welchen Gefühlen sie ausgelöst sein mochten. Deshalb bat ich um einen Traum, der mir helfen könnte, meine Hochzeit ohne Tränen zu genießen. In dem Traum war es mein Hochzeitstag. Alle meine Verwandten und alten Freunde, die ich ewig nicht gesehen hatte, waren versammelt, und ich war überglücklich, sie wiederzusehen. Ich sagte ihnen: »Da die Zeit nicht reicht, um mich euch allen zu widmen, wie ich es gern täte, wünschte ich, euch alle in eine Suppe hineintun zu können und ein Stück Brot zu sein, das euch alle auf einmal aufsaugt!« Ich erwachte mit dem Gefühl, vor Freude über das durch meine Hochzeit veranlaßte Familientreffen in den Lüften zu schweben. Den ganzen herrlichen Tag lang vergoß ich keine einzige Träne und war mir des allgegenwärtigen Glücks vollauf bewußt.

Eine weitere interessante Verwendung für Träume liegt im Bereich der künstlerischen Eingebung. Häufig erhalten Schriftsteller durch spontane Träume Ideen für Erzählungen und Romane, und Maler empfangen im Traum Eingebungen für ihre Werke. Wir können die Kreativität unseres Traumproduzenten nutzen, indem wir entweder einen Traum herbeiwünschen, der uns für ein spezielles Vorhaben Anregungen gibt, oder indem wir einfach eine besondere Anstrengung unternehmen, um uns an unsere spontanen Träume während der Zeit, in der wir mit einem künstlerischen Problem zu tun haben, zu erinnern. Wir brauchen kein großer Künstler zu sein, um Träume zu empfangen, die uns durch ihren Einfallsreichtum überraschen, wenngleich die Verwirklichung unserer Traumeingebungen durch unser Geschick und Können begrenzt ist. Unsere Träume werden uns in der Regel helfen, die Probleme zu lösen, an denen wir wirklich arbeiten und die zu bewältigen wir imstande sind. Zum Beispiel kann ich sicher sein, daß mein Traumproduzent in Träumen, in denen ich eine gute Idee für eine Malerei erhalte, mir auf keinen Fall eine Komposition vorschlägt, die ein hohes Maß an malerischem Können erfordert. Meine Traumgemälde bewegen sich im Rahmen meiner sehr bescheidenen Fähigkeiten, wenngleich sie mich stets zu aufregenden Erlebnissen in diesem Medium zu führen scheinen. Es heißt, daß man auf Gebieten, auf denen man keinerlei Erfahrungen hat, keine Träume träumt, die kreative Ideen und Anregungen enthalten, und das scheint im allgemeinen auch zuzutreffen. Ich hatte allerdings mehrere Träume, die mich unzweideutig dazu aufforderten, es mit der Bildhauerei zu versuchen, mit der ich mich nie befaßt habe. Die in meinen Träumen vorkommenden Skulpturen waren sehr lebendig und keineswegs außerhalb der Möglichkeiten eines Anfängers.

Ob wir an einem Buch, einer Erzählung, einem Bild oder einer Skulptur arbeiten, ob wir einen Raum einrichten oder ausschmücken oder ob wir ein neues Arbeitsprogramm entwickeln, stets können wir unsere Träume um Anregung bitten. Die Kreativität unseres Traumselbst, wird uns überraschen. Wenn wir uns an eine Traumantwort beim ersten Versuch nicht erinnern, sollten wir die gleiche Frage an den beiden folgenden Abenden erneut stellen und uns außerdem für neue Ideen oder Ahnungen, die uns während des Tages begegnen könnten, offen halten. Wenn wir auch nach dem dritten Anlauf erfolglos bleiben, ist anzunehmen, daß wir uns zu sehr bemühen. Dann sollten wir unser Anliegen für einige Tage vergessen, bevor wir erneut eine Inkubation versuchen. Träume bestärken selbst unser geringstes Bestreben, kreative Regungen zum Ausdruck zu bringen.

Umgekehrt kann es sehr vergnüglich sein, seine künstlerische Arbeit zur Beeinflussung der Träume zu nutzen. Wer davon träumen will, zu fliegen oder wie ein Vogel durch die Lüfte zu schweben, sollte den Flug der Vögel am Himmel beobachten und ihre Bewegungen vor dem Zubettgehen malen oder skizzieren. Sodann sollte er einen Flugtraum inkubieren und abwarten, was geschieht. Wenn wir gern über einen bestimmten Gegenstand träumen würden, sollten wir unsere Aufmerksamkeit auf diesen Gegenstand richten. Als ich mich mit dem Buddhismus beschäftigte, kaufte ich mir ein sehr schwieriges Puzzle, das eine herrliche Buddhastatue ergab. Drei Tage lang arbeitete ich konzentriert an seiner Zusammensetzung und nutzte diese Tätigkeit als Meditation. In den auf meine Puzzlearbeit folgenden Nächten hatte ich die friedlichsten und erleuchtendsten Träume, in denen ich mein Verständnis für die Lehren Buddhas Stück um Stück zusammensetzte. Je mehr wir uns in einen Gegenstand oder eine Tätigkeit vertiefen, desto eher werden wir davon träumen, ganz gleich, ob wir in aller Form einen Traum inkubieren oder nicht. Was wir am Tage tun, wird unsere Träume beeinflussen, so wie unsere Träume Einfluß auf unser Tagleben ausüben.

Das Leben – ein Traum

Wie viele Dichter haben uns nicht schon gesagt, das Leben sei ein Traum? Was ist letztlich real an unserer Existenz? Ist das Leben nur unser vergängliches Dasein in der dreidimensionalen Realität? Oder erstreckt sich unsere Existenz auch in andere Schichten der Realität, von deren Warte das Wachleben als Traum, ja als *unbedeutend* erscheint?

Auf jeden Fall kann es sehr aufschlußreich sein, bestimmte Ereignisse im Leben so zu betrachten, als wären sie ein Traum, und sie wie Träume zu deuten. Schon Jung betonte, daß die synchronistischen (das heißt die bedeutungsvollen) Ereignisse im Leben eines Patienten für den Fortschritt der Analyse höchst bedeutsame Aufschlüsse liefern können. Er hatte beispielsweise eine Patientin, die sich weigerte, über ihr Sexualleben zu sprechen – sie eröffnete ihm sogar, sie sei gerade deshalb zu ihm gekommen, weil sie wisse, daß er diese ganzen Freudschen Überspanntheiten in Sachen Sex nicht mitmache. Jung allerdings spürte, daß diese Patientin sehr wohl schwere sexuelle Konflikte haben mußte; doch er kam mit ihr nicht weiter, bis er diesen Punkt mit ihr in einer Sitzung in seinem Garten ansprach. Gerade als er ihr mit einigem Nachdruck zu bedenken gab, ihre Analyse könne keine Fortschritte mehr machen, solange sie nicht ihre sexuellen Probleme anspreche, ließ sich zwischen Jung und seiner Patientin ein Vogelpärchen nieder, kopulierte und flog dann wieder auf. Der Analytiker und seine Patientin mußten darüber lachen, die Hemmung war plötzlich aus dem Weg geräumt, und die Patientin war nun in der Lage, ihre sexuellen Schwierigkeiten zu schildern.

Stew, ein Träumer aus unserer Gruppe, erzählte uns an einem Abend, er habe einen besonders aufreibenden Arbeitstag hinter sich; inmitten des ganzen Trubels sei plötzlich seine Armbanduhr stehengeblieben, die früher seinem Vater gehört hatte. Als ihn ein anderer Träumer fragte, wie er diesen Tag deuten würde, wenn es ein Traum gewesen wäre, erwiderte Stew, dann würde er das Stehenbleiben der Uhr als Aufforderung zum Innehalten und Nachdenken darüber betrachten, was er eigentlich mit seiner Zeit anfange. Nun versuchte er, die Sache wie ein Traummotiv zu deuten. Dabei schien ihm plötzlich ein Licht aufzugehen. Er sagte uns, er überlege sich seit einiger Zeit, eine weniger aufreibende Arbeit irgendwo auf dem Land anzunehmen, die ihm zwar weniger Geld und Anerkennung eintrage, dafür aber mehr Freiheit ließe. Stew war von seinem Vater immer zu harter Arbeit angehalten worden; nach seiner Ansicht war das Leben erbarmungslos, hinter jeder Ecke konnte eine Katastrophe lauern. Stew kam zu dem Ergebnis, dieser Tag habe ihm bedeuten wollen, er solle aufhören, in punkto Zeit und Arbeitsleistung nach dem Vorbild seines Vaters zu handeln, und sich statt dessen nach seinen eigenen Vorstellungen und Bedürfnissen richten.

Gelegentlich nehmen Alltäglichkeiten eine Bedeutung an, der man sich einfach nicht entziehen kann. Eines Abends warf ich ganz zufällig einen Blick auf meinen Philodendron, ein mächtiges Exemplar. Dabei fielen mir die Stubben hinter jedem Blatt auf, wo ich die langen Luftwurzeln abgeschnitten hatte, die die Pflanze nicht unbedingt braucht und die ich unschön fand. Plötzlich überkamen mich Tränen der Reue. Wer war ich denn, daß ich das Recht hatte, diese edle Pflanze zu verstümmeln? Wer war ich denn, daß ich mir herausnahm, ihr natürliches Wachstum, ihre Suche nach neuen Lebensmöglichkeiten zu beschneiden? Ich erschrak auf einmal zutiefst darüber, wie ich so gefühllos hatte sein können. Und ich fragte mich, was um alle Welt nun in mir ein Gefühl für etwas geweckt hatte, was mir bis dahin gleichgültig war. Ich gab es aber vorerst auf, an meiner Reaktion herumzuanalysieren, und überließ mich einfach dieser Erfahrung der Trauer. Dann aber dämmerte mir etwas: Ich hatte gerade drei wunderschöne Eisballette von Balanchine im Fernsehen gesehen. Und ich hatte mir nicht eingestehen wollen, daß ich gern dazugehört hätte. Durch die Pflanze erkannte ich, daß ich mich unnötig selbst verstümmelt hatte, als ich das Ballett und das Eistanzen aufgab. In dieser Nacht träumte ich:

»Ich besuche Harry und Ella Stafford (meinen Eislauftrainer und dessen Frau, die ich sehr gern habe) in ihrer Sommerschule, wo ich schon als Teenager trainiert habe. Harry zwingt mich, einer Frau in meinem Alter zuzusehen, die einen kranken, an Krebs leidenden Hund mißhandelt. Es ekelt mich an, und ich schreie: ›Wie können Sie bloß!‹ Dann zeige ich ihr, wie der Hautkrebs des Hundes mit liebevoller Pflege und dem richtigen Training geheilt werden kann. Sie aber greift sich den Hund, stopft ihn in die Handtasche und sagt, daß sie mit einem neuen Hund noch einmal von vorn anfangen will. Ich bin von der Art, wie sie den armen, kranken Hund behandelt, zutiefst schockiert und erwache mit dem Gefühl, daß auch meine Haut krank ist.«

Ich war eine der ersten Läuferinnen, die in die Sommerschule der Staffords aufgenommen wurden, und ihr erster Hund hörte auf den Namen »Tänzer« – soviel zum Schauplatz dieses Traums und zu dem

Hund. Ich setzte mein Interview mit meinem Traumproduzenten wie folgt fort:

Was ist Krebs? Krebszellen zehren lebenswichtige Organe aus. Ich habe mein Herz ausgezehrt, indem ich die letzten acht Jahre nicht mehr tanzte, auch wenn ich im letzten wieder mit dem Eistanz begonnen habe.

Was ist Hautkrebs? Eine der wenigen heilbaren Krebsarten. Die Haut ist ein lebenswichtiges Organ. Es ist die Haut, durch die wir die Welt um uns herum erst ertasten und erspüren können.

Wie sah der Krebs des Hundes aus? Die Haut des Tieres ist offen. Beim Erwachen spüre ich die schrecklichen Schmerzen des Tiers an mir selbst. Der Hund ist die Tänzerin in mir, die ich mißhandelt habe, indem ich ihr keine Möglichkeit zum Üben ließ und sie brutal dafür kritisierte, daß sie nicht in Bestform war. Statt sie nach Möglichkeit wieder auf die Beine zu bringen, habe ich sie wie ein gebrauchtes Papiertaschentuch in meine Handtasche gestopft. Mein Stolz hat mich auch letztes Jahr noch daran gehindert, ausgiebig eiszulaufen. Wie die andere Frau in meinem Traum sage ich mir, daß ich meine Bestform verloren habe und genausogut mit etwas anderem, in dem ich gut bin, von vorn anfangen könnte. Dennoch – ich könnte der Tänzerin in mir wieder auf die Beine helfen, wenn ich sie tanzen ließe, und ich würde dadurch wieder zu meiner alten Stärke finden.

Was ist mit Harry? Er war mein liebevoller Eislauf-Mentor und hat mich viel über das Leben gelehrt. Ich vertraute ihm vollkommen. Mit seinen Ratschlägen lag er immer goldrichtig. Er kann nur für den einsichtigeren Teil meiner selbst stehen, der mir klarzumachen versucht, was ich mir angetan habe. Ich vermute, daß mein Drang, mich im Eistanz auszudrücken, sich nicht mit meiner lauwarmen Haltung zum Eislauf abspeisen lassen will. Wann werde ich mir zugestehen, so oft zu laufen, wie ich kann und will? Es gibt nun wirklich nichts, was mich daran hindert, doppelt so viel und mit weit mehr Einsatz eiszulaufen als jetzt. Und besonders, wo ich jetzt so einen tollen Partner habe.

Meine Träume und mein Wachleben wollten mich partout nicht verdrängen lassen, daß ich die Tänzerin in mir immer noch brutal unterdrückte. Die Wirkung dieses Traums – und eines ähnlichen in der Nacht darauf – wurde durch mein Wacherlebnis mit dem Philodendron noch beträchtlich verstärkt. In dem Jahr danach lief ich mehr eis und genoß es weit mehr als zuvor. Während ich nun darüber schreibe, wird mir bewußt, daß ich mir selbst jetzt noch Einschränkungen auferlege. Dieses Beispiel zeigt, daß es Jahre dauern kann, bis wir die Bedeutung bestimmter Träume verstehen; regelmäßige Durchsichten unserer Traumtagebücher geben uns die Möglichkeit, vieles in früheren Träumen und Wacherlebnissen Übersehene doch noch zu erkennen.

Viele Religionen und nicht wenige Philosophen sind der Überzeugung, die Geschehnisse im Wachleben seien keineswegs Zufälle, sondern Ereignisse, die den inneren Zustand unseres Geistes und Herzens widerspiegeln. Manche sprechen von einem Omen, andere wieder von einem natürlichen, gestaltgewordenen Ausfluß von Gedanken, Haltungen und Überzeugungen, die bewirken, daß das, was wir erhoffen oder befürchten, früher oder später Eingang in unser Leben findet. Neuerdings meinen auch manche Psychologen, daß unsere Wirklichkeit nachweisbar und gesetzmäßig das Produkt unseres Denkens ist. Die Überzeugung, daß wir nicht die Opfer der Umstände um uns herum sind, sondern in gewissem Maß deren Urheber, wird in weniger krasser Form von einer Vielzahl von Psychologen, Psychiatern und Therapeuten vertreten. Sie glauben – und es gibt tagtäglich Beweise dafür –, daß wir die Erfahrungen unseres Alltagslebens und der Ereignisse, die es prägen, selber schaffen. Es ist eindeutig, daß unser Selbstbild, unsere Haltung zur Welt und unsere Ansprüche an sie einen enormen Einfluß darauf haben, wie die Menschen, mit denen wir zu tun haben, auf uns reagieren, und wie wiederum wir selbst auf die Menschen und Ereignisse reagieren, denen wir begegnen. Wenn es uns gelingt, uns selbst wenigstens bis zu einem bestimmten Maß als die Urheber – statt als die Opfer oder passiven Dulder – der Ereignisse in unserem Leben zu sehen, werden wir besser in der Lage sein, diese Ereignisse als wichtige Erfahrungen zu nutzen, aus denen wir viel lernen können.

Machen auch Sie es sich zur Regel, ein paar Stunden jede Woche dem Gedanken zu widmen, Ihr Leben hätte einen ebenso sinnhaften inneren Zusammenhang und ebensolche Bedeutung wie Ihre Träume. Stellen Sie sich vor, daß Sie – wie Sie als Traumproduzent der Schöpfer Ihrer Traumerlebnisse sind – als Regisseur ihres Denkens der Urheber Ihrer täglichen Erlebnisse und Erfahrungen sind. Sie können Ihre Träume um Rückwirkungen zu diesem Experiment bitten und sehen, was dabei herauskommt. Unser Traum- und unser Wachleben können bei der Steigerung unserer Lebenskreativität auf überraschende Weise zusammenwirken.

Den Weg zur Inspiration kann uns ein Wort Rainer Maria Rilkes weisen: »Darum retten Sie sich vor den allgemeinen Motiven zu denen, die Ihnen Ihr eigener Alltag bietet; schildern Sie Ihre Traurigkeiten und Wünsche, die vorübergehenden Gedanken und den Glauben an irgendeine Schönheit – schildern Sie das alles mit inniger, stiller, demütiger Aufrichtigkeit und gebrauchen Sie, um sich auszudrücken, die Dinge Ihrer Umgebung, die Bilder Ihrer Träume und die Gegenstände Ihrer Erinnerung.«[17]

KAPITEL 9

Zone des Zwielichts: Übersinnliches – Träume vom Leben vor und nach dem Tod

Übersinnliches im Traum

Im Traum geschehen mitunter seltsame Dinge. Viele von uns haben wenigstens einmal den Fall erlebt, daß sie von einem Geschehnis träumten, bevor es tatsächlich eintrat. Manche haben Träume von toten Verwandten oder davon, sich in einen anderen Körper an einem anderen Ort oder in einer anderen Zeit zu befinden. Womit ließe sich all das erklären? Laborversuche haben keine Antwort geben können, obwohl einige wenige aufregende Forschungsprojekte über übersinnliche Traumerscheinungen durchgeführt wurden. Es stimmt, daß viele sogenannte übersinnliche Träume[1] nichts weiter sind als Zufallstreffer oder logische Projektionen in die Zukunft. Das Unbewußte des Träumers kann, weil ihm auf der bewußten Ebene vergessene Erinnerungen und subtile, unbemerkte Wahrnehmungen zugänglich sind, Träume produzieren, die übersinnlich erscheinen können, es aber faktisch nicht sind. Sicherlich stellen manche Berichte von übersinnlichen Träumen wenig mehr als Übertreibungen und Entstellungen des Traums und der tatsächlichen Geschehnisse dar, die mit ihm in Zusammenhang gebracht werden. Dennoch wird wohl jeder, der sich mit diesem Thema befaßt, der Auffassung beipflichten, daß Wahrnehmungen mit anderen als den fünf Sinnen möglich sind. Dr. H. J. Eysenck, Professor für Psychologie an der Universität London, hat dazu mit dem Blick auf die bisher vorliegende wissenschaftliche Literatur bemerkt:

»Wenn es nicht eine gigantische Verschwörung gibt, an der ungefähr dreißig Universitätsinstitute in der ganzen Welt beteiligt sind und mehrere hundert hochgeachtete Wissenschaftler in verschiedenen Gebieten (von denen viele ursprünglich den Behauptungen der Parapsychologen ablehnend gegenüberstanden), bleibt nur noch die Schlußfolgerung für den vorurteilslosen Beurteiler übrig, daß es eine kleine Anzahl von Menschen geben muß, die Informationen über psychische Inhalte anderer Menschen oder über äußere Sachverhalte auf Wegen erhalten, die der Wissenschaft noch unbekannt sind. Dies sollte allerdings nicht als Unterstützung von Vorstellungen wie ›Überleben des Todes‹, ›philosophischer Idealismus‹ oder irgend etwas anderes interpretiert werden.«[2]

Darüber, wie übersinnliche Wahrnehmung sowohl im wachen als auch im Schlafzustand funktioniert, gibt es zwar viele Theorien, aber keine konkreten Antworten. Erklärungsversuche, nach denen es sich um Gedankenübertragung über Körperzellen, Bioplasma oder noch unentdeckte Gehirnwellen handeln könnte, haben noch nicht zum Verständnis der Gesetze geführt, denen die übersinnliche Wahrnehmung gehorcht. Obwohl wir nicht wissen, wie die übersinnliche Wahrnehmung (im Englischen bezeichnet als ESP[3] – *Extrasensory Perception*) funktioniert, haben wir doch einige sinnvolle Anwendungen für sie entdeckt. Beim Studium Ihrer Träume werden Sie möglicherweise entdecken, daß auch Sie schon einmal so etwas erlebt haben. Vielleicht wollen Sie deshalb versuchen, Träume zu inkubieren, die Ihnen die tatsächliche Existenz übersinnlicher Wahrnehmung ganz unmittelbar beweisen oder unter Zuhilfenahme dieser Erscheinung zur Lösung bestimmter Probleme beitragen. Die im weiteren geschilderten Traumbeispiele werden Ihnen zu denken geben und einige Ideen anbieten, die Sie vielleicht dazu anregen, Ihre eigenen übersinnlichen Fähigkeiten zu erkunden.

Bestimmte Psychoanalytiker der Freudschen Schule möchten die übersinnlichen Traumwahrnehmungen von Patienten aus dem Privatleben ihrer Analytiker gern als neurotische Akte mit dem Ziel deuten, eine größere Intimität mit dem Analytiker herzustellen oder ihn dadurch zu »kastrieren«, daß sie eines seiner Geheimnisse aufdecken[4]. Mir ist bisher noch nicht in den Sinn gekommen, daß meine Studenten mich auf übersinnlichem Wege ausspionieren, aber sie haben zu einer Lehrkraft, die sie nur einmal in der Woche sehen, ja auch keine so intensive Beziehung wie ein Patient zu seinem Analytiker. Darüber hinaus handelt es sich bei meinen Studenten im allgemeinen um gesunde Menschen, und ihre Träume sind anders als die von schwerkranken Menschen, mit denen es Analytiker meist zu tun haben. Mir sind allerdings viele Fälle begegnet, in denen der Träumer übersinnliche Wahrnehmungen zu dem offensichtlichen Versuch nutzte, sich vor einer drohenden Gefahr oder einer schwierigen

Situation zu warnen. Ann Faraday bezeichnet das als »Seelenradar der Gehandikapten«[5]. Zwar bringen mich meine Beobachtungen eher dahin, darin eine hilfreiche Funktion der Psyche zu sehen und nicht, wie Ann Faraday, ein neurotisches Geschehen, doch meine ich, daß die Vorstellung, der übersinnliche Traum sei ein Abwehrsystem, das uns vor Schwierigkeiten in der Zukunft warnt und uns gegen sie wappnet, durchaus nützlich ist.[6]

Eine Teilnehmerin an unserer Traumgruppe plante eine Reise nach Italien, um dort alte Freunde zu besuchen. Vor ihrer Abreise träumte sie, daß ihr Besuch recht unerfreulich werden würde, weil ihre Freunde Eheprobleme hätten. Ihr waren diese Probleme in der Ehe ihrer italienischen Freunde zur Zeit dieses Traums auf der bewußten Ebene völlig unbekannt. Doch bald nach ihrem Eintreffen begann sie die Spannung und Zwietracht zu spüren, die in der Luft lag. Es machte sie traurig, ihre Freunde so unglücklich zu sehen, und sie war enttäuscht, daß ihr Besuch bei ihnen eher zu einem psychologischen Überlebens-Training als zu einem friedlichen Urlaub bei Freunden geriet. Sie hatte das Gefühl, daß ihr Traum sie auf diese Enttäuschung vorbereitet und ihr Gespür für die heikle Situation gesteigert hatte, in der ihre Freunde steckten.

Das »übersinnliche Radar« anderer Träumer unserer Gruppe fing Signale schon etwas bedrohlicherer zukünftiger Situationen ein. Eine Träumerin empfing die Warnung, sie werde am kommenden Tag an ihrer Arbeitsstelle heftig kritisiert werden, sie solle aber versuchen, die Geduld zu bewahren, die ganze Sache über sich ergehen zu lassen und nicht impulsiv zu reagieren. Am nächsten Tag drohte ihr der Chef wegen eines kleinen Fehlers, den sie beim Tippen eines wichtigen Briefes gemacht hatte, mit der Kündigung. Sie war versucht, von sich aus zu kündigen und ihm die Mühe zu ersparen, sie hinauszuwerfen, aber sie erinnerte sich an ihren Traum und nahm sich zusammen. Am nächsten Tag entschuldigte sich ihr Chef bei ihr für seine Unvernunft, die er damit erklärte, daß er in letzter Zeit unter starkem Druck durch seinen Vorgesetzten stehe und seinen Ärger darüber an ihr ausgelassen habe.

Al, einer meiner Schüler, träumte, einer seiner besten Freunde sei gestorben. In seinem Traum erkannte er jedoch, daß seine Trauer und seine Tränen ihm selbst galten und daß es seinem Freund, der sich entschlossen hatte, zu sterben und eine andere Form des Lebens nach dem Tode zu leben, bestens ging. Ungefähr einen Monat nach diesem Traum wurde Al von diesem Freund angerufen, der die letzten beiden Jahre in Südamerika verbracht hatte. Es war das erste Mal seit über einem Jahr, daß die beiden miteinander redeten – jedenfalls schien es so. Als Freund war Anhänger einer fanatischen Sekte geworden und wandte das Gespräch ausschließlich an den Versuch, seinen unerleuchteten Freund zum wahren Glauben zu bekehren. Nach diesem Anruf fühlte sich Al, als ob sein bester Freund gestorben wäre. Dann fiel ihm sein Traum wieder ein, der ihm Trost gab. Selbst wenn er im Moment zur Freundschaft mit jemandem völlig unfähig war, der ihn als einen dem Teufel verfallenen Sünder ansah, erkannte Al dennoch, daß das, was ihm als traurige Verirrung eines früher verständigen und guten Freundes erschien, schließlich eine Glaubensentscheidung war, zu der sein Freund aus freiem Willen gefunden hatte. »Jedem das seine« – das schien die Botschaft zu sein, die Al seinem Traum entnahm.

Man könnte durchaus die Auffassung vertreten, daß in jedem der hier geschilderten drei Fälle der Träumer keine übersinnlichen Wahrnehmungen habe machen müssen, um das Bedrohliche an diesen Situationen zu spüren, besonders im Traumzustand, in dem wir Zugang zu vergessenen Erinnerungen und unterschwelligen Hinweisen haben. Wenn sich beispielsweise die Sekretärin unbewußt an ihren Fehler erinnert hätte, hätte ihr Traum ihr mit großer Wahrscheinlichkeit »weissagen« können, daß ihr Chef in die Luft gehen werde, besonders wenn sie außerdem noch unterschwellige Hinweise auf die Anspannung aufgefangen hatte, unter der er bei seiner Arbeit stand. Die Träumerin, die ihre italienischen Freunde besuchte, hätte die Ehezwistigkeiten möglicherweise aus Briefen herausspüren können, die sie ihr schrieben. Ihr Wachbewußtsein hätte dagegen den natürlichen Wunsch haben können, solche unscheinbaren Unheilszeichen nicht zur Kenntnis zu nehmen. In ihrem Traum tat sie vielleicht nichts anderes, als zwei und zwei zusammenzuzählen. Der Traum von Al läßt sich weniger leicht als Ergebnis einer solchen treffsicheren Traumlogik erklären. Alle drei Träumer standen unter dem Eindruck, ihre Träume hätten ihnen Informationen geliefert, an die sie auf normalem Weg nicht herangekommen wären. Ob ihre Träume nun echte übersinnliche Träume waren oder nicht, so bleibt doch die Tatsache, daß ihre Kenntnis den Träumern half, mit dem angekündigten Geschehnis fertig zu werden.

In der Traumgruppe sind uns einige wenige Beispiele für offenbar übersinnliche Träume begegnet, die keinen bestimmten Zweck oder Nutzen zu haben schienen. Es hat den Anschein, als ob uns ab und an Einblicke in Dinge gegeben würden, die uns nichts angehen oder für unser Leben völlig unwichtig sind. Wenn in unseren Träumen eine Vorhersage über ein unwichtiges Ereignis auftaucht, die später eintrifft, dann haben wir sie möglicherweise ganz zufällig aufgefangen oder, wie es gelegentlich der Fall zu sein scheint, wir versuchen vielleicht einfach nur, uns zu beweisen, daß uns der Bereich der übersinnlichen Wahrnehmung zugänglich ist. Es gibt Menschen, die sich darüber beklagen, daß ihre übersinnlichen Träume höchst unangenehm seien und daß sie sich stets um Katastrophen drehten, von denen die Träumer nicht einmal betroffen sein müssen. Warum sollte jemand von unangenehmen Dingen träumen, auf die er keinen Einfluß hat? Haben diese Träume vor allem das Ziel, den Träumer zu quälen? Es ist die Vermutung geäußert worden, diese Art von übersinnlichen Träumen bilde ein Symptom für eine gesteigerte Aufmerksamkeit des Träumenden für die negativen Seiten des Lebens und seine Faszination für die Horror- und Katastrophenmeldungen in den Zeitungen und den Massenmedien[7]. Von einem solchen Traum hat mir einer meiner Studenten berichtet, und bei der betreffenden Person konnte man mit vollem Recht davon sprechen, daß sie ein ungewöhnlich starkes Interesse am Elend dieser Welt hatte.

Die Vorstellung, daß wir die Erfahrungen auf uns ziehen, die wir erwarten, befürchten oder auf die wir uns ganz allgemein konzentrieren, ist ungemein bedenkenswert und könnte vielleicht erklären, warum Menschen, die von ihrem Leben und ihren Träumen das beste erwarten, auch ein erfülltes Tag- und Traumleben haben. Die das Schlimmste erwarten, denen stößt es oft auch zu. Was war zuerst da – das Huhn oder das Ei? Leider wissen wir nur wenig darüber, was gesunde, normale Menschen im Lauf eines durchschnittlichen Lebens alles träumen. Noch weniger Daten gibt es über die übersinnlichen Träume von Menschen, die weder Patienten noch Versuchspersonen bei Laborversuchen sind und ihre übersinnlichen Erlebnisse in den natürlichen Lauf ihres Lebens mit einfließen lassen. Wenn dieses Wissen eines Tages zugänglich ist, werden wir vielleicht entdecken, welche Persönlichkeitstypen welche Arten von übersinnlichen Träumen haben. Ich kann beim jetzigen Stand der Dinge jedenfalls nur eines sagen: Wenn wir uns suggerieren, daß wir überhaupt keine übersinnlichen Träume oder doch wenigstens keine solchen haben wollen, die sich mit Situationen befassen, an denen wir nichts ändern können, dann werden wir mit großer Wahrscheinlichkeit auch nicht von solchen Träumen behelligt werden[8].

Weitaus die meisten übersinnlichen Wahrnehmungen, mit denen wir in der Arbeit unserer Traumgruppe zu tun hatten, traten in spontanen wie inkubierten Träumen auf, in denen es um die Lösung eines Problems ging. Mein erster übersinnlicher Traum stellte sich 1970 ein, als ich an meiner College-Abschlußarbeit über Carl Jung und Edgar Cayce und deren Ansichten über das Religiöse im Traum arbeitete. Eines Abends, nach sieben Stunden Kampf mit dem unübersehbaren Werk des manchmal in Rätseln sprechenden Cayce hatte ich es schon beinahe aufgegeben, mir ein Bild davon machen zu wollen, wie Cayce das »höhere Ich« auffaßte und beschrieb, damit ich es mit der Jungschen Auffassung vom Ich vergleichen konnte. Ich entschloß mich schließlich, meine Träume um Rat zu bitten, weil ich mir kein besseres Mittel mehr wußte und ich dringend eines Rates bedurfte.

Ich bat um einen Traum, der mir helfen sollte, die scheinbar hoffnungslos unzusammenhängende, widersprüchliche Masse von Querverbindungen auf einen Nenner zu bringen. In dieser Nacht träumte ich, daß der Leiter der Theologischen Abteilung mir sagte, mein Studienprogramm weise eine gute Ordnung auf, nur solle ich es doch ein bißchen femininer gestalten und noch einen Kurs in einer bestimmten Religion dazunehmen. Ich protestierte dagegen mit der Begründung, mir fehle einfach die Zeit dazu. Nach dem Erwachen glaubte ich, mit »femininer machen« sei wohl gemeint, mehr »Eros« oder mehr Bezug darauf in meine Studien hineinzubringen. Daß ich vorgebracht hatte, ich hätte keine Zeit für das Studium einer bestimmten Religion, ließ mich an ein Studienbuch von Cayce über Erleuchtung denken, das ich mir gerade gekauft hatte, das ich aber gar nicht lesen, ja in das ich nicht einmal einen flüchtigen Blick werfen konnte, weil ich meine Arbeit zu Ende bringen mußte. Ich hatte das Buch auf Empfehlung eines Freundes gekauft und wollte es nach der Prüfung lesen. Der Leiter der Theologischen Abteilung ließ mich natürlich an eine Weisung seines »höheren Ich« (was das auch immer sein mochte) und an Worte meines inneren Weisen denken. Also nahm ich das Buch über die Erleuchtung zur Hand und begann zu lesen. Und genau auf der Seite, die ich zufällig aufgeschlagen hatte, stand eine Definition des »höheren Ich«, die mir verdeutlichte, wie Cayce alle diese verwirrenden Begriffe aufeinander bezog. Es kann gut sein, daß mir dieser Traum zur Notwendigkeit einer geplanteren Selbsterforschung noch mehr zu sagen hatte; auf alle Fälle erhörte er mein Flehen.

Von einer weiteren Situation, in der die Träumerin zur Lösung eines Problems ihre übersinnlichen Fähigkeiten einzusetzen schien, berichtete Sarah. Sie hatte von einer neuen Zeitschrift – sie hieß *Sundance Community Dream Journal* – gehört, die ausschließlich dem Studium des Traums gewidmet war[9]. Sie folgte dem Vorschlag des Herausgebers, man solle seine Träume um Rat fragen, ob es nicht eine gute Idee wäre, das Blatt zu abonnieren. Ihren überaus lebhaften Traum dazu teilte sie mir in einem Brief mit:

»Ich spielte Pingpong und verfehlte immerzu den Ball. Als ich mich bückte, um den Ball aufzuheben, hob ich stattdessen einen Brief auf, der in einer Schrift geschrieben war, die ich nicht lesen konnte. Das Papier war hellgelb oder rosa, die Schrift blau, und der rechte Rand war rot, wobei dieses Rot in die Einzüge am Ende jedes Absatzes überging. Ich steckte den Brief in den Mund und aß ihn auf. Er schmeckte besser als alles, was ich je gegessen hatte.«

Sarah sah zwar keinen direkten Zusammenhang zwischen ihrem Traum und ihrer Bitte, aber sie abonnierte die Zeitschrift trotzdem. In der ersten Ausgabe las sie einen Artikel von mir, in dem ich die Abonnenten bat, an einem Experiment teilzunehmen, bei dem alle Träumer die gleichen Inkubationssätze anwenden sollten. Bei einer späteren Durchsicht ihres Traumtagebuchs fiel ihr an diesem Traum etwas auf, das sie dazu brachte mir zu schreiben:

»Nachdem ich die erste Ausgabe von *Sundance* erhalten hatte, bemerkte ich bei der Durchsicht meines Traumtagebuchs, daß der Traumbrief die gleiche Farbenkombination aufwies, die auch auf dem Umschlag von *Sundance* verwendet worden war. Dies und der Trauminhalt – es ging ja um eine ›köstliche Speise‹ – hat mich dazu veranlaßt, diesen Brief zu schreiben und anzufragen, ob es zu spät ist, sich noch an Ihrem Experiment mit gleichlautenden Inkubationssätzen zu beteiligen.«

Sarah hatte das übersinnliche Element in ihrem Traum anfangs gar nicht gesehen; seine nachträgliche Entdeckung spornte sie an, sich noch intensiver mit ihren Träumen auseinanderzusetzen. Man fragt sich, wieviel Einfluß der Traum ursprünglich auf ihre Entscheidung hatte, die Zeitschrift zu bestellen.

Fälle, in denen übersinnliche Träume meinen Studenten und mir helfen, mit den Sorgen des Alltags besser fertig zu werden, treten mit einer solchen Häufigkeit auf, daß die meisten sie inzwischen als ganz normalen Bestandteil ihres Traumlebens betrachten. Ein Träumer bat um Hilfe bei der Suche nach einer Wohnung in der Stadt und erhielt sehr genaue und hilfreiche Hinweise darauf, wo er suchen sollte. Mein Lebensgefährte Steve war zu neugierig, um die sechs Wochen bis zur Bekanntgabe seiner Noten in seiner medizinischen Abschlußprüfung abwarten zu können. Er bat seine Träume, ihm die Noten zu verraten, und erhielt, wie sich später herausstellte, die richtige Antwort, daß er das Examen bestanden habe. Zwar war sich Steve der Tatsache bewußt, daß seine Traumvorhersage, statistisch betrachtet, keine sonderliche Glanzleistung gewesen war, doch minderte die Gewißheit, bestanden zu haben, ganz bestimmt die Spannung in der Wartezeit bis zur schriftlichen Zustellung des Prüfungsergebnisses.

Leben nach dem Tode

Fast jeder hat schon einmal von einem engen Freund oder Verwandten geträumt, der nicht mehr lebt. Die Berichte von solchen Träumen schildern häufig, wie der Tote dem Träumer versichert, er sei »am

Leben«, es gehe ihm gut und es gebe keinen Grund zur Trauer. Manchmal gibt der Verblichene dem Träumer in irgendeiner Angelegenheit aus dem täglichen Leben einen Rat. Ein paar Träumer, die ich kenne, haben mit Erfolg Träume mit der Bitte an ihre toten Eltern inkubiert, ihnen Rat, Trost oder einfach die Freude zu verschaffen, sie wiederzusehen. Vielleicht träumten sie nur von dem Bild, das sie sich von dem Verstorbenen bewahrt hatten, vielleicht aber hatten sie doch direkten telepathischen Kontakt mit ihnen – wer könnte das entscheiden? Das Erlebnis selbst ist meist überaus intensiv; es erscheint dem Träumer real und tröstlich. Vielleicht möchten auch Sie mit dieser Spielart der Traumlenkung experimentieren und sich selbst ein Bild vom Wesen dieser Träume machen. Ich habe bei Cayce von Fällen gelesen, in denen Träumer berichteten, daß Tote die Lebenden gebeten hätten, für sie zu beten.

Einer der interessantesten Träume meines Lebens stellte sich als Reaktion auf eine Inkubation ein, in der ich fragte, wie es sei, wenn man tot ist. Dieser Traum liegt jetzt schon sieben Jahre zurück, doch schenkt er mir noch heute die tiefe Gewißheit, daß es ein Leben nach dem Tode gibt und der Übergang von dem einen Zustand in den anderen eine ruhige Abkehr von den weltlichen Sorgen und Nöten ist oder doch immerhin sein kann. Dieser Traum verminderte meine Angst vor dem Tod ganz erheblich und gab mir ein gesteigertes Gefühl der Sicherheit in der Welt. Ich kann den Versuch der Inkubation eines solchen Traums nur aus ganzem Herzen empfehlen. Drei Menschen aus meiner Bekanntschaft, von denen ich weiß, daß sie den Versuch unternommen haben, hat er außerordentlich interessante Träume gebracht. Ein Traum dieser Art mag als Aussage zur tatsächlichen Existenz eines Lebens nach dem Tode, vielleicht aber auch zu unseren Gefühlen gegenüber dem Tod gewertet werden. Sie sollten allerdings in Ihrem Inkubationssatz genau zum Ausdruck bringen, ob Sie wissen wollen, was mit Ihnen nach Ihrem Tod geschehen wird, oder ob Sie lieber Ihre derzeitigen Gefühle über den Tod ergründen möchten.

Manche Menschen glauben, daß wir oder ein Teil unserer selbst durch die Zeit in die Vergangenheit und die Zukunft reisen und erfahren können, wie die Welt vom Gesichtspunkt einer anderen Person aussieht. Eine Studentin beispielsweise beschrieb einen solchen Traum, in dem sie sich als ihre Mutter in deren Kindheit erlebte; sie verspürte in diesem Traum die Pein der Einsamkeit und Armut, die ihre Mutter als Kind erlebt hatte. Der Teil ihrer selbst war voll Mitleid und Verständnis für ihre Mutter. Sie erwachte unter Tränen, die sie selbst und zugleich als ihre Mutter weinte. Sie hatte um einen Traum gebeten, der ihr helfen sollte, ihre Mutter besser zu verstehen, die Zuneigung zu ihr zu vertiefen und den Groll gegen sie zu mindern. Welcher Natur dieser Traum letztlich gewesen sein mag – er schenkte der Träumerin, worum sie gebeten hatte.

Selbst wenn wir uns nur in unseren Träumen in einen anderen Menschen hineinversetzen können, ist diese Erfahrung von hohem Wert.

Träume vom früheren und zukünftigen Leben

Wenn Sie sich jemals gefragt haben, ob Ihnen mehr als ein Leben gegeben ist, macht es Ihnen vielleicht auch Freude, dieser Möglichkeit in Ihren Träumen auf den Grund zu gehen. Viele Menschen träumen, an anderen Orten, in anderen Zeitaltern und häufig auch in anderen leiblichen Körpern zu sein. Zwar stellen diese Traummotive keineswegs einen sicheren Beweis dafür dar, daß wir mehr als ein irdisches Leben haben, doch sind sie nicht selten so gedeutet worden. Edgar Cayce und Jane Roberts, die im Namen übersinnlicher »Quellen« sprachen, haben erklärt, daß Träume mit dem Motiv der Wiedergeburt dem Träumer helfen sollen, mit aktuellen Lebensproblemen fertig zu werden. Sie fügten hinzu, daß wir uns im Traum, wo wir von unserem linearen Zeitbegriff frei sind, die Weisheit und Kraft anderer Lebenssphären sowohl der Vergangenheit als auch der Zukunft zunutze machen können. Von den zwölf »Wiedergeburtsträumen«, die ich genauer untersucht habe, scheint es zehn unverkennbar gelungen zu sein, dem Träumer Einsicht in seine Lebensschwierigkeiten zu vermitteln. Auch hier gilt wieder: Wenn solche ungewöhnlichen Träume nicht mehr sind als Höhenflüge der Traumphantasie, die dem Träumenden die Psychodynamik seiner aktuellen Lebenssituation vor Augen führen sollen, dann werden sie ihrem Zweck vollauf gerecht.

Mein erster Traum mit diesem Motiv stellte sich ein, ohne daß ich darum gebeten hätte:

»Es war ein langer Traum über eine Schiffsreise. Gegen Ende des Traums rückte der Zeitpunkt der Ausschiffung heran. Ich hatte Kleidungsstücke gefunden, die wohl verlorengegangen waren. Vom Deck aus sagte ich dem Kapitän oben in seinem Ruderhaus, ich hätte Kleider gefunden, die jemand liegengelassen hätte. Zu meiner Überraschung erwiderte er mir: ›O nein, die gehören Ihnen.‹ Ich probierte die Bluse an; sie paßte ausgezeichnet. Dann zog ich den bodenlangen, weißen Wollmantel an, den ich ebenfalls gefunden hatte. Als ich begann, die Knöpfe zu schließen, die vom Mandarinkragen bis ganz unten gingen, fiel mir blitzartig etwas Wichtiges ein. Ich erinnerte mich (im Traum), daß dieser Mantel in einem anderen Leben von meinen Dienern für mich gemacht worden war. Ich sah, wie ich in einem orangefarbenen Brokatgewand neben einem östlichen Tempel stand. Ich war einst die Fürstin eines kleinen Reiches, die so gern die heiligsten Riten im Tempel vollzogen hätte, was ihr aber nicht erlaubt war, weil die Tradition festlegte, daß nur Männer das durften. Ich hatte daher den Befehl zur Herstellung dieses langen und sehr schweren Mantels gegeben, einer Kopie des Gewandes des »Altarjungen«, um meine Weiblichkeit zu verbergen, damit ich den Tempel doch noch unerkannt betreten und Gott so nahe kommen konnte wie die Männer. Wie ich auf dem Schiff stand und mir das alles wieder einfiel, konnte ich nicht glauben, daß dieser Wachtraum eine Erinnerung an ein vergangenes Leben war, weil ich ja nicht an die Wiedergeburt glaubte. Aber der herrliche Mantel *paßte* doch!«

Es kann schon sein, daß es sich bei diesem Traum überhaupt nicht um einen »Wiedergeburtraum« handelte, doch zeigt er, wie ich schließlich erkannte, was den Kern meines Unwillens ausmacht, in unserer Gesellschaft Frau zu sein – sie behält den Männern noch stets den Vollzug der heiligsten Riten vor. Dieser Traum brachte also Licht in den Wust meiner damaligen Gefühle gegenüber dem Männlichkeitswahn. Er half mir, von einigen Ressentiments Abstand zu nehmen, weil ich durch ihn erkannte, daß die Gesellschaft nur so viel Macht über mein Seelenleben und meine Selbstachtung hat, wie ich ihr einzuräumen bereit bin. Meine Ressentiments hatten zum Teil auch ein Eingeständnis und die Hinnahme der Niederlage bedeutet. Heute weiß ich, was ich will, und es gibt keine unüberwindliche Macht mehr, die mich davon abhalten könnte, das Leben zu leben, zu dem ich mich entschlossen habe. Dieser Traum half mir, meine Freiheit zu erkennen.

Eileen, eine gesunde, ernergische junge Mutter, berichtete mir in einem Brief von einem Erlebnis, das sie vor drei Jahren hatte. Zu der Zeit, als sie den Brief an mich schrieb, war ihr fünfmonatiger Sohn Adam gerade einer gefährlichen, aber unabwendbaren Operation am offenen Herzen unterzogen worden, bei der ein lebensbedrohlicher Geburtsfehler korrigiert wurde. Eileen und ihre Familie hatten die letzten fünf Monate unter einer enormen Anspannung gestanden, besonders aber vor und während der riskanten Operation. Hier ein Auszug aus dem Brief:

»Adam geht es gut. Er muß noch eine Menge aufholen, macht aber seit seiner Operation vor drei Wochen wirklich Fortschritte. Vorher war er zu schwach, um sich aus eigener Kraft umzudrehen. Eines der Dinge, die mich durchhalten ließen, trug sich etwa zwei Jahre vor seiner Geburt zu. Wir hatten uns zu dieser Zeit noch nicht entschieden, ob wir noch ein Kind haben wollten oder nicht. Entweder schlief ich und träumte, oder es geschah in einem Zustand zwischen Schlafen und Wachen wirklich: Ich wachte auf und sah einen kleinen Jungen neben meinem Bett stehen. Ich fragte ihn, ohne zu sprechen, wer er sei. Er sagte mir, er sei der Sohn, den ich bekommen würde. Er hatte mich im Schlaf betrachtet. Er sah aus, wie Adam einmal aussehen wird (schmaler Typ, braunes Haar, kluge Augen, ebenmäßige Gesichtszüge). Ich spürte eine tiefe Ruhe und hatte das Gefühl, ihn zu kennen. Dann schloß ich die Augen und fiel sofort in einen tieferen Schlaf als zuvor. Heute bin ich mir fast sicher, daß Adam mir damals sagen wollte, er werde die Operation überleben.«

Eileen schrieb sich außerdem noch mehrere Träume auf, in denen sie ihre verstorbene Großmutter traf, die sie immer geliebt und in hohen Ehren gehalten hatte, und sich mit ihr unterhielt. In einem Traum fragte Eileen ihre Großmutter, was alles nach ihrem Tod geschehen sei, und erhielt eine Antwort, an die sie sich teilweise nicht mehr entsinnen konnte. Der Teil, an den sie sich erinnerte, war jedoch sehr eindrucksvoll und lehrreich für sie. Ihre Großmutter berichtete ihr, welches Verhältnis sie nun zu ihrem Mann hatte, mit dem sie seit ihrem Tod wieder zusammen war.

In einem anderen Traum, in dem sie sich mit ihrer Großmutter traf, geschah folgendes:

»Irgendwo fand ein Familientreffen statt. Großmutter kam herein. Wir waren alle sehr bewegt und sagten, sie sei doch schon tot; sie lachte nur. Das folgende ist undeutlich, aber dann wird die Erinnerung wieder klar. Bill, Großmutter und ich wollten mit dem Auto wegfahren. Im Leben konnte Großmutter nicht autofahren. Sie fuhr Bill und mich irgendwohin. Sie fuhr sehr schnell. Ich spürte, wie mir der Fahrtwind ins Gesicht schlug; ich konnte kaum Atem holen – wie auf dem Rücksitz eines Cabrios. Wir machten uns beide Sorgen und hielten ihr vor, sie könne doch gar nicht autofahren. Sie aber lachte und meinte: ›Ich kann mehr als die alte Frau, die ich eurer Meinung nach bin!‹«

Eileen berichtet, daß ihr Bruder, als sie ihm diesen Traum erzählte, einige Einzelheiten ergänzte – er hatte nämlich, wie er sagte, genau dasselbe geträumt! Weder Eileen noch ihr Bruder konnten sich erinnern, wohin ihre Großmutter sie fahren wollte, aber sie vermuteten, daß sie ihnen eine Lektion in astralem Reisen geben wollte[10].

Dieser Traum schneidet die Frage der »geteilten Träume« an. Seit der Psychologe Hornell Hart solche mutuellen Träume erstmals als eigenständige Traumkategorie beschrieb, die er »Reziprokträume«[11] nannte, ist diesem überaus seltenen Phänomen sehr wenig Aufmerksamkeit zuteil geworden. Seit kurzem nimmt das Interesse an ihnen allerdings zu.[12] Die Möglichkeit, den gleichen Traum mit anderen Menschen zu teilen, hat etwas Faszinierendes und wirft zugleich viele Fragen zum Wesen der Traumrealität auf. Wenn wir uns in Träume teilen können, wessen Schöpfung sind sie dann? Wie real sind unsere Traumlandschaften? Wer schaltet sich in wessen Traum ein? Es stellen sich nahezu unendlich viele Fragen. Ich habe erst vor kurzem damit begonnen, mit der Herbeiführung gemeinsamer Träume zu experimentieren, wozu ich die Technik der Inkubation mit gleichlautenden Inkubationssätzen benutze, die im Kapitel 2 beschrieben ist.

Wenn Sie diese »Zone des Zwielichts« in Ihren Träumen erkunden und dabei vielleicht auch das eine oder andere Problem lösen wollen, dann wenden Sie sich mit Fragen wie den folgenden an Ihren Traumproduzenten:

- Wenn ich in einer anderen Zeit oder einem anderen Raum ebenfalls existiere oder existiert habe, dann zeig mir das!
- Was geschieht nach dem Tod?
- Ich würde gern meinen toten Vater (Mutter, Geschwister, Freunde usw.) treffen und mit ihm reden.
- Was für ein Geschlecht wird unser Kind haben?
- Habe ich meinen Mann (meine Mutter, Schwester usw.) in einem anderen Leben auch schon gekannt?
- Ich würde gern wissen, wie es war, im Paris des siebzehnten Jahrhunderts zu leben.
- Wie wäre mein Leben verlaufen, wenn ich das oder jenes getan (oder unterlassen) hätte?
- Was würde passieren, wenn ich das und das täte? (Damit können Sie unter anderem Alternativlösungen für bestimmte Probleme ausprobieren.)
- Wie sieht die Welt in den Augen von XY aus?

Wahrscheinlich werden Ihnen spontan noch viele weitere Fragen einfallen. Vielleicht werden schon in wenigen Jahren genügend Menschen an der Erkundung ihres Traumlebens arbeiten, um eine breitangelegte Studie dieser Art von Träumen möglich zu machen. Solange sind alle, die sich in diese »Zone des Zwielichts« vorwagen, Pioniere – wie all jene, die sich mit luziden Träumen und astraler Projektion befassen, die das Thema des nächsten Kapitels bilden.

Den Sternen folgen: bewußtes Träumen, Astralreisen und Streifzüge in andere Dimensionen der Realität

Hatten Sie auch schon einmal das Gefühl, daß ein Traum so verlief wie ein Film, den Sie während einer Reise aufgenommen haben? Als Sie sich den Film nach der Rückkehr ansahen, wurde Ihnen bewußt, wieviel von Ihrer Reise schon wieder vergessen war und wie wenig sich von ihr auf dem Film wiederfand.

Viele Träumer, die erkannt haben, daß ihre Träume lediglich die Erinnerung an Höhepunkte reicher, komplexer Erfahrungen sind, die im Schlaf gemacht wurden, versuchen mit zahlreichen Methoden, ihr bewußtes Erleben dieser Erfahrungen zu steigern. Manche haben entdeckt, daß es möglich ist, im Schlaf oder während eines Traumes zu Bewußtsein zu kommen oder aber einzuschlafen, ohne das Wachbewußtsein zu verlieren. Dadurch gelingt es ihnen, an der Produktion und Handlung ihrer Träume bewußt mitzuwirken. Manche haben die Erfahrung gemacht, daß sie an den Vorgängen nach oder vor dem Traumentstehungsprozeß teilhatten. Andere erlebten, ihren Körper verlassen und andere Bereiche der Realität besuchen oder doch immerhin wahrnehmen zu können. Fast jeder, der einmal ein gewisses Maß an Bewußtheit im Schlaf- oder Traumzustand erreicht hat, ist in der Lage, sich an Träume weit plastischer und genauer zu erinnern als zuvor und sie in Richtungen zu lenken, die ebenso fesselnd wie nutzbringend sind.

Waches Erleben im Traumzustand

Wahrzunehmen, wie der eigene Geist arbeitet, während der Körper schläft, ist ein faszinierendes Unterfangen, das zu einem umfassenden Wissen über die eigenen Träume führt. Tiefe und Vielfalt der Erfahrungen werden gesteigert, wenn das Bewußtsein seine Aufmerksamkeit der eigenen inneren Welt zuwendet.

Im Zustand *luziden* Träumens ist sich der Träumer der Tatsache bewußt, daß er träumt. Sagt er sich: »Das ist doch nur ein Traum«, während er von einem geträumten Feind verfolgt wird, ist dieses eine Form *präluziden* Träumens, bei dem der Träumende sich im Halbschlaf bewußt wird, daß irgendein Teil seines Traumes »nur ein Traum« ist.

Während des luziden Träumens können wir unsere Bewußtheit dazu nutzen, den Traum in nahezu jede gewünschte Richtung zu lenken. Was würden wir im Traum am liebsten tun? Fliegen und gleiten wie ein Adler? Einen weisen alten Freund oder Verwandten wiedersehen? Oder einfach die Entfaltung eines Traumes verfolgen in dem Bewußtsein, daß auch die furchterregendsten Gestalten uns nichts anhaben können?

Viele luziden Träume sind von einem Erlebnisreichtum, der nahezu unwiderstehlich ist. Die Farben sind voller Sonnen- oder Mondlicht, und häufig hat man den Eindruck, daß alles an einem solchen Traum wirklicher und lebendiger ist als in der wach erlebten Realität. Wenn wir in einem luziden Traum Musik hören, dann wird sie wahrscheinlich schöner sein als alle irdischen Klänge, die wir kennen. Geruchs- und Geschmacksempfindungen werden uns mit ihrer Intensität betören, und das Ausmaß, in dem wir auf den Fortgang der Dinge einwirken können, wird uns erstaunen.

In ihrem Buch *Lucid Dreams*[1] gibt Celia Green, Direktorin des Instituts für Psychophysikalische Forschung an der Universität Oxford, einen Überblick über das Phänomen des bewußten Träumens. Patricia Garfield hat mit ihrem Buch *Creative Dreaming*[2] einen wichtigen Beitrag zur Literatur über das luzide Träumen geleistet. Ihre eigenen luziden Erlebnisse werden denen von Celia Green gegenübergestellt. Ich stütze mich in diesem Kapitel weitgehend auf diese Berichte und auf die Erfahrungen, die meine Studenten und ich mit präluziden und luziden Träumen gemacht haben.

Der Leser wird vielleicht schon festgestellt haben, daß die Trauminkubation den wunderbaren Nebeneffekt hat, Traumerlebnisse zu produzieren, in denen man sich des Traumgeschehens bewußter ist als üblich. Es scheint, daß dem Träumenden die bewußte Zuwendung zum Traumgeschehen im Wachzustand mit einer höheren Bewußtheit während des Traumzustands gedankt wird. Der Psychologe Kilton Stewart machte sich dieses Phänomen bei der Entwicklung einer Theorie der Traumerziehung zunutze, die er »kreative Psychologie« nannte.[3] (Seine Theorie wird im allgemeinen als Senoi-Technik der Traumkontrolle bezeichnet. Da das zu Mißverständnissen führen könnte, werde ich sie im weiteren als Stewart-Technik bezeichnen.[4]) Stewart erarbeitete eine Reihe von Anweisungen, die den Träumer anhalten, gegen alle unheilvollen, sinnlosen, bedrückenden, veralteten, kindlichen, unkooperativen, krankhaften oder quälenden Gestalten seiner Träume anzukämpfen und sie zu besiegen. Der Träumer soll diese Gestalten töten, verbrennen, einschmelzen oder sonstwie auslöschen oder verändern, während er von ihnen träumt. Zugleich wird er angehalten, sich auf die Seite seiner hilfreichen Traumgestalten zu stellen, mit ihnen zusammenzuarbeiten und sich von ihnen Hilfe und Einsicht zu erbitten. Indem er sich diese Anweisungen im Wachzustand aneignet und einprägt, so Stewart, wird sich der Träumer an sie schließlich im Traumzustand erinnern. Der Zweck dieser Anweisungen und des von ihnen hervorgerufenen Traumgeschehens besteht darin, den Träumenden zu einer höheren Bewußtheit während des Traumzustands zu erziehen, so daß er sich den Traumabbildern der widersprüchlichen, angstmachenden und negativen Aspekte seiner selbst stellen, sie überwinden und damit zu einer geschlossenen Persönlichkeit finden kann.[5]

Die Stewart-Technik unterscheidet sich von der Trauminkubation in einigen wesentlichen Punkten. Wenn wir einen Traum erbitten, wählen wir den Gegenstand, den er behandeln soll, selbst aus, wogegen der autonome und in der Regel unbewußte Traumprozeß frei bleibt, diesen Gegenstand auf die ihm eigene Art und Weise abzuhandeln. Stewarts Anweisungen hingegen stellen eine Art Traumlenkung dar, mit der wir das Traumgeschehen steuern oder beeinflussen sollen, während es sich vollzieht. Diese Anweisungen werden dem Wachbewußtsein nahegebracht, sind aber zum Gebrauch durch das träumende Bewußtsein gedacht, das das spontane Traumgeschehen eher lenken als kontrollieren soll. Obwohl die Trauminkubation luzide Träume auslösen kann, ist sie nicht auf Luzidität im Traumzustand angewiesen. Traumlenkung dagegen erfordert zumindest ein minimales Maß an Bewußtheit während des Träumens.

Weil das Maß an Bewußtheit, das die Traumlenkung verlangt,

nicht besonders schwer zu erlangen ist, bildet es häufig den Grundstein für das luzide Träumen. Die Traumlenkung kann dem Träumer großen Nutzen bringen, wenn sie mit Verstand gebraucht wird. Meine Studenten und ich benutzen eine modifizierte Form der Stewart-Technik zur Erhöhung unserer bewußten Wahrnehmung des Traumgeschehens und dazu, den Prozeß der Problemlösung sowohl in unseren spontanen als auch in unseren herbeigewünschten Träumen zu vereinfachen und zu beschleunigen.

Was tun gegen Monster?

Mit Ernest Rossi[6] und vielen anderen Psychotherapeuten bin ich der Ansicht, daß wir uns nicht vom negativen psychologischen Einfluß angstmachender, bedrohlicher oder frustrierender Traumgestalten freimachen können, solange wir sie nicht positiv anzunehmen vermögen. Die Stewart-Technik[7] hält den Träumenden dazu an, tatkräftig und aggressiv gegen jede negative Traumgestalt anzugehen. Es gilt, sich den Schreckgestalten zu stellen und den Kampf gegen sie aufzunehmen, statt vor ihnen davonzurennen. Der Träumer soll sich Waffen erträumen oder wohlgesinnte Traumfiguren zu Hilfe rufen, die beim Niederkämpfen von Feinden helfen sollen; und wenn alles nicht helfen will, muß er seinen Platz eben allein behaupten und in dem Bewußtsein, daß er träumt und mithin keinen physischen Schaden davontragen kann, bis zum Ende kämpfen. Wenn es auch sicherlich besser ist, sich seinen negativen Traumbildern zu stellen und den Kampf mit ihnen aufzunehmen, statt vor ihnen davonzulaufen, bin ich dennoch der Meinung, daß die Anweisung, stets vorwärts zu gehen und der Gefahr frontal zu begegnen[8], unklug ist. Hinter ihr steht die Theorie, daß sich der Geist oder das Wesen der jeweiligen Traumgestalt stets als Verbündeter oder Diener herausstellen wird.[9] Es ist jedoch ganz und gar nicht so klar, ob ein im Traum erschlagener Feind seinem Wesen nach der Psyche des Träumers jetzt oder später einmal nützt. Es scheint eher so zu sein, daß erschlagene Traumfeinde in späteren Träumen in den unterschiedlichsten Verkleidungen wieder auftauchen, bis der Träumer sie schließlich als Teil seiner selbst begreift und annimmt. Wenn ich die Traumprotokolle in der

Literatur und in meinen Forschungsunterlagen betrachte, so komme ich zu dem Ergebnis, daß viel mehr gewonnen ist, wenn man bedrohlichen Traumgestalten mit dem Wunsch begegnet, sie zu verstehen statt zu vernichten. Wenn wir eine negative Traumgestalt fragen: »Was willst du?« oder »Wofür stehst du?«, so führt das nach meiner Erkenntnis nicht nur zu deren Verwandlung in eine wohlmeinende Gestalt, sondern auch zu wertvollen Einsichten in Teile unserer Persönlichkeit, die von dieser ursprünglich bedrohlichen Gestalt repräsentiert werden.

Mary Ellen zum Beispiel träumte folgendes:

Ich bin in meiner Wohnung, als eine Bande junger Rowdies hereinkommt; sie sagen, daß sie mir etwas Furchtbares antun wollen. Irgendwie gelingt es mir, sie aus der Wohnung zu schaffen und alle Fenster und Türen zu verschließen. Ich hoffe, ich bin in Sicherheit. Ich habe aber immer noch Angst. Sie kommen wieder herein, aber jetzt haben sie ein neues, schreckliches Aussehen. Sie sehen wie riesige Monstren mit Fangarmen und Glotzaugen aus und haben eine Haut wie Seeungeheuer. Ich erinnere mich, daß ich mich in meinen Träumen nicht mehr von Angst überwältigen lassen wollte. Ich verdränge also meine Furcht und konzentriere mich auf die Frage: »Jetzt seid ihr also wieder hereingekommen. Was wollt ihr eigentlich?« Auf der Stelle verwandeln sich die Monstren in freundliche Leute, die erklären, sie wollten meine Freunde sein und mir helfen, mich zu verstehen. Dann zeigen sie mir (wie, habe ich vergessen), warum ich so eifersüchtig auf meine beste Freundin bin. Ihre Erklärungen sind offen und ehrlich; ich erwache mit gestärktem Selbstvertrauen und bin weit weniger eifersüchtig als vorher.

Wenn wir uns im Wachzustand immer wieder sagen, daß wir uns unseren negativen Traumgestalten stellen und die Auseinandersetzung mit ihnen aufnehmen werden und daß wir sie fragen wollen, warum sie uns bedrohen, dann werden wir Erfolg haben. Das kann auf der Stelle geschehen oder auch länger dauern, doch wir können es schaffen; und wenn wir es geschafft haben, werden wir ein Gefühl der Erfüllung verspüren. Dieses Gefühl überträgt sich auf das tägliche

Leben und schenkt uns neuen Schwung und Mut. Wenn wir es fertigbringen, unsere negative Traumgestalt zu fragen, was sie will, verhelfen wir unserem Wachbewußtsein außerdem zu verblüffend nützlichen Einsichten.

Joe, dessen »Löwentraum« in Kapitel 3 besprochen wurde, hatte keineswegs immer ein so gutes Verhältnis zum selbstgewissen und verspielten Teil seiner selbst. Bevor er zum ersten Mal an unserer Traumgruppe teilnahm, hatte er folgenden Traum:

Ich muß in irgendeiner Institution für Ordnung sorgen. Ein gewaltiger, baumlanger Kerl schlittert andauernd rückwärts über den Boden der Eingangshalle. Das ist hier verboten. Anfangs unternehme ich nichts. Ich habe Angst vor ihm, weil er so groß ist, und er weiß das. Schließlich gehe ich rüber zu ihm und drohe ihm mit erhobenem Zeigefinger. »Was soll denn das nun wieder?« fragt er. Ich antworte: »Ich werd' es dir schon beibringen, dich anständig zu benehmen und die Regeln zu beachten, so oder so, und wenn ich dabei umkomme.«

Joe sieht sich als netten, freundlichen Typ – was er auch ist. Er ist aber auch ein selbstbewußtes, aggressives menschliches Wesen. Das jedoch war der Teil seiner selbst, den er für verrückt und daher unter Verschluß hielt. Er erlebte diese Seite von sich als höchst bedrohlich und meinte, auf dem Weg zur geistigen und seelischen Reife einen Schritt zurück zu tun, sobald er auch nur eine ganz natürliche und angemessene Selbstsicherheit zeigte. Hätte Joe die bedrohliche Gestalt gefragt (und nicht sie ihn), was sie wolle oder bezwecke, wäre er sich wahrscheinlich klarer über seinen »Netter-Kerl«-Komplex geworden. Tatsächlich aber hatte Joe sich seinem Traumfeind gestellt und ihm die Stirn geboten. Obwohl er froh war, ihm widerstanden zu haben, zog er aus der Begegnung keinen Gewinn – bis auf den Hinweis (der ihm entging), daß er seine seelische Gesundheit aufs Spiel setzte, als er diesen riesigen Kerl dazu zwang, sich an die Regeln seiner »Netter-Kerl«-Rolle zu halten. Wir ermutigten Joe, sich klarzumachen, daß seine bedrohlichen Traumgestalten in Wahrheit von seiner Furcht entstellte Freunde seien und daß er versuchen solle, sie gernzuhaben.

Dann träumte Joe von seinem verschwundenen zahmen Tiger, der sich vor ihm versteckt hatte; Joe trug Frauenkleider, als er den Tiger schließlich fand. In Gestalt des Tigers zeigte sich die Dynamik der Konflikte, die ihn dazu brachten, seine aggressiven Neigungen in ein »Netter-Kerl«-Verhalten zu kleiden (Frauenkleider). Nachdem er eine Zeitlang versucht hatte, seinem Behauptungswillen und dem dafür erforderlichen gesteigerten Selbstwertgefühl mehr Raum zu geben, träumte Joe von dem verspielten und starken Hauslöwen. Er lernte, den Löwen in sich zu akzeptieren, weil dessen naturgegebenes Wesen nicht sein Feind, sondern sein Freund war.

Virginia träumte von einer »großen, schwarzen, kreischenden Kugel«. Sie sah, daß es eine Bekannte war. Nachdrücklich forderte sie diese auf, die Opferrolle aufzugeben, die sie bisher gespielt hat. Sie fügte noch hinzu, sie sei für ihre Handlungen selbst verantwortlich und könne ihr Unglück nicht anderen in die Schuhe schieben. Dieses Traumhandeln Virginias stellte zweifellos eine gesündere Reaktion dar als Furcht oder Entgegenkommen. Man fragt sich jedoch, was passiert wäre, wenn Virginia versucht hätte, die »Kugel-Freundin« zu verstehen, wie Ginger (siehe Teil V.) versuchte, die Frau zu verstehen, die sie im Traum attackierte. Wäre der Traum dann weitergegangen und hätte ihr eine umfassendere Darstellung und die mögliche Lösung des Konflikts gezeigt?

Rick träumte fast jede dritte Woche, er werde von haßerfüllten, verachtungsvollen Männern angegriffen. Diese Männer traten in der Regel als Soldaten, Tyrannen, Raufbolde und Hausvermieter auf. In diesen Träumen gelang es Rick zwar jedesmal, sich zu verteidigen und manchmal seine Feinde auch zu töten. Trotzdem kehrten diese Träume in den unterschiedlichsten Formen immer wieder, bis Rick dazu aufgefordert wurde, einmal seine Gefühle näher zu ergründen, die er für berechtigten Haß auf seinen Vater hielt. Wir glaubten, daß sich Rick von seinem Haß und seinen Ressentiments, die ihn bis in sein Erwachsenenleben hinein verfolgten, würde befreien können, wenn er seinem Vater vergeben und ihn als ein menschliches Wesen mit all seinen Schwächen annehmen könnte. Obwohl der Vater schon seit Jahren tot war, übte er doch einen starken Einfluß auf Rick aus, weil er sein Vaterbild und den Haß noch immer mit sich herumschleppte. Rick unternahm den Versuch, »die Sünde zu hassen, aber den Sünder zu lieben«, und begann zu lernen, seinem Vater die eingebildeten oder wirklichen Missetaten zu verzeihen. Er fing sogar an, mit dem Teil von sich fertigzuwerden, der wie sein Vater war. Obwohl der Haß immer noch lebendig und stark war, konnte er jetzt doch immerhin eingestehen, daß dieses Verhalten nicht das einzige war, das ihm zu Gebote stand. Während einer Sitzung unserer Traumgruppe beschloß Rick schließlich, den Versuch zu machen, seine Traum-Peiniger zu verstehen.

Vor der nächsten Sitzung träumte Rick, daß ein bewaffneter Soldat in sein Haus eindrang. Als Rick nach einer Waffe griff, um ihn zu erschießen, wurde er sich vage bewußt, daß er träumte, und seine Vorsätze fielen ihm ein. Er legte die Waffe weg und machte dem Soldaten seine Verständnisbereitschaft deutlich. Er fragte: »Was willst du?«, und der Soldat verwandelte sich in einen freundlichen Zeitgenossen Ricks, der antwortete: »Ich will, daß du zu hassen aufhörst.« Dann schilderte ihm der Soldat Begebenheiten, an die sich Rick nicht mehr erinnern konnte, die aber zu einem tiefgehenden Verständnis von irgend etwas führten. Rick verspürte ein Gefühl der Zuneigung und Dankbarkeit gegenüber dem unbekannten Freund, als die Szenerie wechselte. Jetzt war er mit seinem Vater zusammen, einem Mann, der unter seinen eigenen Konflikten litt und weit davon entfernt war, bösartig zu sein. Zum erstenmal verspürte Rick tiefes Mitleid für den Vater und die Bereitschaft zur Vergebung. Damit endete der Traum.

Rick sagte uns, der Traum habe ihm einen Hinweis darauf gegeben, wie sein Leben sein könnte, wenn es ihm gelänge, seinen Haß auf den Vater loszuwerden. Die Erinnerung an diesen Traum gab ihm neuen Mut. Alter Haß stirbt selten über Nacht. Es ist jedoch bemerkenswert, daß Rick in den achtzehn Monaten seit diesem Erlebnis nur noch vier Träume von Begegnungen mit haßerfüllten Figuren hatte. In allen Fällen glückte es ihm, Mitleid für sie zu empfinden und Zuneigung zu ihnen zu fassen. Traumerfahrungen wie diese haben eine wunderbare Wirkung auf die Persönlichkeit des Träumers.

Vor bedrohlichen oder verwirrenden Traumgestalten nicht davonzulaufen, sondern Verständnis für sie aufzubringen, ist meiner Meinung nach der beste Einstieg in die Traumlenkung, weil es weit lohnender sein kann, wenn man seinen Gegnern mit Liebe und

Verständnisbereitschaft entgegentritt, anstatt sie zu vernichten. Der Sieg über eine negative Gestalt beendet in den meisten Fällen den Traum; dem Träumer bleibt das Gefühl, mutig gewesen zu sein und etwas geleistet zu haben. Dies ist einer Flucht vor dieser Gestalt, ohne sich ihr überhaupt gestellt zu haben, zwar vorzuziehen; doch wenn der Träumer keinen Versuch macht, den Angreifer zu verstehen, dann hat er eine Gelegenheit verpaßt, seine Einsicht in den Teil von sich, der diese negative Figur verkörpert, zu vertiefen.

In Träumen, in denen wir von solchen Gestalten in Angst und Schrecken versetzt werden, sollten wir uns zunächst zu sagen versuchen, daß wir träumen und nicht fürchten müssen, daß uns etwas zustößt. Wir befinden uns jetzt in einer anderen Art von Realität, in der Zeit und Raum, Ursache und Wirkung den Gesetzen der Traum-, nicht denen der Wachrealität folgen. Versuchen wir zu verstehen, was mit uns geschieht und fragen wir unsere Traumgestalten, wofür sie stehen oder was sie wollen. Wenn uns das gelingt, werden wir mit Sicherheit viel aus dem Traum lernen. Unter Umständen wird uns vollauf bewußt, daß wir träumen – wir werden ganz und gar *luzid* sein. Sind wir erst soweit, dann steht es uns frei, mit diesem neuen Wahrnehmungszustand zu experimentieren. Es erfordert einige Zeit und Praxis, bis wir einen Zustand völlig luziden Träumens erreicht haben und uns aller Möglichkeiten hinreichend bewußt geworden sind, ehe wir wirklichen Gewinn aus ihnen ziehen können.

Das Erwachen im Traum

Die ersten Versuche, während eines Traumes einen Zustand der Bewußtheit zu erlangen, können zu flüchtigen Traumgedanken führen, die sich mit dem Traumgeschehen auseinandersetzen; sie müssen zwar noch nicht unbedingt zur Erkenntnis führen, daß wir träumen, sind aber immerhin ein Anfang.

Eine Frau, die träumte, sie sei auf dem Weg zu einem »Großen Rat« aller möglichen »Leute«, erfuhr, daß dort auch eine Elfe anwesend sein werde. Sie fragte sich, ob die Elfenerscheinung ihres Traumproduzenten ihrem Wunsch, wie eine Elfe zu sein, gerecht werden könne. Nach diesem Gedanken fiel die Träumerin wieder in den normalen Traumzustand zurück. Hier haben wir einen präluziden Traum, in dem der Träumer für einen Augenblick ahnt, daß er träumt, den Sachverhalt dieses Umstands aber nicht ganz erfaßt.

Manchmal führen derartige Gedanken über das Traumgeschehen den Träumer zu der luziden Erkenntnis, daß er träumt. Das nächste Problem für ihn ist es dann, sich diese Fähigkeit zur kritischen Teilnahme am Traum zu bewahren und nicht wieder in das normale, unreflektierte Träumen zurückzufallen. Das einzige Mittel hierfür heißt Übung. Zehn Teilnehmer unserer Traumgruppen versuchen nun schon seit einiger Zeit, sich in luziden und präluziden Träumen auf ein bestimmtes Bild zu konzentrieren, es sorgfältig zu examinieren und sich zu ermuntern, das Bild stabil[10] zu halten oder es durch eine willentliche Anstrengung zu verändern.

Der Zweck dabei ist, nicht zu vergessen, daß wir in der Lage sind, die Bilderwelt unserer Träume zu lenken. Bislang haben nur drei von der Gruppe annähernd Erfolg gehabt. Traumszenerie und -erlebnisse nach unseren Wünschen zu bestimmen, ist bislang nur auf kurze Augenblicke beschränkt geblieben, wie das wohl für Anfänger typisch ist.

Die luzide Traumlenkung wird selbst von sehr erfahrenen Träumern nicht als die Fähigkeit erlebt, die Traumrealität völlig zu beherrschen.[11] Hervey de Saint-Denys[12] schrieb nach ausgedehnten Experimenten mit seinen luziden Traumzuständen: »Es ist mir nie gelungen, alle Phasen eines Traumes zu verfolgen und zu kontrollieren, und ich habe es auch nie versucht.«[13] Die Freiheit, sogar luzide Traumszenerien zu kontrollieren, wird von den scheinbar autonomen oder spontanen Eigenschaften der Traumwirklichkeit nicht eingeschränkt, sondern gefördert. Es hat den Anschein, daß unsere tiefsten Freuden und Einsichten den autonomen, häufig verblüffenden und überaus kreativen Elementen unserer Traumerlebnisse entspringen. Das Ziel der Lenkung oder Beeinflussung von Träumen besteht weder in der völligen Kontrolle der Traumrealität noch in dem Versuch, sie in die Formen des Wacherlebens zu zwängen, sondern darin, die Traumrealität so lebendig und vollständig wie möglich auszukosten.

Luziden und präluziden Träumern eröffnet sich gelegentlich die Chance zu einem Versuch, ihre Traumszenerie zu verändern. Barbara beispielsweise vermag in ihren Traumgesprächen mit Bäumen,

Meer und Regentropfen häufig mit ihren Gedanken Wolken zu bewegen. Ich habe auch schon etliche Träume gehabt, in denen ich mit der Veränderung von Größe und Anzahl der mich umgebenden Gegenstände experimentierte. Einmal träumte ich, ich sei in einer bayrischen Bierwirtschaft aus dem neunzehnten Jahrhundert. Ich sah zwei Maßkrüge auf dem Tisch und beschloß, sie mir als drei an der Zahl zu denken. Es gelang. Dann machte ich den einen größer und den anderen kleiner, erhöhte ihre Anzahl und beschloß schließlich, daß in der Wirtschaft nur ein Maßkrug sein sollte. Es machte großen Spaß, und ich hatte den entschiedenen Eindruck, spielend zu begreifen, was Realität letztlich ist und was man mit ihr tun kann.

Daß es luzide Träumer so sehr fasziniert, Traumbilder zu verändern, nur um zu sehen, was dabei herauskommt, beruht womöglich auf einem natürlichen Lernprozeß. Einige philosophische und spirituelle Schriften[14] verfechten die Ansicht, daß unsere Gedanken, Ansichten, Einstellungen, Hoffnungen, Wünsche, Befürchtungen die Wirklichkeit erst erschaffen – nicht nur unsere Reaktion auf die Wirklichkeit, sondern auch die Ereignisse und Objekte der Realität, wie wir sie kennen. Diesen Schriften zufolge würden wir diesen Gedanken keineswegs als so unwahrscheinlich betrachten, wäre da nicht die Zeit, die es braucht, bis sich Gedanken in physisch faßbarer Form manifestieren. Vielleicht wissen wir im Traumzustand, in dem wir von den Beschränkungen der linearen Zeit frei sind, daß Gedanken eben nicht nur im Traum, sondern auch in dreidimensionaler, faßbarer Gestalt Realität zu schaffen vermögen. Aber selbst diese Form der Manipulation luzider Traumerlebnisse hat in der Regel nicht so sehr die Kontrolle der Traumrealität als vielmehr die Ergründung ihrer Funktionsweise zum Ziel.

Die Praxis der Traumlenkung wird uns zu Reflexionen über das Wesen und den Ablauf von Träumen führen. Diese Reflexionen können der Auslöser für luzide Träume sein, wenn wir uns voll und ganz darüber klar sind, daß wir tatsächlich träumen.

Wir können uns aber auch ein auslösendes Objekt wählen. Entscheiden Sie sich im Wachzustand für ein Objekt, dem Sie mit einiger Wahrscheinlichkeit im Traum wiederbegegnen werden, einen Baum etwa, eine vertraute Straße oder ein Haus, einen Teil Ihres Körpers, einen Freund oder irgendeine Ihrer häufigen Traumgestalten. Sagen

Sie sich während des Tages immer wieder, daß der Anblick dieses Auslöser-Objektes Sie erkennen lassen wird, daß Sie träumen. Eine andere Möglichkeit, luzides Träumen herbeizuführen, besteht darin, daß wir gewärtig sein müssen, in Träumen scheinbar unsinnigen und bizarren Dingen zu begegnen, die uns signalisieren, daß wir träumen. Mir widerfuhr dies in meinem »Quickstep«-Traum. Der Quickstep ist ein Tanz, den Eisläufer auf dem Weg zu einer Goldmedaille (was in etwa dem Schwarzen Gürtel beim Karate entspricht) in einer Reihe von Wettkämpfen absolvieren müssen. In meinem Tagleben war dies der letzte Tanz, den ich erfolgreich hinter mich bringen mußte, bevor ich 1967 meine Medaille in der Tasche hatte.

Ich habe gerade den Quickstep hinter mir. Ich war ziemlich gut und glaube, es geschafft zu haben. Aber denkste! Die Richter lassen mich durchfallen! Alle drei! Ich denke mir: »Also gut, dann werd' ich noch mal antreten, sobald die zwei Monate Zwangspause vorüber sind. Ich will eine echte Spitzenleistung bringen, es ist ja schließlich mein letzter Lauf vor der Medaille.« Aber enttäuscht bin ich doch, weil ich dachte, ich hätte eine gute Leistung gebracht. Dann lese ich die Kommentare der Kampfrichter auf dem Bewertungsbogen: »Hier mehr zurücklehnen, diese Figur besser ausfahren« und so weiter. Diese Bemerkungen sind ja unglaublich spitzfindig und kleinkariert! Sie rechtfertigen meine schlechten Noten in keiner Weise. Ich bin zornig, denke mir aber dann, daß es schon recht ist – denn wenn ich diese Prüfung bestehe, dann so gut, daß *niemand* mir andere als hervorragende Noten geben kann ... Auf einmal – he, was ist denn jetzt passiert? Jetzt haben wir 1976, nicht mehr 1967. Die Prüfung habe ich schon längst bestanden, und ich brauche mich nicht mehr anzustrengen, um irgendwelchen Kampfrichtern zu gefallen. Und weil ich träume, kann ich mit Flügeln an den Kufen Schlittschuh laufen. Ich fange also wieder zu laufen an, aber jetzt kann ich einfach alles. Wenn ich springe, bin ich schwerelos, und ich fliege regelrecht, während ich mich in der Luft drehe. Bei den Pirouetten ist meine Balance makellos. Ich verspüre ein überwältigendes Glücksgefühl, und ich bin eins mit der Welt. Ich fühle, daß die Kräfte der Harmonie des Universums in meinem Lauf liegen, die Intensität meiner Freude kennt keine Grenzen.

Mir hat an diesem Traum zu denken gegeben, daß ich meine Freude am Eislaufen dadurch schmälerte, daß ich zugleich mein eigener pingelig-perfektionistischer Kampfrichter war. Der Traum hat eine bedeutsame, andauernde Veränderung in meiner Haltung zum Eislaufen bewirkt. Am Morgen nach dem Traum lief ich zusammen mit meinem Partner und entschloß mich dabei insgeheim, Eislauf nicht mehr als Arbeit, sondern als Spiel zu betrachten. Bob ist selber so etwas wie ein Perfektionist, und als er mir sagte, um wieviel besser ich heute liefe als sonst, wußte ich, daß der Traum eine greifbare Wirkung gehabt hatte.

Die wirksamsten Mittel der Veränderung, die unserem Traumproduzenten zu Gebote stehen, sind nicht Furcht und Drohung (die mächtig genug sind), sondern Spaß und friedvolle, erhebende Freude. Er kann uns zeigen, wie es ist, wenn wir uns von einer Haltung oder einem Komplex, die uns einschränken, lösen. Wenn wir erst einmal gemerkt haben, wie schön das Leben sein kann, fällt es furchtbar schwer, im alten und bequemen, aber einschränkenden Trott weiterzumachen. Dies trifft besonders auf luzide Träume zu, in denen die Intensität der Wahrnehmung so wunderbar gesteigert sein kann.

Wenn man in Träumen auf unsinnig erscheinende Elemente stößt, ist man versucht zu sagen:»Das ist doch nicht wirklich, das ist nur ein Traum!« Solche inneren Ausrufe können die Auslösung eines luziden Traums zur Folge haben. Ich würde jedoch eher sagen:»Das ist nicht die Wachrealität, das ist die Traumrealität.« Diese Reaktion ist besser geeignet, den Träumer darauf vorzubereiten, im Traum zu agieren, der ja schließlich auf seine Weise auch real ist und seinen eigenen Gesetzen folgt.

Celia Green macht die Feststellung, daß fast alle luziden Träumer, mit denen sie sich näher befaßt hat, die Bedeutung der gefühlsmäßigen Distanz für die Verlängerung des Erlebnisses und die Erhaltung eines hohen Grads an Luzidität betonten.[15] Auch Garfield gibt den Rat, der luzide Träumer solle sich emotional nicht zu sehr vom Traumgeschehen fortreißen lassen, weil dieses zur Beendigung des luziden Zustands führen könnte.[16] Dennoch haben sowohl Garfield[17] als auch ich in einigen luziden Träumen eine starke emotionale Beteiligung erlebt, ohne daß wir unsere Luzidität verloren hätten. Es kann sein, daß sie nicht von der Vermeidung einer starken emotionalen Beteiligung, sondern von der Bewahrung ihrer konstanten Wahrnehmung oder Bewußtheit abhängt. Dieses entspräche etwa dem Zustand, zugleich Zeuge als auch Akteur der eigenen Emotionen und Gedanken zu sein, wie es etliche Formen der Meditation empfehlen. Einer der größten Vorzüge der Traumluzidität ist die Klarheit und Intensität der Wahrnehmung und des Ausdrucks, die sie ermöglicht. Wir können die Luzidität während eines solchen Erlebnisses bewahren, wenn wir lernen, unsere Traumgedanken und -gefühle zu beobachten, während wir sie erfahren. Dieses Zeugenprinzip oder die Fähigkeit zur kritischen Beobachtung scheint die Grundlage selbst der vagesten präluziden Traumerlebnisse zu sein, bei denen man über das Traumgeschehen oder dessen Absonderlichkeiten reflektiert.

Bevor wir uns anderen Methoden zuwenden, bewußtes Träumen herbeizuführen, sollte man sich fragen, was viele Menschen bei ihren Versuchen behindert, ein Bewußtsein des Schlafzustands zu erreichen.

Im Jahre 1970 war ich zum Skifahren in den französischen Alpen. Nachdem ich mich auf den Brettern bis zur typischen Erschöpfung des ersten Tags verausgabt hatte, hievte ich mich aus der heißen Badewanne und schleppte mich ins Bett. Ich war so müde, daß ich mich darüber wunderte, nach ein paar Minuten immer noch nicht zu schlafen. Dann hörte ich mich Französisch üben. Darauf hatte ich einen kurzen Traum, den ich zu träumen schien, während ich hellwach war. Es handelte sich um einen richtigen Traum, nicht um die handlungslosen und flüchtigen Bilder, die vor dem Schlaf so häufig auftauchen. Dann ließ ich den Tag Revue passieren und übte wieder Skifahren und Französisch. Ich wollte endlich einschlafen, denn ich war müde und wollte am nächsten Tag den ganzen Tag Ski laufen. Schlaflosigkeit konnte ich jetzt nicht brauchen. In meine mehr oder minder normalen Gedankengänge schob sich nun ein weiterer Traum. Ich kam zu dem Schluß, daß mein Körper eingeschlafen war, mein »Ich« aber nicht. Den Traum verfolgte ich mit neuem Interesse. Ich ließ ihn noch einmal ablaufen. Im Traum wollte ich mich mit der unwiderruflichen Tatsache leichter abfinden können, daß ich nach Ablauf dieser Woche einen gewissen Herrn X, der tiefen Eindruck auf mich gemacht hatte, nie wieder sehen würde. Es funktionierte.

Der Traum vermittelte mir das Gefühl, in Frieden hinnehmen zu können, daß es mir niemals vergönnt sein würde, ihn näher kennenzulernen, und ich war dankbar dafür. Diese Luzidität war während des Träumens selbst wunderschön und hilfreich, aber irritierend und ärgerlich zwischen den Träumen, wo ich Zeuge des endlosen Geplappers eines anderen Teils meines Geistes wurde, der einfach nicht aufhören wollte, Französisch zu üben. Ich kam mir vor wie ein Pflichtzuhörer bei einem Grammatikwettbewerb. Und ausgerechnet jetzt mußte ich luzid träumen! Ich wollte endlich einschlafen, ins *Un*bewußte sinken. Ich wollte erholt aufwachen, bereit für eine neue Welt. Warum es mir nicht in den Sinn kam, mich zu bewegen und damit den Bann zu brechen, wundert mich noch heute. Jedenfalls ging nach etlichen Träumen, Alltagsgedanken und Aussprachsübungen später die Sonne auf, und ich mußte aufstehen.

Obwohl ich erwartet hatte, beim Skifahren furchtbar müde zu sein, kam ich mir so ausgeruht vor wie normalerweise nach einer ausgiebigen Nachtruhe. In den beiden folgenden Nächten hatte ich erneut den Eindruck, hellwach und ganz bewußt zu sein. Mir schien, als würde ich Zeuge, wie mehrere Bewußtseinsebenen gleichzeitig arbeiteten. Während Erinnerungen an den Tag und die üblichen »Plappergedanken« an mir vorüberzogen, fanden zugleich meine Ski- und Französisch-Lektionen statt. Auf einer anderen Ebene liefen immer neue Träume ab; und auf wieder einer anderen gingen Dinge vor sich, die ich nicht so recht mitbekam. Während all das geschah, war ich mir auch noch meiner Reflexionen über diesen ungewöhnlichen Zustand der Bewußtheit und meines immer dringlicheren Wunsches bewußt, endlich wieder schlafen zu können. Ich wollte wirklich von dieser ganzen Bewußtheit erlöst sein. Ich wünschte mir in einem fort, dieser Zeugenrolle entfliehen zu können und nicht mehr in ihr ausharren zu müssen. Ich sagte mir, daß jetzt nicht die richtige Zeit sei, dumme Spielchen mit meinem Schlaf zu treiben; daß es, sosehr ich mir gewünscht und mich bemüht hatte, meine Schlafzustände bewußt wahrzunehmen, jetzt nicht die Zeit dafür war. Immer wieder sagte ich mir: »Schlaf endlich ein!« Die vierte Nacht bescherte mir dann endlich einen normalen, fast ununterbrochen unbewußten Schlaf. Noch Jahre später stehen mir einige der Träume, die ich in jenen »luziden Nächten« hatte, erstaunlich klar vor Augen. Nach meiner

Rückkehr in die Vereinigten Staaten stellte ich fest, daß ich solche luziden Nächte nicht willkürlich herbeiführen konnte. Seit damals habe ich solche Erlebnisse nur noch viermal gehabt, und zwar befand ich mich jedesmal in einem sehr hoch gelegenen Wintersportort und war körperlich erschöpft zu Bett gegangen.

Seit meinen ersten Erfahrungen mit luziden Nächten habe ich mich ein wenig mit Meditationstechniken vertraut gemacht, die den Geist beruhigen und mich ihrer bedient, um die scheinbar endlosen »Plappergedanken« in meinem Kopf etwas zu reduzieren, die in solchen Nächten auftreten. Obwohl daraufhin das Erlebnis dieser Nächte erträglicher geworden ist und die in ihnen auftretenden luziden Traumzustände faszinierend und gelegentlich überaus angenehm sind und mir die körperliche Erholung keineswegs zu rauben scheinen, wehre ich mich *immer noch* gegen diese nächtliche Bewußtheit. Mir ist anhand dieses Widerstands der bis dahin mir unerkannte Wunsch bewußt geworden, keine Verantwortung für mein Traumhandeln übernehmen zu wollen. Obwohl ich mir luzide Träume und eine vertiefte Wahrnehmung aller meiner Erfahrungen ersehne, will ich doch nur so weit gehen, bis es mir reicht, um sodann im Refugium des Unbewußten Zuflucht zu suchen.

Der dem tibetanischen Yoga entstammenden Methode der Traumkontrolle zufolge kann man den Körper willentlich und regelmäßig schlafen lassen, während der Geist vollkommen wach und in der Lage ist, die Traum- wie auch die übrige Schlafbewußtheit zu beeinflussen.[18] Nun könnte man sich fragen, wieweit man überhaupt in seinen Traum- und Schlafzuständen bewußt werden will. Natürlich müssen wir es nicht so weit treiben, daß wir fast die ganze Nacht durch bewußt bleiben. Doch wenn wir uns über unseren Wunsch klar werden, im Traumzustand keine Bewußtheit zu erlangen, werden wir besser mit ihm fertig werden können, wenn er uns bei dem Versuch in die Quere kommt, den Zustand des luziden Träumens zu erreichen. Zwiespältigkeit angesichts eines neuen Wachstums und Gewahrseins im Wach- wie im Schlafzustand ist nur natürlich; am besten begegnet man ihr, wenn man sich ihr stellt und sie verstehen lernt.

Das falsche Erwachen. Möglicherweise haben auch Sie schon einmal das merkwürdige Erlebnis gehabt, scheinbar aus einem Traum zu erwachen, dann aber tatsächlich aufzuwachen und zu erkennen, daß sie beim ersten »Erwachen« noch träumten. Diese Erscheinungen werden als *falsches Erwachen* bezeichnet. Wenn es Ihnen gelingt, sich darüber klar zu werden, daß Ihr Erwachen tatsächlich ein falsches Erwachen ist, kann Ihnen das zur Luzidität verhelfen. Das nächste Mal, wenn Sie glauben, ein falsches Erwachen zu erleben, überprüfen Sie Ihre Umgebung, um festzustellen, ob Sie wirklich wach sind oder nicht. Überprüfen Sie, ob Sie das Bett sehen können, in dem Sie schlafen. Wenn es leer ist und Sie es berühren können, dann sind Sie wahrscheinlich wach und in der Wachrealität. Wenn Sie jedoch auf Ihr Bett schauen und Ihr Körper immer noch darin liegt, dann wissen Sie, daß Sie träumen und ein sogenanntes extrakorporales Erlebnis (EKE) haben. (EKEs werden im nächsten Abschnitt ausführlich behandelt; es handelt sich dabei um Erlebnisse, bei denen man die Umgebung von einem Punkt außerhalb des eigenen Körpers wahrzunehmen meint.) Es ist nicht immer möglich, während eines falschen Erwachens sein Bett zu finden oder daran zu denken. In diesem Fall ist der beste Weg, die Realität der gegenwärtigen Umgebung zu überprüfen als Vergleich mit der Wachrealität. Ist irgend etwas nicht dort, wo es sein sollte? Widerspricht etwas den grundlegenden Gesetzen der Schwerkraft und der Perspektive? Geht das Licht an, wenn Sie den Lichtschalter betätigen? Tests dieser Art sollten Ihnen sagen, ob Sie in der Traum- oder der Wachrealität erwacht sind.[19] Wenn Sie erkennen, daß Sie sich im Traumzustand befinden, dann steht Ihnen möglicherweise entweder ein luzides Traumerlebnis oder die Möglichkeit offen, in diesem Zustand andere Experimente mit Ihren Fähigkeiten zu machen.

Einige Teilnehmer unserer Traumgruppe haben zwei Arten des falschen Erwachens erlebt. Bei der ersten hat der scheinbar aus einem Traum erwachte Träumer anschließend einen weiteren Traum, während er der Meinung ist, wach zu sein. Dieser Eindruck wird durch das tatsächliche Erwachen korrigiert. Bei der zweiten Form des falschen Erwachens scheint der Träumer nach Abschluß eines

Traumes in der normalen Umgebung seines Zimmers zu erwachen. Mitunter sieht er auf die Uhr, um festzustellen, ob noch genug Zeit zum Weiterschlafen bleibt. Einige Zeit später kommt es dann zum tatsächlichen Erwachen. Wenn ich auf diese Weise falsch erwache, scheine ich durchaus in der Lage zu sein, die Zeit von einer Uhr abzulesen, die sich in einem anderen Zimmer oder in meinem Zimmer bei völliger Dunkelheit befindet.[20] Manchmal bin ich mir vage bewußt, daß ich noch schlafe, und sehe nach der Uhrzeit, um mich zu vergewissern, ob ich meinen physischen Körper aufwecken muß oder ob ich weiterschlafen kann. In der Regel geschieht das innerhalb einer Stunde vor dem Zeitpunkt, auf den der Wecker gestellt ist. Ich hatte nach dem Erwachen stets den Eindruck, daß die Zeit, die ich im Schlaf abgelesen hatte, richtig gewesen war.

Eine weitere Form des falschen Erwachens, die von Celia Green beschrieben wurde, ist das scheinbare Erwachen mit der Wahrnehmung, daß irgend etwas nicht stimmt. In der Regel liegt der Träumende regungslos im Bett und verspürt ziemliche Angst. Spannung liegt in der Luft. Es kann sein, daß der Träumer Stimmen hört, die über ihn reden, oder ein Atmen vernimmt. Sofern er dann nicht vor Furcht erwacht, kann es sein, daß er mit der Frage »Was ist denn hier los?« die Situation zu erkunden versucht oder daß er scheinbar die Hand ausstreckt, um die Quelle dieser Geräusche zu lokalisieren.[21]

Virginia hatte ein Erlebnis dieser Art. Sie schien aus einem Traum zu erwachen und lag in ihrem Bett, als sie spürte, wie sich eine bedrohliche Dunkelheit oder ein Schatten über sie legte. Sie versuchte, die Augen zu öffnen, was aber nicht ging. Sie versuchte zu schreien, aber auch das ging nicht. Dann begann sie sich zu fragen, was eigentlich los war und hörte zwei Männer, die darüber redeten, was sie mit ihrem Körper machen wollten. Sie erkannte, daß sie träumte, und wußte, daß ihr nichts geschehen konnte. Nun konnte sie die Augen öffnen. Die Eindringlinge wurden freundlich. Der eine war ihr Bruder, der andere dessen Freund. Die drei unterhielten sich in amüsanter Weise über ihre Liebschaften, und das Erlebnis endete, als Virginia so laut lachen mußte, daß sie davon aufwachte. Was immer sonst dieses Erlebnis nahelegen mag, es zeigt einmal mehr, wie Angst im Schlaf- und Traumzustand als Zerrspiegel funktioniert.

Vermag man diese Angst zu überwinden, wird man so gut wie immer finden, daß aus einem ängstigenden ein manchmal sogar vergnügliches Erlebnis wird.

Traum-Flüge. Ein leichter Weg zum luziden Träumen scheint über das Fliegen zu führen. In Flugträumen kann man fliegen wie Peter Pan oder Superman – ohne jede mechanische Hilfe. Wer solche Flugträume gehabt hat, weiß, wieviel Spaß sie machen können. Viele Menschen sehen sie als ihre angenehmsten Träume an. Es ist möglich, Flugträume durch Inkubation herbeizuführen und auf diese Weise Erfahrungen mit dem Traumfliegen einzuleiten oder zu intensivieren.

Wenn wir in einem Traum fliegen, haben wir die beste Gelegenheit, uns darüber klar zu werden, daß wir träumen, weil wir erkennen, daß wir gerade etwas tun, was uns in der Wachrealität unmöglich ist. Manchmal werden wir beim Fliegen eine besondere geistige Klarheit empfinden und uns vage bewußt sein, daß wir gerade einer unserer liebsten Traumaktivitäten nachgehen. Wenn wir diese vage Bewußtheit zur vollen Erkenntnis des Umstands weitertreiben, daß wir träumen, werden wir luzid und fähig, den Flug und andere in diesem Zustand unternommene Aktivitäten bewußt zu lenken.

Manchmal werden wir, nachdem wir in einem Traum luzid geworden sind, ganz einfach aus Spaß an der Freude fliegen wollen. In meinem »Quickstep«-Traum entschied ich mich, meine Luzidität dazu zu nutzen, das Fliegen mit meinem Lieblingssport – dem Eislaufen – zu verbinden. Andere luzide Träumer versuchen lieber, einen Freund, einen Guru oder einen Lieblingsort zu besuchen oder einfach ihre Flugtechnik zu verbessern. Manche Träumer berichten, daß sie mit jedem neuen Traumflug besser fliegen lernen.[22] Der Winkel eines ausgestreckten Arms oder Beins oder die Zahl der Flügelschläge können zur Verbesserung der Flugkontrolle verändert werden. Ich habe Träume gehabt, in denen ich den Ratschlag empfing, mich an das Gefühl zu erinnern, das ich verspüre, wenn ich mich um mich selbst drehe und die Arme wie Hubschrauber-Rotoren bewege. Mein Eindruck ist, daß ich, um gut fliegen zu können, mir das *Gefühl* zu vergegenwärtigen habe, nicht die spezifischen Körperbewegungen, die symbolisch zu sein scheinen. Wie andere luzide Träumer und ich feststellen konnten, scheinen die Körperbewegungen, die wir machen, um fliegen zu können, letztlich unnötig, wenn wir erst die Gewißheit haben, daß unser Flug von unseren Gedanken und Gefühlen gesteuert wird.

Viele luzide und präluzide Traumflieger haben bei ihren Flügen ausprobiert, wie hoch oder wie weit sie fliegen können. Manche probierten, als ihre Beweglichkeit und ihr Selbstvertrauen zunahmen, Kunstflugfiguren aus. Nach den Berichten zu urteilen, die mir zugänglich sind, finden Flugträume meist im Freien statt. Ich habe festgestellt, daß ungefähr die Hälfte meiner Flugträume (ob luzid oder nicht) in einem Tanzstudio oder Eislaufstadion spielen. Häufig versuche ich, meinen Flug so zu beherrschen, daß ich ihn beim Eislaufen und Tanzen verwenden kann. Es kann schon mal passieren, daß ich mit dem Kopf gegen die Dachträger knalle, gegen eine Wand krache oder bei einem zu lang angesetzten Sprung über die Eisfläche hinausschieße. Diese Erlebnisse sind immer ziemlich lustig und von dem Wissen begleitet, daß ich ja nur Anfängerin bin und noch viel dazulernen muß. Im Lauf der letzten sieben Jahre habe ich eindeutige Fortschritte in meiner Flug- und Steuerfähigkeit gemacht, was eine enorme Befriedigung mit sich brachte. Einige Träumer berichten, sie seien während eines falschen Erwachens nach einem Flugtraum bis zum tatsächlichen Erwachen sicher gewesen, auch in der Wachrealität fliegen zu können. Ich hatte luzide und nicht-luzide Flugträume, in denen mir von Traum-Lehrern oder Führern gesagt wurde, daß ich lernen könne, auch beim Eislauf und Tanzen in der Wachrealität zu fliegen. Meist fragte ich sie daraufhin: »Meint ihr, daß ich das wirklich lernen kann, daß ich die Schwerkraft in den Dienst meiner eigenen künstlerischen Absichten in der realen Welt stellen kann, der Welt, in der ich auf Stahlkufen über wirkliches Eis laufe?« Die Antwort war immer ein *Ja.* Nach solchen Träumen erwachte ich in der realen physischen Welt mit dem Gefühl, daß ich wirklich fliegen könnte, wenn ich nur die erforderlichen Fertigkeiten und das nötige Selbstvertrauen aufbringen würde. Von der Vernunft her weiß ich, daß Berichte über Levitationen niemals wissenschaftlich bestätigt worden sind und daß das, was meine Träume mir zeigen, in der dreidimensionalen Welt noch nie zuvor gelungen ist. Dennoch beeindrucken mich diese Träume so nachhaltig, daß ich häufig versuche, mir dieses geistige Flugerlebnis wieder vor Augen zu rufen und beim Tanzen oder Eislaufen zu fliegen oder zu schweben. Bisher hat das noch nicht geklappt, aber insoweit, als mich das Flugerlebnis inspiriert hat, besser zu tanzen und eiszulaufen, hatte es einen willkommenen Einfluß.

Bestimmt sagt die Tatsache, daß Flugträume so real erscheinen können, daß sie geistig gesunde und vernünftige Menschen zu dem Glauben verleiten, sie könnten tatsächlich fliegen, einiges über deren Intensität aus. Viele Traumflieger sind voll und ganz davon überzeugt, daß sie wirklich fliegen können, zumindest in den nicht-physischen Dimensionen der Wirklichkeit, die sie als ebenso »wirklich« empfinden wie die Wachrealität.[23]

Es gibt etliche Wege, auf denen sich Flugträume herbeiführen lassen, sei es des schieren Vergnügens, sei es des luziden Träumens wegen. Die Methoden, die hier beschrieben werden, verlangen Übung und Geduld, aber Flugträume sind diese Mühe wert.

Als erstes kann man die Trauminkubation benutzen, um sich einen Flugtraum zu erbitten. Beschreiben Sie in Ihrem Inkubationssatz, warum und wie sehr Sie sich wünschen, im Traum fliegen zu können. Rufen Sie sich frühere Flug- oder Schwebeträume in Erinnerung und vergegenwärtigen Sie sich das Vergnügen, das sie Ihnen bereitet haben. Sie können sich auch einen Ort aussuchen, an dem oder zu dem Sie fliegen möchten. Beschreiben Sie ihn in Ihrem Traumtagebuch. Formulieren Sie sodann einen Inkubationssatz, zum Beispiel: »Ich möchte fliegen« oder »Heute nacht werde ich fliegen« oder »Heute nacht fliege ich an den Strand«. Behalten Sie diesen Satz beim Einschlafen im Kopf. Erfolgreiche Flugtraum-Inkubationen sind schwerer zu erreichen als solche für Problemlösungs- oder Eingebungsträume. Vielleicht liegt es daran, daß man, wenn man einen Traum erbittet, um ein Problem zu lösen, innerlich schon sehr stark beteiligt ist und der Traumproduzent mehr Möglichkeiten hat, dieses Problem so zu behandeln, wie er es gerne möchte. Die Herbeiführung einer ganz bestimmten Traumhandlung wie das Fliegen dürfte eine weit bewußtere Kontrolle des Traumgeschehens erfordern.

Sie können Ihren Inkubationsbemühungen Nachdruck verleihen, indem Sie sich während des Tages auf die erwünschte Aktivität konzentrieren. Sagen Sie sich, daß Sie schon in der kommenden Nacht fliegen werden. Beobachten Sie Vögel und studieren Sie deren Flug. Sehen Sie sich Photographien von Vögeln an, zeichnen oder malen Sie welche. Wenn Flugzeuge Sie faszinieren, konzentrieren Sie sich während des Tages auf Ihren Flug.[24] Alle Ihre Wachgedanken über das Fliegen werden sowohl die Wahrscheinlichkeit erhöhen, daß Sie dann im Traum tatsächlich fliegen werden, als auch, daß Sie während des Traumes erkennen, daß Sie träumen. Möglicherweise träumen Sie, mit dem eigenen, schwerelosen Körper frei umherzufliegen, mit einem Flugzeug zu fliegen oder im Wasser zu treiben. Die Empfindung, auf die es zu achten gilt, ist die der Schwerelosigkeit. Vielleicht werden Traumfreunde Sie anleiten, sich höher und höher in die Lüfte zu schwingen oder ohne jede Angst durch Luft oder Wasser zu gleiten. Vielleicht träumen Sie, daß Sie anderen zeigen, wie man springt, fliegt oder schwebt. Womöglich träumen Sie auch, daß Sie fallen. Sollte das geschehen, so sagen Sie sich, daß Sie keine Angst zu haben brauchen, und lassen Sie sich fallen. In der Regel werden Sie dann zu schweben oder zu fliegen beginnen und können den Traum fortsetzen, wobei Sie vielleicht luzid werden.

Befreit vom eigenen Körper

Die Freudsche Theorie[25], daß Flugträume den Wunsch des Träumers verkörpern, Vergnügungen der Kindheit wie Schaukeln oder Wippen nachzuerleben oder sexuelle Freuden oder Eroberungen zu genießen, scheint auf Joes Traum über seine Erektionsschwierigkeiten zu passen, der in Kapitel 5 erörtert wurde. Adlers Ansicht, daß wir in Flugträumen unserem Willen Ausdruck verschaffen, andere zu beherrschen und ihnen überlegen zu sein, mag auf manche Flugträume zutreffen.[26] Die Meinung Steckels, daß Flugträume den Tod repräsentieren, weil das freie Schweben in der Luft an Geister und Engel denken lasse[27], scheint stichhaltig, wenn der Traum Bilder und Gefühle enthält, die zwischen Träumer und Tod eine Verbindung herstellen. Jung schließlich betrachtete Flugträume als symbolische Darstellung des Träumerwunsches (oder der Erfüllung dieses Wunsches), sich von Zwängen oder Problemen zu befreien, die er überwinden will oder muß. Diese Deutung ergibt in solchen Fällen einen Sinn, in denen die Lebenssituation des Träumers ihr entspricht. In solchen Träumen kann es sein, daß der Träumer durch das Fliegen seinen Verfolgern entkommt oder Hindernisse überwindet, die ihm den Weg versperren.

Bei der Deutung von Flugträumen[28] ist es wichtig, daß wir die Gefühlsschattierungen des Erlebnisses und die eigenen Assoziationen dazu in Betracht ziehen. Die herkömmlichen psychologischen Theorien werden uns helfen, viele Flugträume auf einer bestimmten Ebene zu verstehen; vielleicht gibt es aber noch eine ganz andere Bedeutung dieser Träume, die diesen herkömmlichen Deutungsansätzen nicht entspricht. Es kann nämlich sein, daß wir wirklich fliegen, wenn auch in einer anderen Dimension der Realität und vielleicht auch in einem anderen Körper. Zu allen Zeiten und auch in der Gegenwart haben viele Menschen behauptet, ihren physischen Körper im Bett verlassen zu können, während ein Teil ihres bewußten Selbst die Freiheit genoß, sich an einen anderen Ort zu begeben. Weiter behaupten diese Menschen, daß ihr Bewußtsein während eines solchen Aufenthaltes außerhalb des physischen Körpers häufig in einen helleren, leichteren »zweiten Körper« gehüllt sei, der von Zeugen, die ihn gesehen haben wollen, als geisterhaft geschildert worden ist.

Dieser »zweite Körper«, auch »Doppelgänger« genannt, ist ein Phänomen, das von Forschern seit den zwanziger Jahren untersucht wird. Hector Durville und andere französische Experimentatoren setzten bei dem Versuch, seine Existenz nachzuweisen, chemische Apparaturen und andere Gerätschaften ein. Durville bediente sich auch der Hypnose, um den Doppelgänger aus dem physischen Körper herauszuprojizieren und um einen Beobachter aufnahmefähig zu machen, der versuchen sollte, dieses Phänomen zu sehen. Er behauptete, der Doppelgänger bewirke nicht nur physiologische Veränderungen beim Hypnotisierten, sondern könne auch bewußt beobachten und fühlen und sei sogar fähig, Gegenstände aus der Distanz zu bewegen.[29]

Anspruchsvollere Forschungen laufen derzeit an der Psychical Research Foundation in Durham, North Carolina, an der Abteilung für Parapsychologie der University of Virginia, bei der American Society for Psychical Research in New York, am Stanford Research Institute im kalifornischen Menlo Park und schließlich auch in Rußland. Obwohl diese Forschungen bisher noch keinen wissenschaftlichen Beweis dafür erbracht haben, daß ein solcher Doppelgänger in physisch nachweisbarer Form existiert, haben sie doch das wissenschaftliche Interesse an diesem Phänomen erneuert. Man hofft, daß mit der Entwicklung empfindlicherer Geräte zur Messung geringster Veränderungen im physischen Körper und dessen Umgebung ein faßbarer Beweis für die Existenz dieses Doppelgängers gefunden werden kann.

Eine Methode zur Herbeiführung eines »Extrakorporalen Erlebnisses« (EKE) besteht darin, sich während eines luziden Traumes zum Fliegen zu entschließen.

Eine weitere Methode geht von der Theorie aus, daß Flugträume metaphorische Darstellungen tatsächlicher Reisen im »zweiten Körper« sind. Diejenigen, die die Herbeiführung von EKEs versucht haben, behaupten, man könne sich während eines Flugtraums (ob mit dem Flugzeug oder im eigenen Körper) der Tatsache bewußt werden, daß der physische Körper im Bett geblieben sei und man sich in seinem zweiten, leichteren Körper befinde.[30] Dieser Doppelgänger wird häufig auch als *Astralleib* bezeichnet.

Ein Modell, mit dem man sich solche EKEs zu erklären versucht, geht davon aus, daß die intuitiven Anteile des Bewußtseins den Körper in bestimmten Schlafzuständen verlassen, während die physisch orientierten Anteile des Bewußtseins in ihm verbleiben. Dieser Vorgang ist offenbar mit Hilfe der heutigen Technologie – etwa mit Elektroenzephalographen – nicht wahrnehmbar. Zunächst einmal ist das abwesende Bewußtsein passiv. Es empfängt Informationen aus den Quellen seines Seins und aus anderen nicht-physisch orientierten Bewußtseinsteilen. Dann wird dieses abwesende Bewußtsein aktiv und wirkt an Geschehnissen mit, die als Beispiele zur Verdeutlichung und Bekräftigung von Vorstellungen dienen, die im passiven Zustand aufgenommen wurden. Hier wird die Persönlichkeit verjüngt. Guru, Lehrer, Engel oder Abbilder des höheren Selbst können dem abwesenden Bewußtsein ihre Botschaften übermitteln. Wenn dann dieser Teil der Persönlichkeit wieder in den Körper zurückkehrt, geschieht es häufig, daß andere Bewußtseinsschichten des Selbst, das Körperbewußtsein und das Unbewußte diese Informationen in Träume umformen, die sich direkt auf das Wachbewußtsein beziehen und sich in seiner Bildsprache ausdrücken. An diesem Punkt kann dann der Traumproduzent allgemeine Wahrheiten in praktische, gezielte Ratschläge umsetzen. Diese Theorie behauptet allerdings auch, daß solche Übersetzungen in Träume nicht immer notwendig seien.[31] Der Traumbildungsprozeß wird als Symptom für den Unwillen beschrieben, die ursprünglichen Erfahrungen in ihrer nicht-physischen Gestalt zu akzeptieren; der Träumer übersetzt also Erlebnisse, die zu intensiv oder einfach unglaublich erscheinen, in Traumbilder, die ihm leichter zugänglich sind.

Diese Theorie scheint sehr einleuchtend zu sein, wenn man an die vielen Traumschilderungen denkt, bei denen es heißt: »In diesem Traum ist noch viel mehr passiert, aber ich kann mich nicht mehr erinnern«; oder »Ich habe in meinem tiefsten Innern viel von mir verstanden, aber ich kann es nicht in Worte fassen«; oder »Weise Menschen haben mir Dinge erklärt, an die ich mich nicht mehr genau erinnern kann, obwohl ich das *Gefühl* habe, daß ich mich im Herzen daran erinnere.« Vielleicht fällt uns die Erinnerung nicht nur an Dinge, die wir unterdrücken wollen, sondern auch an Informationen, die wir in nicht-physischen Bildern wahrnehmen, schwer. Bei denjenigen, die bewußte EKEs hatten, herrscht die nahezu einhellige Überzeugung, daß EKEs, zumal, wenn sie sich auf höheren Ebenen abspielen, dem Geist größere Klarheit und dem Körper mehr Kraft bringen.[32] Ernest Hemingway, Carl Jung, der Dichter Walter de la Mare, der heilige Ignatius von Loyola, der südafrikanische Physiker und Mathematiker J. H. M. Whiteman, der französische Astronom Camille Flammarion[33] – sie und buchstäblich Tausende anderer Menschen haben bewußte EKEs gehabt.[34]

Die authentischen Berichte über extrakorporale Erlebnisse und die diesen gewidmeten Studien lassen vermuten, daß dem, der sich auf eine solche Reise begibt, viele aufregende Möglichkeiten offenstehen. Vielleicht ist es tatsächlich möglich, Freunde zu besuchen, während sie und man selbst in den eigenen Körpern schlafen. Vielleicht ist es möglich, mit Menschen Verbindung aufzunehmen, die tot sind und jetzt in anderen Dimensionen der Realität leben. Neben Besuchen bei lebenden und »toten« Freunden und Verwandten war das, was ich am meisten genossen habe, während ich mir meines außerkörperlichen Zustands bewußt wurde, der unglaublich lebendige und intensive Kontakt zu Bewußtseinsschichten, die sich durch extreme Weisheit und Intelligenz auszuzeichnen scheinen und die mir auf einer überaus tiefen, nicht-verbalen Ebene meines Seins viel Verstehen und Frieden schenkten. Viele luzide Träumer berichten von einer ähnlichen Aufnahme ihrer EK-Erlebnisse. Es kann sein, daß das, was als EKE empfunden wird, eigentlich ein anderer Bewußtseinszustand in Wahrnehmung und Ausdruck ist, der innerhalb des leiblichen Körpers stattfindet.

In unseren Traumgruppen haben etliche Teilnehmer von EKEs berichtet, die nie zuvor geglaubt hätten, daß solche Dinge gewöhnlichen Sterblichen widerfahren könnten. Einige Gruppenmitglieder haben von Träumen berichtet, die nach der Literatur über astrale Reisen und den späteren Erlebnissen dieser Träumer zu urteilen Vorboten späterer luzider EKEs waren.

Vor ihrem ersten bewußten EKE hatte Virginia folgenden Traum:

Ich sehe einen kleinen, blaßweißen Schleier aus der Mitte meines Körpers aufsteigen. Dann quillt an den Seiten meines Körpers ein größerer Schleier hervor. Es ist, als ob ich sie aus den Augenwinkeln wahrnähme. Ich frage mich, was sie wohl bedeuten. Dann erkenne ich, daß der große Schleier ich selbst bin. Bei dem kleineren bin ich mir nicht so sicher. Dann scheint es, daß dieses Aufsteigen des größeren sich ständig wiederholt, bis ich den Sinn begreife.

Ich hatte in einem präluziden Traum (von dem Virginia nichts wußte) ein ähnliches Erlebnis:

Ich spürte, wie ich fiel, in meinen Körper schlüpfte, ihn dann wieder verließ und dabei von Liebe erfüllt wurde. Henry, mein Freund, ist auch da und sieht zu oder hilft mir; oder er tut dasselbe und zeigt mir, wie es geht. Ich hatte ein sehr intensives Gefühl wachsender Kenntnis über mich und Erkenntnis meiner selbst. Dann hielt ich inne. Ich war außerhalb meines Körpers und genoß es so sehr, daß ich nicht mehr in ihn zurückkehren wollte. Henry bewegte mich dann doch zur Rückkehr und schlug vor, durch meinen Kopf in den Körper zurückzukehren. Es ist ein Gefühl, als ob ich in ein altes, vertrautes und überaus bequemes Kleidungsstück schlüpfe. Während ich dann fortfahre, aus meinem Körper heraus- und wieder in ihn hineinzuschlüpfen, beginne ich zu verstehen. Ich erwache sehr entspannt und glücklich.

Träume, die darzustellen scheinen, wie man in den Körper hinein- und aus ihm herausgelangt und sich außerhalb von ihm bewegt, sind ein Abbild seiner Versuche, sich eines Erlebnisses bewußt zu werden, das er unbewußt schon viele Male zuvor gehabt hat. Die Träume selbst können normal, präluzid oder luzid sein. Zu ihren Motiven zählen häufig das Fliegen in einem Flugzeug, das Gleiten in der Luft oder im Wasser, Aufwärtsfahren in einem Aufzug oder jede beliebige andere Handlung, die das Fluggefühl simulieren kann.

In manchen Träumen scheine ich zu lernen, mich außerhalb meines eigenen Körpers zu bewegen, indem ich Wasserski übe. Typischerweise unterrichten mich darin Freunde, die weiser und stärker und in diesem Sport geübter sind als ich. In einem Traum gelang es mir nicht, aus dem Wasser herauszukommen, weil die Strömung zu stark war, und mein Lehrer sagte mir, es sei zu spät am Tage, um noch vernünftig üben zu können. War ich zu übermüdet zu Bett gegangen oder war ich dem morgendlichen Wachbewußtsein schon zu nahe, um meine Konzentration bei dieser Art des Träumens halten zu können? Bei einer weiteren Traum-Trainingsstunde gaben mir die Wasserskilehrer ein kürzeres Halteseil, weil ich mit dem längeren offenkundig ins Schlingern geriet und die Kontrolle zu verlieren drohte. War dies eine Traumvariante jener silbernen Leine, von der so viele Menschen berichten, die Erfahrung mit dem Verlassen des eigenen Körpers haben? Diese silberne Leine wird als die dehnbare Schnur beschrieben, die zwei Körper miteinander verbindet. Sylvan Muldoon berichtet, daß sich diese Schnur unendlich dehnen konnte, während sich der zweite Körper vom leiblichen entfernte.[35] Zwei der bahnbrechenden Experimentatoren mit EKEs, Muldoon[36] und Oliver Fox[37], hatten den Eindruck, daß das Traumgeschehen häufig parallel zur Bewegung des zweiten Körpers verläuft, während dieser den leiblichen Körper verläßt, betritt oder sich außerhalb von ihm bewegt. Beide nahmen an, daß dem Träumer dadurch während solcher Träume bewußt werde, daß er sich in seinem zweiten Körper befinde.

Wenn Sie während eines Traumes erkennen, daß Sie fliegen oder sonst etwas tun, das Ihnen das Gefühl der Schwerelosigkeit vermittelt, dann sagen Sie sich, daß Sie träumen. Einige Träumer berichten, ihr Doppelgänger verlasse ihren leiblichen Körper durch den Kopf; bei anderen ist es die Körpermitte, bei manchen sind es die Füße; wieder andere beschreiben diesen Vorgang als ein Aufsteigen aus allen Teilen des leiblichen Körpers zugleich. Träume, in denen Sie beim Verlassen eines Raumes oder eines Kastens auf halbem Weg steckenbleiben, stellen möglicherweise die tatsächliche Lage Ihres Doppelgängers im Verhältnis zu Ihrem leiblichen Körper dar. Eine Möglichkeit, während solcher Träume bewußt zu werden, besteht darin, sich während des Tages zu suggerieren, daß Umstände wie die geschilderten in Ihnen die Erkenntnis auslösen werden, wenn Sie träumen. Es ist dies eine Form der Traumlenkung.

Wenn wir uns ihrer bedienten, haben weder meine Studenten noch ich in diesem scheinbar außerkörperlichen Zustand unangenehme Erfahrungen gemacht. Es gibt einige Techniken, um aus dem Wachzustand heraus extrakorporale Ereignisse herbeizuführen, doch können sie in ziemlich erschreckenden Erlebnissen enden und scheinen komplizierter zu sein als die folgenden EKEs, die im Zustand luziden Träumens erlebt wurden.[38]

Sonia hatte ein Traumerlebnis, zu dem ein falsches Erwachen gehörte, das möglicherweise vom Erscheinen ihres Vaters in seinem zweiten Körper ausgelöst wurde. Obwohl sie nicht feststellen konnte, ob ihr Vater in derselben Nacht ein EKE gehabt hatte (er konnte sich an keine Träume in dieser Nacht erinnern), lernte sie dennoch etwas Wichtiges aus diesem Erlebnis, das den Charakter einer nichtluziden Begegnung zweier Astralleiber trug. Hier ihr schriftlicher Bericht:

Im Wachleben waren gerade meine Eltern zu Besuch und blieben über Nacht. Während sie bei mir waren, wurden viele alte Gefühle und Spannungen wieder in mir wach. Ich war nervös und bemerkte, wie sich zwischen ihnen und mir wieder alte Gewohnheiten und Verhaltensweisen einstellten. Ich verbrachte eine sehr unruhige Nacht auf der Couch und vermißte mein eigenes Bett, in dem sie schliefen.

Am nächsten Abend legte ich mich sehr früh schlafen, und irgend-

wann zwischen sieben Uhr abends und halb zwei Uhr morgens träumte ich folgendes:
Während ich schlief und träumte, stand plötzlich mein Vater neben meinem Bett. Seine Gegenwart war *so* real, daß es mich verblüffte (als ich aufwachte, schaute ich nach, ob er da sei). Ich träumte also, er stünde da. Er berührte mich an der Schulter und sagte: »Ich bin's, dein Vater.« Als ich mich aufsetzte, konnte ich ihn sehen, und meine Mutter hinter ihm. Sie waren in meine Wohnung zurückgekehrt und wollten wieder über Nacht bleiben. Insgeheim stöhnte ich, weil ich mein schönes Bett nicht schon wieder verlassen und nicht schon wieder im Wohnzimmer schlafen wollte. Da sagte mein Vater schnell, das sei kein Problem, er und Mutter würden sich im Wohnzimmer hinlegen, ich müsse nicht umziehen. Diese Lösung schien ihnen sogar ganz recht zu sein. Dann sah ich, wie sie sich im Wohnzimmer ein Bett zurechtmachten.

Wie ich diesen Traum verstand, wollte mein Vater mir zu erkennen geben, daß meine Mutter und er mit dem Leben, das ich führe, einverstanden sind und nicht wollen, daß ich mich von ihnen herumkommandiert fühle. Sie sind tatsächlich kompromißbereit. Ich hatte das an jenem Tag, an dem ich so nervös war, vergessen und mich benommen wie früher. Der Traum war derart aufwühlend, daß ich gezwungen war, mich an die reale Situation zu erinnern, in der wir ja gut miteinander auskamen. Ich frage mich, ob wir uns gegen Ende des Traumes, als ich sie im Wohnzimmer sah, alle außerhalb unserer Körper befanden.

Ich selbst hatte einmal das definitive Gefühl, mich im Körper eines guten Freundes zu befinden, als ich kurz vor dem Ende eines Traumes luzid geworden war! Es war ein wunderbares Gefühl, friedlich und überaus glücklich auf eine Art, die nur ihm eigen war, an seinem Gemütszustand teilzuhaben:

Mir ist klar, daß John gerade von einem EKE zurück ist und mich in seinen Körper eingeladen hat, damit ich sehe, wie das ist. Als ich in ihm bin, fasziniert mich besonders die Erfahrung, daß die Art und Weise, wie er Glück empfindet, nur für seine Persönlichkeit typisch ist. Ich bin froh, daß ich das von innen her erleben darf.

Auch die Erfahrung, so große Lungen zu haben, fasziniert mich. Während ich an seiner Atmung teilhabe, scheine ich ein Gefühl dafür zu bekommen, wie es ist, wenn ich seinen muskulösen Körper habe statt meinen. Das ist hochinteressant. Dann schlüpfe ich aus seinem Körper heraus und durch meinen Kopf wieder in mich hinein.

Wie ich so in meinem Schlafsack lag (wir waren mit sieben Freunden auf Campingurlaub), hätte ich zum Sterben gern John aufgeweckt und ihn gefragt, ob er gerade in seinen Körper zurückgekehrt sei und irgendeine Erinnerung an meinen »Besuch« habe. Bevor ich meinem Impuls nachgeben konnte, begann seine Tochter, nach ihm zu schreien. John schien über dieses abrupte Erwachen irgendwie irritiert. Als er seine Tochter wieder beruhigt hatte, fragte ich ihn nach dem Grund. Er sagte mir, er sei gerade nach einem überaus angenehmen EKE in seinen Körper zurückgekehrt gewesen. Ich fragte ihn, ob er meine Gegenwart gespürt habe, was er verneinte. Meines Wissens ist dies ein ungewöhnliches EKE, und ich berichte deswegen davon, damit Sie, wenn Sie sich anscheinend im Körper eines anderen befinden, möglichst nicht in Panik geraten, sondern dieses Erlebnis genießen können.

Nach unseren ersten, kräftig bestaunten EKE entschlossen meine Studenten und ich uns zu dem Versuch, mit Freunden aus dem Alltagsleben Kontakt aufzunehmen, die selbst außer- oder innerhalb ihres Körpers sein konnten. Eine Studentin, Diana, erwünschte sechs Träume mit der Bitte um ein luzides EKE, in dessen Verlauf sie ihre dreißig Meilen entfernt wohnende Freundin Sue besuchen wollte. Jeder Versuch fand an einem anderen Tag innerhalb eines Monats statt. Sue hatte sich mit den »Besuchen« einverstanden erklärt, wußte aber nur in zwei Fällen, an welchen Tagen Diana sie besuchen wollte. Bei vier der sechs Versuche hatte Sue das deutliche Gefühl, daß Diana anwesend war, und zwar ungefähr zu der Zeit, um die Diana nach einer EKE-Inkubation schlief. Dreimal wachte Sue mitten in der Nacht mit dem Gefühl auf, Diana sei zugegen. In einer jener Nächte, in denen sie Dianas Besuch erwartete, wurde Sue von einer violetten Spirale in Verwunderung versetzt, die sie über ihrem Bett schweben sah. Sie dachte sofort, daß dies eine Erscheinungsform Dianas sei. Bei einer anderen Gelegenheit wurde sich Sue, die hellwach war und sich gerade angeregt unterhielt, plötzlich lebhaft der Anwesenheit Dianas gewahr. Dies geschah, während Diana einen Mittagsschlaf hielt, vor dem sie Sue angerufen hatte, um ihr zu sagen, daß sie einen weiteren Besuch versuchen wolle. Eigenartigerweise erinnerte sich Diana an keinerlei Traumaktivitäten bei zweien dieser Mittagsschläfchen, während derer Sue ihre Gegenwart gespürt hatte. Sie wurde nur bei einem ihrer Besuchsträume luzid.

Eileen, ebenfalls Teilnehmerin unserer Traumgruppe, schreibt:

Recht oft habe ich Träume, in denen ich zur Decke eines Zimmers hinaufschwebe. In der Regel erkläre ich dabei anderen, wie sie das selber machen können.

Die meisten Träume, in denen sich Eileen außerhalb ihres Körpers befand, waren angenehm, einer jedoch nicht. Sie schreibt, daß ihr Mann, Jony, den schlimmsten Traum, den sie je hatte, anscheinend mit ihr geteilt hat:

Ich hatte meinen Körper verlassen. Ein Mann verleitete mich dazu, mich weiter und weiter von ihm zu entfernen. Schließlich nahm er Besitz von ihm. Ich geriet in Panik, doch dann kam Jony in meinen Traum und half mir, in meinen Körper zurückzukehren. Dann wachte ich auf und hatte ein Gefühl schrecklicher Beklemmung und drohenden Unheils.

Zu diesem Erlebnis schrieb sie folgenden Kommentar:

Genau in diesem Moment wachte Jony auf und sagte (ohne daß ich ihm irgendeinen Anlaß dazu gegeben hätte), er habe gerade einen schrecklichen Traum gehabt und fragte mich, ob es mir gut gehe. Da fing Kim, meine vierjährige Tochter, zu brüllen an. Ich ging zu ihr rüber, und sie sagte, in ihrem Zimmer sei etwas Furchtbares: ›Über meinem Bett ist ein großes Monster.‹ Den Rest der Nacht verbrachte sie bei uns im Bett. Die ganze Nacht durch spürten wir einen überaus negativen Einfluß.

Robert Monroe[39] und einige andere, die bewußte extrakorporale Erlebnisse hatten, berichteten von ähnlichen erschreckenden Begebenheiten in diesem Zustand. Vielleicht verhält es sich – wie Yram[40] und Fasher[41] vermuten – so, daß der Träumer im außerkörperlichen Zustand Erlebnisse anzieht, die seinen Erwartungen und Ängsten, seiner seelischen Reife sowie seinem derzeitigen emotionalen Zustand entsprechen. Der Umstand, daß Eileen zu der Zeit, als sie diesen Traum hatte, mit gruseligen okkulten Studien beschäftigt war, könnte möglicherweise erklären, warum sie ein so schreckliches Erlebnis hatte. Vielleicht schaltete sich auch ihre Tochter in die elterliche Traumfrequenz ein und hatte deswegen ein ähnlich ängstigendes Erlebnis.

Eines der wenigen schrecklichen Erlebnisse, die ich während luzider Träume hatte, stellte sich zu einer Zeit ein, als ich große Zweifel darüber hatte, wie andere Bereiche des Seins wohl beschaffen sein mochten. Ich hatte wenig Vertrauen in meine Fähigkeit, mit den Kräften des Unbewußten umzugehen. Seit ich mir jedoch gewiß bin, daß ich stets in den Zustand des Wachbewußtseins wechseln kann und in der Lage bin, mit ängstigenden Traumerlebnissen aller Art fertig zu werden, habe ich überhaupt keine furchterregenden luziden oder präluziden EKE-Träume mehr gehabt. Eine positive Einstellung zum Traumerleben fördert das Auftreten angenehmer luzider Träume. Ein Autor vertritt sogar die Ansicht, man müsse, wenn man während eines EKE-Traums auf unfreundliche Gestalten oder Bilder treffe, nur »Geh in Frieden« sagen, um sich von ihrem Einfluß zu befreien.[42] Dem liegt der Gedanke zugrunde, sich mit einer negativen Kraft nicht auf deren Niveau – nämlich Angst – einzulassen. Es scheint, daß unangenehme EKEs wie auch normale ängstigende Träume ihre furchterregende Qualität verlieren, wenn es einem gelingt, die Angst zu überwinden.

Um die Beispiele luzider Erlebnisse, bei denen man den eigenen Körper verläßt, zu einem Ende zu bringen, zum Abschluß noch ein romantisches extrakorporales Erlebnis: Vor einem Jahr, während eines dreiwöchigen Urlaubs in der Schweiz, vermißte ich meinen Freund Steve sehr. In vier Nächten wünschte ich einen Traum herbei mit der Hoffnung auf ein luzides EKE, in dessen Verlauf ich Steve in Kalifornien besuchen wollte. Ich hoffte, damit das Verlangen in mir zu besänftigen und ihm ebenfalls eine Freude zu bereiten. Nach zwei derartigen Versuchen konnte ich mich an einen einzigen Traum erinnern. In der dritten Nacht besuchte mich Steve in einem erfreulichen Traum. Beim vierten Versuch hatte ich, wie ich meinte, Erfolg. Ich hatte einen präluziden Traum, in dem ich Steve umarmte und glücklich war, bei ihm zu sein. Ich vermutete, mich außerhalb meines Körpers zu befinden, ging dieser Vermutung aber nicht weiter nach. Steve sagte mir, er sei glücklich, daß ich da sei, und wir redeten darüber, wie sehr wir einander vermißt hatten. Ich wachte ausgeruht und fröhlich auf, als ob wir gerade erst zusammengewesen wären.

Steve schrieb mir, er habe an jenem Abend zur gleichen Zeit, als ich mich in der Schweiz für zwei Stunden hingelegt und geschlafen hatte, einen »Besuch« von mir gehabt: »Ich stand in der Küche. Dann hatte ich plötzlich und ohne jede Vorwarnung das Gefühl, als ob Du wirklich hier bei mir wärst. Ich sprach mit Dir, spürte, wie Du mich wärmtest und dankte Dir, daß Du gekommen warst.« Die Nacht, in der ich das Gefühl gehabt hatte, es sei mir tatsächlich gelungen, Steve zu besuchen, war die einzige, in der er dieses Erlebnis meiner Anwesenheit hatte. Danach fühlten wir uns beide weniger einsam.

Nachdem Sie nun Einblick in einige Erlebnisse erhalten haben, die einer Steigerung Ihrer bewußten Wahrnehmung des Traumgeschehens zu verdanken sein können, soll die Aufzählung einiger möglicher Bereiche folgen, die dem wagemutigen Träumer zur Erkundung offenstehen. Ein gesteigertes Bewußtsein im Traumzustand ließe sich etwa nutzen

1. zur Verwandlung angsteinflößender in hilfreiche, wohlgesonnene Traumgestalten;
2. zur Erlangung eines besseren Verständnisses von Traumbildern;
3. um Probleme lockerer und leichter als im normalen Traumzustand anzupacken und zu lösen;
4. um vom Träumer erwünschte Taumerlebnisse herbeizuführen;
5. um angenehme Flugträume auszulösen;
6. um künstlerisch interessante Objekte genauer studieren zu können;
7. um Menschen aus der physischen wie der spirituellen Welt zu besuchen, zu erfreuen oder von ihnen zu lernen;
8. um andere Dimensionen der Realität zu erkunden, einschließlich

der Möglichkeit außerkörperlicher Existenz und des Erlebens einer nonverbalen, bildlosen Sphäre, die Quelle unserer Träume, wenn nicht gar unseres Seins sein kann.

Wie wir gesehen haben, können wir unsere bewußte Wahrnehmung mit Hilfe der Trauminkubation und der Traumlenkung steigern. Für diejenigen, die speziell mit außerkörperlichen Erlebnissen experimentieren möchten, habe ich noch einen Vorschlag hinzuzufügen. Wenn Sie sich als Ziel eines EKEs nicht nur die Erfahrung eines solchen Erlebnisses setzen, sondern zugleich bestrebt sind, jemand anderem, den sie gern besuchen würden, eine Freude zu machen, dann werden Ihre ersten Versuche weniger schwierig sein. Bei unseren Experimenten folgte der Äußerung eines solchen Wunsches in der Inkubationsbitte um außerkörperliche Besuche niemals ein unangenehmer Traum. Die Nächte, in denen wir Inkubationssätze benutzten wie »Ich würde gern meine Schwester besuchen und ihr eine Freude machen«, bescherten uns im allgemeinen sogar besonders angenehme Träume und luzide und präluzide Besuchserlebnisse von großer Freude und Wärme.

Auf solchen Sternenreisen steigern Sie die bewußte Wahrnehmung ganzer Dimensionen Ihres inneren Erlebens, die Ihnen bis dahin weitgehend unbekannt waren. Diese Expeditionen sind für alle, die ihr Bewußtsein der Dimension ihres Seins und der Realitäten, in denen sie dieses Sein erleben, erweitern wollen.

Rainer Maria Rilke schrieb einmal:

». . . Aber nur wer auf alles gefaßt ist, wer nichts, auch das Rätselhafteste nicht, ausschließt, wird die Beziehung zu einem anderen als etwas Lebendiges leben und wird selbst sein eigenes Dasein ausschöpfen. Denn wie wir dieses Dasein des einzelnen als einen größeren oder kleineren Raum denken, so zeigt sich, daß die meisten nur eine Ecke ihres Raumes kennenlernen, einen Fensterplatz, einen Streifen, auf dem sie auf und nieder gehen. So haben sie eine gewisse Sicherheit. Und doch ist jene gefahrvolle Unsicherheit so viel menschlicher, welche die Gefangenen in den Geschichten Poes drängt, die Formen ihrer fürchterlichen Kerker abzutasten und den unsäglichen Schrecken ihres Aufenthaltes nicht fremd zu sein. Wir aber sind nicht Gefangene. Nicht Fallen und Schlingen sind um uns aufgestellt, und es gibt nichts, was uns ängstigen oder quälen sollte... Wir haben keinen Grund, gegen unsere Welt Mißtrauen zu haben, denn sie ist nicht gegen uns. Hat sie Schrecken, so sind es *unsere* Schrecken, hat sie Abgründe, so gehören diese Abgründe uns, sind Gefahren da, so müssen wir versuchen, sie zu lieben. Und wenn wir nur unser Leben nach jenem Grundsatz einrichten, der uns rät, daß wir uns immer an das Schwere halten müssen, so wird das, welches uns jetzt noch als das Fremdeste erscheint, unser Vertrautestes und Treuestes werden. Wie sollten wir jener alten Mythen vergessen können, die am Anfange aller Völker stehen; der Mythen von den Drachen, die sich im äußersten Augenblick in Prinzessinnen verwandeln; vielleicht sind alle Drachen unseres Lebens Prinzessinnen, die nur darauf warten, uns einmal schön und mutig zu sehen. Vielleicht ist alles Schreckliche im tiefsten Grunde das Hilflose, das von uns Hilfe will.«[43]

KAPITEL 11

Träume und Selbsterfahrung

Zur Bereicherung und Weiterentwicklung Ihrer Persönlichkeit können Sie die unterschiedlichsten Dinge tun: Ob Sie nun meditieren, beten, lesen oder an einer Einzel-, Gruppen- oder Familientherapie teilnehmen, Kurse oder Workshops besuchen – alles kann dem Ziel dienen, Ihren Horizont zu erweitern und Ihr Wissen über sich selbst und andere zu vertiefen. In dem Maß, wie der Umgang mit den eigenen Träumen zu einem natürlichen und regelmäßigen Teil Ihres Lebens wird, werden Sie feststellen können, daß auch Ihr Traumproduzent Ihnen bei diesen Unternehmungen – einschließlich der Beschäftigung mit den eigenen Träumen – unschätzbare Anregungen und Ratschläge geben kann.

In unseren Traumgruppen sind wir auf eine Reihe von Möglichkeiten gestoßen, um mit Hilfe der Trauminkubation Träume herbeizuführen, die uns hilfreiche Aufschlüsse darüber geben, wie wir unsere Selbstentfaltung voranbringen können. Darüber hinaus haben wir die Inkubation genutzt, um unsere Motivation zu wichtigen Aktivitäten wiederzubeleben, zu denen wir aber nie gekommen sind.

Unsere Traumproduzenten haben offenbar Zugang zu Schätzen der Weisheit und Einsicht, die uns auf unserer Entdeckungsreise zu uns selbst den Weg weisen können. Auch ohne daß wir je darum gebeten hätten, äußern sich Träume zu unseren Erlebnissen mit verschiedenen Selbsterfahrungstechniken, und wir haben festgestellt, daß gezielte Bitten um ein Traum-Feedback diese Funktion der Träume verstärken können. In diesem Kapitel werden wir uns einigen Beispielen zuwenden, wie wir in unseren Traumgruppen die Inkubation genutzt haben, um solche speziellen Hinweise auf den Stand unserer Selbstverwirklichungsbemühungen zu erhalten. Das wird Ihnen Anregungen für die eigene Praxis geben und Ihnen außerdem helfen, die spontanen Hinweise in Ihren Träumen zu erkennen, die vielen Träumern häufig entgehen.

Marishka, eine Hausfrau in den Dreißigern, sehnte sich danach, endlich mit ihrer Ausbildung fertig zu werden und ins Berufsleben einzutreten, weil es sie bedrückte, kein Geld zur Haushaltskasse beizusteuern. Sie hatte keine Kinder und wollte die Bürde des Geldverdienens mit ihrem Ehemann teilen. Sie hatte deshalb schon mehrfach Gelegenheitsarbeiten angenommen, meinte aber, mehr tun zu müssen, obwohl sie keine Ganztagsarbeit wollte, weil das ihr Studium verlängert hätte. In dieser Lage erbat sich Marishka einen Traum mit der Frage: »Wie kann ich einen nennenswerten finanziellen Beitrag zu unserem Leben beisteuern?« Sie träumte:

Eine Frau meines Alters mäkelt an einem dreijährigen Mädchen herum. Ich kann das nicht mit anhören und sage ihr, sie solle aufhören, das Kind so schlechtzumachen. Ich fände es grausam, ein kleines Mädchen so zu kritisieren, von dem man doch nicht erwarten könne, daß es sich wie ein Erwachsener benimmt. Sie solle aufhören, sonst würde ich ihr die Augen auskratzen. Da merkt sie, was sie dem kleinen Mädchen antut, und ich mag sie auf einmal.

Marishka deutete die Botschaft des Traumes dahingehend, daß sie zu übertriebener Selbstkritik neige. Sie habe vor genau drei Jahren mit ihrer Ausbildung begonnen und ihren Karrierewillen deswegen so herzlos kritisiert, weil sie noch immer kein Geld verdiente, obwohl es sicher noch länger dauern würde, bis sie in der Lage sei, mit ihrem Beruf genug Geld zu verdienen.

Traumhinweise auf psychotherapeutische Beziehungen

Jim, der eine Einzeltherapie absolvierte, wünschte sich einen Traum mit der Frage: »Was bringt mir die Arbeit mit meinem jetzigen Analytiker?« Er träumte daraufhin von einer Reise in seine Kindheit, während der er Einblick und Verständnis für die Dynamik seiner heutigen Konflikte bekam, die von Verhaltensweisen aus seiner Kindheit herrührten. Er erlebte sich in diesem Traum als Kind, das noch einmal stark gefühlsbeladene Situationen durchlebt. Dabei erkannte er im Traum, daß er das alles weder auf einmal verstehen noch sich vollständig würde merken können. Daher lieh er sich im Traum eine Filmkamera aus, um das Gesehene und Gehörte aufzeichnen und später noch einmal ansehen zu können. Nachdem er im Traum in die Gegenwart zurückgekehrt war, ging Jim zu dem Laden, in dem er sich die Kamera ausgeliehen hatte, um sie wieder zurückzubringen. Er sagte der Verkäuferin, die Kamera funktioniere nicht so richtig, und er sei enttäuscht. Daraufhin brachte die Verkäuferin allerlei Ausreden für das schlechte Funktionieren der Kamera vor. Jim verlor die Geduld. Er sagte ihr, diese Kamera sei eine Zitrone, zu Hause habe er genau die gleiche, und die funktioniere einwandfrei. Hinterher wunderte sich Jim, warum er nicht seine eigene Kamera benutzt hatte.

Jim blieb dieser Traum ein Rätsel, bis ihn jemand aus der Traumgruppe darum bat, eine Filmkamera zu definieren und zu beschreiben. Als er beschrieb, daß ihre Funktion darin bestehe, einen wichtigen Augenblick oder ein Gefühl zu beobachten und festzuhalten, kam Jim plötzlich die Erkenntnis, daß er mit der Kamera seinen Analytiker dargestellt hatte. Er gelangte zu dem Aha-Erlebnis, daß er auf die bezahlten Dienste seines Analytikers angewiesen war, um seine Seele zu erforschen und zu verstehen. Jim erkannte, daß sein Traumproduzent den Analytiker nicht nur eine Zitrone schimpfte, sondern ihn selbst auch ermutigte, sich mehr auf die eigenen Fähigkeiten der Beobachtung und Analyse zu verlassen. Er setzte sich mit dieser Sicht der Dinge einige Wochen auseinander, während er die Analyse fortsetzte. Dann entschloß er sich dazu, die Analyse abzubrechen und zu sehen, welche Möglichkeiten der Selbstbeobachtung und -analyse sich ihm boten. Nach einigen Monaten, in denen er aus eigener Kraft an sich arbeitete, war Jim der Überzeugung, daß er für diesen Abschnitt seines Lebens die richtige Wahl getroffen hatte.

Gelegentlich geben uns spontane Träume Hinweise zu speziellen Fragen, die in einer bestimmten Analyse-Sitzung unverständlich geblieben waren. Einmal riet mir ein Traumproduzent, mich noch einmal mit meinem Traum vom 25. August zu beschäftigen, weil mein Analytiker und ich seine Bedeutung nicht verstanden hätten. Es stellte sich heraus, daß mein Traumproduzent vollkommen recht gehabt hatte. Ich war damals bei einem liebenswerten, aber nicht besonders fähigen Therapeuten in Behandlung. Ich hatte die Reise zu mir selbst gerade erst begonnen und konnte einen guten nicht von einem mittelmäßigen Analytiker unterscheiden; dennoch hatte ich meine Zweifel an den Fähigkeiten dieses Analytikers, namentlich an seiner Haltung zu Frauen und zu Leuten unter vierzig, die sich aufmachen, ihr Seelenleben zu erforschen. Ich hatte das Gefühl, daß er mich oder meinen Wunsch, mein Innenleben kennenzulernen, nicht sonderlich ernst nahm. Von meinen Bedenken ahnte er nichts. Mein Traumproduzent wußte besser als ich, daß es für eine gute Analyse entscheidend ist, daß dem Therapeuten solche Bedenken geäußert werden.

Später, im nächsten Traum, erhielt ich interessante Hinweise auf meine Analyse. Mein Analytiker trat in der Rolle des Professors auf:

Ich bin schon lange unterwegs auf der Suche nach dem Herrn der Finsternis. Mein Begleiter und ich haben schon in vielen einfachen Hütten und Gasthäusern übernachtet, und die, die von uns übriggeblieben sind, rasten und warten jetzt im Haus des Herrn des Lichts. Ich bin in meinem Zimmer, als ich den starken Drang verspüre, das *blaue* Konfrontations-Handbuch und das »Buch der Erleuchtungen« von Cayce, das auch einen *blauen* Einband hat, zur Hand nehmen zu müssen. Mit diesen Büchern in der Hand klopfe ich an die Tür des ältlichen Professors, des einzigen, der mich auf dem nächsten und letzten Teil meiner Reise begleiten wird. Ich sage ihm, er solle in das *blaue* Zimmer mitkommen. Ich weiß, daß meine Zeit gekommen ist; ich habe Angst, bin aber gefaßt. Ich warte auf ein Zeichen, fürchte, daß in einen anderen Teil des Hauses eine Bombe einschlägt und den Beginn des Kampfes anzeigt. Während ich warte, blicke ich auf das »Buch der Erleuchtungen« und frage mich, auf welche Weise es mir in dem Kampf nützen wird. Der Professor hat derweil seine *blauen* Tennisschuhe ausgezogen. Ich sage zu ihm: »Ziehen Sie sich die Schuhe wieder an! Er kann jede Minute kommen! Wir müssen auf dem Sprung sein und schnell laufen können.« Er gehorcht. Genau in diesem Augenblick klopft der Herr der Finsternis unten an der Tür. Der Herr des Lichts macht auf. Der Herr der Finsternis fragt, ob ich mit ihm komme (mich unter seine Gewalt begebe). Der

Herr des Lichts antwortet mit einem gedehnten »Nein!« Und das ist der Moment, in dem ich mich dem Kampf mit dem Herrn der Finsternis stellen muß.

Allein die Tatsache, daß ich diesen Traum meinem Analytiker erzählte, gab mir die Kraft, ihm zu sagen, was ich von seiner therapeutischen Arbeit hielt – daß er, wie ich es empfand, einfach »barfuß« in der Analyse herumtappse. Daß ich ihm ehrlich auseinandergesetzt hatte, wie ich auf ihn reagierte, schuf in unserer Zusammenarbeit mehr Raum für Offenheit. Mein Analytiker versicherte mir, daß er seine »aktiven« Schuhe anbehalten werde und bereit sei, mir in meiner Auseinandersetzung mit meinem Unbewußten (dem Herrn der Finsternis) zur Seite zu stehen. Überzeugend war seine Versicherung jedoch nicht, und nach einigen weiteren Sitzungen wechselte ich den Analytiker. Der zweite Analytiker half mir, weit mehr von meiner eigenen Kraft und Verantwortlichkeit für die Reise zu mir selbst zu entdecken. Er erinnerte mich immer wieder daran, was der Traum von dem »Kampf mit dem Herrn der Finsternis« mir hatte sagen wollen: daß von entscheidender Bedeutung mein Wille sein würde, durch Selbststudium (verbildlicht durch das blaue Do-it-Yourself-Buch von Cayce) mein Seelenleben zu ergründen und mich auf meine Vorstöße in das Reich des Unbewußten vorzubereiten. Die Feedback-Träume, an die ich mich spontan erinnerte, und auch die, die ich während meiner Arbeit mit diesem zweiten Analytiker herbeiwünschte, waren sehr positiv.

Einige Mitglieder unserer Traumgruppe erhielten auf ihre Bitte um Stellungnahme zu ihren Fortschritten in der Therapie wunderschöne und positive Traumantworten. Fast immer gehört zur Handlung dieser Träume, daß der Therapeut dem Träumer ein neues Zimmer oder Haus, eine neue Gegend oder Aussicht – zum Beispiel von einem Hügel aus – zeigt. In manchen Träumen wird der Therapeut den Träumer zu neuen Ebenen des Fühlens oder Verstehens führen. Es empfiehlt sich, die Bedeutung solcher Feedback-Träume im Licht ihrer Gefühlsfärbungen und ihrer offenen Erörterung mit dem jeweiligen Therapeuten zu ergründen. Werden sie in dieser Weise nutzbar gemacht, dann werden Ihnen die spontanen wie die erbetenen Hinweise aus Ihrem Innenleben helfen, Ihre Therapieziele zu erreichen.

Immer mehr Menschen drängen sich in die bekannteren psychotherapeutischen Zentren dieses Landes. Zentren wie Esalen, das Naropa-Institut, die jungianischen und freudianischen Institute, die Edgar Cayce Association for Research and Enlightenment und zahllose andere Einrichtungen bieten Studienkurse an, die dem Suchenden helfen sollen, seinen Weg zu finden.

Einige meiner Studenten hatten Träume, die sie ermutigten, solche Kurse zu besuchen, andere träumten, daß sie an irgendwelchen sportlichen, psychologischen oder religiösen Zentren eintrafen, nur um zu entdecken, daß alles, was sie dort erwartete, aus der Mode, unpraktisch oder einfach nicht das Richtige war. Eine Teilnehmerin, die ihrer Psychotherapiegruppe bereits zwei Jahre geopfert hatte, träumte folgendes:

Ich treffe in einem Wintersportort ein und sehe mich nach jemandem um, der mir sagen kann, welche Skier am besten für mich sind. Ein Verkäufer zeigt mir sein Angebot. Er hat nur ein kleines Sortiment, nicht von bester Qualität. Es ist schon ein bißchen angestaubt. Die Skier sehen aus wie die alten, starren aus Holz und Stahl. Ich bin furchtbar enttäuscht. Ich hatte mir in der Stadt keine Ski gekauft, weil ich dachte, daß die Auswahl in einem Wintersportzentrum größer sein müßte. Ich hatte gehofft, dort die wirklich guten, biegsamen Fiberglasski kaufen zu können. Als ich aufwache, erkenne ich, daß der Traum meine wirklichen Gefühle hinsichtlich meiner Erfahrungen mit dem Institut beschreibt. Die Qualität des Lehrangebots ist sehr enttäuschend gewesen. Ich frage mich, ob ich mir nicht etwas anderes überlegen sollte.

Wie gebe ich mich?

Das Skifahren entspricht in Träumen häufig dem Erlernen oder Bewältigen auf die Herausforderung in der seelischen Entwicklung.

Viv zum Beispiel versuchte in eigener Initiative, sich kennenzulernen. Etliche Monate lang hatte sie ihr Leben durch ausführliches

Tagebuchschreiben zu ergründen versucht, als sie erkannte, daß sie sich bei Verabredungen mit Männern häufig in Situationen wiederfand (oder diese selbst schuf), in denen sie sich verpflichtet fühlte, sich ganz und gar deren Interessen anzupassen. Der Grund: Sie hatte Angst davor, ihren Partner zu brüskieren und zu verlieren, falls sie ihre eigenen Wünsche ehrlicher zeigte. Viv war zu dem Schluß gekommen, daß sie sich und ihre Partner unterschätzte und daß es nichts machte, wenn sie jemanden aufgrund ihrer Aufrichtigkeit verlor. Bei ihrer nächsten Verabredung machte sie aus ihren Gefühlen keinen Hehl und verweigerte die Rolle der süßen, stets nachgiebigen jungen Dame. Das gefiel ihrem Begleiter natürlich nicht. Viv hatte noch nicht gelernt, Männer auf sich aufmerksam zu machen, die sie nahmen, wie sie war. Sie sah ein, daß sie zunächst einmal ganz sie selbst sein müsse, wenn sie eine lohnende Beziehung aufbauen wollte. Sie träumte:

Ich bin auf einem schneebedeckten Berghang. Ich fahre gelassen, aber schnell, in weiten Bögen hinunter. Meine Schwünge gelingen wie von selbst. Ich habe meine Ski gut unter Kontrolle und fühle mich pudelwohl. An dem Hang gibt es Sprungschanzen. Ich nehme viele davon und werde ordentlich durchgepustet. Ich staune, wie mühelos und perfekt ich skifahren kann.

In ihrem Kommentar zu diesem Traum schrieb Viv, daß Skifahren für sie Genuß, Können und Herausforderung bedeute, und sie fügte hinzu: »Vielleicht steht das für den kleinen Fortschritt, den ich gestern abend gemacht habe!«

Unsere Traumproduzenten sind auch für Fragen empfänglich, die unserer Traumarbeit gelten. Eine Frau aus San Diego, die einen Artikel von mir gelesen hatte, in dem ich die Leser aufforderte, Träume herbeizuwünschen und mir die Ergebnisse für einen Artikel über diese Experimente mitzuteilen, schrieb mir in einem Begleitbrief zu ihren Traumschilderungen:

»Ich habe einen Traum mit der Frage erbeten, ob ich einwilligen soll, daß mein Name im Zusammenhang mit Ihrem Projekt genannt wird. Eigentlich wollte ich das nämlich nicht. Daraufhin hatte ich folgenden Traum: Ich rief irgend jemanden in der Kanzlei der University of California in San Diego an. Als ich meinen Namen nannte, sagte die Dame am anderen Ende der Leitung: ›O ja, ich habe Ihren Namen in einem Artikel gesehen, den ich gerade gelesen haben.‹

Nach diesem Traum können Sie ruhig meinen Namen nennen!«

(gez.) Dorothy

Übersinnliche Mitteilungen

Manche Träumer nutzen die Inkubation, um eine Antwort ihres Selbsts zu Wert und Bedeutung ihrer Erfahrungen mit übersinnlichen Experimenten oder Mitteilungen zu bekommen. Diese Träume können verblüffende Aufschlüsse über die Beweggründe geben, die hinter diesen Erscheinungen stecken. Sie können uns Ratschläge für den Einsatz der eigenen übersinnlichen Fähigkeiten oder den anderer geben. Mitunter sagen diese Träume auch etwas über die Befähigung derjenigen aus, von denen wir »Mitteilungen« empfangen. Ist es dem eigenen Traumproduzenten möglich, die Darlegungen eines anderen richtig einzuschätzen, oder ist eine solche Einschätzung nur eine Widerspiegelung unserer eigenen Gefühle gegenüber der »Mitteilung«? Dazu müssen Sie sich Ihre Träume genau anschauen und ein paar Monate später die »Mitteilungen« Ihres Mediums mit Ihrer eigenen Deutung vergleichen. Dann werden Sie wahrscheinlich die Antwort finden.

Häufig werden Ihnen die Träume in der Nacht nach einer therapeutischen Sitzung, einem Treffen oder Vortrag spontan wichtige Kommentare zu Ihrer Erfahrung anbieten. Achten Sie auf solche Träume oder bemühen Sie sich, sie herbeizuführen.

In unseren Traumgruppen haben wir die Inkubation zur Herbeiführung von Feedback-Träumen zu einer Vielfalt von Themen genutzt. Es folgt eine Liste einiger Inkubationsideen, die uns wertvolle Einsichten in unseren seelischen Lernprozeß gebracht haben:

- Ratschläge zu Gebet, Meditation und Selbstfindung
- Hilfe bei der Auswahl einer Methode der Selbstverwirklichung
- Inspiration, um aus einer Tätigkeit das beste machen zu können

- Kommentare über Fortschritte beim Abnehmen oder Abgewöhnen gegen Sie arbeitender Angewohnheiten
- Auskunft darüber, was Sie am stärksten an der künstlerischen, seelischen oder spirituellen Entfaltung hindert
- Auskunft darüber, was auf dem Gebiet der Selbstverwirklichung Ihr größtes Plus ist
- Hilfe zur Stärkung Ihrer guten Seiten und zur Überwindung Ihrer Widerstände gegen eine fortschreitende Selbsterkenntnis
- Auskunft über das Verhalten in einem bestimmten Problembereich und Lösungsvorschläge
- Auskunft über alte, überholte Haltungen und Einstellungen, die nicht mehr für, sondern gegen Sie arbeiten
- Geburtstags- oder Neujahrsträume, in denen Sie das vergangene Jahr Revue passieren und sich Anregungen für das neue Jahr geben lassen.

Unsere Traumstudien haben unterstrichen, wie wichtig es ist, daß wir uns unserer grundlegenden Einstellung und Haltung zu uns selbst und zur Welt bewußt werden. Wenn wir unseren Einstellung gegenüber bestimmten Ereignissen, Menschen oder Erfahrungen auf den Grund gehen, dann werden wir entdecken, wie sehr sie unsere Wahrnehmung der Welt und unsere Reaktion auf sie bestimmen. Wie wir nun wissen, handeln viele unserer Träume von Einstellungen, die der Veränderung und Erneuerung oder der Bekräftigung und Unterstützung bedürfen. Träume, die sich mit unserem Bemühen um seelisches oder spirituelles Wachstum befassen, sind besonders reich an Erkenntnissen über tiefsitzende, starre Einstellungen. Wenn wir sie ändern oder flexibler machen, werden sie keine Hindernisse mehr auf unserem Weg sein, sondern frischer Wind in den Segeln auf unserer lebenslangen Entdeckungsreise zu uns selbst.

TEIL IV

Wie wir unsere Show auf die Bühne bringen

KAPITEL 12

Wir ziehen unsere eigene Traumshow auf

Mit dem Entschluß, sich näher mit Ihren Träumen zu befassen, beginnt für Sie eine Reise durch die verborgensten Winkel Ihres Seins, eine einsame Suche nach Einsicht und Erkenntnis. Von allen Lebenden werden Sie alleine »dagewesen sein« und alles gesehen und erlebt haben, was es unterwegs an Abenteuern gab. Und dennoch wird es Ihnen helfen, diese Abenteuer besser zu verstehen und spätere Träume lebendiger zu erleben und sich ihrer zu erinnern, wenn Sie sie mit anderen teilen.

Wenn Sie eine Traumgruppe ins Leben rufen, können Sie Ihren Lernerfolg in puncto Träume erheblich beschleunigen und zugleich eine neue Ebene des Verständnisses und der Bejahung anderer und Ihrer selbst entdecken. In diesem Kapitel werden Sie Hilfestellungen zur Gründung einer Traumgruppe bekommen. Sie werden außerdem Anregungen zu Traumprojekten vorfinden, die Ihnen, zusammen mit dem übrigen Inhalt dieses Buches, helfen werden, einen sicheren Grund für das Verständnis Ihrer Träume und die Freude an ihnen zu legen. Ob Sie sich mit Ihren Träumen allein oder in einer Gruppe auseinandersetzen wollen, stets werden Sie aus der Arbeit mit den Traumprojekten und Hinweisen, die Sie in diesem Kapitel finden, großen Nutzen ziehen.

Wie funktioniert eine Traumgruppe?

Wenn Sie sich zur Erforschung Ihrer Träume auch nur mit einer einzigen Person zusammentun, wird Sie das in Ihrem Bemühen, Ihre Träume zu verstehen, erheblich vorwärtsbringen. Ideal scheint es allerdings zu sein, wenn Sie Ihre Träume in eine Gruppe von vier bis sechs Traumproduzenten einbringen. Jeder Teilnehmer eines solchen »Produzenten-Workshops« sollte damit beginnen, ein Traumtagebuch (siehe Teil V) zu führen und mit seinen Träumen nicht nur in der Gruppe, sondern auch für sich zu arbeiten, und das möglichst täglich. Ideal wäre es, wenn sich die Gruppe ein bis viermal pro Monat für jeweils zwei oder drei Stunden trifft. Wenn die Treffen so häufig sind, daß sie nur mit Schwierigkeiten in den Terminkalender aller Teilnehmer passen, werden sie bald als lästige Pflicht und nicht mehr als willkommene Gelegenheit empfunden, Trauminteressen und -begabungen mit anderen zu teilen. Finden sie dagegen unregelmäßig und selten statt, werden die Teilnehmer um die Anregungen einer im richtigen Rhythmus betriebenen Gruppenarbeit gebracht. Einer der wichtigsten Vorzüge der gemeinsamen Arbeit an Träumen ist die höhere Motivation der Beteiligten, die dadurch entsteht, daß alle bei der Deutung von Träumen ihr bestes zu geben versuchen. Eine Traumgruppe kann aus zwei oder mehr Freunden, Kollegen, Verwandten, Bekannten usw. bestehen.

Von höchster Bedeutung ist das Klima in der Gruppe. Eine Traumgruppe wird dann gut laufen, wenn von Anfang an eine solidarische, vorurteilsfreie Atmosphäre des Vertrauens und des Gefühls herrscht, sich gemeinsam auf ein Abenteuer einzulassen. Jeder Teilnehmer muß jederzeit die Gefühle der anderen und ihr Recht auf seine Intimsphäre achten. Zwar sollte jeder bereit sein, seine Träume den anderen mitzuteilen, doch wird es manchem zu Anfang schwer fallen, über heikle Dinge zu reden. Im Lauf der Zeit, wenn die Teilnehmer einander besser kennengelernt haben und sich mehr vertrauen, werden solche Hemmungen fast ganz verschwinden. Seien Sie geduldig; machen Sie sich und den anderen Mut, durch Offenheit der Gruppe das bestmögliche abzugewinnen; aber denken Sie stets daran, daß Vorhaltungen und Druck, um völlige Offenheit zu erzwingen, vor allem in den ersten Sitzungen das Gegenteil bewirken werden. Natürlich sollte sich jeder Träumer bereits bei der ersten Sitzung dazu verpflichten, über alle Äußerungen und Vorgänge in den Gruppensitzungen absolutes Stillschweigen zu bewahren. Dazu gehört auch, daß selbst mit Angehörigen der Gruppe nicht über die Träume oder auch nur das Alltagsleben eines Gruppenmitglieds geredet werden darf, wenn es nicht dabei ist.

Es ist ein großes Privileg, an den Erfahrungen eines anderen bei der Erforschung seines Selbst Anteil haben zu dürfen. Man wird viel über ihn erfahren, aber auch über die eigenen Gefühle und das Menschsein als solches. Dieses Privileg muß klug genutzt und hoch geschätzt werden. Humor ist ein ganz natürlicher Bestandteil der gemeinsamen Arbeit mit Träumen. Solange das Lachen nicht zur Häme wird, soll man sich an ihm freuen. Humor fordert den freien Fluß der Assoziationen und verleiht dem ganzen Prozeß der Traumdeutung mehr Heiterkeit. Häufig kann die Tatsache, daß die Gruppe einen Traum lustig findet, der dem Träumer nur häßlich, peinlich oder erschreckend erschien, diesem Herz und Augen für die komische Seite seiner Traumshow öffnen.

Zu den Gruppensitzungen sollten alle ihr Traumtagebuch mitbringen. Es empfiehlt sich, die Sitzungen mit einem kurzen Gespräch über Träume im allgemeinen und über die Erfahrungen der einzelnen Teilnehmer mit Büchern oder Vorträgen und dergleichen zum Thema Traum zu beginnen. Es ist sinnvoll, wenn sich bei der ersten Sitzung jeder Teilnehmer den anderen vorstellt und einen kurzen Überblick über seinen Lebensweg, seine Trauminteressen und darüber gibt, was er sich von der Gruppe erhofft.

Nach dem einleitenden Gespräch sollte jeder Träumer Gelegenheit erhalten, einem aufmerksamen Zuhörerkreis einen Traum vorzutragen. Der Träumer sollte sein Traumskript vor der Sitzung noch einmal durchgehen, damit er den Traum fließend und packend vortragen kann. Durch die Gegenwarts- und Ichform wird die Unmittelbarkeit des Traumerlebnisses sowohl für den Vortragenden als auch für die Zuhörer gesteigert. Am besten ist es, wenn der Träumer beim ersten Vortrag seines Traumes nicht unterbrochen wird. Kommentare wie »Also ich habe einmal einen ähnlichen Traum gehabt, wo ich . . .« oder »Ich hab' genauso ein Auto (oder eine Lampe oder einen Hund usw.) wie in deinem Traum!« oder »So was ist mir schon mal wirklich passiert!« sind für den Träumer, der versucht, sich die Erlebnisse und Gefühle seines Traums zu vergegenwärtigen, überaus störend. Störend sind Kommentare dieser Art aber auch für die anderen Gruppenmitglieder, die versuchen, den Traum des Träumers, seiner Erzählung nachfolgend, »nachzuträumen«. Man versuche also, aktiv, aber stillschweigend an der Traumerzählung teilzuhaben, die gerade vor einem ausgebreitet wird.

Nachdem der Träumer mit seiner Schilderung geendet und der

Gruppe seine Gedanken und Gefühle zu diesem Traum geschildert hat, beschreibt er mit Hilfe seines Traumtagebuchs die eigenen Bemühungen, seinen Traumproduzenten zu interviewen. In der Regel wird der Träumer im Anschluß daran bereit sein, sich ein anderes Gruppenmitglied als Interviewer zu wählen. Die Hinweise zur Führung von Trauminterviews, die im Kapitel 3 gegeben wurden, werden zu fruchtbaren Gesprächen führen, die jedem Teilnehmer Neues über seine eigenen Träume sagen werden, ob er nun die Rolle des Produzenten, des Interviewers oder des Zuhörers übernommen hat. Während der Befragung steht es dem Produzenten jederzeit frei, den Interviewer zu wechseln.

Sowohl der Produzent als auch der Interviewer können aus der Runde der Zuhörer Vorschläge und Reaktionen erbitten, wenn ihnen das sinnvoll erscheint. Es ist besser, wenn die Zuhörer das Interview nicht mit unerbetenen Kommentaren unterbrechen, weil das oft zur Folge hat, daß ein noch nicht abgeschlossener Gedankengang abgebrochen oder verhindert wird, daß ein einmal aufgenommener Faden weiterverfolgt wird. Das Interview sollte so lange fortgesetzt werden, bis der Träumer ein »Aha-Erlebnis« hat, es sei denn, dem Träumer oder Interviewer geht zuvor die Puste aus. Sobald die verfügbare Aufmerksamkeit einem Traum das Leben nimmt, statt ihn mit Leben zu erfüllen, sollte man aufhören, mit ihm zu arbeiten. Die Erfahrung wird uns lehren, wann es Zeit ist, ein Interview zu beenden. Anfangs kommen Einsicht und Verständnis eher zögernd, aber je mehr Erfahrung man mit der Traumarbeit sammelt, desto schneller werden die Interviews über die Bühne gehen. Nach dem Interview können die übrigen Gruppenmitglieder ihre Reaktionen und Einfälle äußern. Danach soll dem Träumer Gelegenheit gegeben werden, seinen Traum entweder im Stillen nochmals Revue passieren zu lassen oder ihn noch einmal einfühlsam vorzutragen. Dann geht das Wort an den nächsten, der einen Traum berichten möchte. Die Interviews mit den verschiedenen Traumproduzenten werden so lange fortgesetzt, bis die Gruppe sich mit anderen Dingen beschäftigen oder die Sitzung beschließen will.

Manchmal beklagen sich Teilnehmer darüber, sie hätten so viele Träume, die sie einbringen möchten, daß sie gar nicht wüßten, mit welchem sie anfangen sollen. Als Faustregel kann gelten, daß die für die Arbeit in der Gruppe geeignetsten Träume die am stärksten gefühlsbetonten oder diejenigen sind, die den Träumer am meisten beeindrucken. Mit Träumen, die in den letzten drei Tagen vor einer Sitzung geträumt wurden, läßt sich im allgemeinen am besten arbeiten, weil dem Träumer die Assoziationen, die er zu ihnen hatte, noch frisch vor Augen stehen.

Bei Familiengruppen, in denen Erwachsene und Kinder vertreten sind, ist es von höchster Wichtigkeit, daß die Erwachsenen den Kindern keine Deutung ihrer Träume aufnötigen. Es gibt nichts Schlimmeres für ein Kind, als seinen eigenen Traum zu erzählen und von einem allwissenden Erwachsenen gesagt zu bekommen, was es von ihm halten soll. Der Erwachsene hat sich in die Lage des Kindes zu versetzen. Fast jeder, mit dem ein Kind zu tun hat, hat mehr Macht als es selbst. Fast jeder kann fast alles besser und leichter, aber seine Träume gehören dem Kind allein. Es sind seine ureigensten, einzigartigen Schöpfungen, so intensiv und spannend wie die Träume der Erwachsenen. Das Kind kann mit ihnen tun, was es will, weil nur es selbst sie kennen kann. Wie würden Sie sich wohl fühlen, wenn ein Erwachsener Sie dazu zwingen wollte, aus Ihren Träumen etwas zu lernen, bis schließlich eine Erziehungsmaßnahme daraus würde? Wenn Erwachsene das Interesse von Kindern an Träumen fördern wollen, dann dürfen sie das Kind niemals wegen Verhaltensweisen oder Vorstellungen kritisieren, die sich in seinen Träumen finden.

Der sicherste Weg, einem Kind zu helfen, Freude an seinen Träumen zu gewinnen, besteht darin, ihm sein Interesse an ihnen zu zeigen. Zeigen Sie dem Kind, daß Sie sich gern von seinen nächtlichen Abenteuern erzählen lassen, und ermutigen sie es, den angenehmen und sogar den erschreckenden Traumerlebnissen Freude abzugewinnen. Ermutigen Sie den jungen Träumer, den Ungeheuern in seinen Träumen standzuhalten und sie verstehen zu lernen, versichern sie ihm, daß ihm in der Traumwelt nichts geschehen kann. Sagen Sie ihm, es solle in bedrohlichen Traumsituationen Bionic Woman, Superman, Gott oder seinen Schutzengel zu Hilfe rufen. Kinder sind durchaus fähig, bedrohlichen Traumgestalten die Stirn zu bieten und sie zu besiegen.[1] Besonders nach einem Alptraum schlafen Kinder ausgesprochen gern weiter, wenn sie sich darauf verlassen können, mit eigener Kraft und Courage (und unterstützt von einem

Lieblingshelden) den Sieg über ängstigende Traumgestalten davonzutragen. Der vorsichtig suggerierte Wink, daß Traumfeinde in Wirklichkeit verkleidete Freunde sind, die das Kind um seine Freundschaft bitten, hat sogar noch befriedigendere Lösungen für Ängste in Träumen zur Folge. Das Kind wird in die Lage versetzt, zu experimentieren und herauszufinden, welche Lösung für einen bestimmten Traum am besten ist. Die Erwachsenen sind gut beraten, wenn sie dem Kind im Gespräch über einen Traum in die Richtung folgen, die es von sich aus einschlägt. Wenn ein junger Mensch um Hilfe bei der Deutung eines Traums bittet, soll man ihm diese Hilfe geben; wenn nicht, ist es wahrscheinlich am besten, wenn man seine Kommentare auf unterstützende und ermutigende Bemerkungen zur Traumhandlung selbst beschränkt. Einfühlsam und spaßig dargestellt, wird die Traumlenkung viele Kinder ansprechen. Zeigt ein Kind kein Interesse an Träumen, sollte es nicht dazu gezwungen werden, über seine Träume zu sprechen. Junge Träumer brauchen den gleichen Respekt, den man einem erwachsenen Träumer zollen würde. Weil das Trauminterview auf einfachen Fragen beruht, die jeder beantworten kann, funktioniert es bei jungen Menschen genauso gut wie bei Erwachsenen.

Beim Gespräch über Träume mit Erwachsenen wie mit Kindern sollten Sie stets daran denken, daß Ihr Auftreten in deren Träumen sehr viel mit Ihnen zu tun haben kann. Was jemand von Ihnen träumt, kann Ihnen etwas Wahres über Ihr Verhältnis zu diesem Träumer sagen, es kann aber auch die Gefühle des Träumers Ihnen gegenüber widerspiegeln. Es kann aber auch sein, daß der Traumproduzent eine Karikatur Ihrer Person benutzt hat, um den Teil darzustellen, der einer Vorstellung des Träumers von Ihnen entspricht. Wenn Sie die Träume anderer zu persönlich nehmen, wird es für Sie schwierig sein zu erkennen, was diese Träume sagen. Wenn Sie sie aber nie persönlich nehmen, dann werden Ihnen wahrscheinlich interessante Einsichten darüber entgehen, wie andere Menschen Sie wahrnehmen. Auch hier wird Ihnen die Erfahrung den Weg weisen.

Es bieten sich unendlich viele Projekte für alle diejenigen an, die sich ernsthaft mit ihren Träumen auseinandersetzen wollen, sei es für sich allein oder in der Gruppe. Ein Teil dieser Traumprojekte läßt sich ohne weiteres für individuelle Versuche heranziehen. Die meisten jedoch werden weit interessanter sein, wenn man sie zusammen mit einem oder mehreren gleichgesinnten Träumern durchführt.

Es ist sehr befriedigend und manchmal höchst aufschlußreich, wenn man seine ungewöhnlichen oder besonderen Traumszenen zeichnet, malt oder als Skulptur darzustellen versucht. Man kann seinen Träumen aber auch physische Gestalt geben, indem man sie nachspielt. Während Sie die Rolle Ihrer Traumfeinde oder -freunde spielen, können Sie ein sehr unmittelbares Gefühl dafür bekommen, welchen Teil Ihrer Persönlichkeit Sie darstellen. Versuchen Sie auch, die Löwen, Hunde, Schuhe, Autos und dergleichen Ihrer Träume zu sein. Weil jede Traumgestalt ein Teil Ihrer selbst und Ihrer Gefühle ist, haben Sie auch die Fähigkeit, jede Ihrer Traumgestalten im Spiel darzustellen. Bitten Sie andere Träumer, Nebenrollen zu übernehmen, und experimentieren Sie mit schöpferischen Abwandlungen der Traumhandlung, die Sie nun im wachen Zustand nachstellen. Fritz Perls hat diese Methode, mit Träumen zu arbeiten, in seinem Buch *Gestalttherapie in Aktion*[2] eingehend beschrieben.

Wenn Sie Puzzles mögen, finden Sie vielleicht Interesse an folgendem Vorschlag. Ich habe entdeckt, daß die hohe Konzentration, die ich für ein schwieriges Puzzle aufbringe, eine Art Meditation ist, mit der ich meinen Geist von fast allem freimache – bis auf die Formen und Farben der Puzzleteile und deren Verhältnis zueinander. Als ich einmal vier Tage über einem Buddha-Puzzle verbrachte, hatte ich mehrere außerordentlich bedeutungsvolle Träume, in denen ich den Buddha meiner Seele zusammensetzte. Ein andermal nahm ich mir ein Puzzle mit Farben vor, die ich nie gemocht hatte, in der Hoffnung, daß ich durch die Beschäftigung mit den vielen Brauntönen in diesem überaus schwierigen Puzzle einen besseren Zugang zu diesen Farben gewinnen würde. Ich ging davon aus, daß eine Abneigung gegen eine bestimmte Farbe nicht nur einen Mangel an Wertschätzung für diese Farbe, sondern auch für bestimmte Aspekte des Lebens darstelle. Meine Träume nahmen das Puzzlespiel auf und halfen mir, im Traum Gefallen an Brauntönen und Rostfarben zu finden. Diese Erfahrung hat mir geholfen, meine Wertschätzung für die Farben des Lebens zu vertiefen. Ob damit auch eine allgemeine Wirkung auf meine Persönlichkeit eintrat oder nicht, vermag ich nicht zu sagen. Wenn Sie das, was Sie träumen wollen, malen, zeichnen oder als Skulptur gestalten, müßte das dieselbe Wirkung wie das »puzzeln« haben, wenn Sie sich intensiv auf diese Tätigkeit konzentrieren.

Neben der gemeinsamen Arbeit mit Träumen, die einzelne Träumer zu für sie bedeutsamen Themen erbaten, haben unsere Traumgruppen auch damit experimentiert, ein spezielles Thema auszuwählen, das von allen Teilnehmern für eine festgelegte Nacht als Inkubationsgegenstand genommen wurde.

Beispielsweise sollte am Dienstagabend einer bestimmten Woche jeder Träumer mit der Frage »Wie ist es, wenn man tot ist?« einen Traum herbeiwünschen. Der Vergleich der Aufzeichnungen in der nächsten Sitzung war hochinteressant. Ein schwieriges Gruppenprojekt wäre der Versuch, luzide Träume zu erbitten, während derer sich alle Teilnehmer am üblichen Ort zu einem EKE-Traumtreffen versammeln würden. Natürlich sollen die Teilnehmer nur dann an Gruppeninkubationen mitwirken, wenn sie das wollen.

Traumproduzenten können einander auch im Wachleben sehr viel helfen. Durch das Führen und Vergleichen von Listen, in denen die Einstellung aller Teilnehmer zu bestimmten Fragen oder Themen festgehalten wird, können wir Aufschluß über den Charakter unserer Erwartungen und über Situationen gewinnen, in denen unsere Erwartungen dafür gesorgt haben, daß das befürchtete oder erhoffte Ergebnis schließlich eintraf. Unsere Traumgruppe hat aber auch Listen unserer positiven und negativen Einstellungen zu Themen allgemeineren Interesses wie Geschlechterrollen und deren psychologischer Unterschied, Ehe, Kinder, reifes und hohes Alter, Leben nach dem Tod, Wiedergeburt, Glück und Pech usw. aufgestellt. Ebenfalls recht aufschlußreich war eine Auflistung unserer bewußten Einstellung und Meinung zu unseren Eltern, Geschwistern, Kindern und Freunden. Wenn man alle negativen und positiven Eigenschaften der Menschen auflistet, die einem nahestehen, und diese Liste um die eigenen Plus- und Minuspunkte ergänzt, wird man von einem Vergleich der beiden Aufstellungen höchst überrascht sein.

Vielleicht besteht in Ihrer Gruppe Interesse, hin und wieder die Ehegatten oder andere Familienangehörige zu den Sitzungen einzuladen. Wenn gelegentlich ein solcher vorher verabredeter Gästeabend stattfindet, gewinnt die Familie an Ihren Traumstudien womöglich mehr Interesse oder sieht weniger auf Sie herab.

Wie Sie vielleicht noch aus Kapitel 4 wissen, kann die Mitarbeit des Ehegatten in der gleichen Traumgruppe neue und wichtige Wege der Verständigung und Teilnahme an den Erfahrungen des anderen eröffnen. Ehemänner zeigen jedoch häufig keine sonderliche Neigung, sich mit ihren Träumen zu befassen. Manche meinen, Träume seien doch nur seltsame Hirngespinste und hätten nichts zu bedeuten – wozu also sich mit ihnen befassen? Manche werden sagen, sie könnten sich so oder so nicht an ihre Träume erinnern. Andere schließlich werden behaupten: »Ich muß im *wirklichen* Leben mit genug Problemen fertig werden – soll ich mich da auch noch mit Träumen abgeben?« In unserer Gesellschaft werden die Männer noch mehr als Frauen zu dem Glauben erzogen, daß nur die Realität des Wachbewußtseins Gültigkeit besitzt. Selbst diese Realitätsauffassung wird gern auf greifbare Objekte, Handlungen und das sogenannte praktische Denken verkürzt, und sie schließt häufig fast alle Intuition und alles Fühlen aus. Die Männer, die nun schon so lange für das Geldverdienen verantwortlich sind, haben häufig nicht so viel Erfahrung mit der Gefühlsseite des Lebens wie die meisten Frauen. Wenn man sich an Träume erinnern will, braucht man einen Augenblick der Besinnung, in dem man darüber nachdenkt, was kurz vor dem Moment des Erwachens gewesen ist. Den meisten Männern ist es in Fleisch und Blut übergegangen, in der Minute, in der sie aufwachen, sofort daran zu denken, was sie an diesem Tag alles vor sich haben. Frauen erinnern sich in der Regel an ihre Träume häufiger als Männer; teilweise deshalb, weil sie sich weniger gezwungen fühlen, schon in den ersten Augenblicken des Wachseins dem Leistungsdenken nachkommen zu müssen.

Von Menschen, die wenig von ihrem Gefühls- und Traumleben wissen und die Träume als unwirkliche Phantastereien abwerten, kann kaum erwartet werden, daß sie auf Anregung ihres Partners oder Freundes ein plötzliches Interesse an Träumen finden. Wenn Sie einen solchen Menschen dazu bringen möchten, sich mit Ihnen gemeinsam mit Träumen zu befassen, dann am besten über den Appell an seinen Intellekt. Setzen Sie Ihrem widerstrebenden Gatten auseinander, warum Sie sich gern mit ihm gemeinsam mit Träumen befassen möchten, und fordern Sie ihn dann auf, erst einmal ein paar gute Bücher über diesen Gegenstand zu lesen, bevor er eine endgültige Entscheidung trifft. Haben sie sich erst einmal in die Traumliteratur eingelesen, werden nur noch wenige behaupten wollen, Träume seien nichts weiter als irreale oder bedeutungslose Phantasien, und nur wenige werden der Versuchung widerstehen können, schon in der gleichen Woche, in der sie ein solches Buch lesen, sich an einen oder zwei Träume zu erinnern. Wenn dann die Neugier Ihres Gatten genügend geweckt und sein Entschluß, nichts von den in seinen Träumen lebendigen Gefühlen wissen zu wollen, nicht überwiegt, dann werden Sie einen Traumpartner gewonnen haben.

Und schließlich noch ein letzter Tip: Ihre Traumgruppe könnte doch einmal eine Traumfete feiern, zu der alle Gäste im Kostüm ihrer liebsten Traumgestalt erscheinen. Improvisierte Traumdarstellungen könnten sehr zur allgemeinen Erheiterung beitragen.

Sie werden zweifellos noch viele andere Ideen für Traumprojekte haben. Ich würde gern davon erfahren und wäre über Mitteilungen dankbar.

Informationen von außen

Eine lebendige Traumgruppe wird jede Gelegenheit nutzen, neue Erkenntnisse zu gewinnen und ihr Wissen zu vergrößern. Eine der wichtigsten, jeder Gruppe zugänglichen Quellen ist das Studium der Literatur über Träume. Ihre Büchereien werden Ihnen Auskunft über Bücher und Zeitschriften zu diesem Wissensgebiet geben. Beginnen Sie die Lektüre zu den diversen Traumtheorien mit wachem Geist. Versuchen Sie zuerst, die Theorien zu verstehen, bevor Sie sie bejahen oder ablehnen, und behalten Sie sie vor Ihrem geistigen Auge, wenn Sie Ihre eigenen Träume und die Ihrer Freunde erforschen. Versuchen Sie herauszufinden, ob eine bestimmte Theorie

Ihnen hilft, Träume besser zu verstehen. Sehen Sie sich verschiedene Traumtheorien daraufhin an, was Sie davon brauchen können. Lesen Sie jedes Buch eines Traumspezialisten erst einmal sorgfältig, bevor Sie ein Urteil darüber fällen. Versuchen Sie stets daran zu denken, daß auch die seltsamsten Darstellungen bekannter Traumtheoretiker auf langen Jahren harter Arbeit beruhen. Obwohl viele Traumtheorien nach dem heutigen Stand des Wissens nicht sehr plausibel erscheinen, hat fast jedes seriöse Buch über Träume irgend etwas Besonderes zu bieten – ein neues Konzept, interessante historische Rückblicke oder sogar einen völlig neuen Ansatz zur Betrachtung Ihres Traumlebens, der dessen Dynamik verdeutlicht. Interessant ist auch die vergleichende Lektüre von Theoretikern verfeindeter psychologischer Schulen wie Freudianer und Jungianer. Dies wird Sie in den Stand setzen, von den guten Ideen beider Seiten zu profitieren. Sie können der Meinung sein, die Traumtheorien einer bestimmten Schule seien abwegig, dennoch findet sich bei jeder etwas, das zu wissen sich lohnt. Träumer, die bestimmten Traumtheorien in unversöhnlicher Feindschaft gegenüberstehen, haben regelmäßig irgendwann einmal Träume, die von ihrer (der Träumer) Starrheit und Engstirnigkeit erzählen. Es wäre schade, wenn man sich wegen ungeprüfter Vorurteile hilfreiche Einsichten entgehen ließe.

Als Einstieg in Ihre Lektüre möchte ich Ihnen *Dreams, Culture, and the Individual* von Carl W. O'Nell empfehlen. Ebenfalls ausgezeichnet sind *The New Psychology of Dreaming* von Richard Jones und *Dreams and Nightmares* von J. A. Hadfield. *Creative Dreaming* von Patricia Garfield und *Deine Träume – Schlüssel zur Selbsterkenntnis* von Ann Faraday werden von fast allen Anfängern in meinen Kursen ebenfalls hoch gelobt. Ein weiteres Lieblingsbuch von mir ist *The Nature of Personal Reality: A Seth Book* von Jane Roberts. Das Kapitel über Träume und andere diesbezügliche Anmerkungen in diesem Buch gehören zum Interessantesten, was ich über Träume gelesen habe.

Weitere Bücher, die ich sehr empfehlen kann: *Dream Telepathy* von Montague Ullman, Stanley Krippner und Alan Vaughan, ein Buch, das eine ausgezeichnete Darstellung der Geschichte des übersinnlichen Träumens und eine Beschreibung der neuesten Laborversuche auf dem Gebiet der Traumtelepathie gibt; *The Understanding of Dreams and Their Influence on the History of Man* von Raymond de Becker; *Traumdeutungen in Trance* von Harmon Bro; *The New World of Dreams* von R. Woods und Herbert Greenhouse, eine Sammlung von Artikeln zu einem breiten Spektrum von Fragen, die mit dem Traum zu tun haben. Zur Information über luzides Träumen und extrakorporale Erlebnisse lese man die Bücher von Celia Green, die beide Themen behandeln: *Lucid Dreams* und *Out of the Body Experiences;* außerdem *Astral Projection* von Oliver Fox und *The Astral Journey* von Herbert Greenhouse, ein Buch, das eine Auswahl und hervorragende Analyse der Erlebnisse der bekanntesten Astralreisenden der Geschichte sowie zeitgenössischer EKEs bietet.

Zur Einführung in die Gestalttherapie lese man *Gestalttherapie in Aktion* von Fritz Perls und Jack Downings und Robert Marmorsteins *Dreams and Nigthmares: A Book of Gestalt Therapy Sessions.* Die jungianischen Ansichten über den Traum lese man u. a. in *Über psychische Energetik und das Wesen der Träume* von C. G. Jung nach, Freuds Ansichten dazu in seiner *Traumdeutung.* Gute Einführungen in das Gebiet der Psychologie im allgemeinen geben *Personality and Personal Growth* von James Fadiman und Bob Frager sowie *Psychology: What's in It for Us?* von Lewis M. Andrews und Marvin Karlins.

Demjenigen, der seine Kenntnisse ernsthaft vertiefen will, empfehle ich dringend *The Handbook of Dreams,* herausgegeben von Benjamin B. Wolman, und *The Dream in Clinical Practice,* herausgegeben von Joseph M. Natterson. *Welcome to the Magic Theater: A Handbook for Exploring Dreams* von Dick McLeester schließlich ist eine gute Quellensammlung zur Literatur über Träume.

Wenn jeder Teilnehmer Ihrer Gruppe auch nur ein paar von diesen Büchern liest, wird Ihr Gruppenwissen eine beträchtliche Bereicherung erfahren.

Die gelegentliche Hinzuziehung von Fachleuten zur Gruppenarbeit kann Ihre Fähigkeiten in der Arbeit mit Träumen ebenfalls steigern. Die Hilfe eines Fachmanns ist natürlich auch dann sehr sinnvoll, wenn man sich in Eigeninitiative mit seinen Träumen beschäftigt.

Darüber hinaus möchte ich vorschlagen, daß jeder Teilnehmer Vorträge, Kurse und Workshops zu diesem Themenkreis besucht und seine dort gemachten Erfahrungen den anderen zugänglich macht.

Wenn Sie dafür sorgen, daß der Zustrom neuer Ideen in Ihre private oder gemeinsame Traumarbeit nicht abreißt, dann werden Sie in diesem uferlosen Bereich der menschlichen Existenz stets auf dem Laufenden sein.

Ihr erster Traum-Treff – eine Checkliste

Wie stellt man eine Traumgruppe auf die Beine, und wie gestaltet man die Gruppen-Treffs? Es folgt eine Übersicht über die Schritte, die Sie unternehmen können, um Ihre Traumgruppe erfolgreich zu gestalten.

Vorbereitungen
1. *Sprechen Sie interessierte Freunde oder Familienmitglieder an, und bringen Sie eine Gruppe von zwei bis fünfzehn Teilnehmern zusammen, die an den regelmäßigen Treffen teilnehmen*
2. *Einigen Sie sich darauf, wer für die ersten Monate der Gruppenorganisator sein soll. Der Organisator sollte eine Liste mit den Adressen und Telephonnummern aller Teilnehmer haben. Dann kann er jeden benachrichtigen, wenn ein Gruppentreff in letzter Minute abgesagt wird. Teilnehmer, die zu einem bestimmten Treffen nicht kommen können, sollten es dem Organisator vorher mitteilen*
3. *Jeder Teilnehmer sollte ein Traumtagebuch anfangen, wenn möglich noch vor der ersten Sitzung. Die Form des Tagebuchs, die in den Teil V vorgestellt wird, sollte allen Teilnehmern als Beispiel dienen*
4. *Einigen Sie sich darauf, bei wem Sie sich treffen wollen. Setzen Sie die Zeiten fest, zu denen die Treffs pünktlich beginnen und enden. Zwei bis drei Stunden reichen in den meisten Fällen aus. Vielleicht möchten Sie sich reihum bei allen Teilnehmern treffen, was sich aber als störend erweisen kann; in der Regel ist es vorzuziehen, sich mehrere Wochen lang immer am selben Ort zu treffen*
5. *Wenn jeder Teilnehmer zumindest die ersten drei Kapitel dieses Buches gelesen hat, wird Ihr erstes Treffen geordneter und glatter ablaufen.*

Das erste Treffen

1. *Der Träumer, der Gastgeber der Gruppe ist, sollte einen Raum bereitstellen, in dem die Gruppe sich für die Dauer der Sitzung völlig ungestört aufhalten kann*

2. *Der Gastgeber möchte vielleicht Erfrischungen und Getränke anbieten. Nichtalkoholische Getränke sind am besten geeignet. Werden Snacks und Getränke angeboten, dann sollte die Gruppe zusammenlegen und den Gastgeber für seine Unkosten entschädigen. Manche Gruppen nehmen aber auch gern am gemeinsamen Essen der Familie teil, bei der sie zu Gast sind, während wieder andere von Erfrischungen ganz und gar Abstand nehmen. Werden aber bei den Treffen Erfrischungen gereicht, dann muß man herausfinden, wann sie am besten serviert werden, damit sie die von der Gruppe erzeugte Energie nicht beeinträchtigen*

3. *Die Raucherfrage kann erstaunlich problematisch sein und sollte so schnell wie möglich geregelt werden. Die Gruppe muß sich darauf einigen, ob Rauchen erlaubt ist oder nicht, und wenn ja, unter welchen Bedingungen*

4. *Alle Teilnehmer sollen nochmals bekräftigen, daß die Vorträge während der Gruppenarbeit absolut vertraulich bleiben*

5. *Selbst wenn alle Teilnehmer einander bereits kennen, ist es interessant, wenn alle ihr Traum-Selbst vorstellen und ihre Traumerlebnisse und den Grund für ihr Interesse an Träumen beschreiben*

6. *Ein kurzes Gespräch darüber, was jeder Teilnehmer von der Traumgruppe erwartet, wird sich als nützlich für die Vorbereitung künftiger Sitzungen und Projekte erweisen*

7. *Nach der einleitenden Gesprächsrunde kann der Organisator die eigentliche Arbeit einleiten, indem er fragt: »Wer möchte uns jetzt einen Traum erzählen?«*

8. *Wenn der erste Träumer mit seiner Schilderung fertig ist, wählt er sich einen Interviewer, der sich an die in Kapitel 3 gegebenen Hinweise über das Führen von Trauminterviews hält*

9. *Befassen Sie sich mit so vielen Träumen, wie Zeit und Interesse es erlauben. Der Organisator kann dafür sorgen, daß der Schwung der Gruppe nicht erlahmt, indem er gelegentlich die Initiative ergreift und zum Beispiel vorschlägt, zum nächsten Traum überzugehen oder die Traumberichte abzuschließen*

10. *Jetzt ist der richtige Zeitpunkt gekommen, um Traumbücher zu empfehlen. Das vorliegende Buch ist für die Gruppenarbeit konzipiert. Jeder Teilnehmer sollte es am besten schon vor der ersten Sitzung durchlesen. Dann kann die Gruppe ein Kapitel pro Woche lesen und die Treffen mit einem Gespräch über die gemeinsame Lektüre eröffnen. Wenn die Gruppe dann die Kapitel über bestimmte Formen der Inkubation liest, wird sie sich vielleicht dazu entschließen, ihre Inkubationsbemühungen und Traumberichte in der gegenwärtigen Woche auf diese Bereiche oder Themen zu konzentrieren. Wird so vorgegangen, dauert der erste Sitzungszyklus vierzehn Wochen. Vor dem ersten Treffen lesen die Teilnehmer also das ganze Buch. Dann lesen sie jede Woche eines der zwölf Kapitel und den Anhang. Die Auseinandersetzung mit den Traumbeispielen wird sich als sehr lehrreich erweisen.*

11. *Bei späteren Treffen werden die Teilnehmer möglicherweise einige Traumprojekte in Angriff nehmen oder Gastredner einladen. Eine gute Zeit zur Diskussion solcher Fragen sind die letzten zehn Minuten einer Sitzung*

12. *Wie immer Sie Ihre Traum-Treffs gestalten wollen, denken Sie stets daran, sie nicht in Arbeit ausarten zu lassen. Die Sitzungen werden dann am meisten bringen, wenn in ihnen eine zwar gesammelte, aber doch heitere Stimmung herrscht.*

Wenn Sie sich gemeinsam mit einem oder mehreren Träumern Ihren Träumen zuwenden, werden Sie Ihre Traumerlebnisse mit anderen teilen und dadurch den Lernprozeß beschleunigen können. Das hat auch noch einen weiteren Vorteil, den man als Nebeneffekt der Gruppentraumarbeit betrachten kann. Sie werden entdecken, daß das Mitteilen von Träumen ein ausgezeichnetes Mittel ist, seine Mitmenschen kennenzulernen. Selbst Menschen, die Sie anfangs nicht leiden konnten, werden Ihnen angenehmer werden, wenn Sie an ihrer ureigenen Traumwelt teilhatten, die so eindrucksvoll Liebes- und Haßgefühle, Kämpfe und Siege darstellt. Ihr Verständnis für die inneren Konflikte und Visionen und das Gefühl dafür, daß jeder Träumer ein unverwechselbares menschliches Wesen ist, wird sich außerordentlich vertiefen, während Sie den Traumgeschichten lauschen, die nur dieser eine Träumer erleben konnte. Während Sie alle an Selbsterkenntnis gewinnen und lernen, Ihre negativen Traumbilder anzunehmen, werden Sie auch sich selbst besser annehmen können – und genauso die unangenehmen Eigenschaften, die Sie an anderen wahrnehmen. Dieser Nebeneffekt der gemeinsamen Arbeit mit Träumen ist unbezahlbar.

KAPITEL 13

Schreiben Sie Ihr Drehbuch auf, sonst vergessen Sie es!

Traumverdrängung und Angst

Immer wieder beklagen sich Menschen bei mir, sich nicht oder nur gelegentlich an Träume erinnern zu können, sich deswegen benachteiligt vorzukommen. Sie wissen, daß ihnen etwas entgeht, halten es aber für unmöglich oder zu schwierig, aus eigener Kraft an ihre Träume heranzukommen; daher bitten sie mich meist, ihnen doch die Tricks mit dem Traumerinnern zu verraten.

In diesen Fällen stellt sich im Gespräch fast immer heraus, daß der Träumer niemals den Versuch unternommen hat, sich an seine Träume zu erinnern oder sie in irgendeiner Form festzuhalten. Vielleicht ist ihm nie der Gedanke gekommen, daß Träume wichtig genug sind, um der Aufzeichnung wert zu sein. Zwar findet er Träume durchaus faszinierend, macht sich aber nicht die Mühe, sie schriftlich festzuhalten, ehe sie verblassen oder ganz verlorengehen.

Der Entschluß, seine Träume in einem Traumtagebuch niederzuschreiben, ist der erste Schritt; es dann auch wirklich zu tun, der zweite. Wenn Sie sich ihrer Träume wirklich erinnern und sie sich zunutze machen wollen, dann werden Sie auch die Zeit finden, sie aufzuschreiben. Sobald sie sich aber die Zeit nehmen, Ihre Träume aufzuschreiben, werden sich diese meistens auch einstellen.

Ich werde das Verfahren beschreiben, das meine Studenten und ich für die Führung eines Traumtagebuchs als am nützlichsten empfunden haben. Es wird Ihnen helfen, einen Anfang zu machen, oder Ihnen Anregungen für die Entwicklung eines eigenen Tagebuchstils geben. Nachdem Sie sich entschlossen haben, Ihre Träume aufzuschreiben – das *sine qua non* der Arbeit mit Träumen –, befassen wir uns nun mit dem ärgsten Feind eines guten Traumgedächtnisses, der Angst. Die Angst vor dem eigenen Innenleben, das sich in Träumen offenbart, kann sich auf die verschiedenste Weise zeigen – als offene Angst im Wach- oder Traumbewußtsein oder einfach als mangelndes Interesse an Träumen.

Ed, Teilnehmer einer unserer Traumgruppen, hatte den aufrichtigen Wunsch, sich an seine Träume zu erinnern und mit ihnen zu arbeiten. Er führte ein Traumtagebuch, kam regelmäßig zu den Sitzungen und probierte alle Tricks aus, die wir kannten. Dennoch konnte er sich in sechs Wochen lediglich an zwei Träume erinnern, an einen davon nur bruchstückhaft: Er war mit Freunden in einem Restaurant für Seelennahrung. Die Freunde redeten ihm gut zu, doch eine Sauce zu versuchen, von der sie sagten, sie sei toll und gebe dem Gericht erst den richtigen Pfiff. Sie boten sie ihm immer wieder an; er lehnte immer wieder ab. Er hatte Angst, daß die Sauce aus LSD bestehen und gefährlich sein könnte, wollte aber diesen Verdacht seinen Freunden nicht eingestehen.

Ed sagte uns, die Szene im Restaurant gleiche den Sitzungen der Traumgruppe. Wir alle würden ihm zureden, seine Seele zum Leben zu erwecken, indem er sich an seine Träume erinnere. Es sei ihm bisher gar nicht bewußt gewesen, wieviel Angst er habe, daß Träume seinen Geist vernebeln könnten. Ed hatte also Angst davor zu erfahren, wie seine Seele wohl »schmecken« würde.

So manche, die sich an ihre Träume nicht erinnern können, sind froh darüber. Sie behaupten, die meisten Träume, an die sie sich erinnerten, hätten sie zu Tode erschreckt oder seien unangenehm gewesen. Diese Angst vor schlechten Träumen kann zur Folge haben, daß man tatsächlich schlecht träumt. Wenn wir diesen Menschen sagen, daß sie viele ihrer Träume als vergnüglich und angenehm erleben würden, wenn sie sich nur häufiger an sie erinnerten, so hilft das nicht sonderlich viel. Eher würde ich ihnen raten, jeden Alptraum niederzuschreiben; das lindert einen »Alptraum-Kater« erheblich, den schlechte Träume hinterlassen, selbst wenn man sich nicht die Mühe macht, sie zu deuten. Daß das bei mir so wirkt, habe ich vor zehn Jahren herausgefunden.

Damals lebte ich ein Jahr als Studentin allein in Paris. Ich hatte gerade zwei gelöste Verlobungen mit dem gleichen Mann, einem höchst attraktiven jungen Dänen, hinter mir. Ich hatte mich nicht nur in ihn, sondern auch in seine Familie und seine Heimat verliebt. Beide Male hatte er sich plötzlich eines anderen besonnen. Ich hatte noch überhaupt keine näheren Freunde in Paris, litt an meinem Liebeskummer und war sehr einsam. Einen ganzen Monat träumte ich von nichts anderem als Folter und Tod. Ich wachte voller Angst auf und fürchtete die kommende Nacht. Schließlich kaufte ich mir ein Buch über Träume und begann, meine furchtbaren Dramen aufzuschreiben. Kaum hatte ich den ersten Alptraum niedergeschrieben, da schwanden meine schrecklichen Ängste, obwohl ich nach wie vor keine Ahnung hatte, was diese Träume bedeuteten. In geschriebener Form fand ich sie plötzlich interessant und aufregend. Bevor ich mit der Niederschrift dieser Dramen begonnen hatte, machten sie mir soviel Angst, daß ich mir nur noch wünschte, sie vergessen zu können. Etwa eine Woche darauf erkannte ich etwas Wesentliches: Das war der gute, alte Todeswunsch. Meine existentialistische Weltsicht glitt in den Nihilismus ab und war alles andere als erhebend. Sie half mir ganz bestimmt nicht, mit dem Liebeskummer und der Einsamkeit fertig zu werden. Ich hatte in dem ganzen Leiden keinen Sinn gesehen, nun aber zwangen mich meine Träume zu dem Eingeständnis, daß ein beträchtlicher Teil meiner selbst sich davonmachen und sterben wollte. Sobald ich mir aber meinen Todeswunsch eingestanden hatte, spürte ich wieder, wie gern ich lebte. Ich entschloß mich, meine Opferrolle aufzugeben, mich aufzurappeln und Paris zu genießen. Die Träume hatten mich gezwungen, mein Leben zu betrachten und mich dazu bewegt, es zu ändern. Die Alpträume verschwanden, als sie ihren Zweck erfüllt hatten. Und die Beschäftigung mit meinen Träumen hatte begonnen.

Wie aber steht es mit denen, die nur ganz selten einmal einen Traum aufschreiben, »weil es ja so viel Mühe macht« und weil »Träume doch nicht so wichtig sind«? »Übrigens«, werden sie dann noch sagen, »ist es doch wichtiger, sich um das wirkliche Leben zu kümmern, als soviel Zeit für Träume zu verwenden.« Auch manche Therapeuten, Psychologen und Psychiater denken so. Sie sagen, unser Wachbewußtsein und Alltagsverhalten sage genug darüber, was wir über uns und sie über ihre Patienten wissen müßten. Sie wollen nicht zur Kenntnis nehmen, daß Träume den Prozeß der Selbstentdeckung und -entfaltung beschleunigen und bereichern.

Daß wir uns an unsere Träume erinnern, ist das Natürliche. Wenn man sich nicht wenigstens an einen oder zwei Träume pro Tag erinnert, kann das ein Symptom für Verdrängung sein.[1] Indem unsere Kultur unser Traumleben als irrational und bedeutungslos abstempelt, bringt sie so manchen dazu, es völlig zu verdrängen. Wenn wir uns nur ein wenig sachkundig machen, können wir uns leicht davon überzeugen, daß diese Ansicht falsch ist. Wir können sie und ihre Folge – die Gewohnheit, Träume zu vergessen – mit etwas Hilfe und ein bißchen Übung überwinden.

Durch klärende Gespräche mit uns selbst und anderen können wir herausfinden, was wir eigentlich zu vermeiden suchen, indem wir unsere Träume vergessen.

Nicholas, ein Psychiater aus Santa Barbara, fand den Schlüssel für sein Vergessen in folgendem Traum:

Ich bin mit Dirk unterwegs. Wir sind im zweiten, langen Teil einer großen Show, die ein psychedelisches Flair von unglaublicher Qualität annimmt. Vor mir verwandelt sich inmitten von Rauchschleiern, Echos, Stimmen und Lichtern eine etwas bucklige Frau in rascher Folge in eine Reihe von herrlichen Michelangelo-Skulpturen, dann zur *Pietà;* schließlich steht sie aufrecht vor mir, als Marmorstatue einer Jungfrau. Ich empfinde einen Schauer vor der großen Schönheit dieses Kunstwerks. Jetzt gehe ich zu einer anderen Szene über, in der ich immer wieder sage: »Jesus ist Gott«, zuerst feierlich, dann zweifelnd und schließlich unter Gelächter. Es ist, als ob ich unter Rauschgift stünde. Ich frage Dirk, ob er mir irgendeine Droge (LSD) ins Essen getan habe, was er verneint. Wir verlassen das Gebäude, in dem die Show läuft; davor steht ein schwarzes Paar. Die Frau will, daß ich einen Arzt spiele. Sie fordert mich auf, in hundert Patientenblättern, die in dem Gebäude seien, die Aufnahmevermerke einzutragen, weil die Patienten für eine Kunstausstellung gebraucht würden. Ich sage ihr, daß ich *wirklich* Arzt bin und für sie verantwortlich sein würde. Deshalb könne ich das nicht machen. Darauf sagt sie: »Dann müßt ihr beide zwanzig Cents für die Show bezahlen.« Ich lache, bezahle dann aber mit einer Ein-Dollar-Note, weil ich kein passendes Kleingeld habe. Ich will sie ein bißchen aufziehen und sage im Scherz: »Das ist ja genauso, als wenn man auf der Straße angehalten wird, mit einem Schießeisen bedroht wird und gesagt bekommt: Jetzt rück mal die Knete raus!« Sie lachen und wollen das Geld zurückgeben, aber ich bestehe darauf, daß sie es behalten.«

Nicholas war von der Schönheit seines Traums beeindruckt. Als er gefragt wurde, an was der Traum ihn denken lasse, antwortete er:

»Nun, der zweite Teil einer großen Show ... Mir fällt da ein Gespräch von gestern mit einem Kollegen ein; er hat mir erzählt, Jung habe einmal gesagt, die zweite Hälfte des Lebens sei eine Zeit der Hinwendung nach innen, zu spirituellen und höheren geistigen Werten und zur Kreativität. In der ersten Hälfte des Lebens sei man damit beschäftigt, die Werkzeuge der Kultur, das Wissen für den Beruf zu erwerben und eine Familie zu gründen. Ich bin jetzt in der zweiten Hälfte meines Lebens, und in dem Traum muß ich in dieser Show gewesen sein. Wenn ich jetzt darüber nachdenke, kommt es mir in der Tat so vor, als ob die erste Hälfte der Show im Vergleich zur zweiten viel realer und konkreter gewesen wäre.«

Auf die Frage, wer Dirk sei, erwiderte Nicholas, er sei ein Kollege von ihm, ein guter Freund, den eine ganz natürliche, von Herzen kommende Weisheit auszeichne. Die psychedelische Verwandlung der Frau war ein »Anima«-Bild wie aus dem Lehrbuch, das Ideal der weiblichen Schönheit und Würde, die Nicholas mit Intuition, Kreativität und emotionaler Ausgeglichenheit gleichsetzte. All das waren Aspekte seiner selbst, die Nicholas in der zweiten Hälfte seines Lebens zu entfalten hoffte. In seinem Traum hatte er die Empfindung großer Vertrautheit und des Einsseins mit dieser Frau. Er empfand tiefe Bewunderung für die Fähigkeit Michelangelos, solche Schönheit zu erschaffen, und sagte: »Michelangelo muß für mein kreatives Selbst oder meine Fähigkeit stehen, in meinem Leben etwas ebenso Schönes zu schaffen.«

»Und was ist mit der ›Jesus-ist-Gott‹-Szene?« fragte ich. »Ich denke«, so Nicholas, »daß sie meine religiöse Entwicklung widerspiegelt – erst Glaube, dann Zweifel, dann weniger ernsthafte, mehr spielerische Auseinandersetzung mit der Religion.« Dann wiederholte er den Satz so, wie er ihn im Traum gesprochen hatte. Ich machte ihn darauf aufmerksam, daß er die Betonung vor allem auf Jesus zu legen scheine. Darauf Nicholas: »Ja, es hört sich fast so an, als ob ich sagen wollte, ›*Jesus* ist Gott, nicht *ich*‹.« Dirk – ein wohlgesonnener, vertrauenswürdiger Verbündeter – sagt Nicholas, er habe kein Rauschgift in sein Essen getan und bestätigt ihm damit, daß er diese surreal-lustvollen Wahrnehmungen aus sich selbst heraus hat.

Auf die Bitte um genauere Auskünfte über das schwarze Paar vor dem Gebäude äußerte Nicholas die Vermutung, daß die Frau einer anziehenden, energischen, fachlich überaus kompetenten schwarzen Psychiaterin entsprechen könnte, von der er am Tag vor seinem Traum gelesen hatte. Sie war selbstbewußter und offener als ihr Partner. Ihr schwarzer Begleiter war freundlich, sanft und intelligent. Die Beziehung dieses Paares zueinander entsprach der Beziehung von Nicholas zu seiner Freundin. Auf die Frage, warum er dieses Paar als Schwarze habe auftreten lassen, erwiderte er: »Es steht wohl für den Teil von mir und meiner Freundin, der mehr mit der Erde verbunden, natürlicher und unverkrampfter ist.«

»Und was sind Aufnahmevermerke?« fragte ich. Nicholas: »Es sind die Aufzeichnungen, die sich der Arzt bei der Aufnahme eines Patienten in die Klinik oder zur ambulanten Behandlung macht. Sie zwingen einen, seine Gedanken über den Patienten methodisch zu ordnen, aber es ist eine Qual, sie zu schreiben.« (Übrigens hatte ihm seine Freundin immer wieder zugeredet, seine Träume aufzuschreiben, er weigerte sich aber stets, weil es so viele waren, weil es soviel Mühe machte etc.) Die schwarze Frau will diese Patienten für eine Kunstausstellung haben, anders gesagt, sie will jedermann zeigen, wie schön und interessant sie sind. Die schwarze Frau erinnerte Nicholas an seine Freundin.

Vielleicht sagte die schwarze Frau also: »Ordne deine Gedanken über deine vielen Träume, gib ihnen eine Form, schreib sie nieder!« Nicholas weigerte sich aus Angst vor Schadensersatzprozessen:

»Wenn ich die Aufnahmevermerke gemacht hätte, hätte ich auch die Verantwortung für die Patienten übernehmen müssen. Moment mal – die Patienten sind verwirrt, meine Träume sind verwirrend, aber beide sind schön. Ich zögere, Verantwortung für sie zu übernehmen, zum Teil deswegen, weil ich mich durch Angriffe auf meine Selbstachtung und meinen Status als Arzt und Psychiater verletzt fühle. Wenn Träume so wichtig sind und ich mich bisher nicht darum gekümmert habe, diesen Bereich meiner seelischen Erfahrung zu erkunden, dann könnte man an meiner Kompetenz zweifeln, genau wie bei einem Prozeß. Aber weil ich nicht ›mitspielen‹ will (ich bestehe ja darauf, ein richtiger Arzt zu sein), verlangt man mir zwanzig Cents ab. Was das nun wieder soll?«

»Was kann man sich mit zwanzig Cents kaufen?« fragte ich. »Eine Zeitung«, antwortete Nicholas, der die Marotte hat, jeden Tag die Zeitung zu lesen, die *ganze* Zeitung. In der Tat, so sagte er, fühle er sich dazu verpflichtet, um so viel zu erfahren und zu wissen, wie er nur könne. Er habe das Gefühl, alles lesen zu müssen, was mit seinen vielen Interessen zu tun habe, um »allwissend« zu werden. Zu diesem Zweck habe er viele Fachzeitschriften und Periodika abonniert. In dem Gefühl, er müsse sie irgendwann alle noch lesen, bewahre er sie jahrelang auf. Der Lesestoff türme sich überall zu unübersehbaren Bergen. Statt sich nun über diese Berge herzumachen, lese er dauernd die Zeitung vom Tage und sehe sich im Fernsehen die Nachrichten an. Dieser Wunsch, allwissend zu werden, laste auf seiner Spielfreude und mindere seine Spontaneität, weil es ja immer soviel zu bewältigen, soviel zu lernen gebe.

Nicholas' Selbstbild vom allwissenden Arzt forderte seinen Preis. Der Preis war zwanzig Cents oder das Gefühl, mehr als möglich lernen zu müssen. Dann machte sich Nicholas in seinem Traum über das Paar lustig und zog mit der Bemerkung auf, es hielte ihm im übertragenen Sinn eine Pistole vors Gesicht. Darauf reagierten die beiden mit dem Angebot, ihm sein Eintrittsgeld zurückzugeben; er aber weigerte sich, das Geld zu nehmen und zog es mithin vor, die Rolle des »richtigen« Arztes weiterzuspielen. Er war daher (nach der Logik des Traumes) Zuschauer.

Nicholas faßte das so zusammen:

»Ich poche auf meinen Arztkittel, weigere mich also, mitzuspielen, mich an dieser großen Show meines Lebens zu beteiligen. Deshalb bin ich dazu verurteilt, Zuschauer zu sein. Wenn ich aber lockerer und weniger ernst bin, kann ich mich als Mitspieler einbringen. Mein Selbstbild als Arzt steht meiner Teilnahme an der Show im Wege und hindert mich daran, in den Akteuren Teile meiner selbst zu erkennen, die in meinem Leben mitspielen. Das erklärt auch meinen Widerstand gegen den Vorschlag meiner Freundin, ich solle meine Träume aufschreiben und mich mit ihnen auseinandersetzen.«

Wir alle können lernen, in dieser Show – unserem Leben – mitzuspielen. Daß wir lernen, uns unserer Träume zu erinnern, ist ein erster, wichtiger Schritt in dieser Richtung.

Wie stärkt man sein Traumgedächtnis?

Wenn Sie den Entschluß gefaßt haben, sich mit Ihren Träumen zu befassen, ein Traumtagebuch zu führen und dahinter zu kommen, warum Sie Träume vergessen, werden Sie sehen, daß viele der folgenden Vorschläge zur Steigerung der Anzahl, Genauigkeit und Intensität von Träumen mit nachfolgender Erinnerung an sie überaus nützlich sind.

Vergewissern Sie sich VOR *dem Einschlafen, daß Sie Papier und Schreibzeug griffbereit neben dem Bett liegen haben.* Das ist sehr wichtig; es wirkt nämlich als ständige und nachdrückliche Mahnung, einen Traum morgens auch wirklich aufzuschreiben. Wenn Sie aus einem Traum erwachen und erst aus dem Bett steigen müssen, um Ihr Schreibzeug zu suchen, dann kann es sein, daß Sie gleich aufstecken. Und wenn Sie sich doch aufraffen, kann der Traum schon vergessen sein, bis Sie den Schreiber gefunden haben.

Gehen Sie mit klarem Kopf schlafen. Übermüdung, Drogen- oder Alkoholeinfluß und bestimmte Medikamente können Ihnen den typischen Kater, aber kaum Traumerinnerungen bescheren.[2] Wenn Sie glauben, Valium oder Schlaftabletten zum Einschlafen nötig zu haben, dann denken Sie einmal darüber nach, ob Sie damit nicht Schluß machen sollten. Irgendwann werden Sie feststellen, daß Sie die Pillen nicht mehr brauchen, wenn Sie erst einmal Interesse daran wachrufen, was sich bei Ihnen im Schlaf so alles tut.

Gewöhnen Sie sich an, zurückzudenken, sobald Sie erwachen. Lassen Sie im Moment des Erwachens die Augen zu, bleiben Sie ruhig liegen und denken Sie über folgendes nach: »Was ist gerade eben noch passiert? Was habe ich gefühlt und getan?« Versteifen Sie sich nicht darauf, sich gleich an einen ganzen Traum zu erinnern. *Tasten* Sie sich zurück. Entspannen Sie sich. Lassen Sie sich Zeit. Vielleicht stellt sich ein Gefühl oder Fragment aus dem Traum wieder ein. Schauen Sie, wohin es Sie führt. Bald schon werden Sie sich an einzelne Traumszenen erinnern. Manchmal wird die letzte Szene als erste wieder auftauchen oder umgekehrt; daß man sich in umgekehrter

Reihenfolge an einen Traum erinnert, ist weit verbreitet. Vielleicht geht Ihnen auch beim Erwachen statt eines Traumes ein Lied oder Gedicht durch den Kopf. Freuen Sie sich darüber und schreiben Sie es auf.

Gönnen Sie sich nach dem Erwachen ein paar ruhige Minuten, in denen Sie sich an Ihre Träume erinnern und sie aufschreiben. Träume können sehr zerbrechliche Gebilde sein. Schon ein konkreter Gedanke an das, was Sie heute alles erledigen müssen, kann die Traumerinnerung zerstören. Das gilt auch für irritierendes Weckerrasseln oder den Tonbrei aus einem Radiowecker. Wenn der Wecker schellt, nutzen Sie ihn als Signal, sich zu sagen, daß Sie noch nicht richtig aufwachen, sondern sich erst an Ihre Träume erinnern wollen. Noch besser ist es, wenn Sie sich suggerieren, daß Sie fünf oder zehn Minuten vor dem Weckerrasseln aufwachen werden. Bei etwas Übung wird Ihnen das ein sanftes Erwachen ermöglichen, in der Regel direkt nach dem Ende eines Traumes. Beim natürlichen Erwachen ohne Wecker fällt sowohl die Unterbrechung eines Traumes als auch das Hinzukommen von Bildern weg, die als Reaktion auf den Wecker entstehen können.

Vorsicht vor der heimtückischen Fragment-Falle! Wie alle Menschen werden auch Sie ab und zu am Morgen erwachen und sich nur an einen Teil eines Traumes erinnern können. Vielleicht sagen Sie sich dann, das sei ja doch nur ein Fragment und daher zu wenig, als daß man überhaupt etwas damit anfangen könnte – warum also sich die Mühe des Aufschreibens machen? *Aufgepaßt!* Sie sind im Begriff, in die Fragment-Falle zu tappen. Im Handumdrehen kann das Fragment verschwunden sein. Was Sie abschätzig als Fragment einstufen, könnte Ihnen den Weg zur Erinnerung an einen ganzen oder sogar mehrere Träume weisen. Es kann sich im Nachhinein durchaus als vollständiger eigenständiger Traum entpuppen, was schon viele Träumer erkannt haben, als sie später am Tage in einem Tagebuch noch einmal die betreffende Eintragung aufschlugen. Genausogut kann das Fragment aber auch ein kurzer Abschnitt aus einem zum größten Teil vergessenen Traum sein. Manchmal liefern solche Bruchstücke das fehlende Bindeglied zu anderen Träumen, die Sie rätselhaft finden. Das Traumfragment von Ed mit dem Restaurant für Seelennahrung diente dem wichtigen Zweck, ihm die Augen für seine unbewußte Einstellung zu Träumen zu öffnen.

Schreiben Sie Ihre Träume sobald wie möglich nach dem Erwachen auf. Das Bild der meisten Träume beginnt zu verblassen, sobald der Traum zu Ende ist. Das ist keine Tragödie, weil Sie in einer durchschnittlichen Nacht mindestens vier oder fünf Träume haben, von denen der letzte der längste ist.[3] Manche Experten halten den letzten, in der Regel zwischen dreißig und sechzig Minuten dauernden Traum für den wichtigsten der Nacht.[4] Wenn Sie mit dem Aufschreiben der Träume bis zum Abend oder auch nur bis nach dem Frühstück warten, wird das mehr oder minder starke Einbußen an Details und Lebendigkeit zur Folge haben. Ein Traum pro Nacht reicht also völlig; aber drei Träume pro Nacht können besser sein. Häufig nämlich behandeln die Träume einer Nacht dasselbe Thema aus verschiedenen Blickwinkeln. Ein Traum hilft dann bei der Deutung des anderen.

Fast alle Ihre Träume haben etwas zu sagen. Laborversuche haben jedoch bewiesen, daß die Erinnerung an Träume, die früher in der Nacht geträumt werden, am nächsten Morgen weit weniger lebhaft und detailliert ist, als wenn man gleich nach ihrem Ende erwacht wäre.[5] Stellen Sie sich einmal vor, Sie wären hellwach und würden in einem Zeitraum von acht Stunden vier oder fünf Traumfilme zu sehen bekommen. Wie gut können Sie sich da noch an jeden erinnern? Wer die früheren Träume einer Nacht gern genau festhalten will, geht am sichersten, wenn er unmittelbar nach jedem Traum erwacht und ihn dann sofort niederschreibt.

Bringen Sie sich bei, nach jedem Traum aufzuwachen. Durch Beobachtung der Gehirnstromaktivität an EEG-Geräten in Schlaflabors haben die Forscher herausgefunden, daß die meisten Träume in der Periode des sogenannten REM-Schlafs[6] auftreten, für den schnelle Augenbewegungen, erhöhte physische Aktivität und charakteristische EEG-Kurven typisch sind. Wenn Sie in einem Schlaflabor nächtigen würden, könnten die Wissenschaftler Sie mit Hilfe ihres EEG-Geräts nach jeder REM-Phase aufwecken und bitten, Ihren Traum zu berichten. Mit dieser Methode wären Sie wahrscheinlich imstande, in jeder Nacht, die Sie im Labor verbrächten, sich an vier oder fünf Träume zu erinnern. Es gibt allerdings auch eine einfacherer Methode, um eine fast vollständige Traumerinnerung zu erreichen. Sie können lernen, nach jedem Traum zu erwachen, indem Sie sich ganz einfach den Wunsch, dies zu tun, mehrere Abende hintereinander vor dem Einschlafen suggerieren. Stellen Sie Ihren inneren Wekker. Sie werden mit reichen Erinnerungen an viele Träume belohnt werden. Dieses Vorgehen ist übrigens keineswegs so ermüdend, wie Sie vielleicht meinen. Wenn Sie sich eine halbe Stunde Schlaf mehr genehmigen, werden Sie vielleicht noch ausgeruhter aufwachen, als wenn Sie die ganze Nacht durchgeschlafen hätten.

Schlafen Sie kürzer, aber öfter. Ich habe herausgefunden, daß sich eine Umstellung der Schlafgewohnheiten – ich schlafe nachts jetzt ungefährt fünf und am Tag eine oder zwei Stunden – sowohl auf mein Traum- als auch auf mein Wachleben sehr segensreich ausgewirkt hat. Ich fühle mich nach dem Erwachen aus diesen beiden Schlafperioden weit frischer und beim Hinlegen weniger müde, als wenn ich nur einmal durchschlafe. Ich brauche eine oder zwei Stunden weniger Schlaf als sonst und erinnere mich leichter und nuancenreicher an meine Träume.

Befassen Sie sich intensiv mit einem Thema Ihrer Wahl. In einer Zeit der intensiven Beschäftigung mit einem Thema, das Sie interessiert, werden Sie sich an mehr Träume als sonst erinnern. Dies trifft speziell dann zu, wenn Sie Bücher über das Träumen lesen oder Gespräche führen oder Vorträge besuchen, in denen es um dieses Gebiet geht. Wenn Ihr Wachbewußtsein aktiv und aufnahmewillig ist, nimmt das Traumgedächtnis zu. Je mehr Ihr Geist sich mit Träumen beschäftigt, desto besseren Zugang werden Sie zu Ihren Träumen finden.

Wenn Sie sich an diese Ratschläge halten, Ihren Träumen aufgeschlossen und bejahend gegenüberstehen und sie aufschreiben, werden Sie bald viele Träume haben, an denen Sie arbeiten können.[7] Aber auch die Träume, an die Sie sich nicht mehr erinnern, sind nicht verloren und wirken sich auf uns aus. Der Traum ist ja bereits die

Folge und Vermittlung einer existenziellen, tieferen Erfahrung. Diese ursprüngliche Erfahrung berührt uns in sehr tiefen, uns nicht bewußten Schichten. Wenn Sie sich Ihrer verschiedenen Schlafzustände bewußter geworden sind, werden Sie verstehen, warum ich mir dessen so sicher bin, obwohl es kein Gerät zur Messung der Hirnströme gibt, mit dem sich das beweisen ließe. Bestimmte, recht weitverbreitete Erfahrungen legen jedoch die Vermutung nahe, daß vergessene Träume sehr wohl eine Wirkung haben. Beispielsweise läßt sich vorstellen, daß die Stimmung, in der wir aufwachen, von nicht bewußt gewordenen Empfindungen im Schlaf und vergessenen Traumerlebnissen beeinflußt worden ist, wenn sie sich deutlich von der Laune unterscheidet, mit der wir zu Bett gegangen sind. Auch Sie haben vielleicht schon die Erfahrung gemacht, daß ein Problem am nächsten Morgen gelöst sein kann, wenn man es »überschlafen« hat. Sie erinnern sich vielleicht an keinen entsprechenden Traum, haben aber plötzlich eine Eingebung oder einen Einfall zur Lösung Ihres Problems. Ballettmeister beispielsweise, die schwierige Figuren einüben müssen, verzichten auf übertriebene Schinderei. Sie lassen die Tänzer eine Weile üben und schicken sie dann mit der Empfehlung nach Hause, erst einmal darüber zu schlafen.

So änderte etwa ein solcher Traum in meinem ersten College-Jahr mein ganzes Leben. Schon in der High School hatte ich beschlossen, im zweiten College-Jahr als Hauptfach internationale Politik zu belegen. Nun war ich gerade drauf und dran, in einer ausgezeichneten Abteilung für internationale Fragen mein erstes College-Jahr abzuschließen. Ich hatte sehr hart gearbeitet, um dorthin zu kommen, und war froh, daß ich es geschafft hatte. Aber stimmte das wirklich? Jetzt nämlich kam es mir so vor, als hätte ich meine frühere Begeisterung für Wirtschaft und Politik verloren. Ich hatte das Gefühl, mit meiner geisteswissenschaftlichen Bildung Schindluder zu treiben, wenn ich mir den Kopf mit Statistiken, Jahreszahlen und den Begriffen des Völkerrechts vollstopfte. Ich verspürte den Wunsch, alles über Philosophie, Psychologie und Theologie zu lesen, empfand das aber als fehl am Platze, da ich doch noch so viel »seriöse« Literatur zu bewältigen hatte. Trotzdem konnte ich nicht vergessen, daß die Geisteswissenschaften vom Anspruch her die Welt neu sehen lehren, den geistigen Horizont erweitern und vertiefen wollen. Ich aber war schon dabei, zum Fachidioten zu werden, nur noch zu büffeln, um eine gute Universität besuchen zu können, um schließlich eine gutbezahlte Stelle zu ergattern. Ich las nebenher zwar soviel Philosophie, wie ich konnte, blieb aber auf dem einmal gewählten Weg.

Ich hatte auch keineswegs vor, daran etwas zu ändern, als ich einen Traum hatte – einen Traum, an den ich mich nicht mehr erinnern konnte. Er hinterließ in mir nur das Gefühl, daß ich »noch heute« etwas tun mußte. Ich war einfach nicht am richtigen Platz. Meine Interessen hatten sich von den Außenverhältnissen der Staaten auf die Innenverhältnisse des Menschen verlagert. Ich hatte das Gefühl, aufstehen zu müssen (es war neun Uhr morgens) und zum Studentenzentrum zu gehen, um »einfach mal zu sehen, was so läuft«. Schon das war ziemlich merkwürdig, weil ich zuvor nur zweimal im Studentenzentrum gewesen war und mir seine Atmosphäre nie sonderlich gefallen hatte. Aber irgendwie wußte ich, daß ich heute vormittag dorthin mußte. Und wen traf ich da? Ausgerechnet Dr. Eisenberg, der an der Theologischen Fakultät unterrichtete und den ich erst vor einer Woche kennengelernt hatte! Ich sagte: »Hallo, was tun Sie denn hier?« Er gab zurück: »Und was tun *Sie* hier?« – »Ach, ich denke darüber nach, ob ich nicht auf Theologie umsatteln soll«, erwiderte ich. Ihm schien das sogar zu diesem späten Zeitpunkt gar keine so unmögliche Sache zu sein. Er sagte mir, an wen ich mich deswegen wenden sollte. Und das genau war die Ermutigung, die ich gebraucht hatte, um den Wechsel zu wagen. Drei Tage später war ich schon an der Theologischen Fakultät eingeschrieben, setzte mich mit den verschiedenen Möglichkeiten auseinander, die Welt verstehen zu lernen und empfand, wirklich an meiner Bildung zu arbeiten, statt für einen Job zu ochsen.

Ich war ebenso überrascht wie Dr. Eisenberg, als ich mich sagen hörte, ich trüge mich mit dem Gedanken, das Fach zu wechseln. Die Botschaft eines Traumes, an den ich mich nicht einmal erinnern konnte, muß mich dazu bewegt haben, den Mut zu einer einschneidenden Veränderung zu fassen, die nachhaltige Auswirkungen auf meinen beruflichen Werdegang hatte.

*Wie Sie Ihre Träume und andere wichtige Begebenheiten
festhalten können*

Die Methode, die ich zur Aufzeichnung meiner Träume benutze, habe ich im Lauf der zehn Jahre entwickelt, in denen ich nun schon meine eigenen Träume festhalte und anderen beibringe, gleiches mit ihren Träumen zu tun. Ich hoffe, daß Sie sie einmal ausprobieren; Sie können sie dann Ihrem eigenen Stil anpassen.

Wenn das Führen eines solchen Traumtagebuchs auf den ersten Blick übermäßig kompliziert erscheinen mag, dann denken Sie daran, daß es hier in idealtypischer Form dargestellt ist. An Tagen, an denen Sie nicht so viel Zeit darauf verwenden wollen, genügt auch ein Kurzeintrag. Denken Sie aber auch daran, daß Ihnen ein übersichtliches und vollständiges Traumtagebuch die besten Möglichkeiten eröffnet, Ihre Schlaferlebnisse zu überschauen und aus ihnen zu lernen. Wenn Sie dann schon mehr Erfahrung in der Deutung Ihrer Träume haben, werden Sie sich, wenn Sie alte Träume nochmals durchgehen, auf eine Reise voller Entdeckungen begeben. Manchmal werden Sie feststellen, daß das Wiederlesen eines rätselhaften Traumes nach einem Monat oder gar ein paar Jahren Ihnen plötzlich zu dem Verständnis verhilft, das für Ihr jetziges Leben überaus bedeutungsvoll sein kann.

Das ist mir erst vor wenigen Monaten passiert. Ich war eine Woche lang die letzten vier Jahre in meinem Traumtagebuch durchgegangen und dachte an nichts Besonderes, als mir urplötzlich die Bedeutung eines Traumes aus dem Jahr 1973 aufging, den ich am Vortag gelesen hatte:

Ich hatte meine wunderschöne Diamantuhr auf der Eisbahn vergessen. Ich stieg gerade aus dem Wagen, als ich bemerkte, daß ich eine ganz einfache, aber zweckmäßige Herrenuhr trug. Ich war furchtbar aufgeregt und hatte Angst, die Uhr könnte gestohlen sein, ehe ich zurückfahren und sie an mich nehmen könne.

Während ich im Wohnzimmer vor dem Kamin saß, ging mir auf, daß mir dieser Traum zu bedenken geben wollte, daß ich kostbare Zeit verlor, *wenn ich das Eislaufen bleiben ließ!* Vor dem College hatte ich die meiste Zeit mit dem Training für Eislaufwettbewerbe verbracht. Als ich 1968 ans College ging, gab ich das Laufen auf, weil ich mir sagte, ich könne nicht gleichzeitig ernsthaft eislaufen und studieren. Als ich dann zwanzig war, sagte ich mir, daß ich allmählich zu alt zum Eislaufen sei. Vier Jahre danach ließen mir meine Träume immer noch keine Ruhe. Ich hatte meine kostbarste Zeit, die Zeit auf dem Eis, aufgegeben, während ich mich dazu antrieb, eine Psychologin nach herkömmlichem Muster zu werden. Die Uhr, die ich in diesem Traum trug, sah genau wie die aus, die ein mittelmäßiger Psychologe trug, den ich damals kannte. Die Art und Weise, wie er in seinem Leben mit der Zeit umging, war staunenswert, wenn auch vielleicht zu arbeitsorientiert. Ich hatte versucht, meine kreativen, künstlerischen Bedürfnisse zu ignorieren, damit sie mich nicht vom Studium ablenken oder weglocken konnten. Meine Träume schafften es schließlich, mir Dickkopf beizubringen, daß ein oder zwei Tage Eislaufen in der Woche gut und gern reichten und mich nicht dazu führen würden, zum hirnlosen Sportnarren zu werden. Ich fing also zum Entzücken meines kreativen Selbst wieder mit dem Laufen an. Wenn ich damals schon meine Träume jeden Monat noch einmal durchgegangen wäre, hätte ich diese Botschaft schneller verstanden.

Wenn Sie sich durch eine buntgemischte Sammlung eilig hingekritzelter Träume quälen müssen, ist die Wahrscheinlichkeit viel geringer, daß Sie sich wirklich noch einmal mit ihnen beschäftigen. Vor allem am Anfang erlernen Sie Ihre eigene Traumsprache dadurch, daß Sie Ihre Träume immer und immer wieder durchgehen. Hier das von mir bevorzugte Schema für die Anlage eines Traumtagebuches:

Materialien
- *Zwei Kugelschreiber mit feiner Spitze*
- *Ringbuchblätter (lose) mit verstärktem Loch, Format DIN A4*
- *Ein Manuskripthalter, der länger als die Ringbuchblätter ist (Klammer oben). So können Sie Ihre Träume auf dem Nachttisch, dem Fußboden oder im Bett zu Papier bringen. Der Manuskripthalter gibt dem Papier eine feste Unterlage, wo immer Sie schreiben. Er soll deswegen etwas länger als das Papier sein, damit Sie Ihre Hand abstützen können, wenn Sie am unteren Blattrand angelangt sind*
- *Eine kleine Lampe oder ein Schreibgerät mit eingebauter Lampe.*

Manche sprechen ihre Träume lieber auf Band, weil das weniger Mühe macht und nicht soviel Konzentration erfordert wie das Schreiben. Ein Tonband macht tatsächlich eine detailliertere, flüssige Beschreibung möglich, und vielleicht reizt es Sie deshalb, es einmal mit dieser Methode zu probieren. Ich ziehe ein geschriebenes Tagebuch aus folgenden Gründen vor: *Erstens* finde ich es mitten in der Nacht leichter, zu schreiben als klar und deutlich zu reden. *Zweitens* geht der Vorteil, seine Träume mit all ihren vielsagenden Wendungen wirklich *vor Augen zu haben,* bei Benutzung eines Tonbandes weitgehend verloren. *Drittens* ist es schwierig, ein Tonband-Tagebuch »durchzublättern«, und das Abschreiben kann zu einer Qual ausarten.

Der Blick auf eine Seite aus dem Traumtagebuch von Maria vermittelt einen konkreten Eindruck davon, wie die Teilnehmer unserer Traumgruppen ihre Träume aufzeichnen. Im Anschluß daran werden wir die Nutzung dieses Hilfsmittels Punkt für Punkt erläutern.

Samstag, den 3. Mai 1977

> *Tagesnotiz.* Ein arbeitsreicher Tag: Bis zwölf geschlafen, dann sechs Füllungen Wäsche in die Maschine, tonnenweise gebügelt, eingekauft, wieder mal naturblond geworden, einen fabelhaften Hackbraten gemacht, und dann mit Jim im *Paten, Zweiter Teil* gewesen. Ich habe das Gefühl, etwas geleistet zu haben, bin erschöpft und entspannt.

IE *Inkubationserörterung.* Ich würde gern mehr über meine Beziehung zu Tom wissen. Ich habe das Gefühl, daß es mir allmählich wirklich reicht, aber gleichzeitig sehne ich mich manchmal nach ihm. Ich finde ihn sehr anziehend. Aber wird sich das zu der Art von Beziehung entwickeln, die ich suche? Ich will letztlich einen Mann, mit dem ich ein Zuhause und Kinder haben kann. Was für einen Platz hat Tom in meinem Leben?

* *Was für einen Platz hat Tom in meinem Leben?*

\# EIN KÜMMERLICHER AHORNBAUM
Tom sitzt unter einem ziemlich kümmerlichen Ahornbaum mit gelb verfärbten Blättern – es ist fast wie im Herbst, aber ohne die Farbenpracht und Wärme des Herbstes. Ich habe einen Picknick-

korb dabei und gehe zu ihm hin. Ich glaubte, der Korb sei vollgepackt mit französischem Brot und Käse, mit Obst und anderen guten Sachen. Ich schlage das karierte Tuch zurück – und sehe Erdnußbutter und Süßkram und Coca Cola und Kartoffel-chips, alles in McDonald's-Hamburgerpapier eingeschlagen. Wir machen es uns gemütlich, lieben uns und essen dann den ganzen Chemiefraß auf. Trotzdem bin ich ein bißchen enttäuscht von allem. Ende.

Kommentar. War das vielleicht ein Trip! Es ist wirklich nur der Sex, der mich zu Tom hinzieht. Der Mann, den ich will, ist er nicht. Ich war wie vor den Kopf gestoßen, als ich den Picknick-korb aufmachte – wie wenn man ein Steak bestellt und einen Hamburger bekommt. Genug der Parallelen – ich glaube, das mit mir und Tom nähert sich seinem Ende.

So führen Sie Ihr Traumtagebuch

Dieses Beispiel aus dem Traumtagebuch von Maria ist kurz, informativ und leicht zu lesen. Die Überschriften und die Zeichen am Rand zeigen übersichtlich, was an diesem Samstag in ihr vorging und daß sie an diesem Abend einen Traum erbat. Man sieht sofort, wo der Traum endet, und wo ihr Kommentar zu diesem Traum beginnt. Auch Sie können Ihr Tagebuch so gliedern, wenn Sie sich an die folgenden Ratschläge halten:

Tagesnotizen. Bevor Sie schlafen gehen, tragen Sie hier ein, was für einen Tag Sie gehabt haben. Tun Sie das so kurz oder so ausführlich, wie Sie wollen. Marias Eintragung war kurz, aber präzis. Der Haupt-zweck der Tagesnotizen besteht darin, daß Sie zusammenfassen, was Sie an diesem Tag gedacht, gefühlt und getan haben. Dies wird Ihnen helfen, einen Überblick über den Tag zu bekommen und sie auf das Tagebuchführen einstimmen. Achten Sie darauf, nicht nur aufzuli-sten, was Sie tagsüber alles getan haben; schreiben Sie wenigstens auch einen Satz darüber, was Sie während des Tages alles *gedacht* und *gefühlt* haben. Diese Notizen liefern häufig den Schlüssel für die Bedeutung der darauffolgenden Träume. Sie sind besonders hilf-reich, wenn Sie einen Traum mehr als zwei Tage, nachdem Sie ihn

geträumt haben, zu deuten versuchen. Kennzeichnen Sie die Tagesnotizen am linken Rand.

Inkubationserörterung (bei gegebenem Anlaß): Wenn Sie sich ent-
schlossen haben, an diesem Abend einen Traum zu einer bestimmten
Problemstellung oder Frage herbeizuwünschen, diskutieren Sie an
dieser Stelle mit sich selbst über das Thema, bevor Sie schlafen
gehen. Maria zum Beispiel erörterte ihre Gefühle gegenüber Tom.
Prüfen Sie Ihre Gedanken und Gefühle gegenüber der Frage, bei der
Ihnen Ihre Träume helfen sollen. Schreiben Sie auf Höhe der ersten
Zeile an den linken Rand IE.

Inkubationssatz (bei gegebenem Anlaß): Wenn Sie in der kommenden Nacht einen Traum erbitten wollen, schreiben Sie an dieser Stelle
die aus einem Satz bestehende Frage oder Bitte nieder, die Ihren
Wunsch, die Triebkräfte Ihres Problems zu verstehen, so eindeutig
wie nur möglich zum Ausdruck bringt. Marias Inkubationssatz lautete: »Was für einen Platz hat Tom in meinem Leben?« Schreiben Sie
den Satz nieder, bevor Sie schlafen gehen. Zeichnen Sie neben dieser
wichtigen Zeile auf den linken Rand des Blattes einen großen Stern
(*), damit Sie sie später leicht wiederfinden.

Titel Ihres Traumes: Lassen Sie diese Zeile bis zum nächsten Morgen
leer. Nachdem Sie dann Ihren Traum darunter aufgeschrieben haben, schreiben Sie einen aus drei bis fünf Worten bestehenden Titel in
diese Zeile, der ein Schlaglicht auf die Handlung des Traumes wirft.
Maria wählte als Titel für ihren Traum »Ein kümmerlicher Ahornbaum«. Diese Traumtitel sind gute Hilfen zum Wiederfinden von
Träumen, wenn Sie frühere Träume nochmals »nachschlagen« wollen. Manchmal wird Ihnen der Titel, den Sie für einen Traum finden,
einen Hinweis auf seine Bedeutung geben.

Traumniederschrift: Schreiben Sie an dieser Stelle so viel von Ihrem
Traum auf, wie Sie können. Beschreiben Sie die Gefühle, die Sie im
Traum und nach dem Erwachen hatten. Halten Sie auch alle Eindrük-
ke, Gefühle, Phantasien oder Lieder fest, die Geist und Seele nach
dem Erwachen beschäftigen; sie lassen sich wie Träume deuten und

können gelegentlich etwas Wichtiges sagen. Achten Sie darauf, alle spezifischen Aussagen, Lieder oder Gedichte sofort aufzuschreiben. Es scheint, daß spezifische Worte die Traumelemente sind, die sich am schwersten behalten lassen. Wenn Sie sie gleich festhalten, noch vor dem Rest des Traumes, dann haben Sie die größte Chance, sie dingfest zu machen. Achten Sie auf die berüchtigten Traumfallen! Eine davon schnappt zu, wenn man mitten in der Nacht aus einem Traum erwacht und sich sagt: »Jetzt rekapituliere ich den Traum noch einmal, damit ich sicher bin, daß ich ihn auch nicht vergesse. Und nach dem Aufwachen schreib' ich ihn dann auf.« Auf diese Weise können Sie sich um eine ganze Menge sehr bedeutungsvoller Träume bringen. Denken Sie stets daran, daß die schlechteste Zeit zur Bewertung eines Traumes der Moment ist, wenn Sie aus ihm erwachen. Das ist der Augenblick der Aufzeichnung, nicht der Deutung. Es sind gelegentlich die eigenen Wünsche, bestimmte Träume zu vermeiden, die uns diese Falle stellen. Manchmal können wir uns in diesem Zustand zwischen Wachen und Schlafen sogar selbst dabei erwischen, wie wir gerade beschließen, den Traum, den wir eben hatten, wieder zu vergessen. Dann gibt es natürlich noch die schon geschilderte, weit verbreitete und heimtückische Fragment-Falle. Sie lauert selbst im Geist der gewieftesten Traumaufzeichner – eine ständige, tödliche Gefahr für so manche unserer interessantesten Traumproduktionen.

In den meisten Traumdramen werden Sie Gestalten auftreten lassen, die sich weitgehend so verhalten wie ihre Gegenstücke aus dem Alltag. Dies ist der Fall bei Ninas Traum von der Abschiedsparty oder in dem Traum von Nicholas, in dem das schwarze Paar auftrat und ihn bat, Aufnahmevermerke zu machen. Viele Szenen, Situationen und Gestalten folgen den bekannten Gesetzen der dreidimensionalen Realität jedoch nicht. Das gewohnte Verhältnis von Ursache und Wirkung und die Gesetze der Logik gelten nicht. Beispielsweise zeigte die Gestalt aus dem Traum von Nicholas, die bucklige Alte, die sich in schöne Michelangelo-Skulpturen verwandelte, daß die realen Annahmen des Alltags mit dieser Art von Traumerleben nichts zu schaffen haben. Bei der Niederschrift Ihrer Träume – besser aber noch, während Sie Ihren Traum träumen – sollten Sie sorgfältig auf diese sich verwandelnden Gebilde oder Gestalten achten. Sie werden

Sie daran erinnern, daß Sie sich in einer anderen Realität mit eigenen Gesetzen bewegen. Im Traum folgen Logik und Bedeutung den Gesetzen der Assoziation; ändern sich die Gefühle, ändern sich oft auch die Bedeutungen der Traumgestalten. Zeit und Raum, wie wir sie kennen, gelten für sie nicht. Lernen Sie die Freiheit, die Ihre Träume Ihnen bieten, schätzen und genießen. Es ist die Freiheit, in einer Realität zu agieren und zu erleben, die nicht von den Gesetzen der Schwerkraft, von Ursache und Wirkung oder Zeit und Raum eingeengt ist. Versuchen Sie, diese Freiheit des Ausdrucks in Ihrer Beschreibung des Traumfilms einzufangen. Versuchen Sie nicht, Ihre Traumbeschreibungen so zu verbiegen, daß sie den Beschränkungen der Wachrealität mehr als unbedingt notwendig Genüge tun. Schreiben Sie, soweit es geht, im Stil des Traumes. Halten Sie fest, wenn Sie wissen, daß Sie träumen oder erkennen, daß Sie zwei Traumszenen gleichzeitig wahrnehmen. Notieren Sie sich auch, wenn Sie im Schlaf ungewöhnliche Dinge erleben, die nichts Traumartiges haben, beispielsweise, wenn Sie meinen, über dem eigenen Körper zu schweben, oder wenn Sie Licht von ungewöhnlicher Helligkeit sehen oder spüren. Benutzen Sie den Rand neben dem Traumbericht dazu, spontane Assoziationen zu Gestalten oder Geschehnissen festzuhalten. Vielleicht finden Sie es auch hilfreich, an dieser Stelle grobe Skizzen ungewöhnlicher Traumwahrnehmungen zu Papier zu bringen. Kennzeichnen Sie die erste Zeile Ihres Traumskripts, um dessen Beginn zweifelsfrei zu markieren, mit einem Symbol, beispielsweise dem Symbol für Zahl (#).

Kommentar: Halten Sie hier Ihr Trauminterview und alle anderen Assoziationen zu Ihrem Traum fest. Fügen Sie mit dem Traum in Beziehung stehende Begebenheiten des Vortages hinzu, wenn Ihnen welche einfallen.

Wenn Sie für jeden Traumeintrag ein neues Blatt anfangen, können Sie, falls Sie bei einer späteren Durchsicht neue Einfälle und Assoziationen haben, Ihre Bemerkungen zu jedem Traum jederzeit ändern und erweitern. Hier ist auch der geeignete Platz, Wahrnehmungen visueller, auditiver oder emotionaler Art, die Sie womöglich in dem Schlummerzustand unmittelbar vor dem Einschlafen haben, zu vermerken.

Dies ist das Grundschema für ein Traumtagebuch, wie es die meisten der in diesem Buch zu Wort gekommenen Träumer benutzen. An manchen Tagen wird es Ihnen gelingen, so ausführlich wie Maria in dem zitierten Beispiel an Ihren Träumen zu arbeiten; an anderen Tagen werden Sie es schon schwierig genug finden, gerade eben einen Traum zu notieren. Wenn Sie zu hart an Ihrem Traumtagebuch »arbeiten«, wird sich der Auftrieb, den Träume Ihnen verschaffen können, wieder verlieren. Wenn Sie sich aber zu wenig mit Ihren Träumen befassen, wird Ihnen deren Bedeutung fremd bleiben. Streben Sie eine Balance an, mit der Sie zufrieden sind.

Traumglossar: Manche Träumer empfinden es als nützlich, sich ein Glossar jener Gestalten anzulegen, die in mehr als einem Traum auftauchen. Natürlich können sie uns sehr viel über das eigene Symbolsystem sagen, wenn wir uns genau mit ihnen befassen. Denken Sie aber daran, daß die Bedeutung mancher Gestalten sich ändert, wenn sich die Assoziationen ändern, die Sie mit ihnen verbinden; manche Traumelemente zeigen auch interessante und aufschlußreiche Wandlungen über etliche Träume hinweg. Ein »Lexikon« Ihrer Traumsymbole ist ein solches Glossar also nicht unbedingt. Eher schon ähnelt es einem Register und kann eine Hilfe sein bei der Knüpfung von Verbindungen und der Erforschung rätselhafter, immer wiederkehrender Traumelemente.

Rückblicke: Wenn Sie Ihre Traumaufzeichnungen sorgfältig in jahrgangsweise geordneten Tagebüchern ablegen, können Sie jederzeit auf sie zurückgreifen. Monatliche und jährliche Rückblicke auf Ihre Träume werden Ihnen überraschende Einsichten vermitteln. Wenn Sie sich stets ausführliche Tagesnotizen machen, können sogar jahrealte, rätselhaft gebliebene Träume im Licht neuer Fähigkeiten und Einsichten, die Sie mittlerweile erworben haben, doch noch gedeutet und in eine Beziehung zu Ihrem Leben gebracht werden.

Beim Durchlesen Ihres Tagebuches werden Ihnen immer wiederkehrende Themen ins Auge fallen, deren Entwicklung sich sowohl in Ihren Tagesnotizen wie in Ihren Traumskripts beobachten läßt. Schreiben Sie einen mit Datum versehenen Rückblick auf die Träume des letzten Monats oder Jahres. Beschreiben Sie die Themen, die in Ihren Tagesnotizen und Traumberichten immer wiederkehren. Beschreiben Sie auch die unterschiedlichen Reaktionen im Traum und im Wachleben auf Situationen der Angst, Einschüchterung, Aggression, Freundlichkeit, des Angriffs, des Betretens von Neuland und dergleichen. Wie oft haben Sie in diesem Zeitraum die Rolle des Opfers, des starken Mannes, der Widerspenstigen, des Passagiers, Fahrers, Helfers, Trösters oder Anführers gespielt? Betrachten Sie zuerst Ihre Träume und dann Ihr Leben, wenn Sie sehen wollen, wann Sie diese und andere Rollen gespielt haben.

In unseren Traumgruppen sollen alle Teilnehmer die Träume aus einem Zeitraum von jeweils acht Wochen abschreiben oder abtippen und sich dabei noch einmal mit ihnen befassen. Nach Fertigstellung solcher Rückblicke bemerken sie fast immer, daß sie eine neue Ebene der Selbsterfahrung erreicht haben; sie sehen ihre Träume und ihr Leben klarer. Etliche Teilnehmer, die erkannten, wie häufig sie über ihr tägliches Leben jammerten, wie oft sie sowohl im Wachleben als auch im Traum die Rolle des Opfers spielten, faßten den Entschluß, endlich etwas daran zu ändern. Eine Teilnehmerin sagte: »Meine Tagesnotizen wurden mir beim Abschreiben ja so über! Jeden Tag dieselben ollen Kamellen. Es war richtig peinlich. Ich hatte gar nicht bemerkt, wie oft sich meine Gedanken in einem negativen Teufelskreis bewegen. Ich werde etwas dagegen tun müssen.« Und das tat sie auch. Sie schmiß den Job hin, der ihr zuwider war, und machte ein eigenes Geschäft auf. Sie trennte sich von den zwanzig Pfunden, die sie an sich so haßte. Sie erklärte ihren alten Freunden, sie wolle nicht mehr herumhocken und über sogenannte Probleme quasseln und fand neue, positiv eingestellte Freunde. Diese Träumerin hatte offensichtlich beschlossen, vom Opfer zur Gestalterin ihres Lebens zu werden. Auslöser dieser Veränderung war ein Rückblick auf ihr Traumtagebuch.

Traumrückblicke sind fesselnde Geschehnisse – Träume, die wir vorher für bedeutungslos und langweilig hielten, erwachen plötzlich zum Leben und erweisen sich als Teil eines faszinierenden, stets im Fluß befindlichen, niemals fertigen Lebensmosaiks. Einige Teilnehmer unserer Traumgruppen machen sich alljährlich etwa eine Woche vor ihrem Geburtstag an einen Rückblick auf ihr Traumtagebuch. An ihrem Geburtstag bitten sie dann ihre Träume um einen Rückblick auf das vergangene und eine Vorschau auf das kommende Jahr. Die folgenden Seiten aus dem Traumtagebuch der Psychiaterin Ginger fassen die Prinzipien, die wir hier dargestellt haben, zusammen.

Tagesnotizen. Seit heute ist meine Schwester Carole in der Stadt. Es hat mir einen leichten Stich gegeben, weil sie keine Zeit hat, bis morgen zu bleiben, weil ich sie im Jahr vielleicht ganze vier oder fünf Tage sehe. Ich vermisse sie und wünschte, wir wohnten näher beieinander. Fast den ganzen Tag mit Lesen herumgebracht. Heute abend griechische Tänze mit Victor – war ganz toll. Ein ziemlich guter Tag, aber mich enttäuscht das Ausbleiben von Geburtstagsträumen.

IE *Inkubationserörterung.* Am siebten war mein Geburtstag. Drei Nächte versuche ich jetzt schon ohne Erfolg, einen Geburtstagstraum zu bekommen, der mir einen Ausblick auf mein neues Lebensjahr gibt. Genauer gesagt, habe ich um Ratschläge und Winke gebeten, um das beste daraus machen zu können. Ich habe das Gefühl, in diesem letzten Jahr in Beruf und Privatleben nicht eben viel zuwege gebracht zu haben. In meinem neunundzwanzigsten Jahr will ich endlich wieder zu neuen Ufern aufbrechen. Im Mittelpunkt meiner früheren Geburtstagsträume standen eindeutig Zukunftsziele und Hürden, die zu nehmen waren; aber meine letzten Inkubationsversuche haben überhaupt keine Träume dieser Art gebracht. Außerdem haben die Träume aus der letzten Zeit weder die Lebhaftigkeit noch die Wirkung, wie ich sie von Geburtstagsträumen gewohnt bin.

Weil mir die Inkubation in der Regel sehr leicht fällt, vermute ich, daß ich diese Traumebene oder zumindest die Erinnerung an sie blockiere. Ich muß einen Widerstand aufgebaut haben, aber ich weiß weder warum, noch wie ich ihn ausschalten kann. Was will ich nicht sehen oder akzeptieren von dem, was das nächste Jahr für mich bringen wird? Vielleicht sollte ich einmal einfach nur fragen, warum ich diesen Widerstand aufgebaut habe.

* Warum wehre ich mich gegen einen Geburtstagstraum?

DEN FRÖMMLER FERNHALTEN
In einem Besprechungszimmer. Ich trage einen weißen Arztkittel, der (wie ich im Traum erkenne) zeigt, daß ich Psychiaterin bin. Ich bin mit Kollegen zusammen, die sich versammelt haben, um einander ihre Lieder vorzusingen; jeder hat sein eigenes. Ich

will meines singen, aber meine Stimme ist zittrig, und ich singe falsch. Eine andere Ärztin stimmt ein und singt *mein* Lied, als ob es ihres wäre. Ich bin enttäuscht, aber mir wird klar, daß sie besser singt als ich und dafür Anerkennung verdient. Als das Treffen zu Ende ist, gehe ich mit einem Gefühl der Niedergeschlagenheit. Auf dem Weg nach draußen treffe ich einen von der Gruppe, einen sehr freundlichen, höflichen jungen Arzt, vielleicht ist er Assistenzarzt, also noch nicht mit der Ausbildung fertig. Wir plaudern. Er scheint zu spüren, wie ich mich fühle, und spendet mir Trost, indem er einfach einen Schwatz mit mir hält. Es stellt sich heraus, daß er »wiedergeborener Christ« ist. Als ich das entdecke, rufe ich: »Ach, einer von denen! Dann lassen Sie mich Ihnen gleich sagen: versuchen Sie bloß nicht, mir Ihren Jesus-Trip aufzuschwatzen! Mit dieser Frömmelei habe ich *nichts* zu tun! Nebenbei gesagt, bin ich eine Frau, und die Frauenfeindlichkeit dieser ganzen Chose macht mich einfach rasend!« Darauf er: »Okay, schon recht.« Er hört auf, mit mir zu reden.

Dieser Arzt hat eine Art Assistenten-Büro direkt unter meinem. Eine alte Frau, die einmal für mich gearbeitet hat und inzwischen senil ist, kommt in mein Büro. Sie fuchtelt mit zwei krallenähnlichen Instrumenten herum und droht mir, mich mit ihnen übel zuzurichten, wenn ich irgend etwas nicht tue (was, habe ich vergessen). Der junge Doktor oder Assistent oder was auch immer im unteren Stock hört das und kommt rauf, um mir beizustehen. (Mir fällt in diesem Augenblick ein, daß wir beide vor einiger Zeit eine Absprache getroffen haben. Ich hatte mich bereit erklärt, mit ihm zu reden, wenn er mir mit etwas anderem käme als mit seiner frömmlerischen »Wiedergeborenen«-Propaganda. Zu diesem Zweck hatte er versucht, mit geschlossenen Augen durch sein ganzes Büro zu laufen, sogar über die Schreibtische weg. Wir hatten beide den Willen, einander zu verstehen und uns näherzukommen, aber ich konnte seine Art nicht ausstehen. Er hatte darüber nachgedacht, wie er mit mir ins Gespräch kommen könne, als er hörte, wie die alte Frau mich bedrohte.)

Inzwischen bin ich dabei, den Kampf mit dieser alten Frau zu verlieren. Der junge Arzt taucht an der Hintertür meines Büros auf, vor der die alte Frau und ich miteinander ringen. Er kann durch die Glasfüllung der Tür sehen, daß sie drauf und dran ist, mit ihren metallenen Krallen auf mich einzuhacken. Ich rufe: »Tun Sie doch was!« Er kann aber nicht herein. Die Tür ist abgeschlossen. Ich schreie: »Halten Sie sie (an den Armen), und ich sperre die Tür auf und lasse Sie rein!« (Physikalisch unmöglich, im Traum aber durchaus möglich.)

Er hält sie fest. Ich sperre die Tür auf. Zusammen überwältigen und entwaffnen wir die Frau.

»Also, Lillie...«, setze ich an. Sie verbessert mich: »Ich heiße Jean.« – »Oh, verzeihen Sie mir, meine Liebe!« sage ich, während ich sie liebevoll an mich drücke und sie ermahne, so was nie mehr zu machen. Ich empfinde Mitleid mit ihr und sage: »Da haben Sie, was Sie brauchen, jetzt gehen Sie mal schön nach Hause zu Ihrem Männe.« Ich versuche sie zu verstehen. Sie spürt das und freut sich darüber und sagt: »Aber diese andere Frau probiert's ja nicht mal.« – Ich erwidere: »Ja, jammerschade, nicht?«

Kommentar. Was für ein intensiver Traum! Ich bin mir ganz sicher, daß er die Antwort auf meine Frage birgt, warum ich meine Geburtstagsträume abwehre. Der wiedergeborene Christ, die verschlossene Tür und der Umstand, daß der Arzt nicht mehr mit mir redet, sind alles Elemente, die diesem Gefühl zu entsprechen scheinen. Ich versuche, etwas aus meiner Wahrnehmung herauszuhalten – aber was? Jedenfalls bin ich mir sicher, daß ich in keiner Weise auf dem Weg zum Jesus-Freak bin ...

Szenerie (Besprechungszimmer und mein Büro): Legt nahe, daß ich mich mit beruflichen Problemen herumschlage. Der Umstand, daß Sue, eine Kollegin, mir mein Lied stiehlt, gibt wieder, daß ich genau das befürchtet hatte, weil ihre Stimme stärker ist als meine. Es scheint, daß dieser Traum mit den Ängsten um mein berufliches Ansehen und meine Leistung zu tun hat.

Wer ist der junge Arzt? Ein junger Typ, der gerade seinen Doktor macht, beruflich noch lange nicht so weit wie ich.

Und wie ist er? Zunächst bin ich von seiner Freundlichkeit und Güte verblüfft. Er scheint ein überaus freundlicher, zugewandter, verständnisvoller Mensch zu sein. Ich hätte ihn gern zum Freund. Doch dann, als ich merke, daß er wiedergeborener Christ ist, behandle ich ihn wie ein Stereotyp, aber nicht wie ein Individuum. Eigentlich hat er ja kein Wort gesagt, das zu diesem Stereotyp gepaßt hätte, bevor ich ihn herunterputzte. Ich nahm ganz einfach an, daß er mit dem gleichen Liebe-den-Herrn-Hasse-den-Satan-und-folge-dem-Herrn-Geschwätz anfangen würde, das die Jesus-People drauf hatten, die ich vom College kannte. Um dem zu entgehen, brachte ich ihn zum Schweigen. Er hörte dann auch auf, mit mir zu sprechen. Seit kurzem sprechen auch meine inspiratorischen Träume nicht mehr zu mir...

Die alte Frau, die früher für mich gearbeitet hat. Ein alter Teil meiner selbst, die ganze alte Art und Weise, die Welt zu sehen. Alte Überzeugungen und Gewohnheiten, die mir früher halfen, aber inzwischen senil und hohl geworden sind und drohen, mir übel mitzuspielen, mir Schaden zuzufügen.

Wer ist Lillie? Eine Frau, die ich ab und zu bei Feten treffe.

Und wie ist sie? Exzentrisch, eine zwanghaft geschwätzige Hysterikerin. Unter der Oberfläche vielleicht depressiv, aber ansonsten clever, gescheit und amüsant.

Wer ist Jean? Eine psychiatrische Patientin, von der ich viel gehört, die ich aber noch nie gesehen habe. Sie ist extrem abhängig, feindselig, depressiv, hat Selbstmordneigungen, und das alles seit vielen Jahren. Eine sehr, sehr traurige Frau. Au wei! Ist etwa in mir eine Jean, die ich nicht zur Kenntnis nehmen will und die ich für Lillie halte? Beim Durchlesen meiner Tagesnotizen aus den letzten zwölf Wochen habe ich erst gemerkt, daß ich die letzten elf Wochen eine ununterbrochene Reihe von Erkältungen, Virus- und Grippeerkrankungen hatte! Plötzlich sind mir auch mehrere Träume aufgefallen, die ich nicht zur Kenntnis nehmen wollte – mit dem Motiv des Selbstmords, um eine unbekannte junge Frau kreisend. Ich weiß, daß ich in letzter Zeit depressiv bin. Wer wäre das auch nicht nach diesen ewigen Entzündungen, fieberhaften Erkrankungen, dem dauernd kratzenden Hals? Jean erinnert mich an das Verhältnis meiner Mutter zur Welt – ein Opfer von Umständen, für die sie nichts kann. Jean ist eine todtraurige Lillie. Bisher habe ich meine jüngste Depression für nicht besonders ernst gehalten und weitgehend meinen Schuldgefühlen darüber angelastet, daß ich mich nicht dazu bringen konnte, das Buch über mein Forschungsprojekt fertigzustellen.

Jetzt spüre ich aber, daß meine Depression weit tiefer geht, als ich mir eingestehen wollte. Vielleicht ist das der Grund, warum ich mich bis heute morgen darum gedrückt habe, das Tagebuch für dieses Jahr noch einmal vorzunehmen. Der Traum scheint sagen zu wollen, daß ein Teil von mir so depressiv ist wie Jean. Träume überzeichnen manches, aber das ergibt tatsächlich einen Sinn. Meine Mutter, ein Typ wie Jean, ist depressiv, seit ich mich erinnern kann. Sie empfindet sich als Märtyrerin und Opfer von Umständen, an denen sie nichts ändern kann. Ein Teil von mir hat immer gewußt, daß sie ein glücklicheres Leben haben könnte, wenn sie aufhören würde, das Opfer zu spielen, und wenn sie etwas für sich *tun* würde. Ein anderer, weniger bewußter Teil meines Selbst aber hat ihre Opferstrategie übernommen, um nicht die Verantwortung für gewisse Dinge übernehmen zu müssen. Vielleicht habe ich Krankheit vorgeschützt, um mir eine Ausrede dafür zu schaffen, daß ich mein Buch nicht zu Ende brachte und nichts für mein berufliches Fortkommen tat. Es kann gut sein, daß Jean diese depressive Überzeugung in mir repräsentiert, ein Opfer der Umstände zu sein. Ich habe zwar bewußt von dieser Überzeugung Abstand genommen, aber sie kommt im Berufsleben ab und zu doch wieder zum Vorschein.

Handlung. Meine alte Opferhaltung und die Depression, die sie begleitet, werden von Jean dargestellt, die in mein Berufsleben (Büro) einbricht und mir droht, mich totzuprügeln. Die Jean-Haltung sabotiert meine Arbeit. Meine Rettung liegt darin, dem Arzt, den ich ausgesperrt habe, die Tür zu öffnen. Von diesem Augenblick an wendet sich alles zum besseren. Nun bin ich auch fähig, der armen, kranken Frau zu geben, was sie braucht (Verständnis?), und sie friedlich aus dem Büro zu weisen. Ich möchte, daß sie nach Hause zurückkehrt, wo sie hingehört, und in Frieden stirbt.

Das, was mir helfen könnte, die Jean in mir zu erkennen und mich von ihr zu befreien, habe ich ausgesperrt (den Arzt). Und wofür steht der Arzt? Wen oder was muß ich in mein Leben hereinlassen? Wie fühle ich mich bei Gesprächen mit Christen, die mich bekehren wollen? Empfinde ich Irritation angesichts ihrer taktlosen Aufdringlichkeit und ihrer unbelehrbaren Selbstgewißheit, oder beneide ich sie etwa wegen ihres Gefühls, »Wiedergeborene« zu sein, selbst in einem Glaubensgebäude, das mich abstößt? Diese Christen wollen mich ändern.

Bei dem Gedanken, geändert zu werden, selbst wenn ich danach meiner Idealvorstellung von mir gliche, spüre ich vor Angst einen Stich in der Brust. Ich kann meinen Widerstand gegen Veränderung regelrecht spüren. Wie würde mein neues Ich sein? Würde ich immer noch ich sein? Was, wenn irgendeine Lebenserfahrung mich wirklich verändern würde, selbst zum Besseren? Was von mir würde ich aufgeben müssen? Welche Einstellungen, welche Gewohnheiten würden sich ändern? Vielleicht wäre ich nach dieser Veränderung froh, von Überzeugungen und Verhaltensweisen befreit zu sein, die mich behindert haben. Aber noch sind die, die ich habe, mir lieb und vertraut, selbst wenn sie gegen mich arbeiten!

Der wiedergeborene Christ in diesem Traum ist ganz und gar nicht so, wie mein Vorurteil ihn haben will. Er ist eine Verkörperung von Geduld, Freundlichkeit und brüderlicher Liebe. Er steht für die besten Tugenden des Christentums, die, für die ich mich gern einer Wiedergeburt unterziehen würde. Wegen meiner Angst, daß er versuchen könnte, mich zu verändern, ziehe ich es vor, ihn an meinen Vorurteilen zu messen, statt ihm zuzuhören.

Er wohnt »im Hause«, also in meiner Psyche, aber jenseits dessen, was mir von ihr gewahr ist. Er hat versucht, mit mir zu kommunizieren, indem er mit geschlossenen Augen herumlief – taktile oder emotionale Kommunikation. Wenn ich *spüren* würde, was er mir zu sagen hat, würde ich ein Gefühl überwältigender Liebe, völligen Angenommenseins und Verstehens verspüren. Da ich mir jetzt zugestehe, ihn in mir zu spüren, fange ich zu verstehen an, wie meine Mutter die Rolle des hilflosen Opfers spielen lernte. Ihre Depressionen entwickelten sich in der Kindheit, als sie sich von den Eltern ungeliebt und nicht so akzeptiert fühlte, wie sie war. Als Kind kam sie sich gescholten, abgeschoben und zuzeiten verlassen vor. So waren ihre ersten, prägenden Lebensjahre – nicht meine, denn ich bin sehr geliebt worden, und das Leben war für mich ein herrliches Abenteuer. Dennoch scheine ich einige depressive Charakterzüge und Einstellungen von meiner Mutter übernommen zu haben, ohne daß ich es gemerkt hätte. Mir dämmert allmählich, daß ich mir meine Faulheit und meine Verzögerungstaktik vorwerfe, statt sie als Ausdruck passiver, abhängiger, leistungsablehnender Einstellung zu erkennen, die ich unbewußt von meiner Mutter übernommen habe.

Erst wenn ich das einsehe, werde ich imstande sein, hinter der Fassade der Faulheit die passiven und depressiven Denkgewohnheiten zu sehen, die es mir verwehren, Freude an meiner Arbeit zu finden. In der Tendenz habe ich mich bisher als Opfer von schulischen oder beruflichen Autoritäten empfunden, die mich dazu zwingen, meine Arbeit zu tun. Es gibt nun wirklich keinen Grund, daß ich nicht schon heute damit anfangen könnte, diese Einstellung zu ändern. Statt mein Buch als mir aufgezwungene Pflicht zu empfinden, steht es mir völlig frei, es als das zu sehen, was es ist – etwas, wozu *ich* mich entschlossen habe, und zwar aus freiem Willen. Wenn ich die Arbeit an dem Buch wirklich aus dieser Sicht sehen könnte, dann könnte ich das Schreiben genießen, meinen Vorstellungen Gestalt verleihen und das Gefühl auskosten, etwas geleistet zu haben.

Ich hoffe, daß die »andere Frau« (der Ich-Anteil an mir, der die Tür verschloß und erfolglos mit Jean kämpfte) auf das neue Ich hört, das ich wurde, als ich den »Frömmler« (den Veränderer) einließ. Solange die »andere Frau« (mein altes Ich) sich weigert, Jean zu verstehen, werde ich in Schwierigkeiten stecken. Wenn ich lernen kann, mich nicht mehr an der Einstellung und Verhaltensweise zu messen, die Jean verkörpert, und wenn ich ihre Dynamik verstehen lerne, werde ich wirklich »wiedergeboren« sein. Dann werde ich frei sein, eine andere Einstellung zur Arbeit und Leistung aufbauen und ein besseres Selbstwertgefühl erlangt haben. Nun denn – das wäre also die Aufgabe für das nächste Jahr.

In den beiden Jahren seit diesem Traum fing Ginger wirklich an, Freude an ihrer Arbeit zu finden, ihr Selbstbild so zu verändern, daß sie nun an sich selbst als produktive und kreative Psychiaterin glaubt. Sie berichtet, daß ihr ganzes Leben schöner geworden ist, seit sie nicht mehr den größten Teil davon damit zubringt, sich wegen der Arbeit schuldig zu fühlen, die sie vor sich herschiebt. Diese Veränderungen stellten sich keineswegs über Nacht ein. Ginger mußte sich während ihrer täglichen Konflikte in ihrer Arbeit immer wieder an diese Traumeinsichten erinnern. Allmählich gelang es ihr, die Jean in sich zu verstehen. Erst danach konnte sie sie in Frieden wegschicken. Jean taucht ab und zu immer noch auf, aber Ginger hat gelernt, sie durch Verständnis zu entwaffnen.

Als Ginger aus diesem Traum erwachte, hatte sie so gut wie kein intuitives Verständnis von ihm, was regelmäßig bei Träumen der Fall ist, die sich mit Dingen befassen, die wir aus unserem Bewußtsein auszuschließen versuchen. Sie benutzte für die Aufklärung des Traums, seiner Gestalten und Bilder ihr Traumtagebuch; es führte sie zu einigen nützlichen Erkenntnissen.

Anmerkungen

KAPITEL 1

Zum Star geboren

1 Siehe Gay Luce und Erick Pepper, »Biofeedback: Mind over Body, Mind over Mind«, in: *The New York Times Magazine,* 12. 9. 71, S. 34 ff.; D. Shapiro et al., »Effects of Feedback and Reinforcement on the Control of Human Systolic Blood Pressure«, in: *Science* 163 (1969), S. 588–590; und T. Weiss und B. Engel, »Operant Conditioning of Heart Rate in Patients with Premature Ventricular Contractions«, in: *Psychosomatic Medicine* 33 (1971), S. 301–321.

2 Der Begriff Inkubation geht zurück auf das in der Antike geübte Verfahren des Tempelschlafs, bei dem man sich von einem an geheiligtem Ort empfangenen Traum göttliche Offenbarungen oder Heilung von Krankheiten erhoffte. Die hier verwandte profane Version des Begriffs wird von Delaney eingeführt. (Anm. d. Übers.)

3 Raymond de Becker, *The Understanding of Dreams and Their Influence on the History of Man,* New York 1968; Karoly Kerényi, *Der göttliche Arzt: Studien über Asklepios und seine Kultstätten,* Darmstadt 1975; S. Lorand, »Dream Interpretation in the Talmud«, in: R. Woods und H. Greenhouse (Hrsg.), *The New World of Dreams,* New York 1974; C. Meier, *Antike Inkubation und moderne Psychotherapie,* Zürich 1949.

4 Siehe Henry Reed, »Dream Incubation: A Reconstruction of a Ritual in Contemporary Form«, in: *Journal of Humanistic Psychology* 4/16 (1976), S. 52–70; Mircea Eliade, *Myths, Dreams and Mysteries,* New York 1960; A. Kiev, *Transcultural Psychiatry,* New York 1972; und G. E. von Gruenbaum und R. Caillois (Hrsg.), *The Dream and Human Societies,* Berkeley, Calif. 1966.

5 Emile Durkheim, *Die elementaren Formen des religiösen Lebens,* Frankfurt/M 1981, S. 52–68.

6 Edgar Cayce, ein Trance-Medium, hat im Laufe seines Lebens Tausende von okkulten »Readings« zu allen möglichen Bereichen der menschlichen Erfahrung abgegeben. Diese *Readings* sind von der Edgar Cayce Association for Research and Enlightenment, Virginia Beach, Virginia, gesammelt worden. Siehe auch Harmon Bro, *Traumdeutungen in Trance des größten Propheten der Gegenwart,* Genf 1973; Elsie Sechrist, *Cayce-Traumbuch,* München 1983; und John A. Sanford, *Gottes vergessene Sprache,* Zürich und Stuttgart 1966.

7 Siehe zum Beispiel Ann Faraday, *Deine Träume – Schlüssel zur Selbsterkenntnis,* Frankfurt/M 1978, S. 123–141. Faraday schlägt vor, man solle seine Träume in Gedanken, durch Gebet oder Selbstsuggestion um Hilfe bei der Lösung von Problemen bitten. Zahlreiche jungianische Analytiker reden ihren Klienten ein, daß sie zu einer bestimmten Frage einen Traum haben werden, indem sie etwa sagen: »Sehen wir mal, ob Sie hierzu diese Woche einen Traum haben.« Robert Lifton, Psychiatrie-Forscher an der Yale University, beschreibt einen Versuch, an dem er, Eric Olson und eine Reihe weiterer Traumforscher teilgenommen haben. Der Versuch bestand darin, sich unmittelbar vor dem Einschlafen auf einen Lebenskampf zu konzentrieren und sich dabei einen Traum zu wünschen, der von diesem Kampf handelt. Lifton stellt fest, daß die mit diesen Träumen einhergehenden Assoziationen der Träumer »veränderte Sichtweisen« und »Lösungsansätze« zum Ergebnis hatten. Siehe R. Lifton, *The Life of the Self,* New York 1976, S. 102.

8 Siehe etwa D. M. Gregg, *Hypnosis, Dreams, and Dream Interpretation,* San Diego, Calif. 1970.

9 Henry Reed, *op. cit.*

10 Laboruntersuchungen haben ergeben, daß wir überwiegend während im Schlaf auftretender zyklischer Perioden mit rascher Augenbewegung (rapid eye movements – REM) träumen. Solche REM-Phasen treten etwa alle neunzig Minuten auf und dauern unmittelbar nach Schlafbeginn zehn Minuten, in der letzten Phase, kurz vor dem Aufwachen, 45–60 Minuten. Doch fand man auch Beispiele für geistige Aktivitäten in Nicht-REM-Phasen (NREM). Diese NREM-Erscheinungen werden in der Regel

nicht als Träume, sondern eher als weniger bizarre, tagähnlichere Gedanken beschrieben. Sowohl Freud als auch Adler meinten, daß das Ausmaß unserer Träume der Zahl und Schwere unserer persönlichen Konflikte entspricht und wir nur dann träumen, wenn wir Probleme zu bewältigen haben. Die physiologische Traumforschung hat diese Theorie als falsch erkannt. Wir träumen annähernd während zwanzig Prozent unserer Schlafzeit. Dieser Prozentsatz des REM-Schlafs bleibt bei nahezu allen untersuchten Personen ziemlich stabil, unabhängig vom Ausmaß ihrer Probleme und Konflikte. Siehe David Foulkes, *Die Psychologie des Schlafs,* Frankfurt/M 1969.

11 Als »Schatten« bezeichnet C. G. Jung die dunklen, unterdrückten Seiten der Persönlichkeit. (Anm. d. Übers.)

12 Faraday, *op. cit.,* S. 173–192.

KAPITEL 2

Trauminkubation

1 Siehe Kapitel 1, Anmerkung 2.

2 Gayle Delaney, »Secular Dream Incubation«, unveröffentlichte Diplomarbeit, Sonoma State College, Calif. 1974.

3 Carl G. Jung, »Die Dynamik des Unbewußten«, in: ders., *Gesammelte Werke,* Band 8, Zürich und Stuttgart 1967.

4 Charles Tart, »Conscious Control of Dreaming: I. The Post-Hypnotic Dream«, Originalmanuskript eines später gekürzt unter gleichem Titel im *Journal of Abnormal Psychology* 76 (1970), S. 304–315 erschienenen Artikels.

5 Siehe Joseph Murphy, *Die Macht Ihres Unterbewußtseins,* Genf 1973.

KAPITEL 3

Nach dem Sinn der Show fragt man am besten den Produzenten

1 Fritz Perls, *Gestalt-Therapie in Aktion,* Stuttgart 1974.
2 Faraday, *op. cit.,* S. 150–192.
3 Jane Roberts, *Seth Speaks,* Englewood Cliffs, N. J. 1972.
4 Erika Fromm und Thomas French, »Formation and Evaluation of Hypotheses in Dream Interpretation«, in: Woods und Greenhouse (Hrsg.), *op. cit.,* S. 228–235.
5 Carl G. Jung, *op. cit.,* S. 331.

KAPITEL 4

Wie steht es wirklich mit unseren Beziehungen

1 Virginia Satir, *Familienbehandlung. Kommunikation und Beziehung in Theorie, Erleben und Therapie,* Freiburg i. Br. 1973.

KAPITEL 5

Unsere Träume und unser Körper

1 C. Meier, *op. cit.*
2 S. Lorand, *op. cit.*
3 Woods und Greenhouse (Hrsg.), *op. cit.*
4 S. Lorand, *op. cit.,* S. 46.
5 O. Carl Simonton und Stephanie S. Simonton, »Belief Systems and Management of the Emotional Aspects of Malignancy«, in: *Journal of Transpersonal Psychology* 7/1 (1975).
6 David Sheehan und Thomas Hackett, »Psychosomatic Disorders«, in: *The Harvard Guide to Modern Psychiatry,* hrsg. von Arman Nicholi Jr., Cambridge, Mass. und London 1978.
7 Charles Tart, *op. cit.*
8 Kenneth Altshuler et. al., »Dreams of the Aged«, in: Woods und Greenhouse (Hrsg.), *op. cit.,* S. 35–37.
9 Helen Keller, »Traumwelt«, in: dies., *Dunkelheit,* Stuttgart o. J., S. 85 ff.

KAPITEL 6

Träumen bei der Arbeit

1 San Francisco *Chronicle,* 24. 3. 1978.
2 Amerikanischer Schriftsteller (1922–69).

KAPITEL 7

Cinéma vérité

1 Siehe Richard Corriere und Joseph Hart, *The Dream Makers,* New York 1977, S. 10.

KAPITEL 8

Wie wir unsere Träume um Inspiration und kreative Ideen bitten können

1 Siehe Woods und Greenhouse (Hrsg.), *op. cit.,* S. 46–64; Havelock Ellis, *Die Welt der Träume,* Würzburg 1911, S. 132 ff.; Edwin Diamond, *Schlafen – wissenschaftlich. Wie und warum wir träumen,* Wien, Hamburg 1964; und Norman MacKenzie, *Träume,* Genf 1970.
2 Jacques Maritain, *Le Songe de Descartes,* Paris 1932. Siehe auch Maxime Leroy, *Descartes le Philosophe au Masque,* Paris 1929, S. 79–96.
3 Marie Francois Arouet de Voltaire, »Somnambolists and Dreamers«, zitiert in Ralph Woods (Hrsg.), *The World of Dreams,* New York 1947, S. 230.
4 Mohandas K. Gandhi, *Autobiografie. Die Geschichte meiner Experimente mit der Wahrheit,* Freiburg i. Br. und München 1960, S. 402.
5 M. D. Fagen (Hrsg.), *A History of Engineering and Science in the Bell System: National Service in War and Peace (1925–1975),* Murray Hill, N. J. 1978, S. 135.

6 *Ibid.*

7 *Ibid.*, S. 136.

8 *Ibid.*, S. 133.

9 M. D. Fagen (Hrsg.), *op. cit.*, Bd. II, S. 148.

10 Prescot C. Mabon, *Mission Communications: The Story of Bell Laboratories,* Murray Hill, N. J. 1975, S. 145.

11 Robert Louis Stevenson, »The ›Little People‹ in an Author's Dream«, in: Woods und Greenhouse (Hrsg.), *op. cit.,* S. 51–56.

12 Norman MacKenzie, *op. cit.*

13 David Foulkes, »You Think All Night Long«, in: Woods und Greenhouse (Hrsg.), *op. cit.,* S. 298–302.

14 Carl G. Jung, *Dreams,* Princeton N. J. 1974; ders., »Die Archetypen und das kollektive Unbewußte«, in: ders., *Gesammelte Werke,* Band 9/1, Olten und Freiburg i. Br. 1976.

15 Carl G. Jung, »Aion«, in: ders., *Gesammelte Werke,* Band 9/2, Olten und Freiburg i. Br. 1976, S. 16.

16 Siehe Gayle Delaney, »The Religious Process Manifest in Dreams as Seen in the Works of Carl G. Jung and Edgar Cayce«, Abschlußarbeit am Institut für Religionswissenschaften der Princeton University, 1972, S. 105 (unveröffentlicht).

17 Rainer Maria Rilke, *Briefe an einen jungen Dichter,* Leipzig 1929, S. 11.

KAPITEL 9

Dämmerzone

1 Alan Vaughan schlägt den Begriff »Übersinnliches Träumen« für Träume vor, in denen Hellsehen (geistige Wahrnehmung von entfernt stattfindenden Ereignissen), Telepathie (Gedankenlesen), Präkognition (Wahrnehmung künftiger Ereignisse in der Gegenwart) oder die Kombination dieser Erscheinungen eine Rolle spielen. Das ist ein brauchbarer Begriff, weil es gewöhnlich schwierig ist zu bestimmen, welche Art von übersinnlicher Wahrnehmung in einem gegebenen Augenblick am Werk ist. So ist es beispielsweise in Ullmans und Krippners Versuchen (siehe M.

Ullman, S. Krippner und A. Vaughan, *Dream Telepathy,* New York 1973), bei denen der Träumer über ein willkürlich gewähltes Bild träumen soll, auf das sich eine Person in einem anderen Raum konzentrieren und das ihm übermittelt werden muß, während er sich im REM-Schlaf befindet, unmöglich zu bestimmen, welche außersinnlichen Fähigkeiten der Träumer benutzte, um die Botschaft zu »empfangen«. Wurden die Gedanken des Senders, der sich auf das Bild konzentrierte, telepathisch gelesen? Handelte es sich um Präkognition, indem das für den Versuch gewählte Bild im voraus wahrgenommen wurde? Oder war Hellsehen im Spiel unter Umgehung der Bemühungen des Senders?

2 Zitiert in Arthur Koestler, *Die Wurzeln des Zufalls,* Bern/München/Wien 1972, S. 10.

3 Übersinnliche Wahrnehmung (Extrasensory perception – ESP) ist ein anderer Begriff für das in Anmerkung 1 beschriebene übersinnliche Träumen.

4 George Devereux (Hrsg.), *Psychoanalysis and the Occult,* New York 1953; und Jan Ehrenwald, *New Dimensions of Deep Analysis,* New York 1954.

5 Ann Faraday, *op. cit.,* S. 259–270.

6 Die *Readings* von Edgar Cayce sowie Jane Roberts, *op. cit.* und *The Nature of Personal Reality,* Englewood Cliffs, N. J. 1974, betonen diese Funktion des übersinnlichen Träumens und behaupten sogar, daß wir von jedem bedeutenden Ereignis in unserem Leben träumen, bevor es eintritt.

7 Jane Roberts, *Seth Speaks,* a.a.O.

8 Alan Vaughan, Autor und verantwortlich für Parapsychologie beim Magazin *New Realities,* hat ein solches Vorgehen gleichfalls für sehr wirkungsvoll befunden.

9 *The Sundance Community Dream Journal.*

10 Der Begriff *Astralreisen* umschreibt das Verlassen des Körpers im Schlaf, um in einem anderen, schwerelosen Körper zu anderen Realitätsebenen zu fliegen. Dieses Phänomen wird in Kapitel 10 eingehender dargestellt.

11 Hornell Hart, »Reciprocal Dreams«, in: *Proceedings of the Society for Psychical Research* 41 (1933), S. 234–240.

12 Ann Faraday, *op. cit.,* S. 100–122; James J. Donahoe, *Die Kunst*

des Träumens. Der Weg zur Entwicklung paranormaler Fähigkeiten, Basel 1980.

KAPITEL 10
Den Sternen folgen

1 Celia Green, *Lucid Dreams,* London 1968.
2 Patricia Garfield, *Creative Dreaming,* New York 1974.
3 Kilton Stewart, *Creative Psychology and the Dream Watchers,* New York o. J.; ders., *Creative Psychology and Dream Education,* New York: The Stewart Foundation for Creative Psychology, o. J.; ders., *Pygmies and Dream Giants,* New York 1954. Siehe auch Garfield, *op. cit.*
4 In einem unveröffentlichten Manuskript mit dem Titel »Report on a Trip to Malaysia« erklärt Peter Bloch, daß er und ein Kollege so gut wie keinen Beweis für Stewarts Beobachtungen eines ausgefeilten Traumsystems bei den Temiar (Senoi) Malaysias gefunden hätten. Beide waren in das Land gereist, um die Temiar ausfindig zu machen und zu filmen. Stewart hatte sie als einen primitiven Stamm beschrieben, der einen Großteil seines individuellen und gemeinsamen Lebens auf den Austausch von Träumen und die Kontrolle von Traumprozessen gründe. Bloch hielt sich lediglich fünf Wochen in den malaysischen Dschungeln auf, und zwar vierzig Jahre nach Stewart. Deshalb hält er es nicht für ausgeschlossen, daß Stewarts Schilderungen zutreffend sind oder waren.
5 Stewart, *Creative Psychology and the Dream Watchers* und ders., *Creative Psychology and Dream Education,* beide a.a.O.
6 Ernest Rossi, *Dreams and the Growth of Personality,* New York 1972.
7 Stewart, *Creative Psychology and the Dream Watchers,* a.a.O., S. 25; ders., *Creative Psychology and Dream Education,* a.a.O., S. 28.
8 *Ibid.*
9 *Ibid.,* S. 29.
10 Carlos Castanedas »spiritueller Führer« Don Juan (siehe *Reise nach Ixtlan. Die Lehre des Don Juan,* Frankfurt/M 1975) schlägt

vor, sich auf bestimmte Bilder zu konzentrieren, um die Traum-
symbolik zu stabilisieren und Luzidität zu bewahren.

11 Siehe die Schilderungen luzider Träumer, etwa Oliver Fox, *Astral
Projection,* New York 1962; Mary Arnold-Forster, *Studies in Dreams,* New York 1921; P. D. Ouspensky, »On the Study of Dreams
and on Hypnotism«, in: *A New Model of the Universe,* New York
1962; Frederick van Eeden, »A Study of Dreams«, in: *Proceedings
of the Society for Psychical Research* XXVI (1913), S. 431–461;
J. H. M. Whiteman, *The Mystical Life,* London 1961; und Garfield, *op. cit.*

12 Hervey de Saint-Denys hat ein Buch über Traumlenkung geschrieben: *Les rêves et les moyens de les diriger.*

13 Zitiert in Garfield, *op. cit.,* S. 224.

14 Siehe insbesondere J. Roberts, *Seth Speaks,* a.a.O. und dies.,
The Nature of Personal Reality, a.a.O. für eine ausführliche
Erörterung des Gedankens, daß die physikalische Realität
ein Produkt der Gedanken sei. Siehe auch W. Y. Evans-Wentz
(Hrsg.), *Das tibetanische Totenbuch,* Olten und Freiburg i. Br.
1973.

15 Green, *op. cit.,* S. 90.

16 Garfield, *op. cit.,* S. 130.

17 *Ibid.,* S. 142–143.

18 W. Y. Evans-Wentz, *Yoga und Geheimlehren Tibets,* München
1951.

19 Green, *op. cit.*

20 Von einem »Sehen mit geschlossenen Augen« im Schlafzustand
berichten Garfield, *op. cit.* und Oliver Fox und Ernst Mach in
Green, *op. cit.*

21 Beispiele eines falschen Erwachens siehe in Garfield, *op. cit.,*
Green, *op. cit.* und Fox, *op cit.*

22 Arnold-Forster, *op. cit.* und Garfield, *op. cit.* schildern Träume, in
denen sie das Fliegen geübt und gelernt haben.

23 Siehe Roberts, The *Seth Material,* Englewood Cliffs, N. J. 1970;
Sylvan Muldoon, *The Case for Astral Projection,* Chicago 1936;
Fox, *op. cit.;* Muldoon und Herewood Carrington, *The Phenome-
na of Astral Projection,* New York 1969; Celia Green, *Out-of-the-
Body Experiences,* Oxford 1968; Robert Monroe, *Journies Out of*

the Body, Garden City, N. Y. 1971; und Herbert B. Greenhouse, *The Astral Journey,* New York 1974.

24 Garfield, *op. cit.,* S. 136.

25 Sigmund Freud, *Die Traumdeutung,* Freud-Studienausgabe, Bd. II, Frankfurt/M 1972; und Havelock Ellis, *Die Welt der Träume,* Würzburg 1911, S. 132.

26 Alfred Adler, »Dreams Reveal the Life Style«, in: Woods und Greenhouse (Hrsg.), *op. cit.,* S. 213–216.

27 Emil A. Gutheil, »Universal (Typical) Dreams«; in: *Ibid.,* S. 220.

28 Für andere Deutungen von Flugträumen siehe H. Ellis, *op. cit.,* S. 133.

29 Greenhouse, *op. cit.,* S. 276.

30 Siehe Fox, *op. cit.,* Muldoon, *op. cit.* und Yram (Pseud.), *Practical Astral Projection,* London 1935.

31 Jane Roberts, *Seth Speaks,* a.a.O., S. 291.

32 Greenhouse, *op. cit.,* S. 263.

33 *Ibid.,* S. 178–186.

34 Siehe Greenhouse, *op. cit.,* und Robert Crookall, *Casebook of Astral Projection,* New Hyde Park, N. Y. 1972.

35 Muldoon und Carrington, *op. cit.*

36 *Ibid.*

37 Fox, *op. cit.*

38 Siehe Fox, *op. cit.;* Monroe, *op. cit.;* Muldoon, *op. cit.;* Yram, *op. cit.;* und Greenhouse, *op. cit.*

39 Monroe, *op. cit.*

40 Yram, *op. cit.*

41 Greenhouse, *op. cit.,* S. 228–236.

42 Roberts, *The Seth Material,* a.a.O.

43 Rilke, *op. cit.,* S. 47–48.

KAPITEL 12

Wir ziehen unsere eigene Traumshow auf

1 Siehe Garfields Schilderung der Arbeit Leonard Handlers mit Kinder-Alpträumen, *op. cit.*, S. 5–6; und Leonard Handler, »The Amelioration of Nightmares in Children«, in: *Psychotherapy: Theory, Research, and Practice* 9 (1972).

2 Fritz Perls, *op. cit.*

KAPITEL 13

Schreiben Sie Ihr Drehbuch auf, sonst vergessen Sie es!

1 Calvin Hall behauptet in seinem Buch *The Meaning of Dreams,* New York 1966, S. XIII, daß sich der Durchschnittsmensch etwa alle drei Tage an einen Traum erinnert.

2 Alkohol, Amphetamine und Barbiturate scheinen die REM-Phasen zu verkürzen. Siehe H. Greenhouse, »The Effect of Drugs on Dreaming«, in: Woods und Greenhouse (Hrsg.), *op. cit.,* S. 391–392.

3 Siehe die Messungen von Edward Wolpert und Harry Trosman, die sie im Mai 1958 in den *AMA Archives of Neurology and Psychiatry* veröffentlichten, wiedergegeben in Edwin Diamond, *op. cit.,* S. 143–144.

4 Siehe die Cayce-*Readings* über Träume und Roberts, *Seth Speaks,* a.a.O.

5 Wolpert und Trosman, *AMA Archives,* a.a.O.

6 Siehe Donald R. Goodenough et. al., »Dream Reporting Following Abrupt and Gradual Awakenings from Different Types of Sleep«, in: *Journal of Personality and Social Psychology* 2 (1965), S. 170–179.

7 Für eine weitere Erörterung verschiedener Tricks des Traumerinnerns siehe Garfield, *op. cit.,* S. 172–191; Henry Reed, »Learning to Remember Dreams«, in: *Journal of Humanistic Psychology* 13 (1973), S. 33–48; und Diamond, *op. cit.,* S. 142, für eine Schilderung von Hermann Rorschachs Versuchen mit dem »Einfangen eines Traums«.